뉴노멀, 초연결, 플랫폼시대의

진로와 직업선택

진로와 직업선택

FOR
NEW NORMAL,
PLATFORM

CAREER AND JOB SELECTION

한국평생교육박사연구회

| 강혜정 · 김소윤 · 김정연 · 조 용 · 조인묵 |

동문사

머리말

2016년 다보스 포럼에서 언급된 4차 산업혁명이라는 단어는 우리 삶 속에 혜성처럼 찾아왔다. 인공지능, 사물인터넷, 빅데이터, 모바일 등 첨단 정보통신 기술이 우리 사회와 경제 전반에 융합되어서 혁신적인 변화와 함께 우리의 산업과 직업구조가 급변하고 있으며 그 변화의 불확실성도 크게 증가하고 있다. 4차 산업혁명시대에는 기계의 지능화로 인한 생산성이 고도로 향상되고 우리의 산업구조와 사회가 근본적으로 변화하여 지금껏 우리가 예상하지 못한 새로운 분야의 직업이 발생할 수 있으며, 현재 존재하고 있는 직종 자체가 완전히 사라질 수도 있다. 이러한 변화는 이전의 변화보다는 훨씬 빠르고 격렬하며 우리 산업 전반에 걸쳐서 일어날 것이다. 한 보고서에 따르면 2030년까지 지구상에 존재하는 직업의 약 50%가 사라질 것으로 전망하기도 한다. 또한 저출산 고령화 사회의 도래와 함께 학령인구의 감소 및 노동시장 공급의 변화로 평생 직업교육에 대한 수요도 증가하고 있다. 따라서 인간의 생애발달 단계에서 특정 시기에만 교육이 실시되는 전통적인 학교교육모델은 이제 그 가치를 상실하게 되었고 전 생애 동안 끊임없는 학습이 요구되는 평생학습시대가 도래하였다. 인간의 평균수명 연장 등으로 인하여 성인학습자의 직업전환 교육과 재취업교육도 이젠 상수가 되었다.

진로란 우리가 살아야 할 삶의 길이며 직업 선택은 그 길을 바르게 가기 위한 구체적인 경로 설정일 것이다. 이미 시작된 제4차 산업혁명의 발전 방향과 새로운 시대가 요구하는 인재상에 관한 고찰을 통하여 올바른 진로 직업교육의 방향 설정이 필요하다. 미래 직업사회에 적응하고 이끌어나갈 리더를 육성하기 위한 방책도 필요하다. 따라서 4차 산업혁명의 의미와 이에 따른 미래 직업세계의 변화를 살펴보고 진로 상담과 진로교육의 본질을 탐구하여 개인의 생애설계와 자기계발 문제점을 살펴보면서 올바른 진로 탐색을 할 수 있는 다양한 방법을 제시함으로써 앞으로 선택하게 될 진로와 직업선택에 관한 고민을 해결하는 데 도움을 주고자 하는 바람으로 이 책을 집필하였다.

이 책은 총 13장으로 구성되어 있다.

제1장에서는 자기 이해와 자아존중감을 알아보고 나의 특성 및 제반 여건을

이해하여 종합적인 나의 이해와 진로에 관하여 학습한다. 제1절은 자기 이해를 올바르게 하는 방법과 일을 통해 행복한 삶을 설계하는 과정을 알 수 있다. 제2절에서는 자아정체감의 개념, 특징, 구성요소 및 발달 과정을 알아봄으로써 자아정체감 확립에 대하여 살펴본다. 제3절에서는 나의 특성 및 제반 여건을 이해하기 위하여 직업 흥미와 직업 적성의 의미를 살펴보고 여러 가지 진로 심리검사에 관하여 살펴본다. 제4절은 나의 강점과 특성을 알아보고 진로와 직업세계 탐색에 관해 고찰한다.

제2장에서는 직업의의를 알아보고 미래직업을 위한 준비사항에 대해 학습한다. 먼저 제1절에서는 직업의 개념을 이해하고 현대사회에서 직업의 가치와 의의에 관해서 살펴본다. 제2절에서는 사회환경과 직업 패러다임의 관계를 해외와 국내 상황으로 나누어 살펴본다. 제3절에서는 미래직업 전망과 평생직업 능력개발을 위한 국가 주요 정책 방향을 이해함으로써 미래직업을 마주하기 위한 국가와 개인의 준비사항이 무엇인지 학습한다.

제3장 제1절에서는 인간의 생애발달 단계의 특성과 각 단계별 발달과업에 관한 고찰을 통하여 발달특성에 알맞은 진로교육에 관해 살펴본다. 제2절에서는 진로교육에 관한 다양한 학자들의 일반적 개념과 특징을 살펴보고 바람직한 직업진로교육의 방향을 탐색한다. 제3절에서는 슈퍼의 이론을 중심으로 진로발달의 개념과 진로발달이론 및 진로적응성 등 개인의 생애주기와 발달적인 맥락 속에서 순환적이고 전체적인 측면에서 진로발달에 관한 이해를 증진하고자 한다.

제4장에서는 진로 의사를 결정해가는 과정에서 나타나는 진로장벽과 갈등을 해결하고 합리적인 의사 결정을 통하여 나의 희망 직업을 선택해 가는 과정을 학습한다. 제1절은 진로장벽의 개념을 이해하고 진로장벽과 갈등을 해결해 가는 방법을 함께 논의할 수 있고 제2절에서는 진로 의사 결정 이론, 요인 및 유형을 통하여 합리적으로 의사를 결정해가는 과정을 알 수 있다. 제3절은 직업탐색 행동을 알고 자신의 특성을 이해함으로써 직업 선택 모형과 선택과정을 통하여 나의 희망 직업을 찾을 수 있다.

제5장에서는 학생과 성인에 대한 진로 및 직업과 관련된 근거법을 정리함으로써 진로상담과 직업 선택에 대한 올바른 길잡이가 되도록 하였다. 제1절에서는 학생과 성인에 대한 진로 직업 관련 근거법을 간략히 소개하였으며, 제2절에서는 학생진로교육과 관련된 교육부 소관 근거법을 상세히 제시하였으며, 제

3절에서는 성인 직업능력개발로서의 직업 및 진로 상담교육과 관련된 고용노동부 소관 근거법을 제시하였다. 제4절에서는 분야별·계층별 직업 및 진로 상담 교육과 관련된 각 부처 소관 근거법을 제시하였다.

제6장에서는 우리나라 직업능력개발(훈련)의 개념과 실제를 이해하고 시대변화에 맞는 개발 방향에 대해 제시한다. 제1절에서는 직업능력개발의 개념을 알아보고 지원사업을 학습함으로써 미래 직업능력개발사업의 방향에 대해 고민해 본다. 제2절에서는 기존의 경력관리와 셀프리더십을 넘어 자기 삶의 의미를 찾아 실행하는 진성리더십의 패러다임을 직업능력개발에 접목하여 직업능력개발의 새로운 관점을 학습한다. 제3절에서는 과거 직업 필요역량 습득이라는 목표 달성의 암묵적 관습을 넘어 살아가는 이유를 찾아 진성직업능력개발로 다시 탄생하도록 촉진하며 선한 영향력이 개인이 직업능력개발을 넘어 지역사회에 영향을 미칠 수 있는 방향을 제시한다.

제7장 진로 프로그램 개발 및 활용에서는 진로교육 현장에서 활용되는 프로그램을 구안하여 각 현장에서의 학습자들의 진로문제와 발달단계에 따른 과업을 해결할 수 있도록 하였다. 제1절에서는 진로 계발을 위한 진로 특성에 대해 살펴보기 위해 개인적 특성과 환경적 특성으로 구분하고, 이에 대한 개념과 세부적 요인에 대해 설명한다. 제2절에서는 진로 프로그램 기획 및 개발에 관해 살펴본다. 제3절에서는 진로 프로그램을 적용하는 차원에서 진로 프로그램을 실행하고 평가 및 관리에 이르기까지의 내용에 대해 초점을 두어 설명한다.

제8장에서는 진로 검사의 활용 및 실제에 대해 살펴본다. 제1절에서는 심리검사의 기초에 대해 학습한다. 제2절에서는 진로 검사를 이해하기 위한 내용을 살펴보고, 제3절에서는 진로 계발을 위한 코칭에 대해 살펴본다.

제9장 창업과 창업교육에서는 창업과 창업교육의 개념 및 필요성에 관한 고찰을 통하여 창업자가 가져야 할 역량과 자질에 관해 살펴보고 우리나라 대학의 창업교육 현황에 관한 고찰을 통하여 효과적인 창업교육의 방향에 대해서 살펴보고자 한다. 제1절에서는 창업과 창업교육의 사전적 정의를 통하여 창업교육의 올바른 개념을 정립하고, 창업교육의 목표와 창업교육에 필요한 구성요소를 살펴본다. 제2절에서는 창업가의 특성, 창업가가 가져야 할 창업의지, 창업태도에 관해서 살펴본다. 제3절에서는 숭실대를 비롯한 국내 대학의 창업교육 실태를 살펴보고 대학 내 창업교육 활성화를 위한 창업동아리, 창업캠프 운영, 학내 창업친화적 학사제도 및 인사제도 등 다양한 프로그램 운영 사례 중

심으로 살펴본다.

제10장 외국의 중등 진로직업교육에서는 진로직업교육에 있어서 선구자적인 성과를 보이고 있는 미국, 독일, 핀란드, 호주의 중등 진로직업교육 사례를 살펴보고 이를 토대로 우리나라의 바람직한 중등진로직업교육의 방향, 직업교육의 활성화를 위한 방향에 대해서 살펴본다.

제11장 구직 관련 동향 분석에서는 최근 채용 방법이 어떻게 변화되는지 알아보고 청년, 여성, 중·장년 등의 고용동향을 살펴본다. 특히, 윤석열 정부에서 강화하고 있는 국가교육책임제 및 국가진로교육법에 대한 동향을 분석해 봄으로써 구직과 관련된 사람들에게 정확한 방향을 정립할 수 있도록 한다.

제12장 구직자 가이드에서는 가장 기본적인 이력서, 자기소개서 작성 방법과 면접전략을 살펴보았다. 취업과 관련하여 대학생, 장애인, 경력단절 여성, 중·장년, 다문화 가정, 전역예정 장병 등 대상별 취업 가이드를 제시하여 실제적인 도움을 줄 수 있도록 하였다.

제13장은 진로와 행복한 삶에 대해 고찰한다. 제1절에서는 행복론에 대해 살펴보면서 긍정 정서의 통합된 결과로 나타난 행복에 대한 기본 이해와 행복을 바라보는 관점 그리고 행복한 인간의 삶이 무엇인지에 대해 살펴보면서 진로계발과 행복과의 관계에 대해 파악한다. 제2절에서는 행복과 인생설계에 대해 살펴보면서, 행복심리학에 대해 이해하고, 행복한 인생을 위한 준비는 어떠해야 하는지에 대해 탐색한다. 제3절에서는 진로 및 직업과 행복에 대해 이해하도록 한다.

이 책은 숭실대학교 평생교육학과에서 박사학위를 받고 대학에서 강의를 하고 있거나 직업교육현장에서 왕성하게 활동하고 있는 5명의 교육전문가들이 집필하였다. 해당 분야의 전문가들이 직접 체험한 활동 경험을 바탕으로 진로와 직업선택에 관한 내용을 이해하기 쉽게 작성하여 연령층에 상관없이 진로에 대한 고민을 안고 있는 사람들뿐만 아니라 대학에서 체계적으로 '진로와 직업선택'에 관한 학습을 하고자 하는 사람들에게 도움을 줄 것으로 기대한다. 하지만 미흡한 부분이 많이 있을 것으로 보며, 독자 여러분들의 넓은 이해와 아낌없는 충언을 바란다.

끝으로, 5권의 필수과목 책들에 이어 3권의 선택과목 책들을 출간하기 위해 앞에서 열정적으로 일하신 한국평생교육박사연구회의 회장 임정임 박사와 임원진들의 노고에 깊이 감사를 드린다. 아울러 이 책이 나오기까지 아낌없는 지원을 해주신 도서출판 동문사 이중수 사장님과 좋은 책이 나올 수 있도록 주야로 애써주신 출판사 관계자분들에게도 감사의 마음을 전한다.

2023년 5월

필자 일동

차례

머리말 5

Chapter 01 진로 직업의 이해 **15**

제1절 삶, 진로, 직업의 의미 17
제2절 자아정체감 및 존중감의 확립 23
제3절 나의 특성 및 제반 여건의 이해 30
제4절 종합적인 나의 이해와 진로 39

Chapter 02 직업의의와 미래직업 **43**

제1절 직업개념과 가치 45
제2절 사회환경과 직업 패러다임 49
제3절 미래직업 세계 이해 57

Chapter 03 생애발달과 직업진로교육 **67**

제1절 생애발달과 발달과업 69
제2절 진로교육과 직업진로교육 79
제3절 진로발달과 진로발달이론 83

Chapter 04 진로 의사 결정 **93**

제1절 나의 진로장벽 및 갈등의 진단과 해결 95
제2절 합리적 진로 의사 결정 과정 및 방법의 이해 100
제3절 나의 희망 직업 선택 105

Chapter 05 진로·직업 관련 법체계 113

제1절 개요 115
제2절 학생 진로교육으로서의 진로상담(교육부) 115
제3절 성인 직업능력개발로서의 직업 및 진로상담교육(고용노동부) 122
제4절 분야별·계층별 직업 및 진로 상담 교육 125

Chapter 06 직업능력개발과 진성리더십 145

제1절 직업능력개발의 이해 147
제2절 진성리더십의 이해 153
제3절 진성직업능력개발 실천 161

Chapter 07 진로 프로그램 개발 및 활용 169

제1절 진로 계발을 위한 진로 특성 171
제2절 진로 프로그램 기획 및 개발 179
제3절 진로 프로그램 적용 186

Chapter 08 진로 검사 활용 및 실제 191

제1절 심리검사의 기초 193
제2절 진로 검사의 이해 200
제3절 진로 계발을 위한 코칭 209

Chapter 09 창업과 창업교육 219

제1절 창업과 창업교육의 이해 221
제2절 창업가와 창업의지(Entrepreneurial Intention) 227
제3절 국내 대학 창업교육 231

Chapter 10 외국의 중등 진로직업교육 245

제1절 미국의 중등진로직업교육 247
제2절 독일의 중등진로직업교육 251
제3절 핀란드의 중등진로직업교육 256
제4절 호주의 중등진로직업교육 262

Chapter 11 구직 관련 동향 분석 269

제1절 구직 동향 271
제2절 뜨는 직업, 사라진 직업 271
제3절 변화되는 구직 전망 275
제4절 채용의 변화 276
제5절 청년 구직 동향 277
제6절 여성 관련 구직 동향 279
제7절 중장년 구직 심각에 따른 중앙부처 및 지방자치단체 기반 구축 동향 281
제8절 국가교육책임제 및 국가진로교육법 강화 동향 284

Chapter 12 구직자 가이드 289

제1절 구직의 개념 291
제2절 대상별 취업가이드 297

Chapter 13 진로와 행복한 삶 313

제1절 행복론 315
제2절 행복과 인생설계 319
제3절 진로·직업과 행복 326

참고문헌 337

CHAPTER 01

진로 직업의 이해

제1절 삶, 진로, 직업의 의미
제2절 자아정체감 및 존중감의 확립
제3절 나의 특성 및 제반 여건의 이해
제4절 종합적인 나의 이해와 진로

학습목표

본 장은 자기 이해를 올바르게 하는 방법과 일을 통해 행복한 삶을 설계하는 과정을 제시하였다. 자아정체감의 개념, 특징, 구성 요소 및 발달과정을 알아봄으로써 자아정체감 확립에 대하여 생각해 볼 수 있도록 하였다. 또한, 나의 특성 및 제반 여건을 이해하기 위하여 직업 흥미와 직업 적성의 의미를 살펴보고 나의 특성과 진로를 위하여 직업 세계를 탐색해 볼 수 있도록 하였다.

제1절 삶, 진로, 직업의 의미

1. 자기 이해

1) 자기 이해란 무엇인가

자기 이해는 자신의 감각, 지각, 정서, 인식, 사고의 작용을 통해서 자기의 객관적 현실과 주관적 현실의 식별을 명확히 하면서, 주체적 자기, 객체로서의 자기, 객체로서의 타자, 자기와 타자와의 상호관계를 파악하는 태도를 말한다. 건강한 인격의 요소인 자기 수용에 이르기 위해서는 자기 이해가 필요하며 의사소통에서는 상호 이해하는 인간관계를 가능하게 하는 태도이다.

시대를 막론하고 새로운 시대를 여는 주체는 청년들이다. 새뮤얼 스마일스(Samuel Smiles)는 이렇게 외친다. “젊은이들이여, 야망을 품어라! 이 세상에 불가능한 것은 아무것도 없다. 하늘은 스스로 돕는 자를 돕는다. 자기가 생각한 대로 자기 인생을 창조하라!” 빠르게 변화하는 ‘나’, 상황과 조건에 따라 달라지는 ‘나’를 정확하게 안다는 것은 어려운 일이다. 새뮤얼의 말은 그러한 나를 그냥 막연하게 바라보며 순응하라는 뜻이 아니다. 나에 대해 끊임없이 관심을 보이고 지속적인 자기 성찰과 옳고 그름을 따져보는 태도, 그리고 거짓을 거부하는 용기를 말한다.

행복한 인생은 온전하게 나를 이해한 후 ‘의지’의 힘으로 이룰 수 있다. 젊은이들은 어려움에 부딪혔을 때 두려워 말고 인내와 끈기로 극복해야 한다. 즐거운 마음으로 최선을 다해 일해야 하며, 성실하고 겸손한 자세를 겸비하지 못하면 위대한 업적을 달성하기 어렵다. 언제나 인격을 연마해야 하며 게으르게 생활해서는 안 된다. 숭고한 인격을 쌓지 못하면 능력도 소용없으며 출세와 성공은 아무런 의미가 없다.

베이컨은 “인간이 자기를 완성하는 데 필요한 것은 독서보다 일이요, 학문보다 생활이요, 공부보다 행동이요, 언행보다 그 인품이다.”라고 말했다.

2) 자기 이해를 위한 자신의 성찰

우리는 자신이 가장 잘하는 것을 보기가 매우 어렵다. 최고의 재능을 발견하는 일은 정말 어려울 수도 있으며, 주로 가장 기대하지 않은 곳에 숨어 있다. 자신은 잘못한다고 생각했던 것들이 때론 재능일 수 있으므로 약간의 노력이 필요하더라도 자신의 재능을 찾는 것이 중요하다. 자신의 성찰을 통해서 재능을 찾는 사례를 제시하면 다음과 같다(옴썬, 2020).

(1) 모든 가능성을 열어두어야 한다.

재능이 있는 분야를 보지 못하고 있을 수 있기에 모든 가능성을 열어두고 재능을 평가하는 것이 좋다. 재능은 단지 노래를 잘 부르거나 달리기를 잘하는 것에 국한되지 않는다. 재능은 모든 형태의 크기로 나타날 수 있으며 자신의 삶에서 여러 분야로 확대시킬 수 있다. 예를 들면, 글을 잘 쓰고 타인의 감정을 정확하게 읽어내는 것도 매우 유용한 재능이다.

(2) 자신의 과거를 돌아보아야 한다.

자신의 재능을 찾기 위해 과거를 돌아보고 그동안 일어난 것을 생각해 본다. 자주 즐겨 했던 것, 탁월하게 잘했던 것, 내가 가장 자랑스럽게 했던 것, 남들과 상관없이 자랑스러웠던 것은 무엇인지 스스로 질문을 해 본다.

어린 시절에 주로 하고 지낸 것, 즐겨 했던 것, 잘 알고 있었던 것들을 생각하여 자신의 깊은 곳에 있는 재능을 발견할 수 있고, 취미와 정기적으로 해 왔던 것들을 생각하여 숨어 있는 재능을 찾을 수도 있다.

(3) 어떤 것을 자신이 즐기는지 생각해 본다.

행복하게 만드는 것과 좋아하는 것에 대해 생각해 보고, 시간 가는 줄 모르고 빠져들었던 것들이 재능일 수도 있다. 자신이 즐기고 있는 것을 기록하여 자신이 즐겨 했던 것과 그것을 할 때 왜 즐거운지 생각할 수 있다.

(4) 잘하는 것을 평가해 본다.

좋아하는 것과 잘하는 것에는 큰 차이가 있다. 좋아하는 것이 재능이라고 생각할 수 있지만 좋아하지 않거나 생각하지도 않은 것이 재능이 될 수 있다. 자신이 잘하는 일들에 대해서 시간을 충분히 가지고 살펴보아야 한다.

(5) 성공했던 시절에 대해 생각해 본다.

그동안 자신의 인생에서 크게 성공했던 시기와 성공으로 인해 자신만만했던 시기를 생각해 본다. 그것들로부터 자신이 가진 재능을 보게 될 수도 있기 때문이다. 예를 들어, 친구가 공부방을 재정비할 때 정리하는 것을 돕고 우정이 깊어졌다면 이 같은 정리가 정말 유용한 재능이라고 볼 수 있다.

(6) 자신이 살아온 것에 대한 이야기를 글로 써 본다.

글로 이야기를 써 보는 연습을 통하여 가지고 있는 재능을 발견할 수 있으며 새롭게 재능을 개발해 갈 수 있는 데도 도움을 준다. 어린 시절에 어떠했는지, 학교에 입학하기 전과 후 어떤 것들을 즐겨 했는지, 과목은 어떤 것을 좋아했는지 써 본다. 성장 과정에 대해서도 써 보고 자신은 현재 어디에 와 있는지, 자신의 미래와 가고 싶은 곳에 대해서도 써 본다. 이런 연습을 통해 우선순위를 정할 수 있고 자신이 생각하고 있는 것이 중요하다는 것을 알 수 있게 된다. 또한 인생에서 무엇을 원하는지 드러나게 해 주며 꿈을 이루기 위해서 키워야 할 재능에 집중할 수 있도록 돕는다.

(7) 주변에 질문해 본다.

나에 대해 다른 사람의 관점은 어떤지 알아본다. 어떤 것을 잘하는지 오히려 더 쉽게 발견할 수도 있다. 주변 사람들에게 질문해 보면 대개는 어떤 장점을 가지고 있는지 흔쾌히 얘기해 주곤 한다. 질문을 할 때는 자신을 잘 아는 사람들뿐 아니라 잘 모르는 사람들의 의견도 들을 필요가 있다. 이들이 보는 관점이 서로 다른 것이고 그 차이로 인해 자신에 대해서도 더 잘 알 수 있게 되기 때문이다.

2. 일과 행복한 삶 설계

1) 나와 일

사람은 일할 때 살아 있음을 느낄 수 있고, 그 일이 생산적이거나 의미 있을 때 그것을 해낼 수 있다. 일이라는 것은 그것이 경제적이든, 사회적 목적이든, 소명이든 간에 행복에 중요한 영향을 준다. 경제적 이유로 일을 하는 사람들도 일에 대해 의미를 높게 평가하면 할수록 생산성도 높아지고 행복감도 높아진다(Albrecht, 2013). 일의 목적과 중요성을 이해하면 더 깊게 몰입하고, 심리적 만족감으로 더 생산적이 된다. 안정된 생활이 보장되어도 일을 계속하겠다는 대학생 대상의 연구 결과를 보면 일이라는 것이 성장 등의 욕구 충족, 기술 습득, 신체·정신적 건강, 사회에 대한 기여의 의미를 갖고 있다고 하겠다(Dhar, 2012).

흔히들 일을 삶의 수단이라고 생각하는 경우가 많으나 어떤 이는 일이 곧 삶인 사람들도 있다. 일과 삶이 분리되지 않은 사람들을 우리는 '자아 실현인'이라고 부르기도 한다. 예술가들이나 스포츠를 하는 사람들은 일과 삶이 분리되지 않는다. 즉, 일을 통해 삶을 즐기는 사람들이다. 그러나 대부분의 사람들은 일이 삶의 수단이며 일을 통해 수입을 얻고 그것으로 삶을 즐기려고 한다.

문제는 그 수입을 위한 일에 시간을 거의 소비하게 되어 진정한 삶을 누릴 기회가 별로 없다는 점이다. 새벽부터 늦은 저녁까지 열심히 일하는데 그것이 자아 실현의 과정이 아닌 경우가 많은 것이다. 어떤 이는 요리를 하면서 삶을 느끼지만 어떤 이는 요리가 돈을 버는 수단에 불과하다. 어떤 이는 청소를 하면서 삶의 보람을 느끼지만 어떤 이는 청소를 하면서 생존을 걱정한다.

켄 로빈스 교수는 타고난 재능이 열정을 만나는 지점을 엘리먼트(Element)라고 정의하였다. 이 상태가 되면 몇 시간이 몇 분처럼 흘러버리고, 오직 그 일에 몰입하게 되며, 에너지가 솟아나고 자신을 행운아라 여기며 자신의 진짜 모습이 드러나고, 자신이 누구인지를 느끼며, 자기 삶의 목적이 무엇인지를 깨닫게 된다고 하였다. 이러한 엘리먼트를 반복적으로 경험하는 삶이 행복한 삶이라고 하였다.

2) 일과 행복한 삶

삶의 수단으로서의 일은 앞으로 갈수록 기계들에 의해 대체될 것이다. 그 이유는 일자리에 대한 인간의 욕구 수준이 높아질수록 그 욕구를 충족하기보다는 말 잘 듣고 생산성도 훨씬 뛰어난 기계를 사용하는 것이 경제적이기 때문이다.

이런 기계에 의한 일자리 상실은 어제오늘의 일이 아니다. 인간의 욕구 수준이 높아지는 만큼 그것을 대체하려는 노력도 계속되어 왔다. 그런데 이제 인간의 지능은 물론, 파일럿을 대신하는 로봇 등 고도의 지적 수준을 요구하는 일들마저도 인공지능(AI)이 개입된 상태이며, 인간이 기피하는 일들도 기계의 몫이 되어가고 있다.

이제 일은 삶의 수단이 아니라 삶 그 자체가 되어야 한다. 일을 고된 노동이라고 생각하는 사람, 또는 평생 일을 한 것이 아니라 즐겁게 놀았다고 이야기하는 발명가 토머스 에디슨처럼 놀이로 생각하는 사람이 있을 수 있다. 소명과 놀이로 자아실현을 하는 사람들은 인간으로서 의미 있는 삶을 살게 되는데 바로 많은 사람들이 이러한 삶을 살 수 있는 기회가 다가오고 있다. 반면에 고된 노동을 하는 사람들은 기계들과 일자리를 놓고 다퉈야 하는 힘겨운 삶을 살게 될 것이다.

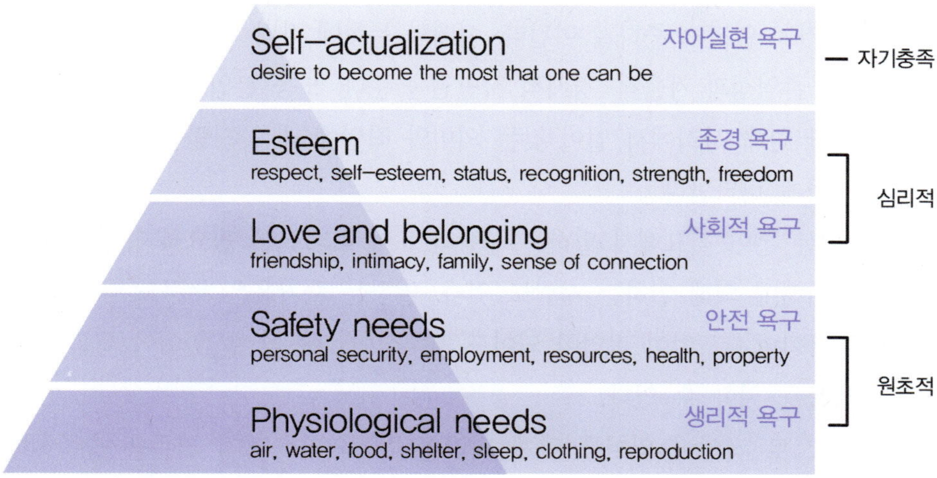

그림 1-1 **매슬로의 욕구 5단계**

출처: 토마스진(2020). 경영 및 마케팅.

자아실현을 위해서는 두 가지 필요조건이 충족되어야 하는데 첫 번째는 기초 생활의 안정이다. 매슬로의 욕구 5단계 중 최소한 생존 욕구와 안전 욕구가 해결되지 않은 상태에서 자아실현 욕구의 구현은 쉽지 않다. 통념과는 달리 기초 생활을 안정시키는 일은 갈수록 부담이 줄어들고 있다. 두 번째로는 많은 시간 동안 자아실현을 위해 투자하며 삶을 디자인하는 과정이 반복되어야 한다. 끊임없이 삶의 의미를 되묻고 떠오른 무언가를 개념화하고 개념화된 목적을 추구하며 엘리먼트를 경험하는 행위를 반복하는 것이 바로 자아실현 과정이라고 할 수 있겠다. 최소한의 시간을 투자하여 기초 생활을 안정시킨 후에 충분한 시간을 자아실현에 투자할 수 있도록 하는 것이 중요하다.

3. 삶과 직업

1) 나와 직업

직업은 그 일에 종사하는 사람에게 삶의 의미를 준다. 일하는 것은 인간의 본질이며, 본질이 훼손되지 않고 실현될 때 더욱 인간적이 된다. 의미 있는 직업은 무엇일까? 사람마다 다르지만 사회 구성원이라면 구성원 각자 적어도 직업이 가지는 하나 이상의 합당한 의미를 찾아야 할 것이다.

사람들은 남의 도움 없이 스스로의 능력으로 삶을 유지할 수 있을 때 자신의 일을 가치 있고 소중하게 여긴다. 시대와 문화에 따라 차이가 있지만, 일은 사람에게 존엄성과 자율적·경제적 시민권을 준다. 노동 분업이 많아지고 직업이 발달한 현대 사회에서 일이 갖는 의미와 직업에 대한 사람들의 태도는 아주 다양하게 나타난다.

그중에는 돈이 필요해서 일하는 사람과 노예처럼 돈은 필요하지 않지만 누군가의 지시에 의해 일하는 사람도 있다. 일하는 즐거움은 누구도 대신할 수 없는 행복이며, 그 일이 직업이 되어도 자부심이 계속될 수 있어야 행복한 직업 생활을 영위할 수 있다.

일반적으로 직업이 의미를 갖게 되려면 다음의 네 가지 기준을 충족해야 한다.

(1) 지속적인 활동을 통해 경제적으로 보상받아야 한다.

(2) 수행하는 활용이 사회적인 유동성을 지닌 일이어야 한다.

(3) 자율적 의사에 따라 수행하는 활동이어야 한다.

(4) 정신적·육체적 활동이 수반되어야 한다.

2) 일과 성공적인 삶

성공적인 인생을 살기 위해서는 성격도 재능도 중요하지만 열심히 일한 후에 얻게 되는 보람이야말로 인간이 경험하는 소중한 행복이다. 사람이 살아가기 위해서는 필연적으로 직접 손으로 일해야 하며, 즐겁게 경험해야 하는 것이므로 이를 위해서는 어떤 식으로든 일해야 한다. 일은 짐이 될 수 있지만 명예와 영광이 되기도 한다.

유엔은 세계 인권 선언문을 선포해 모든 사람에게 일할 권리를 부여했다. 이 선언문은 '자신의 존엄성'을 위해 사회 보장 제도나 경제적 권리뿐만 아니라 일을 가질 권리(제23조)도 인정했다. 일은 단순히 생활 수단이 아니라 그 자체가 권리임을 인정한 것이다. 이것은 다시 말하면 인간의 권리를 존중하는 사회는 모든 구성원에게 일자리를 제공할 의무가 있다는 의미이기도 하다. 비록 그들의 사회적 권리가 실업 수당으로 보장된다고 하더라도 말이다. 인간에게 일이 없는 행복은 별 의미가 없으므로 만족도가 감소한다. 그러므로 인권 선언문이 보장하는 일할 권리에는 공정하고 품위 있는 노동 조건과 함께 자유로운 직업선택도 포함된다.

제2절 자아정체감 및 존중감의 확립

1. 자아정체감의 확립

1) 자아정체감의 개념과 특징

'나는 누구인가?'라는 질문에 대답하기 위해서는 자신에 관한 통합된 관념, 즉 자아정체감을 가지고 있어야 한다. 자아정체감이란 자신의 성격, 흥미, 가치관, 능력, 인간관, 세계관, 미래관 등을 비교적 명료하게 이해하고 있으며, 그 이해가 통합성과 지속성을 가지고 있는 상태를 말한다. 따라서 자아정체감을 형성한 사람은 스스로 생각하는 자기 모습과 다른 사람과의 관계 속에서 형성된 자기 모습을 통합하여 다른 사람과 구분되는 자신만의 독특한 모습을 일관성 있게 지속 인식한다.

에릭슨(Erikson)은 자아정체감(ego-identity)이라는 용어를 가장 먼저 사용하였으며, 자아정체감은 인간의 전 생애에 걸쳐 반드시 획득해야만 하는 발달 과업인 동시에 청소년기의 가장 중요한 과업이라고 하였다.

자아정체감이 바르게 확립된 개인은 자신의 장점과 단점을 잘 인식하고, 자기 자신을 타인과 분리된 독특한 개인으로 지각하게 되어 자기 일관성을 가지게 된다. 그러나 그렇지 못한 경우 다른 사람으로부터 자기 자신을 찾으려 하고 외적 자원에 의존하여 자신을 평가하는 혼미한 사람이 되기도 한다(송현옥, 2008).

특히 청소년기에 적절한 자아정체감을 확립하게 되면 주체성을 갖고 심리적으로 안정감을 유지하게 되지만, 자아정체감 확립에 실패하게 되면 자기 평가를 비합리적으로 결정하고, 자기 회의나 역할 혼미를 경험하여 가정이나 학교, 사회에서 다양한 정신적 갈등을 경험하게 될 가능성이 높아진다(이현지, 김명희, 2007).

즉, 자아정체감은 환경적, 심리적 요인 등 다양한 요소 간 상호작용을 통해 청소년 시기에 대부분 발달되고, 이 시기에 정립된 자아정체감은 추후 자기 자신 및 타인과의 관계와 자신의 심리 내적 상태 등 다양한 부분에 영향을 미친다는 것을 알 수 있다.

2) 자아정체감의 확립

매일 반복되는 평범한 일상에서 우리는 자신을 잊고 살아가지만, 어떤 특별한 사건이나 계기를 통해 '나'의 존재를 심각하게 묻고 고민하며 생각할 때가 찾아오기도 한다. 나는 어디에서 왔을까? 나는 왜 남들보다 부족한 것이 많을까? 나는 왜 자라면서 이렇게 변했을까? 나는 왜 가난한 집에서 태어났을까? 나는 왜 공부에 매달려 다른 것을 보지 못할까? 나는 무엇을 위해 이 세상에 태어났을까? 나에 대한 고민은 나의 성격, 외모, 가족, 친구 등과 관련된 것은 물론 역사적인 차원까지 나아가기도 한다. 나의 삶은 나의 의지와는 상관없이,

아무것도 없는 진공관 속에서 이루어지는 것이 아니라, 내가 태어나 살아왔고 살고 있는 시대의 장소가 허락하는 조건 속에서 만들어지고 구성되는 것이다.

자아정체감은 우리가 어떠한 상황에도 넘어지거나 흔들리지 않고 이 세상을 스스로의 힘으로 헤쳐 나가는 데 꼭 필요한 감정이다. 자기의 정체감을 확립해야 스스로 위엄을 세우고 확고하게 삶을 영위할 수 있게 되며 주체적인 삶의 바탕이 된다.

자신을 있는 그대로 받아들이면서 존중하고 소중히 여기는 마음을 자아존중감이라고 하고, 자신을 쓸모 있는 존재로 여기면서 어떤 문제를 자기 능력으로 해결할 수 있다고 믿는 기대와 신념을 자기효능감이라고 한다. 이러한 자아존중감과 자기효능감은 긍정적 자아정체감을 형성하는 바탕이 된다.

졸업 후 취업이나 진학을 목표로 하는 대학생 시기에는 긍정적 자아정체감을 형성하는 것이 중요하다. 긍정적 자아정체감을 형성한 청년들은 자신감과 성취 의욕이 높으며, 취업 및 진학 준비에도 적극적으로 참여한다. 그러므로 대학생 시기에는 적성, 흥미, 가치관 등 자신의 특성을 종합적으로 이해하고 긍정적 자아정체감을 형성하기 위해 노력해야 한다.

2. 자아정체감의 구성 요소

1) 자아정체감의 구성 요소

어떤 사람의 자아 정체에 대한 정의를 '자기 정의'라고 말한다. 자아 정체의 구성 요소는 다음과 같이 나눌 수 있다.

(1) 개인적 정체성: 오랫동안 서로 다른 시기를 지나와도 동일 사람임을 확인시켜 주는 존재들

(2) 인격 정체성: 서로 다른 시기에도 같은 사람이 동일 인격을 구성한다는 사실을 확인시켜 주는 조건들

(3) 개인적 자기 확인: 사람이 오랜 시간 자기와 동일시한 것

에릭슨(Erikson) 같은 심리학자들은 사춘기의 정체성 위기를 살펴볼 때, 특히 부모나 부모의 가치관과 더 이상 동일시하지 못하는 문제를 집중적으로 다루었다.

인간의 '자기 정의'는 주로 '인격 정체성'과 '개인적 자기 확인'에 중점을

둔다. 자기 정의는 크고 작은 여러 가지 다양한 변화를 거치면서도 자신의 생애가 여전히 계속 이어진다고 확신하는 방식이다.

누구나 자신의 미래를 원하는 대로 만들 수 있다. 자신을 움직이고 나아가게 하는 건 오직 자기 자신뿐임을 알고 꾸준히 노력한다면, 원하는 바를 언젠가는 이룰 수 있다. 게으르고 나약하며 의지도 없고 소망도 없는 사람은 아무것도 붙잡을 수 없다. 그들은 바로 옆에 있는 행운이나 행복도 발견하지 못하고 그대로 무심히 지나쳐 버린다.

2) 자아정체감의 발달

자아정체감의 발달은 일생을 통하여 진행된다. 유아기에서 아동기를 거쳐오는 동안에 정체감의 발달은 비교적 무의식적인 수준에서 진행된다. 아동은 자신을 타인과 구별해주는 신체적인 특성이나 능력, 욕구, 역할 그리고 중요한 인물에 대한 동일시의 내용들을 무의식적으로 통합해서 독특한 자기상을 갖게 된다.

(1) 에릭슨의 심리·사회성 발달이론

에릭슨(Erikson)은 사람은 일생 동안 8단계의 발달단계를 거친다고 하였다. 이 8단계는 자아가 사회·문화적인 세계와 상호작용하여 발달되어 나가는 자아의 발달과정으로 세 가지 원리에 근거하여 이루어진다고 하였다. 첫째, 개인의 내적인 성숙과 사회·문화적인 요인의 상호작용이다. 개인의 내적인 성숙이란 생물학적인 성숙을 포함한 단계마다 나타나는 개인의 속성이다. 생물학적인 성숙, 신뢰감, 자율성, 솔선성, 근면성 등 개인적인 자질들이 사회·문화적인 세계와 상호작용하여 자아 발달이 이루어진다. 둘째, 양극화 이론이다. 단계마다 발달의 양상이 대비적으로 나타난다. 단계마다 개인이 당면해서 해결해야 할 과제가 있는데 이 과제는 양극적인 상반된 성향으로 제시되고 있다. 각 단계에서 이 과제들을 어떻게 해결했느냐에 따라 개인의 발달은 긍정적인, 또는 부정적인 양극화 방향으로 이루어진다. 이런 의미에서 볼 때, 각 단계는 발달적 위기를 잠재적으로 내포하고 있으며 그 시기에 당면한 발달 단계를 해결해야 할 결정적 시기이다. 셋째, 점성설이다. 인간의 발달은 점성적 원리(epigenetic principle)에 의해 이루어진다. 발달은 성장체의 기본 계획과 발달의 이정표에 따라 진행되는데, 먼저 발달된 부분을 바탕으로 다음 발달이 이루어진다는 것을 의미한다.

그러나 이전의 발달은 이후 발달을 위한 필요조건이지 충분조건은 아니다. 즉, 청소년기에 발달이 순조롭게 이루어지려면 아동기까지의 발달이 잘 이루어졌다고 해서 반드시 청소년기의 발달이 잘 이루어지는 것은 아니다.

에릭슨이 말하는 8단계는 다음과 같다.

표 1-1 에릭슨의 심리사회적 발달 단계

심리 사회적 위기	연령	주요 사회적 관계	바람직한 결과
신뢰 vs. 불신	0~18개월	어머니(양육자)	신뢰, 희망
자율성 vs. 수치 및 의심	18개월~3세	부모	의지
주도성 vs. 죄의식	3~6세	가족	목적, 의도
근면성 vs. 열등감	6~12세	이웃, 학교	유능감
정체감 vs. 역할 혼미	청년기	또래 집단, 리더십 모델	성실, 충성
친밀성 vs. 고립	성인 전기	친구, 연인, 회사 동료	사랑
생산성 vs. 침체	성인 중기	노동의 분화, 가사 분담	배려
통합성 vs. 절망	성인 후기	인류	지혜

1단계는 태어나서 18개월까지의 기간으로 신뢰감과 불신감이 형성되는 단계이다. 이 단계의 유아는 어머니와의 관계를 통해 세상을 보게 된다. 어머니는 유아에게 가장 중요하며 신뢰할 수 있는 대상이다. 어머니가 음식이나 애정을 통해 아이의 욕구를 잘 만족시켜 주게 되면 유아는 기쁨을 느끼고 신뢰감을 형성하게 된다. 그러나 만약 어머니가 일관성이 없거나 거부적인 태도를 보인다면, 유아는 좌절감을 통해 불신감을 형성하게 된다. 이는 애착과도 연관 지어 설명할 수 있다. 어머니와 애착을 형성한 유아는 긍정적인 내적 작동모델을 갖게 됨으로써 신뢰감을 형성하게 된다.

2단계는 18개월에서 3세의 기간으로 자율성과 수치심을 형성하게 되는 단계이다. 아동이 자유롭게 탐색하고 무엇인가를 할 수 있도록 허용하는 경우 아동은 자율성을 획득하게 되지만 너무 엄격하고 무서운 부모에 의해 양육된 아동은 무능감과 무력감을 느끼게 되어 자기 능력에 의심을 갖게 된다.

3단계는 3세에서 6세의 기간으로 주도성과 죄의식의 발달과정을 겪게 된다.

이 단계 아동은 뛰어놀며 던지는 활동들을 통해 주도성을 형성하게 된다. 이때 부모가 심하게 꾸짖으면 아동들은 자신의 추진력에 의해 죄의식을 갖게 된다.

4단계는 6세에서 12세의 기간으로 근면성과 열등감이 형성되는 단계이다. 학교 생활과 교사 및 또래와의 관계에서 성공을 경험함으로써 아동들은 근면성을 키우게 된다. 또한 자신의 능력에 대한 자아 개념을 형성하게 된다. 이때 학교생활에서 실패를 경험하면 열등감을 가지게 된다.

5단계는 12세에서 18세의 기간으로 자아정체감과 역할 혼미의 발달단계로서, 이때 급격한 신체적 변화를 겪게 되며, 자신이 누구이며 앞으로의 인생은 어떻게 설계할 것인지에 대한 심리적 정체감을 규정하게 된다. 이 시기의 청소년들은 자신의 직업적, 교육적, 성역할에 대해 시험해 보고자 하며, 자아에 대한 새로운 느낌과 자기 자신의 분석을 통한 정체성의 재집합을 경험하게 된다.

6단계는 성인 전기로써 친밀감과 고립감의 위기를 겪는 시기이다. 자아정체감을 확립한 청년들은 자기 삶을 나눌 사람을 찾게 된다. 이 단계는 부모에게서 독립을 성취하나 다시 다른 사람들과의 관계를 통해 자신을 찾고자 한다. 이 시기에 친구들과의 관계, 이성과의 성적인 관계, 이성과의 우정, 경쟁적 관계, 직장에서 동료들과의 관계를 통해 친밀감을 발달시키게 되며, 이를 잘 해결하지 못할 경우 고립감을 느끼게 된다.

7단계는 성인중기인 생산성과 정체감의 시기로서, 다음 세대를 기르고 지도하면서 생산을 발달시킨다. 이에 실패하는 경우 정체감을 느끼게 된다.

8단계는 성인후기로써 자아 통합감과 절망감의 시기이다. 지나온 자기 삶을 돌아보며 자신의 마지막 정체감의 위기를 해결하는 시기이다. 자신의 지나온 업적과 실패와 한계를 모두 수용하여 통합감을 갖게 되며, 이를 수용하지 못하고 후회하는 경우 절망감을 갖게 된다.

인간의 발달은 평생에 걸쳐 매 시기 해결해야 할 과제들을 해결하지 못하면 온전한 발달이 이루어질 수 없다.

3. 존중감의 의미

1) 존중감의 의미

존중감(dignity)이라는 말은 라틴어 디그니타스(dignitas)에서 유래했으며, 사회적 명예를 의미하는 말이다. 존중감이란 말은 시대와 문화에 따라 다르지만, 보편적으로 역사적·사회적 명예에 대한 생각에서 발전되었다. 자신이 누군가로부터 제대로 존중받는지에 관심을 가진다는 말은 인간으로서 자신의 이익이 실현되고 보호받을 수 있도록 존중되고 보호받는지에 관심을 가진다는 말이다.

자아정체감과 자존감은 둘 다 사람들이 자기 자신에게 부여하는 것이다. 그러나 인간의 자아나 개성은 그냥 주어지는 것이 아니다. 자아는 어떻게 만들어지는 것일까? 자아란 항상 성공적인 것은 아니지만, 어떤 과정의 결과로 나타나는 것이 일반적이다.

2) 대학 생활과 자아존중감

자아존중감은 자기에 대한 평가로 부정적·긍정적인 평가와 관련된 것이며 자기 존경의 정도와 가치를 생각하는 정도를 말하는 것이라 정의한다(송영선, 이희수, 임창현, 2018). 즉, 자아존중감이 높은 사람은 행복하고, 안정적이고, 애정이 있고, 에너지가 많으며 순발력이 있고, 자신에 대하여 만족하고 자기 가치와 능력을 인정한다.

이러한 자아존중감의 수준에 따라 보이는 개인의 특성은 대학 생활에서의 적응 정도와도 밀접한 관계가 있다. 자아존중감의 수준은 대학생들의 학업 적응과 관계가 있는데, 낮은 자아존중감을 가진 대학생들은 시험에서 자신의 점수를 평가 절하하는 경향이 있고, 점수에 대한 기대도 높은 자아존중감을 가진 학생보다 낮다.

또한 대인관계에서 사회적 회피 행동을 많이 보이는 학생들이 더 낮은 자아존중감을 보이며 낮은 자아존중감을 가진 학생들은 높은 자아존중감을 가진 학생들보다 대인관계에서의 불편감과 소외감을 더 많이 경험하는 것으로 나타난다.

현대적 정의에 의하면 자아존중감이란 자신이 유능하고 중요하며 성공적이며 가치 있다고 믿는 정도이며 자신에 관하여 지속적으로 내리는 평가라고 정의한다. 쿠퍼스미스(Coopersmith)는 자아존중감의 정의를 세 가지로 나누어 설명하였다.

첫째는 개인이 자신에 관하여 지속적으로 내리는 평가이고, 둘째는 자아존중감은 여러 경험을 통하여 다양하게 변화할 수 있으며 성, 연령 및 다른 조건에 의해서도 변화된다고 하였다. 셋째는 개인이 그 기준과 가치에 따라서 그의 행동, 능력 및 속성을 평정하는 것이며, 그 자신이 가치성을 결정하기 위한 판단력의 과정을 가르친다고 보았다.

또한 그는 자아존중감을 단일 차원적으로 접근하여 다양한 영역에 걸친 자아 평가를 합한 것이 개인의 자아존중감을 가장 잘 반영하는 것이라고 하였다.

그가 연구한 자아존중감 척도인 SEI(Self-Esteem-Inventory)는 영역의 유사성에 따라 '일반적 자아', '사회적 자아', '가정과 부모 관련 자아' 및 '학업 자아' 네 가지 영역으로 구분 지었다.

자아존중감은 한 개인이 자기 가치나 능력에 대한 주관적인 평가로써 이는 곧 개인의 행동을 결정하고 설명하는 데 중요한 변인으로 볼 수 있다. 즉 자아존중감은 다양한 신체적·사회적·심리적 변화를 겪는 청년 시기에 이루어져야 할 중요한 발달 과업인 동시에 개인의 사회 생활 적응 및 건강한 인격 발달과 자아 실현의 중요한 요소이다. 자신과 주변의 객관적인 환경 요소들로부터 주관적 경험을 통하여 형성되어 대학생의 생활 만족도에 미치는 영향력이 크다고 볼 수 있다. 대학 생활 부적응의 문제로 상담하는 많은 대학생들이 낮은 자아존중감을 갖고 있으며 이들은 현재와 미래에 대해 부정적이다.

제3절 나의 특성 및 제반 여건의 이해

1. 직업 흥미와 직업 적성

1) 직업 흥미

흥미는 어떤 활동 또는 사물에 대해 가지는 긍정적인 느낌을 말한다. 사람들은 각기 다른 흥미를 지니고 있으며 흥미를 갖고 있는 대상에 대해서는 좋은 감정을 느끼며 흥미 있는 일에는 각별한 주의를 기울이고 열중하게 된다.

흥미가 어떤 활동이나 대상에 대한 감정적 경험으로서의 행동 태도라고 볼 수 있다면 직업적 흥미(Vocational Interests)란 특정 직업 내지는 직업군에 대한 반응 정도와 그 직업에서의 주된 활동을 취하려는 선택적 경향을 말한다.

흥미의 본질과 구조에 대해서는 한 가지 뜻으로 규정하기는 어렵지만, 흥미는 어떤 활동이나 사물에 대해 가지는 긍정적인 느낌, 즉 자기가 좋아하는 일에 관심을 나타내는 것이다.

2) 홀랜드의 직업 흥미 이론

홀랜드(Holland, 1985)에 의하면 인간은 자신의 특정한 성격이나 환경을 구성하는 수많은 변인의 영향을 받아 진로를 선택하게 된다. 즉 진로선택은 특정 직업의 성격 유형에 따른 직업 세계에서의 성격적 표현으로 볼 수 있다. 이러한 성격 유형은 직업 선호도와 자신의 특성과의 일치 정도에 따라 다양하게 표현될 수 있으며 각 개인이 자신의 지배적이고 특정적인 경향을 발달시킬 수 있다면 그 지배적인 성향에 대응하는 직업 환경에서도 만족하게 되므로 인간은 자신이 선호하는 성격 경향을 충족시키기 위한 진로를 선택하게 된다는 것이 바로 홀랜드의 핵심 이론이다.

진로선택의 안정성은 성격 경향에 주로 달려 있고, 각 개인의 서로 다른 진로 유형들은 서로 다른 학습상의 결과로 나타나는 것이므로, 사람과 직무 간 상호작용이 성공과 만족감을 가져오게 됨을 알 수 있다.

홀랜드 이론은 여러 직업에 종사하는 사람에 대한 정보와 다양한 작업 환경에 관한 정보를 알 수 있도록 구성된 것으로, 진로 발달 이론 중에서는 인성에 바탕을 둔 심리 이론적 입장과 구조론적 관점을 취하며 진로 의사결정이론에서는 유형론에 속한다. 사람과 환경 또는 사람과 환경 간의 상이한 유형은 서로 다른 학습의 결과로 본 것에서도 알 수 있듯이 진로선택을 하게 되는 발달과정에 관한 것보다는 진로선택에 영향을 주는 요인에 대한 이론을 발달시켰다.

이를 통하여 홀랜드는 대다수의 사람들을 여섯 가지 유형으로 분류한 진로 유형론을 제시하고 있다.

여섯 가지 유형이란 현실적(Realistic), 탐구적(Investigative), 예술적(Artistic), 사회적(Social), 설득적(Enterprising), 관습적(Conventional) 유형을 말하며 그 모양은 육각형을 이루고 있다. 이러한 진로 유형론은 다음과 같이 개인 유형, 환경 유형, 환경 간의 상호작용에 대한 네 가지 기본 가정을 제시하고, 이 가정에 근거하여 사람들은 성격이나 흥미, 능력, 진로 의사 결정, 행동 양식들이 발달하게 된다고 보았다.

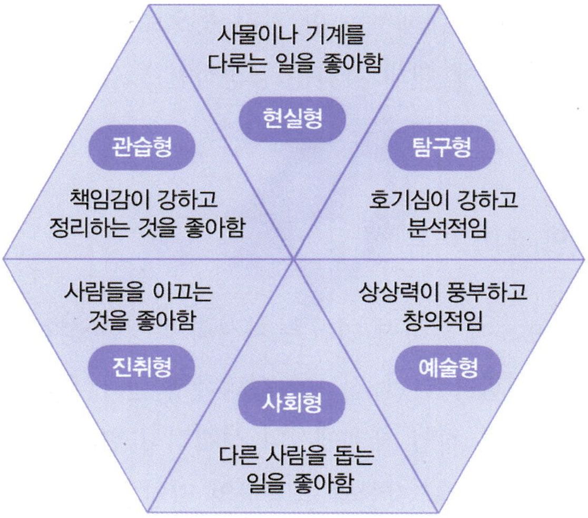

그림 1-2 **홀랜드의 6가지 성격 유형**

네 가지 기본 가정들은 사람과 환경의 상호작용에 주로 초점을 두고서 한 개인의 성격과 환경 유형을 적용하며 질적인 예견을 해 주거나 추론할 수 있고, 개인이 살아오면서 형성된 성격 유형과 환경 유형과의 일치 정도나 그 성격 유형의 일관성 정도, 독특성 등을 설명해 줄 수도 있다.

3) 직업 적성

적성이란 무엇인지에 대해 교육학 용어 사전에는 다음과 같이 기술되어 있다. '적성은 일정한 훈련에 의해 숙달될 수 있는 개인의 능력, 즉 어떤 특정 활동이나 직업을 수행하는 데 필요한 능력이 어느 정도이며, 그러한 능력의 발현 가능성의 정도를 문제시한다. 지능 또한 일반 능력이 일반적이고 포괄적인 능력의 가능성을 지칭하는 데 반해, 적성은 구체적인 특정 활동이나 작업에 대한 성공 가능성을 예언하는 데 주안을 둔다. 따라서 학력이나 성취도까지도 넓은 의미의 적성에 포함된다. 즉 적성이란 음악을 만들고, 언어를 배우는 능력 등과 같은 일련의 반응들이나 특정한 지식, 기술 등을 훈련함으로써 획득될 수 있는 개인의 능력의 징후로서 간주되는 조건이나 일련의 특성이라고 할 수 있다.

이러한 용어 사전에 근거해 본다면 적성은 구체적인 능력을 말하는 것이며, 어떤 과업을 수행함에 있어 성공할 가능성이 높은 심리적 특성이고 지능이라는 중요한 요소가 포함되어 있음을 뜻한다고 할 수 있다.

또한 적성은 미래의 어떤 특정 분야를 어느 정도 정확하게 가장 잘 학습할 수 있는 능력이고, 사람에게 적절한 기회가 주어지게 된다면 특정 분야에서의 지식이나 기능을 빠르고 능숙하게 획득할 수 있는 능력으로 이해될 수 있고, 학업이나 직업에 대해 미래의 성공 가능성을 구체적이고 실제적으로 예견해 줄 수 있다고 정의 내릴 수 있다.

인간의 능력에는 크게 두 가지로 나누어지는데 일반 능력(general ability)과 특수 능력(special ability)이다. 일반 능력은 주로 지능이라는 말로 표현될 수 있으며, 특수 능력은 일반적이지 않고 어떤 특수한 부분을 말하며 주로 적성이라고 표현한다. 따라서 적성은 어떤 특수한 부분에 다른 사람들보다 능력이 어느 정도 뛰어난지를 보는 것이다.

적성검사의 종류에는 여러 가지가 있으나 일반적으로 특수 적성검사(special Aptitude Test)와 종합 적성검사(Multiple Aptitude Test)로 나눌 수 있다. 특수 적성검사는 일반적이지 않고 특수한 영역이나 직업에서 개인의 가능성이나 수행 능력을 측정하는 검사이고, 종합 적성검사는 여러 직업이나 관련된 활동에서 여러 개의 하위 검사로 구성되어 있어 한 개인의 적성을 다양하게 측정한다.

우리나라 검사들은 대부분 미국의 PMA나 GATB 그리고 DAT 등을 기초로 종합 적성검사 형태로 되어 있다. PMA(Primary Mental Abilities)는 투루스톤(Thurston)에 의해 만들어졌고, 검사 대상은 청소년이며 세로 공간, 수리, 추리, 언어 의미, 언어 유창성 등 다섯 가지를 측정한다. GATB(General Aptitude Test Battery)는 언어 능력, 일반 지능, 수리 능력, 형태 지각, 공간 적성, 사무 지각, 운동 반응, 손의 재치, 손가락 재치 등 9개 요인으로 구성되어 있다.

DAT(Differential Aptitude Tests)는 추리력, 공간 관계, 수리력, 기계 추리, 언어 추리, 언어, 사무 능력, 운동 능력 등 총 8개의 하위 검사로 구성되어 있다.

고용노동부와 한국고용정보원은 주요 고용서비스 전산망인 워크넷, 고용보험, 직업훈련(HRD-NET), 국민취업지원, 외국인 고용허가제(EPS) 등을 통합하여 '고용 24'를 2024년 9월에 개통하였다.

고용24는 개개인 구직자에게 맞춤형 채용 정보 제공, 이력서 관리, 취업역량 강화 프로그램, 실업급여 및 정부 지원 신청 등 종합적인 고용서비스를 제공하는 통합 플랫폼이다. 2025년 1월에는 개인회원 1000만 명을 돌파했으며, AI 기반 직무매칭 시스템으로 구직자의 역량에 맞는 일자리를 추천한다.

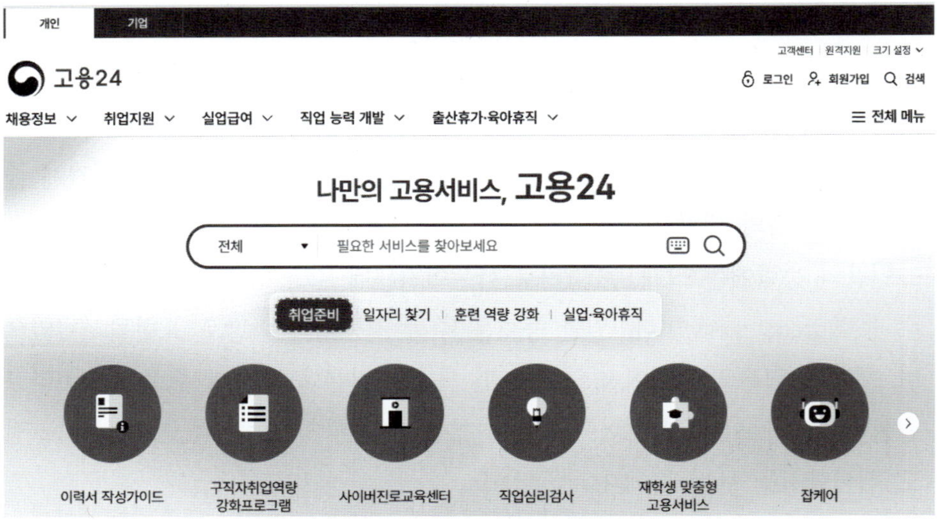

그림 1-3 **고용 24 직업심리검사 화면**

출처: 고용노동부(2026.01.10.). 고용24 홈페이지((https://www.work.go.kr)

직업심리 검사는 자신의 적성 및 흥미 등을 탐색하여 적절한 진로 방향 수립과 직업선택을 지원하는 검사로 고용 24 홈페이지의 취업준비 하위메뉴에서 직업심리 검사 화면으로 들어갈 수 있다.

고용노동부 직업심리검사는 흥미, 성격, 적성 등 다양한 심리 특성을 바탕으로 자신을 보다 객관적으로 살펴볼 수 있도록 돕는다. 검사대상은 전체, 초등학생, 중학생, 고등학생, 대학생 및 성인으로 분류되어 있으며 특정내용은 전체, 흥미, 적성, 성격, 가치, 역량, 진로(취업) 준비도에서 선택하면 된다. 검사별 '안내' 버튼을 클릭해서 내용을 확인한 후 자신에게 적합한 검사에 참여할 수 있다.

직업심리검사는 고용 24를 통해 즉시 실시가 가능하며, 검사결과는 검사 직후 '검사 결과 보기'를 통해 확인해 볼 수 있다. 검사 결과에 대한 문의와 상담은 고용24에서 '검사 결과 상담' 메뉴를 이용하거나 가까운 고용센터(국번없이 1350, 유료)를 통해 서비스를 받아보도록 안내하고 있다.

고용24의 직업심리검사에는 23가지 측정내용이 있는데 검사시간은 직업선호도 검사 S형(25분), 직업선호도 검사 L형(60분), 청소년 직업가치관 검사(20분), 성인용 직업가치관 검사(20분), 청소년 직업흥미 검사(20분), 구직준비도 검사(20분), 성인용 직업적성 검사(80분), 흥미로 알아보는 직업탐색(2분), 진로준비진단 검사(2분), 대학생진로준비도 검사(20분), 직업흥미탐색 검사(5분), 창업적성 검사(20분),

초등학생 진로인식 검사(30분), 고등학생 적성 검사(65분), 중장년 직업역량 검사(25분), 준고령자 직업선호도 검사(20분), 청소년 인성 검사(25분), 중학생 진로발달 검사(15분), 고등학생 진로발달 검사(15분), 중학생 진로적성 검사(63분), IT직무 기본역량 검사(95분), 영업직무 기본역량 검사(50분), 이주민 취업준비도 검사(60분)이다.

그림 1-4 **진로정보망 커리어넷 홈페이지**

출처: 한국직업능력연구원 국가진로교육연구센터(2026). 커리어넷 홈페이지 (https://www.career.go.kr)

대학생과 일반인의 진로 심리 검사는 누구나 무료로 참여할 수 있는 진로 정보망 커리어넷이 있다. 종류로는 진로 개발 준비도 검사(25분~30분), 주요 능력 효능감 검사(20분), 이공계 전공 적합도 검사(30분), 직업 가치관 검사(10분) 등이 있다. 진로 심리 검사는 자신의 특성을 이해하고, 자신에게 적합한 진로를 탐색·설계하는 데 유용하게 활용할 수 있는 도구이다. 자신에게 필요한 검사를 선택하여 이용하고, 검사 결과를 바탕으로 진로를 개발하기 위해 노력해 나가야 한다.

4) 직업 흥미와 직업 적성을 활용한 진로 계획

체계적이고 바람직한 진로 계획의 수립은 흥미, 적성, 성격, 가치관, 신체적 조건 등 현실 여건을 고려한 구체적인 나의 이해에서 시작되는 것이 중요하다. 흥미가 어떤 사물이나 활동에 대해 개인적으로 좋아하는 경향을 의미한다면, 적성은 어떤 일을 수행할 수 있는 잠재적인 능력을 의미한다.

자신의 흥미나 적성을 알아보기 위해서는 다양한 활동이나 표준화된 검사, 혹은 전문 상담가의 면담을 통하는 방법이 있다. 다양한 활동은 시간이 많이 필요한 반면, 표준화된 검사는 단시간 내에 결과를 알 수 있는 장점이 있다. 이 경우 흥미와 함께 자신이 어떤 분야에서 활동하면 성공할 가능성이 많은지 예측할 수 있다. 흥미와 적성은 성장 과정에서 자신의 노력에 따라 능력을 향상시킬 수 있는 변화 가능한 개념이다.

성장이란 어떤 의미일까? 성장은 어떻게 찾아오는 것일까? 성장 과정에서 어떻게 흥미와 적성이 변할 수 있는 것일까? 지속적인 경험과 관찰을 통해 흥미를 알게 되고, 적성을 확인할 수 있게 된다.

2. 직업 가치관과 환경

1) 직업 가치관

대학생들의 학교 생활 적응 등에 영향을 미치는 전공 만족과 자신의 진로와 관련하여 구체적으로 행동하는 진로 준비 행동 관계에서 개인의 직업적 신념인 직업 가치관을 어떻게 지각하는 정도에 따라 영향이 있을 것으로 보고 있다.

가치관의 사전적 의미는 가치에 대한 관점, 인간이 자기를 포함한 세계나 그 속의 사상에 대하여 가지는 평가의 근본적 태도를 말한다(우리말샘, 2023).

사회의 존속과 유지를 위해 인간이 지켜야 하는 규범임과 동시에 문화의 가장 큰 핵심인 가치관은 인간이 추구하는 생활에서 내면화 또는 동기화되는 것이기 때문에, 가치관은 개인이나 집단의 행동에 근원적 기준을 제공하고, 이 때문에 개인 행동을 연구함에 있어 중요한 변수이다(이정금, 2009).

흔히 진로에 대해 개인의 특성을 고려할 때, 흥미와 적성을 대표적으로 고려하지만, 가치관이 오히려 흥미 등 보다 더 근원적인 의미를 가지며 개인의 진로 선택과 밀접한 관련이 있다.

2) 직업 가치관과 진로

가치관이 선택과 결정의 기준이 되는 신념이므로 사람에 따라 다를 뿐만 아니라 성장하면서 많이 변화한다.

나에게 가장 중요한 가치는 무엇인가? 굳이 남이 알아주지 않아도 스스로가 자신이 잘한 것, 노력한 것, 배운 것 등에 대해 가치를 인정한다는 것은 마음 속에 진실한 친구를 갖고 있는 것과 같다. 스스로 자신이 가치 있다고 인정하면 정서적으로 독립적이고 주도적인 사람이 될 수 있다. 다른 사람을 칭찬하는 것이 기술이라면, 자기 자신의 가치관을 확립하는 것은 아주 중요한 삶의 태도라고 말할 수 있다.

나에게 가장 중요한 가치는 무엇인가? 삶의 환경도 사회의 흐름에 따라 변한다. 환경이 변함에 따라 직업 세계도 변하며 가치관도 자연스럽게 변화한다. 중요한 것은 변화 속에서 자신에게 적합한 진로를 찾는 것이다.

3. 현실 여건과 진로

1) 진로발달

진로발달이론(career development theory)은 개인의 생애에 거쳐 일어나는 발달(development)의 개념을 진로라는 측면에서 보며 대학생 시기를 발단 단계의 한 단계로 바라본다. 대학생은 발달과업 완수를 통해 학교에서 직업 세계 이행을 위한 진로선택을 할 수 있고 이를 실현하기 위해 실질적인 준비를 수행해야 한다(Gordon, 2007).

슈퍼(Super, 1980)의 발달이론에 따르면 대학생 시기는 탐색기(exploration stage)로 정의된다. 대학생 시기 이전에 개인은 성장기(growth stage)를 거치며 가정과 학교에서의 주요 인물과 동일시함으로써 자신의 자기개념을 발달시켜 나간다. 대학생 시기에 개인은 잠정기(tentative substage), 전환기(transition substage), 시행기(trial substage)를 거치며 직업 탐색, 역할 시행, 자기개념 검증을 수행하게 된다. 즉 대학생 시기는 자신의 자기개념을 평가하고 재탐색함으로써 최초의 진로선택을 위해 준비하는 시기로 볼 수 있다.

특히 대학생의 진로 선택을 위해 자기개념(self-concept)의 중요성을 강조한다. 자기개념은 개인이 어떤 역할, 상황, 지위에서 특정한 기능을 수행하고 있을 때 이러한 복잡한 관계 속에서 형성된 자기와 관련된 이미지를 의미한다.

개인이 직업을 선택함에 있어 자신의 자기개념과 일치하는 직업, 즉 자기개념을 실천할 수 있는 직업을 선택한다고 보았다. 예를 들어, 자신의 이미지를 능력이 충분하다고 인지하는 개인은 보다 도전적이고 지도적인 역할을 수행하고 싶어 하며 이에 알맞은 직업 선택을 수행한다는 것이다.

고트프레드슨(Gottfredson, 1981)은 대학생의 진로선택을 위해 진로 포부(career aspiration)의 중요성을 강조한다. 진로 포부란 인지적인 발달을 거치면서 성역할, 사회적 가치 및 지위, 흥미나 능력과 같은 자기개념을 인식함으로써 설정된 자신의 미래 진로 대안이라 볼 수 있다(류지은, 정진철, 2017).

대학생 시기는 이전까지 형성한 자기개념과 더불어 현실적인 요인을 고려하여 가능한 진로 대안을 제한한 후 최종 진로 포부를 획득하는 시기로 간주된다. 이러한 설명을 통해 볼 때, 직업포부란 대학생이 자신의 자기개념을 토대로 현실성을 고려한 타협(compromise)을 통해 갖게 되는 진로 목표라고 볼 수 있다(김태환, 2019).

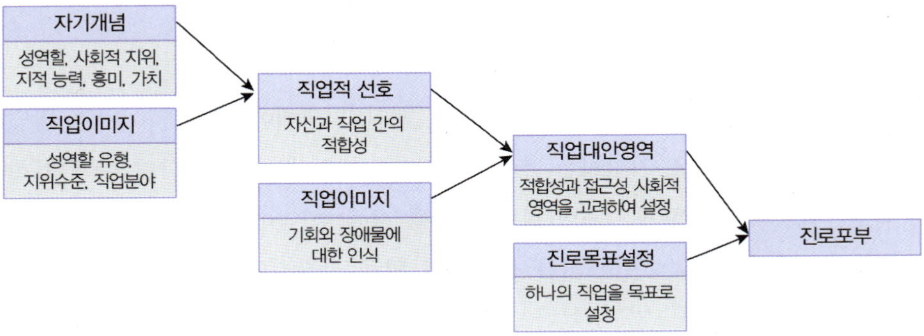

그림 1-5 **고트프레드슨(Gottfredson, 1981)의 진로**

출처: 김태환(2019: 16).

대학생 시기는 이렇게 형성된 진로 포부를 바탕으로 자신의 진로 포부 실현을 위해 실질적으로 준비하는 시기이다. 그러나 현실적으로 보았을 때, 대학생 시기는 위와 같은 진로 포부가 새롭고 능동적으로 발달하는 시기이기도 하다. 왜냐하면 오늘날 대학생은 자기 경험과 주변 환경 탐색을 통해 지속적으로 자기개념을 수정하고 이를 실험 및 검증하는 시기로 이해되기 때문이다(Arnett, 2006).

따라서 대학생 시기는 활발한 진로 탐색을 통해 자신의 진로 포부를 설정하며 종국에는 진로 목표를 선택하는 시기로 볼 수 있다.

2) 현실 여건과 진로

현재의 나를 이해하기 위해서는 여러 가지 현실 여건을 고려하여 충분히 검토하여야 한다. 현실 여건으로는 신체적 조건뿐만 아니라 부모의 가치관, 교육 정도, 가정환경, 종교 등 여러 가지가 포함된다. 어떤 일이나 다 마찬가지로 천부적인 재능이 있다 하더라도, 이러한 현실 여건이 진로선택에 어려움을 줄 수 있다.

직업을 탐색하다 보면 절대적 기준은 아니지만, 진로선택에 어려움을 주는 여러 가지 장애 요인이 나타난다. 중요한 것은 진로선택에 어려움이 생길 경우, 이를 적극적으로 극복하려는 용기가 필요하다는 사실이다.

자신을 사랑하고 귀하게 대접할 때, 자신의 가치관을 알고 진심으로 정성을 다해 돌보게 될 때, 비로소 자신을 유일한 존재로 여길 줄 알게 된다. 나의 현실을 이해하고 어떠한 상황도 감당할 준비가 되어 있으며, 내 삶의 주인이 나라는 사실을 인식할 수 있어야 한다. 그래야 나를 보는 것처럼 남들도 그렇게 소중한 존재로 대할 수 있게 된다.

제4절 종합적인 나의 이해와 진로

1. 나의 특성과 진로

1) 나의 특성

나에 대해 탐색한 여러 가지 사실을 종합적으로 정리하여 특성을 파악한 뒤 진로를 결정하여야 한다.

아인슈타인은 "깨달은 사람이란 감옥 속에 있는 것처럼 자신의 존재를 인식하고 …… 자연의 세계와 사유의 세계에서 자신을 드러낼 수 있는 장엄한 질서를 느끼기를 원하는 사람"이라고 말했고, 니체는 "왜(why) 살아야 하는지 아는 사람은 그 어떤(how) 상황도 견뎌낼 수 있다"라고 했으며, 아리스토텔레스는 어느 때보다 집중하고 긴장하는 태도를 찾는 것, 무엇이든 그 자체를 즐기는 것이야말로 가장 훌륭한 삶이라고 여겼다. 반대로 돈을 벌거나 지키는 일에 평생을 바치는 사람들은 사는 것 자체만 열중할 뿐 잘 사는 데에는 관심이 없는 사람들로 여겼다. 이처럼 목표가 분명하면 그것을 극복하기 위하여 구체적으로 노력하게 된다.

만약 삶에 어떤 고귀한 목적이 있다면, 시련이 오더라도 반드시 의미가 있을 것이다. 하지만 어느 누구도 그 목적이 무엇인지 자신 있게 말해 줄 수 없다. 각자가 스스로 알아서 목적을 찾아야 하며, 그 해답이 요구하는 책임도 겸허하게 인정하며 받아들여야 한다. 그렇게 해서 삶의 목적을 찾아낸다면 그 사람은 어떤 상황도 받아들이고 그 안에서 계속 성장해 나갈 수 있게 된다.

삶에서 마주치는 어떠한 상황도 사람에게는 도전이며, 우리 스스로 해결해야 할 문제이다. 그보다는 그런 질문을 던지는 사람이 바로 '자기'라는 것을 인식해야 한다. 다시 말해 사람은 자아가 형성되기 시작할 무렵부터 삶으로부터 많은 질문을 받고 있으며, 그 자신의 삶에 책임을 지는 행동으로 대답할 수 있다. 오로지 자신의 삶에 책임을 갖는 것을 통해서만 삶에 응답할 수 있는 것이다.

2) 나의 강점과 능력

모든 사람은 강점과 약점을 가지고 있다. 자신이 가지고 있는 재능, 역량, 적성, 성격 등에서 뛰어난 것을 강점이라고 하고, 부족한 부분을 약점이라고 한다. 예를 들어, 어떤 사람은 말을 조리 있게 잘 하거나 발표 능력이 뛰어나지만 다른 사람들이 말을 할 때 경청하는 능력이 부족할 수 있다. 이러한 강점과 약점들은 타고 나기도 하지만, 성장하면서 학습이나 훈련을 통해 보완하고 발전시킬 수 있다.

많은 사람은 자신의 강점보다 약점에 집중하고 그 약점을 보완하기 위해 먼저 노력한다. 하지만 자신의 약점 보완에만 힘을 쏟으면 강점을 보완하거나 발전시키는 데 소홀할 수 있다. 약점과 강점은 모두 나의 일부분이므로 어느 한쪽에 너무 치우치기보다 약점을 긍정적으로 바라보며 보완할 수 있는 방법을 찾으면서 동시에 강점을 적극적으로 보완하고 발전시켜 나가려고 노력할 때 서로 조화롭게 균형적으로 성장할 수 있다.

2. 진로와 직업 세계의 탐색

직업을 통해 자신을 살펴보는 것은 중요한 일이다. 직업은 우리를 여러 곳으로 가게 해 주는 고맙고 편리한 통로이지만, 뜻밖에 우리를 돌아서게 하는 장애물이 될 수도 있다. 사람들은 직업을 통해 여러 형태의 세상을 직간접으로 경험하게 된다. 직업 활동으로 겪게 되는 길은 아주 다양하다. 비탈진 길에서 한숨을 쉬기도 하며, 쭉 뻗은 길에서는 희망을 품기도 하고, 굽은 길에서 좌절을 보거나, 끊어진 길 앞에서 낭패를 겪기도 하면서 세상을 사는 지혜와 이치를 배운다. 직업은 사람을 밖으로 데리고 나가 가르치기만 하는 것이 아니라, 밖에서 안으로 데리고 들어가 스스로를 조용히 들여다보기도 한다. 따라서 때로는 발걸음을 멈추고 자신을 되돌아보는 시간이 필요하다.

사람이 지닌 성품 가장 깊은 곳까지 파악할 수 있는 유일한 방법은 인간에 대한 사랑이다. 사랑 없이 어느 누구도 본질적인 특성과 개성을 볼 수 없으며, 사랑으로 인해 잠재적 가능성을 볼 수 있고 실현할 수 있게 된다. 삶의 의미는 끊임없이 변하지만 절대로 약해지거나 사라지지 않는다.

사람에 따라, 시기에 따라, 시간에 따라 삶의 의미는 다르다. 따라서 중요한 것은 포괄적인 삶의 의미가 아니라 어떤 주어진 상황 속에서 개인의 삶이 가지고 있는 고유한 의미라고 할 수 있다. 자신의 고유한 삶을 사랑하고 관심을 가지며 진로를 계획할 때, 진로는 좀 더 성숙한 단계로 나아갈 수 있게 된다. 다시 말하면 자신을 유일한 존재로 사랑하는 진로여야 바람직한 발전을 가져온다는 것이다.

연구문제

1. 행복한 인생은 자신을 잘 이해한 후 어려움에 부딪혔을 때 두려워 말고 인내와 끈기로 극복할 때 이루어집니다. 자기 이해를 위한 자신의 성찰 방법에 대하여 토론하여 보고 숭고한 인격을 쌓아가는 과정에 대하여 생각해 봅시다.

2. 일은 삶의 수단이 아니라 우리의 삶 그 자체여야 합니다. 일하는 것은 인간의 본질이며 사람마다 다르지만 사회 구성원이라면 구성원 각자 적어도 하나 이상의 합당한 의미를 찾아야 합니다. 직업이 의미를 갖기 위해 충족되어야 하는 기준에 대해 논의해 봅시다.

3. 자아정체감의 발달은 일생을 통하여 진행됩니다. 에릭슨은 사람이 일생 동안 8단계의 발달단계를 거친다고 하였습니다. 인간이 온전히 발달하기 위하여 단계마다 어떻게 과제를 해결해야 하는지 이야기해 봅시다.

4. 적성은 미래의 어떤 특정 분야를 어느 정도 정확하게 가장 잘 학습할 수 있는 능력이고, 사람에게 적절한 기회가 주어지게 된다면 특정 분야에서의 지식이나 기능을 빠르고 능숙하게 획득할 수 있는 능력으로 이해됩니다. 진로 정보망 커리어넷의 진로심리검사와 고용24의 직업심리 검사에 참여해 봅시다.

5. 사람은 자신의 강점보다 약점에 집중하고 그 약점을 보완하기 위해 먼저 노력합니다. 하지만 약점 보완에만 힘을 쏟으면 강점을 보완하거나 발전시키는 데 소홀해질 수 있습니다. 나의 약점과 강점을 찾아보고 어느 한쪽에 치우치기보다 약점을 긍정적으로 바라보며 보완할 수 있는 방법과 강점을 적극적으로 보완하고 발전시켜 나가는 방안을 구상해 봅시다.

CHAPTER 02

직업의의와 미래직업

제1절 직업개념과 가치

제2절 사회환경과 직업 패러다임

제3절 미래직업 세계 이해

학습목표

본 장에서는 직업의 개념을 이해하고 현대사회에서 직업의 가치와 의의를 어떻게 해석하는지 함께 생각할 수 있도록 하였다. 이를 위해 사회환경과 직업 패러다임의 관계를 해외와 국내로 나누어 살펴보고 우리의 방향을 고민해 본다. 또한 미래직업 세계를 위해 정부의 정책을 알고 사회적 역할과 나의 역할에 대해 고민할 수 있도록 하였다.

제1절 직업개념과 가치

1. 직업개념

1) 일과 직업의 정의

우리는 태어나서 죽을 때까지 사회공동체 구성원으로서 다양한 일을 하면서 삶을 영위한다. 일은 생계유지를 넘어 사회적 자아를 실현할 수 있는 중요한 수단이므로 자신에게 있어 일의 의미를 알고 가치가 무엇인지 이해하는 것은 행복한 삶을 영위하는 근간이 된다. 일찍이 정신분석학자인 프로이트(S. Freud)도 인간의 삶에 있어 중요한 것으로 '일과 사랑' 두 가지를 들었다. 행복하고 가치 있는 삶을 위해서 인간에게는 일이 필요하고 이를 위해서 직업을 가져야 한다. 일과 직업의 정의는 표 2-1과 같이 정리할 수 있다.

표 2-1 일과 직업의 정의

구분		주요 내용
일		• 휴식, 놀이, 여가 활동을 제외한 모든 '생산적인 활동'
직업	동양 관점	• 직(職): 사회적 지위나 신분, 임무, 직분(역할) • 업(業): 생계유지를 위한 노동(생업), 업무, 업적, 사명
	서양 관점	• Occupation, Job: 생계유지를 위해 보수, 금전을 획득하는 노동 활동 • Profession: 전문기술과 이를 습득하기 위한 훈련, 재능, 사회적 지위나 위상 • Vocation, calling: 종교적, 도덕적 의미를 포함하는, 신으로부터 부여받아 행하는 일(소명) • Business: 금전 획득을 위한 사업적 영리 행위

일은 자신 또는 다른 사람에게 유용한 재화나 용역을 제공하는 것을 목적으로 수행하는 개인의 의도적인 노력이나 활동이다(Hall, 2000). 따라서 우리가 알고 있는 사회봉사 활동이나 아르바이트, 직업 등이 모두 일에 포함된다. 반면에 직업은 표 2-1의 내용을 볼 때 동양과 서양의 정의에 다소 차이가 있지만 둘 다 적성과 능력에 따라 일정 기간 일에 종사하며 경제적 보상을 받는 자발적이고 지속적인 활동의 의미가 있음을 알 수 있다. 즉, 직업 정의에서는 인간관계

와 밀접함, 사회적 지위획득, 경제적 보상 및 지속성, 자발성이 중요한 요소라 할 수 있다. 현대인에게 직업은 생계유지를 넘어서 자아실현, 사회공헌 등의 의미가 점점 더 커지고 있다. 따라서 직업은 자신의 사회적 자아를 찾아 실현하고 인간성, 자주성, 권력을 가지게 되는 가치가 발생함을 알 수 있다. 이러한 자각과 이해는 자기 삶을 주도적으로 살아가고 행복한 생활의 기반이 된다.

2) 직업의 필요성

인간이 살아가면서 직업 활동을 하는 것은 가장 기본적인 사회활동을 넘어 자신의 활기찬 삶의 기본이 된다. 인간에게 직업이 필요한 이유는 다양하지만 크게 다음의 세 가지로 정리할 수 있다.

첫째, 직업생활을 함으로써 생계를 유지할 수 있다. 인간은 학령기가 끝나고 20대 전후부터 시작해 60세까지 일하고, 요즘은 길어진 수명으로 78세까지도 일을 희망한다(통계청, 2020). 일의 대가에 경제적 보수가 수반되어 있기에 생계유지의 수단이 된다.

둘째, 직업을 통해 개인의 자아실현이 가능하다. 직업으로 개인의 잠재력과 능력을 발휘해 성취감과 만족감을 얻고 사회적 위상이 제고되거나 꾸준한 역량 개발을 통해 직업의 범위를 확장할 수도 있다.

셋째, 다양한 사회활동에 참여할 수 있다. 인간은 직업환경 내 다양한 활동을 통해 인간관계를 확장할 수 있을 뿐만 아니라 연계된 공동체를 통해서도 범위를 넓힐 수 있다. 그러한 활동은 직업과 직·간접적으로 연계가 되기도 하고 때로는 전혀 다른 분야로 확장되게도 한다. 직업은 인간이 사회 구성원으로서 사회에서 필요한 역할을 나누어 수행하게 하면서 사회발전을 촉진하게 한다.

직업이 필요한 세 가지 이유에서 경제적 기반은 가장 기초적인 요인임은 분명하다. 그러나 초고속 다변화가 진행 중인 현대사회에서는 자신의 사회적 자아를 찾아 자아실현을 하고 사회활동 하는 것의 중요성이 점점 더 부각되고 있다.

2. 직업 가치

1) 직업가치 개념

직업가치는 개인이 직업이나 일과 관련해 일관성을 가지고 바람직하다고 생각하는 가치를 의미하며, 직업을 선택할 때 중요하게 여기는 기준 및 직업을 통해 충족하고자 하는 욕구와 관련된 것으로 내적 가치뿐만 아니라 그 직업을 통해서 얻게 되는 외적 가치도 포함한 개념이다(박은규, 조아름, 서현주, 2021; 서진희, 2019; Dawis & Lofquist, 1984). 직업가치는 다양한 사회환경과의 상호작용으로 발달하므로 사회, 산업구조와 기술, 직업 세계의 변화 등을 반영하고 있으며, 이를 설명할 수 있는 요인은 학자에 따라 매우 다양하다.

한국고용정보원 워크넷 직업심리검사에서는 직업가치의 변인을 성취, 봉사, 개별 활동, 직업안정, 변화지향, 몸과 마음의 여유, 영향력 발휘, 지식 추구, 애국, 자율, 금전적 보상, 인정, 실내 활동으로 제시하였다(한국고용정보원, 2022). 긴즈버그(Ginzberg, 1993)는 내재적 가치, 외재적 가치, 부수적 가치의 세 가지 범주로 구분하였는데 내재적 가치는 직무 활동 자체로 얻는 만족이고, 외재적 가치는 직무가 제공하는 보수를 의미하며, 부수적 가치는 직무를 수행하는 직장의 인간관계 등 직무 상황에 수반되는 만족을 의미한다. 슈퍼(Super, 1970)는 내재적 가치로 이타성, 창의성, 독립성, 지적 자극, 심미성, 성취 관리를 외재적 가치로 환경, 경영주와의 관계, 동료와의 관계, 다양성을 주장하였다.

직업가치는 사람들과의 상호작용과 시대상을 반영하므로 세대별 다양한 차이를 보이고 있으며, 일반적으로 내재적 가치, 외재적 가치의 다양한 변인을 내포하고 있다. 우리나라의 경우 그 이전 외재적 가치를 중요시하던 관점이 변화하여 2019년 이후 외재적 가치보다 내재적 가치의 중요성을 더 강조한 결과들이 증가하고 있다. 그리고 외재적 가치와 내재적 가치의 차이도 점차 줄어들고 있다. 이는 직업이 경제적 삶의 보장이라는 생계유지 관점을 넘어 개인 삶의 만족과 질 제고라는 근원적인 면을 중시한다고 볼 수 있다(박은규, 조아름, 서현주, 2021). 현대사회의 빠른 변화와 과도한 경쟁 관계 속에서 인간의 심리적 불안감과 스트레스 지수가 높아지고 있다. 따라서 개인의 흥미, 적성, 만족을 넘어 직업을 바라보는 내재적 가치의 인식이 높아지는 현상과 내재적 가치와 외재적 가치의 차이가 줄어들고 있는 것은 이러한 사회문제 완화라는 측면에서 의미가 있다.

2) 초고령사회에서 직업가치의 재해석

빠른 사회 변화와 저출산 고령화 문제로 우리의 직업환경도 달라지고 있다. 우리는 여전히 좋은 직업을 가지고 오랫동안 일할 기회를 찾기 위해 고민하고 국가는 이를 지원하기 위한 다양한 정책들을 제시하고 있다. 그러나 자신의 취미와 적성을 고려하지 않고 경제적 독립과 암묵적인 사회적 기준을 의식하고 선택한 직업은 이직, 전직, 조기 퇴직, 취업, 실업과 맞물려 상실감, 과도한 경쟁 스트레스 등과 같은 여러 사회 문제의 원인이 되기도 한다.

베이비붐 세대를 넘어 X, Y, Z, α 세대는 일과 개인의 적성 및 일과 휴식 양립을 고민하면서 경제적 수단을 넘어 자기 삶의 만족과 자아실현이라는 직업의 본래의 가치와 필요성을 중요하게 인식한다. 이러한 변화는 급기야 직업을 넘어 창직 세계로 무궁무진하게 발전하면서 다양한 직업을 만들어 냈다. 또 개인이 수용해야 하는 어렵고 다양한 직업환경과 현실은 이러한 사회 현상을 담아서 파이어(Financial Independence Retire Early, 경제적 자립, 조기 퇴직)라는 신조어도 만들어 냈다. 일명 파이어족은 2008년 글로벌 금융 위기 이후 미국의 젊은 고학력 ·고소득 계층을 중심으로 그들의 부모인 베이비붐세대의 직업환경과 위기 상황 속의 여러 현상을 보면서 생겨났다. 그들은 목표액을 달성해 부자가 되겠다는 것이 아니라 자신이 하고 싶은 일을 하면서 사는 것을 목표로 한다.

2025년 우리나라는 초고령사회가 되었고, 2060년에는 60세가 평균연령이 된다고 각종 사회 지표는 이야기한다(통계청, 2020b; 2022). 이러한 상황 속에서 우리는 이제 직업 개념을 넘어 일의 개념으로 전환하고 자기만족이라는 내재적 직업가치에 대해 진지한 고민을 할 필요가 있다.

예기(禮記), 학기(學記) 편에 경업락군(敬業樂群)이라는 말이 나온다. 경업(敬業)이라는 것은 자기 일을 업(소명, 직업)으로 승화시킨다는 뜻이고, 락군(樂群)은 많은 사람과 함께 즐길 수 있는 최적화된 상태라는 뜻이다. 우리가 직업생활을 함에 있어 자기 일이 흥미와 적성에 부합하여 즐겁고 행복하다면 이를 통해 다양한 긍정 에너지를 우리 사회 곳곳에 녹아들게 할 수 있을 것이다. 경제적 관점의 직업을 넘어 자아실현과 사회 참여와 연계될 수 있도록 함으로써 미래 지향적이며 발전을 도모할 수 있다.

제2절 사회환경과 직업 패러다임

1. 직업과 사회환경의 상호작용

1) 해외 선진국

직업은 그 시대상을 반영하고 있다. 19세기 산업혁명 이후 급속한 사회 변화는 그 이전에 우리가 알고 있던 직업 세계의 혁명을 일으켰다. 그 이후 우리는 네 번의 사회 대변혁을 경험하였고 이를 통해 새로운 직업환경에 놓였다. 산업혁명의 주요 내용은 표 2-2와 같다.

1차 산업혁명은 증기기관의 기계화 혁명의 시기로 노동 집약의 일자리가 대거 사라지는 계기가 되었다. 2차 산업혁명은 GE의 전기에너지를 통해 대량생산이 가능하게 하면서 다시금 1차 산업혁명 이후 발전된 노동 집약의 일자리를 더 사라지게 했다. 1차 산업혁명 이후 2차 산업혁명까지는 약 100년이 걸렸지만 3차에서 4차 산업혁명은 약 50년도 걸리지 않을 정도로 시대 전환이 빨라졌다. 또한 4차 산업혁명 이후로는 인간을 중심으로 그 외 사물과 상호작용이 더욱 밀접해지고 인간과 사물과의 상호작용 경계가 모호하게 만들고 있음을 알 수 있다. N차 산업으로 변환하면서 노동 중심 및 이전 산업과 관련된 직업은 없어지거나 줄어드는 반면 산업혁명의 주체가 되는 산업 분야에서 새로운 직업들이 나타났다. 인간의 의식주는 그 시대의 사회 변화와 밀접하며, 그러한 변화로 촉진되는 다양한 현상들이 서로 맞물려서 직업 세계와 연결된다. 산업 대변화 속에서 우리는 대혼란을 겪고 기존의 패러다임으로는 직업을 지속하기 어려운 상황과 마주한다. 이러한 상황에도 불구하고 우리의 학습 능력과 사회 속 상호작용은 인간이 이러한 변화에 우위에 설 수 있도록 하였다. 이것은 인간이 학습을 지속하고, 새로운 산업을 이끌면서 신직업 환경에 적응하려는 노력을 게을리하지 않았기 때문이다(클라우스 슈밥, 티에리 말르레, 2021). 1차 산업혁명 이후 시대변화에 맞는 인력을 양성하기 위해 국가 주도의 다양한 정책들이 함께 실행되었다. 또 이와 관련된 국가 간 소통을 위해 또 다른 학습의 장과 마주하면서 좀 더 체계적으로 직업과 연계되어 인력들이 양성되었다.

우리의 직업은 4차 산업혁명 이후 누구도 예상치 못한 코로나19라는 새로운 변수와 마주하면서 '비대면'이라는 새로운 변화에 직면하고 또 한 차례 큰 움직임을 경험하고 있다.

표 2-2 산업혁명 주요 내용

구분	주요내용	시기
1차 산업혁명	• 증기기관의 '기계화 혁명' • 경공업의 증가	18세기 후 ~19세기 전
2차 산업혁명	• 전기에너지 기반 '대량생산 혁명' • 전기와 생산조립 라인의 출현으로 대량생산 체계 구축 • 하드웨어 주도	19세기 후 ~20세기 중
3차 산업혁명	• 컴퓨터와 인터넷 기반의 '디지털 혁명' • 반도체와 컴퓨터 인터넷 혁명으로 정보를 생산·가공·공유를 가능케 하는 정보기술 시대의 개막	20세기 후 (1970~)
4차 산업혁명	• 사물인터넷(IoT)과 빅데이터, 인공지능(AI) 기반의 '만물 초지능 혁명' • 사람, 사물, 공간의 연결, 자동화, 지능화하면서 디지털, 물리적, 생물학적 영역의 경계가 사라지면서 기술이 융합되는 새로운 시대	21세기 초 (2016~)

출처: 클라우스 슈밥, 티에리 말르레(2021). 클라우스 슈밥의 위대한 리셋. 재구성.

2) 우리나라 직업환경 변곡점과 평생학습

18세기 1차 산업혁명 이후 해외는 약 300년에 걸쳐 4차 산업혁명과 마주했다면, 우리나라는 1차에서 4차 산업혁명까지 각각 10년 내외의 짧은 기간에 모든 단계를 거치면서 변화하였다. 그만큼 직업변화의 폭이 컸으며 사회적 혼란도 많았다. 이를 위해 우리나라는 해외 선진사례를 학습하여 국가 주도로 정책을 개발하여 지원하였고, 국민의 높은 학구열로 인해 가장 짧은 시기에 가장 빠르게 변화에 적응하고 이를 넘어 변화를 선도하는 나라로 성장하였다. 우리나라에서 직업환경의 대전환을 이끈 세 시기는 국제금융지원을 받은 1997년 IMF(International Monetary Fund: 국제통화기금) 시기, 글로벌 금융위기 시기인 2007년에서 2008년, 코로나로 인해 전 세계가 멈췄던 2019년이다. 이 시기에 이러한 변화를 모색하기 위해 국가가 지원하는 다양한 학습정책을 연계한 것은

그림 2-1과 같이 제시될 수 있다.

첫째, 1997년은 국가 부도 상태에 IMF(International Monetary Fund: 국제통화기금)의 지원을 받은 시기다. 그 이전에는 학령기 때의 학습 결과로 평생직장으로 연결되는 시기였으나 IMF 이후에는 고학력자도 양질의 일자리를 찾기 어려운 시기였고, 1차, 2차 산업의 부흥에서 컴퓨터 기반 산업으로 전환되면서 노동집약적인 일자리의 소멸이 가속되던 시기였다. 안정적인 직장의 필요성과 불확실한 미래 직업변화에 대한 불안감을 전 국민이 처음으로 느꼈던 시기였다. 이후 평생학습의 필요성이 더욱 부각되었고, 미래를 준비하는 사람들의 욕구가 높아지면서 이와 관련된 평생학습 지원사업들이 본격적으로 국가 주도로 지원되기 시작했다(평생교육법, 1997).

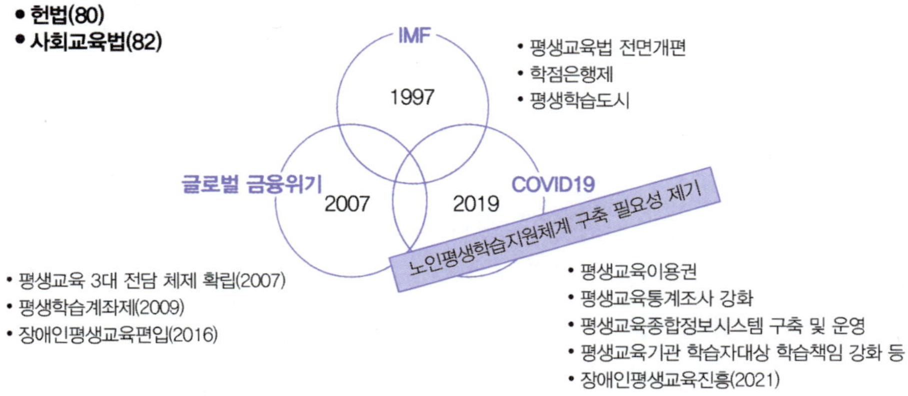

그림 2-1 **평생학습 성장 3대 터닝 포인트와 주요 내용**

둘째, 2008년은 미국에서 발발한 세계금융위기 시기로 이 시기 우리나라도 비정규직 일자리의 확대, 고용불안정, 기업 인력 재개편 등 대량 실업과 마주했다. 2007년과 2008년은 스마트폰, SNS, 플랫폼사업(넷플릭스)의 출현 시기로 기존의 직업 및 산업 패러다임과는 완전히 다른 시기였고, 이 시기에 발발한 세계금융위기는 이러한 변화를 더 빠르게 했다. 이러한 변화 속에서 세계에서 가장 빠르게 N차 산업혁명을 경험하고 있는 우리나라의 변화는 더 크게 국민에게 인식되었다. 이러한 사회상을 반영하고 체계적인 학습지원을 하기 위해서 이를 전담할 수 있는 3대 전담 체제를 확립하였다. 국가평생교육진흥원, 시·도평생교육진흥원, 시·군·구평생교육관(평생학습관)이 출범하게 되었으며 국민의 학습 이력을 통합 관리하고 이를 직업 고용과 연계하고자 평생학습계좌제도 이

때 운영되기 시작하였다. 이후 다양한 평생학습 정책으로 양적 증가를 하다 2016년부터 장애인 평생학습에 대한 지원사업도 평생교육 영역에 들어왔다.

셋째, 2019년 코로나19 시기다. 2016년 세계경제포럼(WEF)에서 인간과 사물의 연결과 상호작용, 인공지능 기반 '혁명'을 제기한 지 약 3년 만에 바이러스는 전 세계를 멈추게 했다. 5년 전후로 나타나는 사스와 메르스는 세계가 하나로 연결된 상태에서 바이러스 확산으로 인류 세계가 붕괴할 수도 있음을 암묵적 신호로 보내고 있었는데 그것이 현실이 된 것이다. 코로나19 초기 혼란으로 대부분의 산업군이 멈췄지만 그러한 환경에서 비대면, 의료, 개인의 공간 및 분리와 연계된 산업군이 발전하게 된 계기가 되었다. 현재는 포스트 코로나로 대면과 비대면의 연계와 확장, 분절을 모두 담는 산업들로 우리 사회는 준비 중이며, 바이러스와 공존할 수 있는 지혜를 모으고 있다. 2021년 평생교육법 개정을 통해 이러한 사회상을 반영하고 비대면 학습과 개인 중심 학습을 지원할 수 있도록 개선되었다.

우리의 직업변화는 이러한 사회상을 반영하면서 지속 성장해 왔다. 우리나라는 이러한 사회 현상에 발맞추고자 2000년대 들어서면서 학습, 고용, 복지 등 다양한 국면에서 새로운 관점으로 정책들을 입안하기 시작했다. 그중 하나가 국민의 평생학습을 지원하기 위해 국가 주도로 평생교육 진흥 기본계획을 수립하여 실천한 것이다. 정부는 2002년 1차 평생교육 진흥 기본계획을 시작으로 2025년 현재는 5차 평생교육 진흥 기본계획에 따라 정책을 실현하고 있다. 그림 2-2 1~5차 평생교육 진흥 기본계획 재구성에 의하면 정책을 알리고 기본 틀을 구성하는 데서 출발한 내용이 20년을 보내면서 개인 맞춤 학습지원과 그동안 우리가 만들어 낸 여러 자료를 정보 공유와 네트워크 활성화라는 관점에서 활용할 수 있도록 성장해 왔음을 알 수 있다.

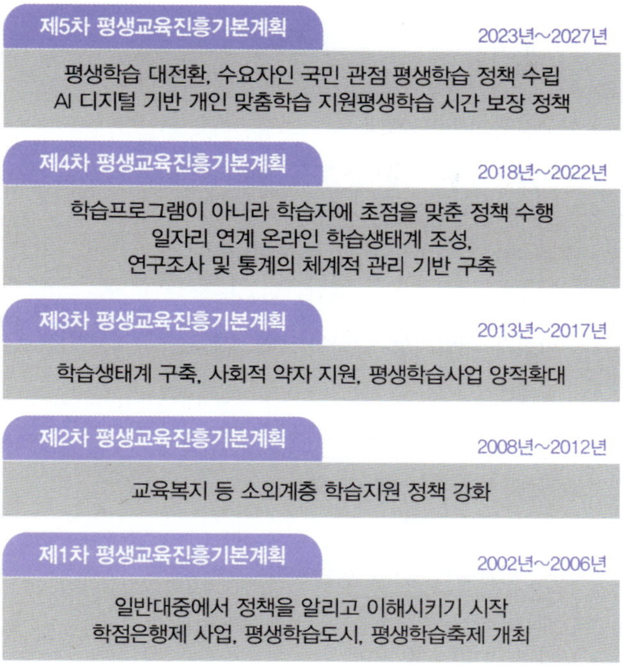

그림 2-2 1~5차 평생교육진흥기본계획 재구성

2. 세대별 사회특징과 직업

우리 사회는 저출산 고령사회로 진입하면서 생산인구는 줄고 기대수명이 83.6(KOSIS, 2021)세를 넘는 100세 시대의 현실과 마주하고 있다. 이전에는 평균수명이 낮아서 평균 3세대 정도의 교류가 주로 일어났다면 100세까지 살아가면서 한 사람이 상호작용 하는 세대 수는 점점 더 많아졌다. 즉 이전과는 달리 좀 더 다양한 특징을 가진 N세대들과 상호작용을 하면서 살아가고, 세대별 특징은 각기 다른 사회문화와 직업관을 만들고 수행하면서 세대를 이해하고 더 나아가 세대와 세대 간의 협치를 요구하며 공존한다. 세대는 공통의 체험을 기반으로 하여 공통의 의식이나 풍속을 전개하는 일정 폭의 연령층을 의미하며 평균 30년을 기본으로 한다. 다양한 구분이 있지만 일반적으로는 산업화 세대, 베이비붐 세대, X세대, Y(M)세대, Z세대, α세대로 구분한다. 100세 시대 우리는 최소 6세대 이상과 소통하며 살고 있고, 각 세대의 직업은 그 시대 사회상을 반영하며 함께 성장해 왔다. 이러한 세대 특징은 세대 갈등 유발 인자가 되기도 했고 빠른 시대 변화와 맞물려 평생 배우고 미래를 준비하도록 자극하기도 했다. 각 세대의 출생 시기와 사회적 특징을 정리하면 표 2-3과 같다.

표 2-3 세대별 출생 시기와 사회특징

구분	역사적(유년기) 사건 및 사회특징	출생 시기
산업화 세대	• 한국전쟁, 베트남전쟁 • 노동집약산업 발전(1·2차 산업)	1940년~1954년
베이비붐 세대(1차)	• 인구 센서스 시작, 출산율 5~6%대 • 대학 진학률 20%, 국가 주도 발전	1955년~1964년
베이비붐 세대(2차)	• 가족계획 시행, 대학 진학률 30% • 고학력자 취업전성기, 국가 주도 발전	1965년~1974년
X세대	• 수능세대 • 대중문화 발달, 여성 사회 진출 확대	1975년~1984년
Y(M) 세대	• 올림픽, 대중문화 전성시대 • 컴퓨터 교육 확산	1985년~1996년
Z세대	• IMF 외환위기, 글로벌 금융위기, 월드컵	1997년~2009년
α세대	• IT혁명, 인구 감소 • 선진국, 고령사회 진입	2010년~현재

출처: 조영태(2021). 인구 미래 공존 재구성. 서울: 북스톤.

1) 산업화 세대

한국전쟁 이후 노동집약적인 직업을 수행하면서 국가 재건에 힘쓴 세대로 2022년을 기준으로 70~80대가 해당한다. 한국전쟁으로 먹고사는 문제가 가장 큰 이슈였고, 대부분은 농사 기반 삶이었지만 대도시의 공장에서 직업을 가지고 가족의 생계를 책임진 세대였다. 그들은 사회공존과 이해보다는 나 자신, 우리 가족의 먹고사는 문제해결이 가장 급선무였다. 한국전쟁과 베트남전쟁 참전으로 안보 및 전쟁에 대한 두려움이 큰 세대였지만 가정을 책임지기 위해 두려움의 전쟁터를 자발적으로 함께한 세대기도 하였다. 자식들의 학업에 관심이 점점 높아지는 세대고, 공장에서 기술을 배우는 일이 농업보다 가치 있다고 인식하였다.

2) 베이비붐 세대

다음은 산업 부흥기에 열심히 일하고 공부하면 부의 축적이 가능했던 베이비붐 세대다. 공장에서 일하면서 가정을 책임지고, 한편으로는 열심히 공부하려 했던 세대이자 우리나라의 인구가 폭발적으로 증가하던 세대인 베이비붐 1차 세대와 그 이후 다양한 인구정책으로 산아제한과 30%대 대학 진학률을 보이고 여성의 사회진출과 위상이 조금씩 부상하기 시작한 베이비붐 2차 세대로 구분할 수 있다. 새마을운동으로 함께 잘 살기 위한 사회적 노력이 시작되었고, 국가가 주도적으로 경제발전을 위해 다양한 계획을 세우고 제도 입안을 위한 법적 기반을 갖춘 시기다. 이 시기에 높은 학구열은 자녀의 고학력을 위해 학업 지상주의가 팽배하였고, 실제 고학력자가 좋은 직업을 가지고 사회 중요한 역할을 하였다. 일류대학이 평생직장의 기준이 될 수 있던 시절이었다. 그렇게 사회재건과 높은 학구열을 가진 그들이 2020년을 기준으로 우리 사회에서 은퇴하고 신노인으로 새로운 직업을 만들고 소비하면서 신문화를 만들고 있다. 버니스뉴가튼(1996)은 이들은 액티브시니어라 칭하고 이들이 만들어 내는 가치와 문화를 강조하였는데, 우리 사회에서는 베이비붐 세대에서 그러한 특징이 두드러지고 있으며, 이들이 만들어 내는 새로운 직업은 세대 구분과 은퇴를 새로운 시작으로 정의하게도 한다.

3) X세대

X세대는 산업화와 베이비붐 세대의 자녀다. 안정적이고 체계적인 교육을 받은 세대며, 이를 기반으로 여성의 사회진출이 활발해지면서 이를 수용하지 못한 다양한 사회제도를 수정하게 만든 세대이기도 하다. 기존의 대입 시험인 학력고사에서 수능으로 바뀐 세대로 부모의 자녀에 대한 높은 학구열로 양질의 교육을 받고 소비하면서 새로운 대중문화를 만들었다. 자녀 수는 감소하였고, 대학 진학률은 더 높아졌으며 경제적으로 풍요로워 개성을 중시하는 특성이 있다. 성장기 때부터 여행과 체험에 대한 다양한 경험을 가진 세대로 본인들이 사회 청장년층이 되어서도 이러한 특성을 문화로 만들어 냈으며, 이는 직장에서 복지와 인사정책 변화의 계기가 되었다. 고학력자의 좋을 일자리가 담보되는 시기였으며, 부모님이 인식하는 좋은 직업의 예가 이 시기에 일반화되었다. 대기업이 안정적이며 고임금을 받을 수 있는 직장이라는 인식이 높았다.

4) Y(M)세대

흔히 밀레니엄세대라고도 한다. 대학 진학률이 80%가 넘었고, 학령기 때 올림픽 개최국으로 위상이 제고된 추억이 있다. 한국전쟁 발발 약 30년 만에 개발도상국으로 발전을 넘어 올림픽 개최국이 되면서 고속 성장의 모범 국가가 되었다. 그러나 후반기로 가면서 가족계획의 결과로 인구성장은 둔화하였고 고령화와 대면하게 된다. 세계화와 빠른 사업의 발달은 다양한 분야와 융합하고 네트워킹되면서 새로운 문화와 직업들을 만들어 냈다. 이 세대 초반은 고속 성장과 안정적인 일자리가 보장되었다. 그러나 후반으로 갈수록 고용불안과 버블경제 속에서 또 다른 변화의 그림자가 보였다. 1인 가구가 증가하였고, 저출산의 문제로 줄어드는 인구를 회복하기 위한 목소리가 높아졌다. 고도성장과 안정적 일자리 속에서 일을 넘어 즐기면서 사는 삶에 대한 동경이 표출되어 욜로(YOLO, You Only Live Once)족들이 생겨났으며, 과거의 추억을 생각하며 아날로그 감성들도 부각되었다. 과거와 현재를 잇는 산업들과 그러한 감성을 자극하는 문화가 만들어지면서 관련된 직업들이 새롭게 생겨났다.

5) Z세대

X세대의 자녀 세대다. IMF 지원과 글로벌 금융위기로 기존 세대의 직업에 대한 프레임이 완전히 새롭게 재편된 세대다. 고학력이 안정적이며 좋은 직업으로 보장되는 시기가 아니었으며, 전 세계가 IT 기반으로 연결되고 사업이 융합되면서 빠른 시대변화에 적응해야 했던 세대다. 평생직업이 아니라 평생학습의 시대임을 누구나 인식하게 되었다. 기존의 성공 프레임 공식이 바뀌면서 대학, 결혼, 출산에 대한 인식의 대전환이 일어난 세대다. 또한 부모 세대와는 달리 자기 일·가정·휴식의 양립을 고민한 세대로 워라밸이 이슈가 되었고, 이러한 것들은 직업 세계와 이를 운영하는 경영관리 분야에 많은 변화를 가져왔다. 세계화와 IT 발전으로 좀 더 편한 생활을 할 수 있었으나 많은 직업이 사라지고 생겨났으며 이러한 사회 현상을 담아내기 위해 다양한 민·관 협의체와 연계되고 법, 제도 체계가 구체적으로 정비되기도 했다. 빠른 시대를 담아내는 디지털과 과거의 감성적인 아날로그 감성이 공존하여 아지털(아날로그+디지털) 감성이 생겼으며 자신들의 생각과 느낌을 SNS를 통해 적극적으로 소통하면서 이와 관련된 유튜버, 파워블로거, 인플루언서 등의 직업들을 만들고 이를

넘어 새로운 것들을 담아내는 창직이 활성화되게 만드는 사회를 낳았다.

6) α세대

2010년 이후 출생한 세대를 의미한다. 세대 전 구성이 21세기 이후 출생하였으며, 한류로 세계 문화를 선도하고 IT 강국의 우리나라를 보면서 선진국 한국의 위상을 느끼는 세대다. 바이러스의 창궐로 비대면 문화를 경험하고, 스마트폰일 일반화되면서 생활의 혁명을 가져왔다. 기존의 직업관을 가진 조부모 세대는 이해할 수 없는 새로운 직업들로 넘쳐나고 있다. 대학 진학률이 감소하면서 자기 삶의 의미와 목적을 찾아 직업을 찾아야 하는 중요성이 더욱 강조되고 있다. 사물과 인간의 결합, 무형과 유형의 초연결, 플랫폼 등 개인과 실리를 중요시한 사회문화는 그동안 우리가 알고 경험하지 못한 새로운 직업들을 만들고 있다.

위에서 세대별 구분을 사회 현상 및 직업과 연결한 기존의 연구들은 세대별 특성을 기반으로 서로 이해하고 구분하였으나 최근에는 출생연도와 그 시대를 중심으로 세대를 구분하는 것보다는 개인의 특성을 고려할 필요성을 제시하고 있다(박은규, 조아람, 서현주, 2021). 각 세대의 특성을 이해하고 그 시대의 사회 현상과 직업의 흥망성쇠를 탐구하는 데서는 의미가 있지만 향후 더 확장되고 있는 새로운 직업과 창직 관점에서는 좀 더 유연한 사고가 필요하다 할 수 있다.

제3절 미래직업 세계 이해

1. 국가가 제시하는 미래직업 전망

한국고용정보원에서는 1999년부터 국민의 직업선택과 역량개발을 지원하기 위해 직업의 세부 정보와 향후 일자리 전망을 조사하여 「한국직업전망」을 발간하고 있다. 인구 구조 및 노동인구 변화, 가치관과 라이프 스타일 변화, 기업의 경영전략 변화, 산업 특성 및 산업구조 변화, 환경과 에너지, 법·제도 정부 정책 등 직업의 향후 일자리 증감에 영향을 미치는 주요 요인을 제시하고, 이를 반영한 직업의 세부 정보와 미래 일자리의 전망을 알 수 있다. 생애 첫 직업 선택을 앞둔 청소년, 경험과 역량을 새롭게 발휘하기 위해 인생을 설계하고 있는 중장년, 신노년에게 새로운 관점과 미래를 준비할 수 있는 가이드를 제시한다.

4차 산업혁명을 넘어 모든 것이 AI로 연계되고 대체되고 있는 현실을 고려할 때 창의적 사고로 공생의 중요성을 인식해야 한다. 또한 교육을 통해서 습득할 수 있는 직업을 넘어 함께 조화롭게 생활하면서 결과를 만들어 낼 수 있는 역량 개발의 중요성을 인지하고 이것이 연계된 직업의 전망이 포함될 필요가 있다. 외국의 사례를 통해서 국가가 고려해야 하는 미래 직업의 방향과 이를 실행하는 개인에게 필요한 관점이 무엇인지 주제별로 깊은 탐구가 요구된다.

2. 평생직업 능력개발을 위한 국가 주요 정책 방향

신정부에는 변화하는 환경을 수용하고 이에 부응하는 인재개발과 양성을 위해 정책과제를 발표했는데 신정부의 123대 국정과제에서 평생·직업·생애주기별 교육 분야의 주요 정책을 정리하면 표 2-4와 같다.

첫 번째, 지역교육 혁신을 통한 지역인재 양성은 누구나 일하면서 학습할 수 있는 열린 평생·직업교육 생태계 구축을 의미한다. 즉 지방 거점대학과 전문대를 중심으로 입학부터 일자리까지 연계될 수 있도록 실무형 인재 양성이 목표다.

두 번째, 청년의 정책 참여 확대와 기본 생활 지원으로 함께 만드는 미래의 과제에서는 맞춤형 취업·창업 교육을 위해 AI 채용 연계 직업훈련 교육 기회가 확대될 것이다. AI 기반으로 실용적인 직업훈련이 실행될 것으로 예상된다.

세 번째, 인구 변동 디지털 변화, 기후 위기에 대응하는 노동 대전환 과제에서는 구직자와 재직자의 AI 역량 강화를 위한 교육 기회가 확대되고 단순 교육 참여를 넘어 체화를 목표로 하고 있다.

네 번째, 통합과 성장의 혁신적 일자리 정책에서 교육은 고용서비스 혁신을 통해 전 국민 역량 강화를 위한 채용 연계형 직업훈련으로 관련 학교 및 기관과의 융합 교육을 모색한다.

다섯 번째, 기회와 권리가 보장되는 성평등 사회 과제에서는 공공이나 민간 부분의 성평등 및 일·가정 양립 등 조직문화 개선을 위한 진단 및 교육이 진행되고 여성의 경제활동 지원을 강화하는 사업들을 진행한다.

여섯 번째, AI 디지털 시대 미래 인재 양성은 모든 학교의 AI가 내실 있는 교육으로 정착되기 위해 관련 교육을 체계화하는 것이다. 이를 위해서 AI를 이해하고 활용할 수 있도록 역량 향상을 위한 생애주기 맞춤 AI 교육지원을 목표로 하고 있다.

일곱 번째, 시민교육 강화로 전인적 역량 함양 과제는 급성장한 우리 사회의 갈등을 해소하고자 민주시민 구성원으로 필요한 전인 역량 함양을 목표로 한다. 이를 위해 학교 시민·역사·학교 문화 예술·체육교육을 활성화하고, 생애주기별 경제·금융·노동교육을 체계화하고자 한다.

여덟 번째, 교육격차 해소를 위한 공교육 강화 과제는 학령인구 급감과 학습도움이 필요한 학생의 급증을 완화하기 위해 관련자뿐만 아니라 기관과의 다양한 연계로 학습지원을 모색한다.

아홉 번째, 학교 자치와 교육 거버넌스 혁신 과제에서 평생교육 관점은 교사, 학생, 학부모 간 존중 및 협력하는 민주적 학교 운영 기반 마련을 위해 다양한 방법을 제안한다.

이번 국정과제는 그동안 관련 부서에서 개별 시행되는 교육정책이 교육부를 중심으로 연계 협력하는 구조로 강조되었다. 또한 "평생, 직업, 진로, 생애, AI, 실무, 연계, 융합"이 이번 정책의 핵심임을 알 수 있다. 이미 5차 국가평생교육진흥기본계획에서도 실무, AI, 유관기관 연계와 협력 등이 중요하게 인식되었는데 평생교육 관련 국정과제에서도 이를 확인할 수 있다. 이는 AI 시대와 빠른 사회 변화에 대한 우리의 준비에 이것이 필수 요소임을 강조한 것이라고 볼 수 있다. 그동안의 국가 주도로 빠르게 발전한 우리 사회는 세계의 문화를 선도할 정도로 성장했다. 그러나 그사이 발생한 많은 갈등을 이제는 우리 스스로 역량 강화를 통해 한 단계 더 올라서야 할 때가 되었다. 5차 국가평생교육진흥기본계획과 신정부 국정과제는 이러한 방향을 제시하고 있다.

표 2-4 2025 신정부 123대 국정과제 중 평생·직업·생애 교육 분야 주요 정책

국정 목표(5)	추진전략(23)	국정과제(123)	주무부처
3. 모두가 잘 사는 균형성장	1. 자치분권 기반의 균형성장	55. 지역교육 혁신을 통한 지역인재 양성	교육부 (지자체)
4. 기본이 튼튼한 사회	4. 인구 위기를 극복하는 대전환	89. 청년의 정책 참여 확대와 기본생활 지원으로 함께 만드는 미래	국무조정실 (교육부)
		92. 인구 변동, 디지털 변화, 기후위기에 대응하는 노동 대전환	고용노동부 (교육부)
	5. 누구나 존중받는 일터	96. 통합과 성장의 혁신적 일자리 정책	
	6. 내 삶에 기회를 여는 성평등	97. 기회와 권리가 보장되는 성평등 사회	성평등가족부 (교육부)
	7. 각자의 가능성을 키우는 교육	99. AI 디지털 시대 미래 인재 양성	교육부
		100. 시민교육 강화로 전인적 역량 함양	
		101. 교육격차 해소를 위한 공교육 강화	
		102. 학교자치와 교육 거버넌스 혁신	

출처: 이재명 정부 123대 국정과제 재구성

국가의 정책을 통해서 우리는 미래직업을 위해 우리가 해야 할 방향은 무엇이며, 국민으로서 참여할 수 있는 것이 무엇인지 알 수 있다. 이제는 양적인 지원사업을 넘어 선진국 대한민국 국민이 실질적으로 요구하는 수준을 담아내는 정책으로 실천될 수 있는 구체적인 실행계획과 모니터링이 더 중요하다.

3. 미래직업 준비

우리의 직업은 인구구조(고령화, 저출산) 및 노동인구의 변화, 가치관과 라이프

스타일의 변화, 과학기술의 발전, 국내외 경기 변화, 기업의 경영전략 변화, 산업특성 및 산업구조의 변화, 환경과 에너지, 법제도 및 정부정책과 연계되어 영향을 받는다(고용노동부, 2022). 우리나라에서는 IMF 구제금융 시기, 글로벌 금융위기 시기, 코로나19 시기의 사회 대변혁을 기점으로 산업구조가 변경되면서 소멸하는 직업과 새롭게 부각하는 직업군이 있었다. 산업변화와 우리의 상상을 뛰어넘는 사업 간의 융복합이 더욱 빨라지고 있기에 미래직업의 변화는 우리가 지금까지 경험했던 시간보다 더 빠르게 진행될 것이다. 이러한 변화와 함께하기 위해서 우리 사회가 고민할 부분과 개인이 고민할 부분에 대한 깊은 논의가 필요하다.

1) 질적 성장을 지원하는 국가정책 필요

우리나라는 수백 년 시간 속에서 산업혁명을 마주하며 성장해 온 서양과는 달리 한국전쟁 후 정부 주도의 정책으로 약 50여 년이라는 짧은 시간으로 성장할 수 있었다. 그리고 이제는 IT와 K-pop을 주축으로 한류를 만들어 내는 선진국이 되었다. 다양한 선진사례를 학습하고 그것을 한국의 현실에 맞게 수정하면서 눈부신 발전을 했다. 최근 20년 동안은 이러한 변화 속도에 맞추어 정부 각 부처가 다양한 정책을 수립하여 시행하면서 양적 성장이 가능했다. 그러나 이제는 외연의 성장은 하였으나 내연의 성장을 위해 우리가 준비해야 하는 것을 인식해야 한다.

첫째, 통합적 관점의 정부 지원 정책 체계 수립을 고민해야 한다. 지난 시간 고도성장과 이에 부응하는 다양한 직업 정책이 있었지만 주로 양적성장 중심으로 전개되었다. 따라서 양적 성장의 한계로 중복사업에 대한 시민의 피로도를 고려하고 기본을 넘어 맞춤 심화 지원을 원하는 국민의 요구를 담아내는 사회적 논의가 필요한 시점이 되었다. 이제 우리 사회는 관련 부서 자체의 정책으로 분절된 지원을 넘어 개인이 진정 필요하고 자신의 미래직업을 준비할 수 있는 통합적 관점의 정책개발과 지원체계 수립이 필요하다(이경아 외, 2021; 조대연 외, 2017).

둘째, 직업능력 개발 및 전직 지원을 위한 학습 방법의 전환이 필요하다. 국제적 평생직업교육은 디지털 전환역량을 가진 인재 양성을 목적으로 미래사회 변화에 대비하기 위해 정부 주도로 미래 인재 육성 체제를 추진하고 있는데

AI, 빅데이터 등 디지털 기술 역량 내용에 집중하면서도 교육 방법의 혁신을 모색하고 있다. 세계경제포럼(WEF)에서는 사회관계 기술의 중요성을 언급하였고, 선진국의 다양한 미래직업교육 사례를 연구한 결과에서도 기존의 지식 전달과 기술 훈련식의 교육 방법에서 프로젝트 기반의 문제해결 학습법, 소통 협력 기반의 학습법으로 전환하고 있다(서울시평생교육진흥원, 2022). 즉 기술 습득을 넘어 사회 변화 상황에 적합하게 적용하고 다양한 문제를 해결하는 창조적 학습 능력을 배울 수 있도록 교육 방법이 변화해야 함을 알 수 있다.

셋째, 민·관·산·학의 체계적 연계로 직업 활동과 미래직업에 필요한 역량 개발을 지원해야 한다. 계약학과 제도, 폴리텍대학교, 매치업 사업들이 전개되고 있으나 시장의 수요를 담아내기에 부족하다. 대학교와 실제 이를 지원하는 중앙 및 지방정부와의 연계는 활발한데 실제 산업현장이라 할 수 있는 산업체와의 연계 협력은 일부에 국한되어 운영되고 있다. 유수의 외국 사례처럼 투명하고 독립적으로 운영되기보다는 그렇지 못한 경우 사회적 문제로 부각되었던 경험이 이들의 연대를 활성화하기에 과제로 남았다.

2) 초고령사회를 준비하는 개인의 준비

직업의 가치와 필요성에서 경제적 독립을 넘어 개인의 자아실현과 사회적 참여가 이론을 넘어 우리의 현실 속에 강조되고 있다. 이러한 특징은 XY세대 이후 좀 더 강하게 나타난다. 문제는 기존의 은퇴개념을 넘어 100세를 준비해야 하는 우리의 현실에 있다. 자기의 흥미, 적성, 경험, 특징을 이해하고 이를 자신의 직업으로 연결하여 다양한 사회활동 속에서 삶을 살아가는 것이 외롭지 않고 즐겁게 그리고 사회적 의미를 찾아 살아가는 방법이다. 이를 위해서 필요한 것들을 준비하고 실천해야 한다.

첫째, 개인의 삶의 목적이 무엇인지 명확히 설정할 수 있어야 한다. 우리는 그동안 목적, 즉 삶의 이유를 망각한 채 목표 중심의 삶을 살아왔다. 내가 진정 원하는 삶과 사회적 기준 사이에서 많은 갈등과 고민을 하면서 현대인의 정신적인 무게는 너무 무거웠다. 따라서 이를 극복하고 자기 삶의 주체가 본인이 될 수 있는 목적 중심의 삶을 설계하고 실천해야 한다(윤정구, 2015).

둘째, 교육이 아닌 학습을 통해 자신의 미래를 준비해야 한다. 그동안 산업화 시대변화에 앞서가기 위해 우리는 많은 역량과 기술을 중심으로 교육받았다.

그런데 그 속도보다 산업화와 사회 변화의 속도는 더 빨랐다. 어떤 기술이나 능력을 배우는 것을 넘어 그러한 가운데 문제를 창의적으로 해결하고 자기 스트레스나 갈등을 최소화할 수 있는 능동적인 학습으로 전환해야 한다. 타인과의 비교를 넘어 나 자신을 돌아보고 다시 직업을 준비하고 생활할 수 있는 근력이 절실하다.

셋째, 생애주기에 맞춰 직업가치를 달리하고 나를 넘어 지역사회나 타인과 함께할 수 있는 영역을 확대해야 한다. 하나의 직업 활동을 넘어 N잡러가 일반화되고 있는 상황은 이러한 준비가 필요함을 더욱 표현하고 있다 볼 수 있다. 조직에서 학습하고, 직업생활을 하며, 그들만의 문화를 공유하는 것을 넘어 내가 사는 지역에서 자신의 지식을 나누고 함께 활동하는 일과 그것을 직업으로 만들어 냄으로써 초고령사회 좀 더 사람과의 유대감을 느끼며 자신의 사회적 자아 발현을 적극적으로 할 수 있다.

인간의 삶이 길어지면서 특히 노년기를 세분화하는 목소리가 높아지고 있다. 그리고 실제 액티브시니어를 처음 주장한 버니스뉴가튼(1975)은 노년기를 전노년기 후노년기로 나누어 그들의 특징과 활동방식을 제시했다. 우리 사회 다양한 직업활동을 보면 그의 주장이 합리적임을 인식할 수 있다. 그 어느 시기보다 길어진 노년의 직업을 위해 사회경험을 지식을 넘어 지혜로 승화시키는 노력이 필요하다.

3) AI와 함께하는 공생지능 역량 함양

2016년 세계경제포럼(WEF)에서 4차 산업혁명을 이야기하고 10년이 지나면서 AI는 우리의 삶을 많이 바꿔 놓았다. 한동안 대학 입학시험에서 치열한 경쟁력을 보였던 컴퓨터프로그램 관련 학과의 인기는 시들해졌고, 자료를 기반으로 분석하고 만들어 내는 것은 다양한 AI 도구들이 대신하게 되었다. AI 발전으로 유망 직종과 사라질 직종에 대한 논의가 뜨거운 현실이다.

글로벌 인재포럼 2025에서는 이 부분의 중요성을 인지하고 "공생지능"을 논하였고, 전문가와 다양한 정책은 이러한 변화를 생존 요소로 강조하고 있는 현실이다. 최근 AI의 편리성과 확장성을 넘어 인간의 위협이 더 부각 된 상황에서 둘의 단점을 보완하고 장점을 극대화하는 상호작용의 중요성은 공생의 필요성과 가치를 고민하게 한다. 많은 자료를 취합하고 분석하여 우리 업무가 간소화된 것은 사실이나 인간이 직접 신체활동을 통해 만들고 AI와의 차이를 제시하는 일은 AI를 잘 활용하는 창의적인 인간이 할 수 있는 영역이다. 그래서 미래 직업의 불안함을 논하기에 앞서 AI를 도구로 잘 활용하여 공생하는 우리의 역할이 중요하다.

AI는 인간을 대체하는 기술이 아니라 협력하는 파트너고 앞으로의 경쟁력은 기술 자체가 아니라 이를 활용하는 인간의 판단·창의성·윤리성임을 각인해야 한다. 이제는 AI의 인간 역할 및 직업 대체를 넘어 이를 도구로 활용하여 '미래 사회에서 인간이 가지는 가치'를 고민할 시기다.

연구문제

1. 전통적 정의에서 일과 직업의 개념은 다르며 직업이 구체적이라고 제시하고 있다. 그러나 창직과 스타트업이 많은 사회 현상을 반영했을 때 직업과 일의 개념을 어떻게 접근해야 하는지 토론해 봅시다.

2. 미래를 반영하는 직업전망을 위해서 반드시 한국직업전망에서 제시하는 것 이외 수록될 필요가 있는 것이 무엇인지 생각해 봅시다.

3. 미래직업 세계를 위해 내가 준비해야 하는 것이 무엇인지 생각해 보고, 이를 위해 실천할 수 있는 계획을 수립한 후 서로의 생각을 공유해 봅시다.

CHAPTER 03

생애발달과 직업진로교육

제1절 생애발달과 발달과업

제2절 진로교육과 직업진로교육

제3절 진로발달과 진로발달이론

학습목표

본 장에서는 인간의 생애발달 특성과 발달단계에 따른 특성 및 발달과업을 살펴보고 이와 관련하여 진로발달과 관련된 이론을 토대로 인간의 발달특성과 발달과정에 알맞은 바람직한 진로교육에 관해서 탐색하고자 한다.

제1절 생애발달과 발달과업

1. 생애주기의 개념

생애(life)란 '한 사람이 태어나서 죽을 때까지의 한평생의 기간'을 말한다. 한 생애 동안 인간은 사회의 구성원으로서 개인생활과 사회생활을 영위한다. 생애주기(life cycle)란 '한 사람의 생애 기간 중 개인 또는 가족 생활 속에서 일어나는 크고 의미 있는 변화를 기준으로 일정한 단계로 생애를 구분한 과정'을 말한다. 즉 시간의 흐름에 따라 발달하는 생애의 일정한 단계별 과정을 뜻한다. 다시 말하면 인간이 태어나서 성장하고 죽음에 이르기까지, 즉 유아기, 아동기, 청년기, 성인기, 노년기에 이어 죽음까지, 시간적 변화 상태에 따라 전 생애 동안 발생하는 일련의 변화 과정이라고 할 수 있다.

미국의 진보교육에 큰 영향을 미친 하비거스트(R. J. Havighust)는 사람의 생애주기를 6단계, '영아기, 유아기, 아동기, 청소년기, 장년기, 노년기'로 구분하였고, 사회심리학자인 에릭슨(E. H. Erickson)은 8단계로 '영아기, 유아기, 초기아동기, 후기아동기, 청소년기, 청년기, 장년기, 노년기'로 구분하였다. 한편, '인생구조(life structure)'의 변화에 따라 인간의 발달단계를 구분하고 '인생 사계절론(seasons of life)'을 제시한 심리학자 레빈슨(Daniel J. Levinson)은 인간의 생애주기를 4단계, 즉 성인 이전 시기(0~17세), 성인전기(17~40세), 성인중기(40~65세), 성인후기(60세 이상)로 구분하였다. 레빈슨이 말하는 인생구조란 '일정한 시기에서의 한 개인의 삶의 양식과 설계를 의미하는 것으로 개인의 자아특성, 개인의 문화적 배경, 주변 세계에의 개인 참여 정도'이다.

생애주기는 각 주기마다 고유의 특징을 가지며, 그 이전 단계나 이후 단계와는 구분되며, 발달에는 일정한 방향이 있으며, 새로운 발달단계에서는 이전의 단계까지 이루어졌던 발달을 통합한다. 또한 한 주기에서 수행해야 할 과업이 적절히 이루어지지 않으면 그다음 단계에서 난관에 봉착할 가능성이 높아진다. 결국 생애주기라는 개념은 성장, 발달, 죽음이 서로 긴밀하게 연결되어 있으며 인간의 삶에 상호 영향을 미친다고 볼 수 있다.

표 3-1 하비거스트, 에릭슨, 레빈슨의 생애주기 비교

<table>
<tr><th>하비거스트</th><th>에릭슨</th><th>레빈슨</th></tr>
<tr><td rowspan="3">영유아기(0~6세)</td><td>영아기(0~1세): 구강기</td><td rowspan="4">성인 이전 시기(0~17세)</td></tr>
<tr><td>유아기(1~3세): 항문기</td></tr>
<tr><td>초기아동기(4~5세): 남근기</td></tr>
<tr><td>아동기(7~12세)</td><td>후기아동기(6~11세): 잠복기</td></tr>
<tr><td>청소년기(13~18세)</td><td>청소년기(12~18세): 사춘기</td><td rowspan="2">성인전기(17~40세)</td></tr>
<tr><td>청년기(19~30세)</td><td>청년기(19~24세): 성년기</td></tr>
<tr><td>중년기(31~60세)</td><td>장년기(24~65세): 중년기</td><td>성인중기(40~65세)</td></tr>
<tr><td>노년기(61세 이후)</td><td>노년기(65 이후): 노년기</td><td>성인후기(65세 이후)</td></tr>
</table>

2. 생애주기별 특성 및 하비거스트의 발달과업

생애주기는 대부분의 사람들이 특정한 공통의 발달단계를 비슷한 순서로 맞이하는 일련의 발달 순서이며 생애주기마다의 특징을 가지고 있다. 인간은 환경과 상호작용을 통하여 단계별로 성장을 하면서 그 단계만의 고유한 특성을 발달시킨다. 또한 시간의 흐름과 함께 각 단계의 특성은 서서히 사라지고 이전과는 전혀 다른 새로운 특성들이 발현되고 다음 발달단계로 자연스럽게 연결된다. 그러나 이때 이전 단계의 특성들이 완전히 사라지는 것이 아니고 잠재되어서 다음 단계의 발달에 영향을 미친다.

하비거스트(R. J. Havighust)에 의하면 '발달과업(developmental task)'이란 '개인의 생애 가운데 특정 시기에 학습하여야 할 과제'라고 정의하였다. 즉 특정연령이나 각 발달단계마다 꼭 이루어야 할 과업을 말하며 발달과업 간에는 질서와 계열성이 존재하고 각 발달단계에는 결정적 시기가 존재한다. 개인의 성장발달 측면에서 살펴볼 때, 발달과업이란 개인의 생애주기의 어떤 특정한 시기에 요구되는 과업을 순조롭게 성취하게 되면 행복을 누릴 수 있게 되고, 후일 뒤따라오는 다른 과업도 성공적으로 성취해 낼 수 있게 된다. 그러나, 만일 이것에 실패하게 되면 사회적 인정도 받지 못하게 되고 또 다른 과업도 성공적으로 수

행할 수 없게 되어 개인적으로 불행을 초래할 수도 있다. 결국 인간은 전 생애에 걸쳐서 단계별 발달과업을 잘 성취해야 자아성취감을 느끼게 되고 자기정체성을 회복하여 자신의 존재 의미를 발견하게 된다.

인간의 생애주기별 특성 및 발달과업에 관한 하비거스트의 이론을 살펴보면 다음과 같다. 하비거스트에 의하면 인간은 출생부터 노년까지 6단계의 발달과정을 거치며 이 발달단계에 근거하여 모든 인간은 세 가지의 주요한 발달과업을 가진다고 하였다. ① 신체적 성장과업: 걷기, 말하기, 배변훈련, 반대 성(性)을 포용할 수 있는 행동, 갱년기 및 폐경 적응 등, ② 개인의 가치관 발달: 직업 및 진로선택, 철학적 관점 이해 등, ③ 사회적 압력에 맞서는 힘 기르기: 읽기 습득, 용기 있고 책임감 있는 시민으로의 성장 등이다.

1) 신생아와 초기 아동기(출생~만 5세)

걷는 법, 고체 음식 섭취, 언어습득, 가족과의 정서교감법 익히기, 읽기 위한 준비 단계, 배설물의 제거 및 통제학습, 성(性)의 차이와 성적 경험 학습

2) 중기 아동기(만 6~11세)

놀이에 필요한 신체 기술의 학습, 유기체로서 성장하는 구성원이 되기 위한 전반적인 태도 확립, 친구들과 사귀기, 개인적 독립성 성취, 읽기·쓰기·셈하기에 필요한 기본적 기술 학습, 의식·도덕성·가치관 발달, 또래 사귀기, 성에 따른 사회적 역할 학습, 인격적 독립심 성취, 사회적 모임과 제도에 대한 태도

3) 청소년기(만 12~18세)

양성의 친구들과의 성숙된 관계획득, 양성 간의 사회적 역할 달성, 체격의 수용과 신체의 효율적 사용방법, 다른 성인들로부터 감정적인 독립성 획득, 결혼을 통한 새로운 가족생활의 준비단계, 직장 생활 준비, 경제적 독립의 확신 가지기, 가치체계와 행동 지침으로서의 도덕성 획득, 사회적 책임 있는 행동 성취

4) 성인초기(만 19~30세)

배우자 선택, 결혼생활, 가정의 시작, 직업의 택일, 육아, 가정 꾸리기, 시민

적 책임 수행, 취향이 같은 사회적 모임 찾기

5) 중년기(만 30~60세)

책임감 가지고 자녀들을 행복한 성인이 되게 하는 일, 성인으로서의 사회적, 시민적 의무 달성, 직업생활에서 만족스러운 수행에의 도달과 유지, 여가활동의 발달, 배우자와의 관계 수립, 늙어가는 부모 돌보기

6) 성인후기(만 60세 이후~)

신체 노후에 따른 건강 퇴보에 적응하기, 퇴직 이후 수입감소에 적응하기, 배우자 사망에 따른 고독감 적응, 동년배들과의 친분관계 유지, 유동적인 사회적 역할 승인과 수용, 만족스러운 육체적 생활구도 확립

표 3-2 하비거스트의 생애발달 단계별 특징 및 발달과업

생애주기	발달의 특징	발달과업
신생아와 초기 아동기	• 대뇌발달 • 감각기관, 근육, 인지 언어 발달 • 신체발달, 운동기관발달, 인지적 성장	• 젖떼기, 걷기, 말하기 • 양육자와의 애착 및 신뢰 형성하기 • 식사, 수면, 배변 등 기본생활습관 형성하기 • 공동생활에 필요한 생활습관 익히기 • 언어로 의사소통하기
중기 아동기	• 사회성 발달 • 또래집단 형성 • 지적 흥미의 다양화	• 또래 친구 사귀기 • 적절한 성역할 익히기 • 도덕성 기초 형성하기 • 학습 태도 및 습관 형성하기
청소년기	• 급격한 신체발달 • 성적성숙 및 인지발달 • 가치관 형성	• 자아정체감 형성하기 • 신체 및 지적성장, 사회성, 도덕성 발달 • 진로 및 직업 탐색하기 • 성인이 되기 위한 준비하기
성인초기	• 결혼 • 가정, 직업 찾기 • 책임 있는 사회구성원으로 성장	• 성인 관점하에 사회적 가치수용 • 직업선택하기 • 이상적인 배우자상 확립하기 • 결혼하기 • 책임 있는 시민으로서의 역할 수행하기 • 개인적 신념과 가치체계 확립하기

생애주기	발달의 특징	발달과업
중년기	• 신체적 노화 시작 • 성격의 안정 • 직업의 안정, 직업전환	• 행복한 결혼생활 영위하기 • 직업생활 유지하기 • 중년기 위기 관리하기 • 건강유지를 위한 심신 단련하기
성인후기	• 사회적 활동감소 • 체력저하 • 운동기능감퇴, 감각기능 쇠퇴	• 건강 관리하기 • 은퇴의 삶 적응하기 • 신체적 노화를 긍정적으로 수용하기 • 배우자와의 사별 준비하기 • 여가선용하기 • 경제적 대책 마련하기 • 죽음 대비하기

출처: 김재은(1990). 발달과업과 교육. 재구성.

3. 성인전기 발달과업 및 직업선택

1) 성인전기 발달과업

성인기의 구분은 발달이론가들마다 조금씩 차이가 있지만 대체로 성인전기, 성인중기, 성인후기로 나누고 있다. 성인전기는 성인기 이후 생애에 큰 영향을 미치는 시기로 직업선택을 통하여 자신의 진로발달과 정체감 발달이라는 중요한 과업을 가지고 있는 중요한 시기이다. 20대와 30대가 속하는 성인전기는 청소년기를 벗어나 이제 독립된 사회인으로서의 생활을 준비하는 시기로서 자아정체감, 성역할 습득, 직업선택을 위한 의사결정 등 다양한 발달과업을 수행하는 전환기적 시기라고 할 수 있다. 특히 초기 성인기는 인생에 있어서 중요한 변화, 즉 직업을 선택하고 고등교육을 마치고 전일제 직업을 가지고 경제적인 독립을 하게 된다. 따라서 전 생애적 관점에서 살펴볼 때 의미 있는 성인전기의 발달특성과 발달과업을 살펴보면 다음과 같다.

(1) 성인전기 발달단계의 특징

성인전기는 아동기와 청소년기, 장·노년기를 이어주는 가교역할을 하는 주요한 생의 전환기로서 인간의 신체적·지적 성장의 가장 정점에 이르는 시기로 사회심리적 측면에서 볼 때 타인을 사랑하고 보살피는 능력이 심화되는 시기이다(이인정·최해경, 2001).

성인기는 보통 성인전기, 성인중기, 성인후기로 구분된다. 인간 생애 발달단계에 관해 연구했던 레빈슨(Daniel J. Levinson)은 발달단계를 생애구조와 변화에 따라 인간의 삶을 4계절로 나누었고 각 계절의 기간을 20년으로 설정하였다. 첫 20년의 삶은 아동기와 사춘기의 계절, 두 번째 20년은 성인 초기, 세 번째 20년은 성인중기, 마지막 20년은 성인 말기로 구분하였다. 또한 레빈슨은 각 계절 사이의 5년간의 겹치는 기간을 설정하였고 이를 하나의 계절에서 또 다른 하나의 계절로 이동해가는 중간단계로 설정하였고 이를 인생의 전환기로 보았다. 이 전환기는 우리들의 삶을 재평가하고 새롭게 쇄신할 수 있는 기간이다.

레빈슨에 의하면 성인전기는 20세에서 40세 정도 연령이다. 그는 성인전기를 다시 크게 다음과 같이 4시기로 구분하였다.

- 17~22세의 성인전기 전환기(early adult transition)
- 22~28세의 성인전기 입문기(early life structure for early adulthood)
- 28~33세의 30대 전환기(ago 30 transition)
- 33~40세의 성인전기 절정기(culminating life structure for early adulthood)

레빈슨은 성인전기에는 성인의 세계를 탐색하고 일, 결혼, 가족, 직업과 관련된 중요한 선택을 하며 성인으로서의 자기정체성을 확립한다고 하였다. 자기정체성 발견을 통하여 그에 따른 미래의 꿈을 실현해 나가며 미래 당면할 세계를 설계하고 의미를 부여하며 실현할 방법을 모색한다.

한편, 심리학자 에릭슨(E. H. Erickson)은 성인기는 타인에 대한 사랑과 보살핌을 확장시키고 심화하는 단계로 보았다. 이 시기에는 결혼을 통한 친밀감, 친구와의 우정 등 친밀한 관계를 형성한다. 20세부터 40세에 이르는 성인전기에는 '친밀감 대 고립감' 위기를 경험하면서 자기 정체성을 확립해 나가는 시기이다. 성인전기의 주요한 발달특성은 직업발달인데 이는 성인전기 대부분의 사람들이 본격적으로 사회적 직업활동에 수행하기 때문이다. 대부분의 성인들은 직업생활이 자신의 정체감의 핵심 부분이 되기 때문에 성인전기는 직업선택의 결정적 시기라고 볼 수 있다.

(2) 성인전기의 발달과업

인간의 생애 중 성인전기는 교육을 받을 가능성이 가장 풍부한 시기이며, 인생에서 가장 중요한 선택을 하는 시기로서 최고의 정력을 발휘하지만 가장 많은 스트레스도 경험하게 되는 시기이다(Havighust, 1952).

성인전기 발달과업에 관한 다양한 연구 결과를 살펴보면, 하비거스트(R. J. Havighust)는 성인전기의 주요 발달과업은 '배우자 선택, 결혼생활, 육아, 가정관리능력, 취업하기, 시민으로서 책임감 갖기, 자신의 마음에 드는 사회집단 모색' 등을 제시하였다. 또한 에릭슨(E. H. Erickson)은 성인전기의 발달과업으로 '성인으로서의 정체성 확립, 첫 성인 삶의 구조 만들기' 등을 제시하였다. 권중돈 외(2005)는 '배우자 선택 및 결혼, 자녀양육, 취업과 직장 생활 등 사회성 발달'을 주요한 발달과업으로 제시하고 있다. 성인전기의 주요한 발달과업은 표 3-3과 같다.

표 3-3 학자에 따른 성인전기의 주요 발달과업

	하비거스트(1952)	김종서 등(1987)	이성진 등(2009)
지적 영역	• 결혼 후 배우자와 동거 배우기 • 임신과 출산, 육아에 대한 지식 습득하기	• 결혼과 가정생활 준비 • 출산과 육아 관련 지적능력 획득 • 직업의 선택과 취업 준비 • 민주시민으로 사회생활에 필요한 기능과 태도, 지식 익히기 • 합리적인 준거에 맞춰 판단할 수 있는 분별력 갖추기	• 자신의 의견을 논리적으로 주장하기 • 전공했거나 일하는 분야의 전문적인 지식 습득하기 • 경제에 대한 전반적인 이해 • 이성교제 및 결혼에 필요한 지식 갖추기 • 자녀양육, 자녀교육, 가족관계 유지에 대한 지식 갖추기
정서적 영역	• 배우자 선정, 배우자와의 동거생활 능력, 육아 능력	• 독립적으로 생활할 수 있는 태도와 자신감 갖기 • 여가를 유용하게 활용하기 • 건전한 생활의식 확립하기 • 높은 수준의 도덕적	• 결혼하기 • 취업 성공하기 • 출산 경험하기 • 배우자 가족과의 적응하기 • 직장생활의 적응하기 • 대학생활 하기, 우정 나누기

	하비거스트(1952)	김종서 등(1987)	이성진 등(2009)
		판단 능력에 의해 행동할 수 있는 자세 기르기 • 자녀출산 및 올바르게 양육하기 • 직장에서 과업을 보람 있게 수행하기 등	• 깊이 있는 독서하기 • 부모로부터 독립하기 • 일과 가정 병행하기 • 승진하기 • 실직하기 • 경제적 위기 경험하기
진로 영역	• 결혼하기 • 가정생활 영위하기 • 취업하기 • 시민적 책임수행하기	• 결혼 및 가정생활 준비하기 • 직업 선택 및 취업 준비하기 • 유용한 여가생활하기 • 직업에서 성공하기 위해 지식, 정보 기능 향상시키기 • 현재의 산업사회 이해하고 적응하기 • 직장에서 맡은 분야에서 만족하고 보람 있게 업무 수행하기 • 자녀 출산, 양육하기	• 진로계획에 맞춰 학습하기 • 적성과 능력에 맞는 직업발견 및 선택하기 • 책임감 있게 직무 수행하기 • 적금, 보험 등 건전한 경제 계획 수립하기 • 전문적인 직업 교육과 훈련을 통한 자기계발하기 • 직업에서 자아정체감 확립하기 • 직장동료에게 신뢰감 주기 • 밝은 미소 짓기

출처: 황명화(2015). 성인전기 여성의 발달과업 인식에 따른 평생교육참여 양상에 관한 연구. 재구성.

위 연구자들과 달리 성인전기를 4단계로 세분화하여 제시한 레빈슨(Daniel J. Levinson)의 성인전기의 주요 발달과업은 표 3-4와 같다.

표 3-4 레빈슨의 성인전기 단계별 발달과업

구분	발달과업
17~22세 성인전기 전환기	• 성인으로서의 삶을 준비하는 과도기로서 자신의 가능성을 탐색
22~28세 성인전기 입문기	• 결혼, 가족으로부터의 분리, 직업선택
28~33세 30대 전환기	• 첫 번째 인생구조의 문제점 인식 및 재평가 • 이전의 선택제고 및 새로운 선택
33~40세 성인전기 절정기	• 직장, 가정, 기타 사회 활동에 열정적으로 참여 • 삶의 양식 확립을 통해 인생의 뿌리 내리기

출처: 황명화(2015). 성인전기 여성의 발달과업 인식에 따른 평생교육참여 양상에 관한 연구. 재구성.

2) 직업선택에 영향을 주는 요인

직업선택을 하는 것은 다양한 직업에 비추어 자신의 능력과 흥미, 가치를 함께 고려해보는 것으로 단순히 합리적인 과정만은 아니다. 다른 영역의 인간 발달과정과 마찬가지로 직업선택도 개인과 환경 간의 역동적인 상호작용의 결과이다. 직업선택에 관여하는 영향을 주는 요인으로는 성격, 가정환경, 교사, 성 고정관념 등이 있다.

• **성격**

일반적으로 사람들은 자신의 성격을 보완해 주는 직업에 끌린다는 점에 착안한 홀랜드(Holland, 1997)는 직업선택에 영향을 미치는 여섯 가지 성격 유형에 대해서 연구하였다. 탐구적인 사람은 과학 관련 직업(인류학자, 물리학자, 공학자 등)을 선택할 가능성이 높다. 사람들과 어울리기를 좋아하는 사회적인 사람은 봉사와 관련된 직업(상담가, 사회복지사, 교사 등)에 호감을 느낀다. 현실세계의 문제를 다루기를 좋아하는 현실적 사람은 기계 관련 직업(건설 설비 배관, 측량 등)을 선호하고, 감성적이고 자신을 표현하는 욕구가 강한 예술적인 사람은 예술분야의 직업(글쓰기, 음악, 시각, 미술 등)을 좋아하고, 구조화된 문제를 좋아하는 관습적인 사람은 특정 사업분야(회계, 은행, 품질 관리 등)에 잘 맞고, 모험적이고 설득력이 있는 사업가적인 사람은 특정 사업분야(영업직, 관리직, 정치가 등)에 알맞다.

• 가족

부모의 직업이 큰 영향력을 미친다. 사회경제적 지위가 높은 가정에서 자란 사람은 의사, 법률가, 과학자, 엔지니어와 같은 높은 지위의 화이트칼라 직업을 주로 선택하나, 사회경제적 지위가 낮은 경우는 배관공, 건설기술자, 요식산업 종사자 등 사회적으로 덜 인정받는 블루칼라 직업을 선택하는 경우가 많다. 사회경제적 지위가 높은 부모는 직업세계에 관한 중요한 정보를 자녀에게 더 많이 주는 경향이 있고 높은 지위에서 요구되는 호기심과 자발성을 향상시키려고 노력한다. 이에 반해 사회경제적 지위가 낮은 부모는 동조와 복종을 강요하는 경향이 있으며 최종적으로 젊은이들은 이러한 차이점에 부합하는 직업을 선택하게 된다.

• 교사

교사도 직업선택에 큰 영향력을 발휘한다. 사회경제적 지위가 낮은 가정의 고등학교 학생들은 더욱 그렇다. 따라서 청소년들을 격려하고 역할 모델이 되어 주는 교사의 힘은 청소년들이 높은 직업을 향해 움직이게 하는 중요한 원동력이 된다.

• 성고정관념

과거와 달리 딸들에게 직업지향적인 모델을 제공하는 취업한 어머니의 급증과 함께 성역할태도의 변화로 인하여 전통적이지 않은 직업에 대한 여성의 관심이 점차 증가하고 있다. 또한 남자도 여성 지배적인 분야에 진출하는 사람의 수가 증가하고 있다. 현대사회에서는 더 이상 성고정관념이 미래직업 선택의 걸림돌이 되지는 않는다.

따라서 청소년들이 직업 관련 희망수준을 결정할 때에는 우선 자신의 능력과 관심, 가치에 알맞은 목표를 설정하게 하고, 다음과 같은 네 가지 경험을 할 수 있는 기회를 충분히 제공하는 것이 바람직하다. 첫째, 성취를 중시하고 교과과정에서 경험을 증진시킬 수 있는 교육환경을 조성하고, 둘째, 선택한 분야의 교수와 전문가들과의 잦은 접촉 기회를 부여하며, 셋째, 자신의 능력을 검증해 볼 수 있는 기회를 제공한다. 마지막으로 가정과 직장에서의 갈등을 성공적으로 해결한 사례를 제시해주어야 한다.

제2절 진로교육과 직업진로교육

오늘날 이루어지고 있는 직업과 진로교육은 '진로(career)란 개인이 직업을 갖기 전후에 전체 생애에 걸쳐서 마주하는 경험의 총체'라는 슈퍼(Super, 1990)의 '전생애주기 생애공간이론(life-span, life-span theory)'과 맥을 같이 한다. 또한 '전생애 발달관점(life-span developmental perspective)'에서 인간의 발달은 전 생애에 걸쳐서 이루어지고 성장, 유지, 퇴보를 반복하면서 다차원적으로 이루어진다고 보는 발달심리학적 시각과도 맥락을 같이 한다(이지원 외, 2017).

1. 진로교육의 개념과 특징

우선 '진로(career)'의 의미부터 살펴보면 '진로는 개인의 일생을 통해서 하는 일의 총체를 말하며 개인의 생애를 통한 직업발달과 그 과정과 내용을 말하는 포괄적 개념이다'(김충기, 김현옥, 1996). 한편 호이트(Hoyt, 1974)는 '진로는 한 사람이 그의 일생을 통해 수행하게 되는 일의 총체'라고 정의하였고, 맥 다니엘(MacDaniel, 1978)은 '한 개인이 일생 동안 참여하는 일과 여가활동을 포괄하는 연속적인 생활양식'을 말한다. 또한 진로는 '예상하기 힘든 다양한 일들의 집합체로 구성된 진화과정'이기도 하다(Hayes, 2000).

일반적으로 '진로교육(career education)'은 '직업지도(vocational guidance)', '진로상담(career counseling)', '진로지도(career guidance)', '진로발달교육(career development education)' 등의 용어와 함께 구분 없이 사용되기도 한다. 물론 위의 용어들 사이에는 약간의 미묘한 차이는 있지만 공통적인 특성이 있다. 진로교육에 관한 학자들의 다양한 정의를 살펴보면 우선 밸리와 스타트(Bailey & Stadt, 1973)는 '진로교육이란 개인이 만족스럽고 생산적인 삶을 살아가도록 진로에 대한 방향을 수립하고 선택하며 이에 대한 준비를 용이하게 하며, 개인이 선택한 진로에 따라 계속적인 발달을 이룰 수 있도록 도와주기 위하여 제공되는 일체의 교육적 경험'이라고 정의하였다. 호이트(Hoyt, 1974)는 '진로교육이란 직업 세계의 가치를 알고 자신의 가치체계에 동화시켜 일상 생활 속에서 이러한 가치들을 의미 있고 만족스럽게 발전시키기 위한 학교와 지역사회의 총체적인 노력'이라고 정의하였다. 한편 장석민(1997)은 '개인의 진로선택 및 적응 발달에 초점을 둔 교육적 활동이며 진로에 대한 인식, 탐색과 준비의 기회를 단계에 맞도록 적합하게 제공하는 것'으로 정의하였다. 김충기(1996)는 학교교육을 통하여 지식정보화 사회에 효과적으로 적응할 수 있는 인력을 양성하는 데 필요한 교육으로 정의하면서, 진로교육이란 '인간의 전 생애의 발달단계 내에서 이루어지는 총체적인 진로 설계이며, 특정한 발달단계에서 구체적으로 요구되는 전문적 지식과 기술을 전수하는 직업교육까지 포함하는 매우 광범위한 개념'으로 확장시켜서 정의하고 있다.

따라서 종합적인 측면에서 살펴보면, 진로교육이란 '개인이 타고난 잠재적 능력을 바탕으로 개인의 소질과 적성, 능력, 가치관, 신체적 조건을 고려하여 자신의 진로를 합리적으로 선택하고 선택한 진로(직업)에서 만족스러운 적응을 할 수 있도록 하는 실천적 교육활동'이다.

진로교육은 20세기 초 파슨즈(Parsons, 1909)의 직업상담을 효시로 시작되었고, 1950년대 이후 슈퍼(Super, 1955)와 티에드만(Tiedman, 1961) 등에 의해서 개념이 확장되었다. 직업을 결정한다는 것은 단순히 하나의 직업을 선택하는 과정이라기보다는 개인이 일생 동안 수행하게 될 다양한 역할을 포함하는 진로의 일부라는 인식으로 확장되었고, 1970년 이후에는 '평생교육(lifelong education)'의 도입으로 '진로교육(career education)'이 '생애지도(career guidance)'라는 개념으로 점차 바뀌게 되었다(이해경, 2000).

우리나라에서는 1960년대 후반부터 '진로교육(career education)'이 '진로지도(career guidance)'라는 개념으로 도입되어, 학령기 중심의 '진학지도(admission guidance)'로 통용되어 오다가, 1990년대 '생애(career)'를 개인이 일생 동안 경험하는 일의 전체라고 보면서 '진로교육(career education)'의 중요성이 확대되었다.

우리나라 진로교육의 목표를 살펴보면 다음과 같다(김봉환 외, 2021). 첫째, 학생들이 자신의 적성, 흥미, 능력, 인성 등을 바르게 이해하고 경제, 사회구조 측면에서 직업의 세계를 이해한다. 둘째, 자신에게 적합한 진로계획을 수립하여 진학하거나 미래 직업이 요구하는 지식과 기능을 습득하여 직업에 대한 올바르고 건전한 가치관과 태도를 형성하도록 한다. 따라서 진로교육이 성공적으로 시행되면 개인의 적성과 능력에 알맞은 진로를 개발하고 자기실현이 가능해지며, 나아가 산학협력(cooperative education)을 증대시킨다. 더불어 국가적인 차원에서는 전문화, 특성화, 다양화에 알맞은 전문 직업인을 개발하여 국가발전에 활용할 수 있다.

2. 직업진로교육

'직업진로교육(vocational career education)'은 '진로교육(career education)'의 일부분으로서 진로교육의 목표를 달성하기 위하여 실시되는 '직업교육(vocational education)'의 의미를 가진다.

직업진로교육에 관한 정의는 학자마다 다양하다. 정진호(2000)는 협의적인 의미에서의 직업진로교육은 '특정 직업이 요구하는 지식과 기능을 습득시키기 위하여 이루어지는 기능교육, 실업교육, 직업훈련을 말하며, 광의적인 의미에서의 직업교육이란 교육의 직업적 측면을 강조하여 직업의 세계를 탐색하여 자신의 흥미, 적성, 성격, 능력 및 신체적 조건에 알맞은 일을 선택하고, 그러한 직업이 요구하는 지식, 기술, 태도, 응용, 분석, 종합, 평가, 판단력과 일에 대한 개인적 습관과 가치관 윤리 등을 내면화하여 행동화시키는 능력을 함양해주는 형식적, 비형식적인 교육을 모두 포괄하는 교육'으로 정의하고 있다.

박수홍과 이창수(1990)는 '장기적 안목에서 자신의 진로를 계획하고, 거기에 알맞은 진로를 선택하고 준비하여 미래에 그 직업에 적응하기 위하여 다음과 같은 네 가지를 고려해야 한다'고 하였다. 우선 첫째, 정확한 자아인식, 자아개념의 구체화를 통해 자신의 성격, 능력, 흥미, 외모, 대인관계 등 자아특성을 현실적으로 정확하게 인식하고 자기에게 가장 적합한 진로와 관련된 정보를 기초로 자신의 진로목표를 세워야 한다. 둘째, 다양한 직업의 종류, 직업세계 구조와 특징, 직업의 사회적 의의, 변화하는 직업의 요구 조건과 직업과 관련된 기술 및 고용경향, 생산, 소비, 분배에 대한 기본개념 등 직업 세계에 관한 다양한 이해가 필요하다. 셋째, 자신의 진로를 현명하게 계획하고 실현하기 위해서는 현재의 상황을 정확하게 판단하고 최선의 직업을 선택하기 위한 자율적인 의사결정 능력을 길러야 한다. 마지막으로 직업종사에 있어서 타인과의 상호협동적 인간관계를 유지하면서, 직업에는 귀천이 없다는 생각을 가지고 직업을 통해 사회적 존재로서의 인간의 존재 의미를 다할 수 있으며, 심리적으로 만족감을 가지고 일에 대해 건전한 태도를 갖도록 해야 한다.

직업진로교육의 목적에 관해서 살펴보면 다음과 같다(이무근, 1996).

첫째, 직업교육에 관한 교육적 기초 능력 함양을 위함이다. 초등학교에서는 생애교육의 일부로서 직업의 세계를 인지한다. 중등학교에서는 생애탐색 단계로서 자기의 적성과 흥미, 지적능력과 신체적 특성, 가치관을 고려하여 관심 있는 직업세계에 관한 구체적인 경험을 쌓는다. 기술가정 및 실업교과를 통하여 일상생활에 필요한 기술을 습득하여 직업생활인으로서의 필요한 자질을 함양한다.

둘째, 직업진로교육은 개인의 직업선택 기회를 확대해준다. 직업진로교육은 개인의 다양한 욕구를 반영하여 다양한 프로그램을 개발한다면 직업을 선택할 기회를 확장시켜주고 각자의 적성에 알맞은 분야의 직업에 종사할 기회를 제공하여 자아실현을 가능하게 한다.

셋째, 현대산업사회가 필요로 하는 다양한 분야의 직업인을 양성할 수 있다. 직업진로교육을 통하여 4차 산업혁명시대에 다양화, 전문화, 다변화되어 가고 있는 직업세계가 요구하는 다양한 전문분야 기술인력 양성을 가능하게 한다.

따라서 직업진로교육이란 '국가와 산업사회가 요구하는 인력 양성을 목표로 개인의 적성, 능력, 흥미에 알맞은 진로를 탐색하고 선정, 유지하여 개선하도록 도와서 개인의 행복과 자아실현을 위한 진로교육'이라고 할 수 있다. 동시에 직업진로교육이란 '생계유지의 수단으로 직업준비를 하는 직업교육(occupational education)뿐만 아니라, 비록 일의 대가로 경제적 보수가 뒤따르지 않을지라도 인간의 기본적 욕구를 충족시켜주는 소명받은 일이라는 직업교육(vocational education)의 의미를 함축하는 총체적인 직업교육'을 의미한다.

제3절 진로발달과 진로발달이론

과거에는 하나의 직업이 평생 유지되는 경우가 많았기 때문에 진로발달이론은 직장의 안정성을 기본적으로 가정하여 하나의 직업을 선택하기까지의 진로개발이 중요하게 여겨졌고 '진로(career)'와 '직업(job)'이 구분 없이 함께 사용되었다(Savickas et al., 2009). 그러나 오늘날은 인간의 평균수명 증가에 따른 경제적 활동 기간 연장으로 인하여 평생직장의 개념이 사라지게 되었고 '진로(career)'와 '직업(job)'의 구분이 필요하게 되었다. 또한 '대학내일20대연구소'의 최근 발표(2022.11)에 의하면 '20대 청년은 직업을 통한 고용안정, 경제적 가치보다는 일을 통해 얻을 수 있는 개인의 발전과 성장, 즉 다양한 경험을 통한 커리어 개발에 더 관심이 있다'라고 보고되고 있다. '평생직장(lifelong work)'보다는 '평생직업(lifelong job)'을 향한 MZ세대의 새로운 인식이 엿보인다. 현대사회에 이르러 개개인의 진로개발의 기대는 전 연령층으로 확장되었고 다양해지고 있으며, 이로 인하여 진로전환과 관련한 성인의 진로발달 이론의 수정도 필요해 보인다(이지원 외, 2017).

또한 21세기 이후 산업기술의 발달로 노동시장에서의 수요는 축소되었지만 산업발전의 고도화로 직업의 종류는 매우 다양해지고 있어 노동의 경계가 허물어지고 있다. 지난 몇십 년 동안 경제상황이 급격하게 변화하여 높은 실업률과 해고율이 증가하여 청년 실업과 노인인구 일자리 창출이 사회적 이슈로 등장하였다. 이제 더 이상 진로결정과 취업이라는 발달과업은 특정한 생애주기에 머물러있는 것이 아니라 발달단계를 거듭하면서 재완수 되어야 하는 과제가 되었다.

1. 진로발달의 개념

'진로발달(career development)'은 '진로지도(career guidance)'에 '인간발달(human development)'의 개념을 도입한 것으로, 인간의 신체적, 정신적 발달처럼 인간이 성장하면서 점진적으로 발달하듯이 직업에 대한 지식과 태도, 기능과 같은 '진로발달'도 어려서부터 발달하여 성장해 간다는 것이다. 슈퍼(Super, 1990)의 전 생애주기 생애 공간 이론을 살펴보면 '진로발달은 순환 및 재순환의 개념을 일

컬으며 인간의 진로발달은 성장기, 탐색기, 확립기, 유지기, 쇠퇴기의 생애 과정을 거치면서 여러 번 발생할 수 있다'. 이러한 생애발달적인 관점에서의 '진로(career)'는 본래 단어의 의미 그대로 계속적으로 나아가며 변동하는 것이다.

진로발달론적 관점에서 다루어지는 진로의식도 어느 한순간에 갑자기 성숙되는 것이 아니라 여러 단계의 발달과정을 거쳐야만 생기는 것이다. 진로에 대한 지식, 태도, 기능 등은 어릴 때부터 발달하기 시작하여 청년기에 성숙해지는 것으로 본다.

2. 진로발달이론

1) 진로발달과정

진로발달은 평생을 통해 이루어지는 과정이지만 직업 목표를 설정하고 일을 시작하게 되는 청소년기와 초기 성인기는 진로발달의 결정적인 시기이다. 경제적으로 그리고 개인적으로 만족할 만한 직업생활을 위한 준비가 잘 된 젊은이가 미래에 보다 더 생산적인 시민, 헌신적인 가족 구성원, 사회 생활에 만족할 수 있는 건강한 성인이 될 수 있다. 나아가 가정, 학교, 직장, 지역사회에 긍정적인 결과에도 기여할 수 있게 된다. 수많은 직업이 다양하게 존재할 미래 사회에서의 효과적인 직업선택을 위해서는 청소년기 이전부터 직업선택을 위한 점진적 준비가 필요하다.

2) 진로발달의 다양한 이론

진로발달을 생애의 전 과정에 걸쳐서 생성되고 발달하는 것으로 보면서 자아개념을 중시하는 발달이론 중에서 긴즈버그(Ginzberg, 1951)와 슈퍼(Super, 1957)의 진로발달이론을 중심으로 그 밖의 다양한 진로발달이론에 대해서 살펴보고자 한다.

(1) 긴즈버그의 진로발달이론

긴즈버그(Ginzberg)가 중심이 된 긴즈버그, 아즈래드, 에르마(Ginsburg, Azelad, Herma, 1951) 연구팀은 인간발달 측면에서 직업선택의 이론을 펼친 최초의 이론가들이다. 경제학자, 심리치료가, 사회학자, 심리학자 등으로 구성된 이들은 직업세계를 종합적인 관점에서 접근하였고 직업선택을 인간 발달과정의 하나로 보는 '직업선택이론'을 펼쳤다(Zunker, 1998). 즉, 직업선택이란 일생에 걸쳐 일어나는 것으로 그 과정은 매우 비가역적이고 개인의 욕망과 현실과의 타협으로 이루어진다고 보았다.

다시 말하면, 직업선택이란 일회적인 행위인 단일 결정이 아닌 장기간에 걸쳐서 행해지는 일련의 결정이며, 직업선택과정은 개인의 초기결정이 번복되는 과정이다. 그러나 비가역적인 특성이 있어서 심리적으로든 연대기적으로든 다시 되돌아갈 수 없고 그 이후 이루어지는 결정은 이전 결정의 영향을 받는다. 그러나 후에 초기의 이들 주장은 많은 반박을 받았고 수정되었다.

그러나 긴즈버그(Ginzberg)는 진로선택의 과정에서 초기 선택이 매우 중요함을 지속적으로 강조하였고 직업선택은 사람이 일하는 일생 동안 병존한다고 주장하였다(김병숙 외, 1999). 또한 직업 선택이란 일생 동안 이루어지는 의사결정의 결과이며, 사람들은 자신의 직업으로부터 큰 만족을 추구한다. 이를 통해서 사람들은 변경된 자신의 진로목표와 직업세계라는 현실 간의 조정을 어떻게 할 것인지 반복해서 재평가하게 된다(Ginzberg, 1984).

긴즈버그 연구팀(1951)은 직업선택은 6년에서 10년 동안에 걸쳐서 일어나는 발달과정으로 보았으며, 약 11세에 시작되어 17세나 초기 성인기에 끝나며, 환상적 단계, 시험적 선택단계, 현실적 단계로 구분하였다.

첫 번째 단계인 환상기(fantasy period: 유년기 11세 이전)는 초기에는 놀이 중심단계로 시작하여 이 단계의 마지막에서는 놀이가 일 중심으로 변화되는 특성을 가진다. 직업선택은 자신의 능력이나 가능성, 현실 여건 등을 고려함이 없이 개인의 욕구가 중시하는 단계이다.

두 번째는 잠정기(tentative period: 초기 청소년기 11~17세)이다. 이 시기에는 일(직업)이 요구하는 조건을 점진적으로 인식하는 단계로서 자신의 흥미, 능력, 일의 가치, 보상 그리고 시간적 측면에 대한 점진적인 인식이 나타나는 시기로 과도기적 특징을 갖는다. 이 시기는 다시 4단계로 세분화된다. 즉 좋아하는 것과 싫어하는 것에 대한 보다 분명한 결정을 하는 흥미단계, 직업적인 열망과 관련한 자신의 능력을 깨닫는 능력단계, 자신의 직업 스타일에 대한 보다 더 명확한 이해를 하는 가치단계, 직업선택과 결정 및 여기에 수반되는 책임의식을 깨닫는 전환단계가 있다.

세 번째로 현실기(realistic period: 청소년 중기 17세~성인 초기)이다. 이 시기에는 개인의 능력과 흥미가 통합되는 단계이며 가치 발달, 직업선택의 구체화, 직업패턴의 명료화가 나타난다. 이 시기는 다시 3단계로 구분되는데, 첫 단계는 탐색기로 진로선택을 두세 가지 정도로 좁혀나가는 단계이다. 이 시기의 선택은 애매하며 진로결정이 확실한 상태라고 보기는 어렵지만 진로에 대한 초점(career focus)의 범위가 이전보다 많이 좁혀진 상태라고 볼 수 있다. 둘째 단계는 특정 직업분야에 몰두하는 구체화 단계이다. 셋째 단계는 각자가 직업을 선택하거나 특정 진로에 알맞은 직업훈련을 받는 특수화 단계이다.

긴즈버그(Ginzberg, 1951)의 진로발달이론은 발달단계 초기에 이루어지는 선택과정은 개인의 흥미, 능력, 가치관에 의해 영향을 받지만, 발달 후기에 이르면 이러한 요인들과 외부적 조건이 함께 타협하여 직업선택이 이루어지는 특성을 가지는 것을 알 수 있다(김충기, 1983). 그리고 긴즈버그(Ginzberg) 이론의 장점은 진로지도에 필요한 개인의 직업적 성숙도와 기준을 제공함으로써, 직업선택과정에서 발생할 수 있는 단계별 문제를 발견하고 진로지도에 도움을 줄 수 있다는 점이다.

(2) 슈퍼의 진로발달이론

슈퍼(Super)의 이론은 긴즈버그(Ginzberg)의 진로발달이론에 대한 비판에서 시작되었다. 슈퍼는 긴즈버그 이론의 미흡함을 비판하였고 직업선택 및 직업발달에 관한 이론을 충분히 검토하고 분석 및 종합하여 더욱 포괄적이고 발전된 진로발달이론을 정립하였다. 일반적으로 슈퍼(1957)의 진로발달이론이 모든 발달이론들 가운데 가장 종합적인 것으로 학계에서는 평가하고 있다(이정근, 1988).

슈퍼(1990)에 의하면 진로발달은 직업정체감을 구체화하고 직업 기회를 발전시켜 나간다. 직업에 대한 지식, 태도와 기능은 어려서부터 발달하기 시작하고 일련의 단계를 거쳐서 발달하는 특성을 지닌다. 자신의 요구와 능력, 가치관, 흥미와 같은 내적인 요인과 가정환경, 부모의 영향, 직업 조건과 같은 외적인 요인과의 타협을 거쳐 직업을 선택하게 된다. 따라서 진로발달은 삶의 어느 한 시기에 이루어지는 단일 결정이 아닌 장기간에 이루어지는 과정이다.

직업행동에 대한 슈퍼(Super)의 접근에서 가장 중요하게 다루고 있는 것은 '자아개념이론'이다. 슈퍼의 '자아개념이론'이란 개인이 가지고 있는 속성과 직업에서 요구되는 속성을 고려해서 이를 연결시켜 주는 이론이다(Super, 1984). 슈퍼 이론의 가장 큰 공헌점은 자아개념과 진로발달의 관계에 대한 규명으로 볼 수 있고 더불어 '진로성숙'이라는 개념을 등장시켜 진로발달이론을 확장시켰다는 점이다. 진로성숙이란 계속적인 생애단계 내에서 성공적으로 수행된 발달적 과업을 통해 획득된다(김충기, 1999). 슈퍼의 '진로발달이론 5단계'를 살펴보면 다음과 같다.

첫 단계는 성장기(growth stage, 출생~14세)이다. 이 시기에 아동들은 중요한 타인에 의하여 동일시를 통하여 자아개념을 발달시킨다. 초기단계에는 욕구와 환상이 지배적이나 점차 사회참여와 현실검증력이 발달하여 점차 개인의 흥미와 능력이 중시된다. 이 시기는 다시 3단계로 구분되는데, 아동의 욕구가 지배적이고 역할수행이 강조되는 환상기(4~10세), 진로목표와 내용결정 시 아동의 흥미가 중시되는 흥미기(11~12세), 진로선택에 있어서 능력이 중시되고 직업에서의 훈련조건이 중시되는 능력기(13~14세)로 구분된다.

두 번째 단계는 탐색기(exploration stage, 15~24세)이다. 청소년기와 대학 시기가 탐색기에 해당되며, 이 시기는 자신의 욕구, 관심, 능력, 흥미, 가치, 취업 기회 등을 고려하고 자신에게 알맞은 직업을 잠정적으로 선택하는 시기이다. 학교 생활, 여가 활동, 시간제 일자리 등을 통하여 자아검증, 역할시행, 직업 탐색을 하는 시기이다. 이 시기는 다시 3단계로 구분되는데, 자신의 욕구, 관심, 흥미, 능력, 가치와 취업기회 등을 고려하기 시작하고 토론이나 일의 경험 등을 통하여 잠정적으로 진로를 선택하는 잠정기(15~17세), 장래 직업세계 진입에 필요한 교육이나 훈련을 받고 자아개념을 확립해 나가며 현실적 요인을 중시하는 전환기(18~21세), 자신에게 적합하다고 판단되는 직업을 선택하여 종사하기 시작하는 시행기(22~24세)로 구분된다.

세 번째 단계는 확립기(establishment stage, 25~44세)이다. 이 단계에서 개인은 자신에게 적합한 직업 분야를 발견하고 종사하면서 삶의 터전을 잡으려고 노력한다. 이 시기는 다시 2단계로 세분화된다. 자신이 선택한 일의 세계가 맞지 않는 경우에는 적합한 일을 발견할 때까지 한두 차례 변화를 시도하는 시행기(25~30세)와 진로유형이 안정되어서 자신의 직업세계에서 안정감과 만족감, 소속감을 얻고 일정한 지위를 획득하고 만족하는 시기(31~44세)가 있다.

네 번째 단계는 유지기(maintenance stage, 45~66세)이다. 이 시기에는 대체로 안정된 환경 속에서 비교적 만족스러운 삶을 살아간다.

다섯 번째 단계는 쇠퇴기(decline stage, 65세 이후)이다. 이 시기에는 정신적, 육체적으로 기능이 쇠퇴하게 되고 직업전선에서 은퇴하게 되어 또 다른 새로운 역할과 활동을 찾게 된다.

(3) 그 외 다양한 진로발달이론

이형득(1978)은 '진로발달'을 '개인이 평생 동안 관여하는 모든 역할, 장면, 사건들을 통합함으로써 출생부터 죽음에 이르기까지 끊임없이 성취해나가는 자기발달의 전 과정'으로 정의하였고, 진로발달은 유아부터 성인에 이르기까지 이루어지는 계속적인 과정으로 보고 발달단계를 몇 단계로 구분하였다.

이정근(1980)은 초등학교 시기를 진로기초단계로 보았고, 중학교 시기는 진로안내단계, 고등학교 시기는 진로탐색단계, 대학 시기는 진로준비단계로 구분하였다. 한편, 1982년 한국교육개발원의 진로교육 모형에 의하면 초등학교는 인식단계, 중학교는 탐색단계, 고등학교는 준비단계, 그 이후의 시기는 전문화 단계로 구분하면서 발달단계별로 진로지도를 할 것을 제시하고 있다.

한편 이지원 외(2007)는 한국의 청소년들은 대학 입학 전에는 주로 대학입시에 집중하고 진로탐색활동 및 진로결정을 유보하는 경향이 많기 때문에 직업세계에 대한 충분한 이해 없이 대학의 전공을 선택하는 경우가 많은 결과(손은령, 손진희, 2005; Tak, 2012)를 바탕으로 인간의 의미 있는 진로발달단계를 탐색기(성인초기에 해당하는 20대), 확립기(성인중기에 해당하는 30~40대), 재적응기(성인후기에 해당하는 50대 이후)로 구분하기도 한다.

3) 진로발달과업

진로발달과업은 진로발달이론에서 가장 중요하게 다루는 개념으로 인간은 전 생애에 걸쳐 진로와 관련된 일련의 발달과업에 직면한다(Super, 1990). 구성주의 진로발달이론을 살펴보면 발달과업의 성공적 이행은 진로적응에 많은 영향력을 미치며, 진로발달과업의 내용과 수준은 생애주기와 생애역할, 생애 공간에 따라 달라진다.

진로발달 단계별 주요 발달과업을 살펴보면 다음과 같다(이지원 외, 2007). 탐색기(20대)의 주요 과업은 진로의사결정을 위한 탐색 및 진로전환 준비, 확립기(30~40대)는 자신의 직업정체성과 책임감을 확장하고 확립하기, 재적응기(50대 이휘)는 은퇴 후 새로운 진로탐색 및 새로운 과제 도전 및 계속적 과제수행이다. 대부분의 진로발달이론에서 대학생 시기를 탐색기와 현실적 선택기 또는 전문화 시기로 구분하고 있으며, 자신의 가치관, 욕구, 흥미, 능력, 취업기회 등을 고려해서 진로선택이 구체화되고 개인의 잠정적 진로선택이 이루어지는 매우 중요한 시기로 보고 있다. 따라서 대학생 시기에는 자신의 진로선택을 위한 보다 더 적극적이고 행동적인 노력이 요구되며, 이를 위한 현실적인 진로직업교육이 충분히 뒷받침되어야 한다.

3. 진로적응성

전 생애적인 진로관점에서 볼 때 '진로개발(career development)'이란 '광범위한 생애 영역에 적응하기 위한 지속적이고 자기주도적인 행동양식'이다. 이러한 관점에서 진로개발에 대해 논의를 하고자 하면 우선 '진로적응성(career adaptability)' 개념을 살펴보아야 한다.

'진로적응성'이란 '개인의 생애주기와 발달적인 맥락 안에서 순환적, 구조적, 전체적으로 이해되어야 할 개념으로 진로전환과정에서 현재 당면하거나 예상되는 일들에 대처하기 위한 사회심리학적 구성요인으로서 새로운 변화에 효과적으로 대처하고 적응적으로 행동하기 위한 개인의 자기조절능력 및 심리자본'을 말한다(Savickas, 1997). '진로적응성'은 불확실성으로 대변되는 현대사회를 살아가는 성인들에게 가장 필요한 대응전략 중 하나이다(Coetzee & Harry, 2014; Savickas & Porfeli, 2012). 초기의 진로적응성은 슈퍼(Super)의 후기 진로발달이론(Super & Kansel, 1981)을 바탕으로 하였다. 진로적응성이라는 용어는 그 당시 시대적 상황이 반영된 기존의 진로발달이론을 수정보완하여 비선형적인 진로전환을 반영한 것이었다. 이러한 과정에서 후기 진로발달이론에서는 진로재탐색과 재확립의 과정을 포함하였고 점차 진로적응성은 자신과 직업 세계에 대한 이해를 바탕으로 자기 진로를 계획, 선택, 변경해 나가는 일련의 발달과정인 '진로성숙도(career maturity)'를 대체하는 용어로 사용되었다. 왜냐하면 진로성숙도는 직업결정과 관련한 개인의 준비도를 의미하는 것으로서 특정한 발달 시기에 국한되는 특징이 있어 성인의 진로발달까지를 모두 아우르기에는 한계가 있었기 때문이다.

슈퍼(Super, 1990)의 이론에서 '진로적응성이란 현재 그리고 앞으로 수행하게 될 발달과제들을 알아차리고 준비하고 대처하는 것'을 말한다. 이를 바탕으로 진로적응성의 개념과 구성요인에 대한 논의가 지속되었고 굿맨(Goodman, 1994)은 '진로적응성이란 직업 역할 수행과정에서 예측 가능한 과제 및 예측 불가능한 과제들에 대한 대처 준비도'로 보았고, 사비카스(Savickas, 1997, 2005)는 '직업세계에서의 적응을 포괄하여 성공적인 진로 전환을 위해 필요한 개인의 자기조절전략'이라고 하였다. 특히 사비카스(Savickas, 1997, 2005)는 슈퍼(Super, 1957, 1990)의 생애주기이론, 진로적응성, 홀랜드(Holland, 1997)의 직업성격 이론을 결합하여 '구성주의 진로발달이론(Career Construct Theory)'을 제시하였다. 구성주의는 현대의 불안정하고 불확실한 직업구조의 변화를 반영하였고, 개인의 주체적인 관점과 인식을 매우 중요하게 다루었다. 따라서 구성주의 진로발달이론에서의 진로적응성은 개인의 내적 성숙이나 타고난 기질만을 강조하지 않으며, 변화하는 환경 속에서 개인이 사회와 연결되어 발달 과업에 대처해 나가는 자원에 중점을 둔다. 따라서 진로적응성은 개인의 생애주기와 발달적인 맥락 속에서 순환적, 구조적, 전체적인 측면에서의 이해가 필요하다.

연구문제

1. 슈퍼(Super)의 진로발달 이론을 살펴보고 진로 발달단계에 비추어서 자신의 진로 발달 경험에 관해서 이야기해 봅시다.

2. 초기 성인기에는 직장생활과 가정생활은 서로 더욱 밀접하게 연관되어있는데, 그 이유에 대해서 자신의 경험 또는 주변 사람들의 구체적 사례를 들고 이야기해 봅시다.

3. 자신의 직업 선택 과정에 관해서 생각해보고 어떠한 개인적, 환경적 요인이 자신의 직업선택에 큰 영향을 미쳤는지에 관해서 이야기해 봅시다.

CHAPTER 04

진로 의사 결정

제1절 나의 진로장벽 및 갈등의 진단과 해결

제2절 합리적 진로 의사 결정 과정 및 방법의 이해

제3절 나의 희망 직업 선택

학습목표

본 장에서는 진로장벽의 개념을 이해하고 진로장벽과 갈등을 해결해 가는 방법을 함께 논의할 수 있도록 하였으며 진로 의사 결정 이론, 요인 및 유형을 알아보고 합리적으로 의사를 결정해 가는 과정을 제시하였다. 또한, 직업 탐색 행동을 알고 자신의 특성을 이해할 수 있는 다양한 표준화 검사들을 탐색할 수 있으며 이를 통해 직업을 선택해 갈 수 있는 모형과 선택과정을 실습해 볼 수 있도록 하였다.

제1절 나의 진로장벽 및 갈등의 진단과 해결

1. 진로장벽 및 갈등의 진단

1) 진로장벽의 의미

마라톤을 할 때 어느 정도 달리고 나면 마치 벽이 앞에 있는 듯이 온 세계가 자신이 뛰는 것을 방해하는 것처럼 더 이상 나갈 수 없는 지점을 만나게 된다고 한다. 이처럼 우리가 무엇을 하든, 어떤 단계에 이르면 더 이상 진전하기 어려운 고비를 만나게 된다.

진로장벽(career barrier)이란 진로와 관련된 다양한 경험들, 취업, 진학, 승진, 직업의 지속, 가사와 직장 생활의 병행, 직무 행동 등을 수행해나가는 과정에서 개인의 진로선택, 목표, 포부, 동기 등에 영향을 미치거나, 역할 행동을 방해하는 여러 부정적인 요인 또는 상황들을 통칭하는 말이다.

(1) 내적 진로장벽

'나는 머리가 나쁘니까 성공하기 어려워' 또는 '나는 여자(남자)니까 저 일을 수행하지 못할 거야' 하는 등 자기 내면에서 부정적 요소를 만드는 것을 말한다. 예를 들면, 자신감 부족, 학습 부진, 낮은 성취동기, 허약한 욕구, 직업에 대한 편견, 문제의 회피 등으로 진로 목표 달성을 포기하게 되는 등의 내면적 요소를 내적 진로장벽이라고 한다.

(2) 외적 진로장벽

"너는 꼭 사회적으로 성공해야 해"라고 강요한 부모님의 기대, 또는 집안이 어려워 대학 진학을 못 하는 등의 환경적 요인, 신체적 요인, 사회적 편견 등 외부적 요인이 진로 목표를 성취하는 데 방해가 되는 경우, 이를 외적 진로장벽이라고 한다.

진로 목표 달성을 위해 자신의 진로장벽이 무엇인지 깨닫는 것은 참으로 중요한 일이다.

2) 진로 자기 조절

자기 조절은 목표를 성취하는 데 있어 습관적 또는 자동적으로 방해가 될 수 있는 반응을 의식적으로 변경하고자 하는 것이다. 교육학, 조직 심리학, 스포츠, 임상 심리학 등 다양한 분야에서 개인의 높은 수행력과 관련되어 있음이 입증되고 있다. 컬(Kuhl, 1992)은 자기조절을 개인의 의지와 연관 있는 상위 인지적 차원으로 설명하였다. 여기서 의지는 개인의 목표 및 온전한 자기(self)를 유지시키는 것으로, 목표를 수행하는 데 방해로 작용하는 사고를 제한하려는 주의 통제(attention control), 목표 달성을 목적으로 수행의 동기 유발을 이끄는 동기 통제(motivation control), 목표 달성 과정 중 기분 조절과 연관 있는 정서 통제(emotion control), 선택과 결정은 스스로 내릴 수 있음을 뜻하는 결정 통제(decision control)로 구성된다고 보았다.

이같이 컬(Kuhl)이 제시한 전략을 근거로 김민정(2016)은 진로 분야에서 활용 가능한 진로 자기 조절을 개발하였다. 따라서 진로 자기 조절은 대학생들이 진로 목표가 달성될 때까지 자신의 목표를 유지하도록 사고하고, 정서, 행동을 조정하는 능력으로, 우리나라 대학생들과 졸업생, 그리고 진로상담 실무자들에게 실시한 개방형 설문조사 및 면접 조사 결과들을 토대로 내용이 구성되었다. 하위 요인들을 살펴보면 계획 및 점검은 자신과 일의 세계를 탐색하기 위한 계획들을 세우고 세운 계획들이 잘 수행되고 있는지에 대해 점검하는 과정이고, 긍정적 진로 사고는 진로에 대해 자신이 바라는 목표를 달성할 수 있다는 긍정적인 생각을 갖는 것이며, 진로 피드백은 목표를 달성하기 위한 과정에서 주변 사람들로부터 격려와 조언을 구하는 것이고, 진로 환경 조성은 자신의 진로 목표를 자주 상기하고 목표를 성취할 수 있도록 주변 환경을 조성하는 것이며, 진로 몰입 의지는 진로 관련 활동들에 집중하여 수행하려고 노력하는 것이다(김보미, 2020).

2. 진로장벽 및 갈등의 해결

1) 나의 대인관계 능력

인간은 사회 속에서 친구, 가족, 동료 등과 같은 주변 사람과 더불어 살아간다. 즐거움을 서로 나누며 기쁨을 느끼기도 하고, 갈등을 겪으며 마음의 상처를 주고받기도 한다. 이러한 과정을 통해 우리는 인간관계가 삶의 행복에 영향을 미치는 것을 깨닫게 된다.

원만한 인간관계를 형성하기 위해서는 대인관계능력을 길러야 한다. 대인관계능력이란 가정, 학교, 직장 등 여러 집단에서 만나는 사람들과 갈등 상황을 해결하면서 원활하게 지낼 수 있는 능력을 말한다. 이처럼 대인관계능력은 가정과 학교에서의 생활뿐 아니라 미래의 성공적인 직업 생활을 위해서도 필요하다. 따라서 대인관계의 중요성을 충분히 이해하고, 대인관계능력을 향상시키기 위해 노력해야 한다.

대인관계 능력을 향상시키기 위해서는 친구, 가족, 동료 등 주변 사람을 대하는 자신의 태도와 관계를 성찰해야 한다. 또 자아존중감, 배려, 의사소통 능력, 협동심, 신뢰감, 갈등 관리 능력 등의 덕목 중에서 자신에게 부족한 부분을 파악하고 개선하려는 자세를 갖추어야 한다.

2) 나의 의사소통 능력

의사소통은 서로의 생각과 감정을 말, 행동, 글 등을 통해 주고받는 것을 말한다. 우리는 의사소통을 통해 서로의 생각을 이해하고 갈등을 해결한다. 의사소통 능력이 뛰어나면 가족, 친구뿐만 아니라 사회생활에서 만나는 다양한 사람들과 원만한 대인관계를 유지할 수 있다.

의사소통의 기본자세는 경청을 잘하는 것이다. 경청은 상대방의 말을 주의 깊게 들으며 공감하는 능력이다. 상대방의 말을 경청하지 않고 건성으로 듣거나 무조건 부정적인 태도를 취하면 효과적인 의사소통이 어려울 뿐만 아니라 신뢰 관계도 쌓을 수 없다. 따라서 바람직한 의사소통을 위해서는 상대방을 존중하고 배려하는 태도를 바탕으로 긍정적인 언어 습관을 길러야 한다.

우리는 다양한 상황에서 의사소통한다. 가족이나 친구와의 대화는 사적인 공간에서 격식 없이 이루어지지만, 발표나 연설, 회의 등에서 대화는 공적인 공간에서 특정한 목적에 따라 주제를 정하여 이루어진다.

발표와 연설은 한 사람과 여러 사람 간에 이루어지는 의사소통 방식이다. 발표와 연설을 잘하기 위해서는 주제에 맞는 내용을 선정하여 자신감 있는 모습으로 분명하게 의견을 전달해야 한다. 회의와 토론은 상대방의 대응에 따라 과정과 결과가 달라질 수 있는 쌍방향 의사소통으로 진행되므로 상대방을 배려하고 존중하면서 자신의 의견을 차분하게 전달하는 태도가 중요하다. 이처럼 의사소통 방법과 예절은 상황에 따라 달라질 수 있다.

3) 진로장벽의 해결

자신의 진로장벽을 정확하게 이해하는 것은 진로 목표를 달성하는 데 매우 중요한 일이다. 진로장벽과 진로 갈등을 면밀히 검토하는 과정에서 진로의 목표를 더욱 합리적으로 설정할 수 있고, 더욱 발전된 모습으로 성장할 수 있다.

때로는 진로장벽과 갈등이 자신의 진로 목표를 더욱 뚜렷하게 하고 열정적으로 자신의 꿈을 이루고자 노력하는 계기가 되기도 한다.

그러므로 진로장벽과 갈등을 해결하고자 노력하는 자세는 매우 진지하고 유연해야 한다. 이러한 노력 속에서 진로장벽은 진로 목표를 이루게 하는 걸림돌이 아니라 오히려 디딤돌이 될 수 있다.

표 4-1 **진로장벽을 극복하는 네 가지 방법**

방법	내용
깨뜨리기	편견과 고정 관념 등 부정적이고 합리적이지 않은 인식을 깨뜨려 해결
돌아가기	진로 목표를 재점검하고 다양한 진로 대안을 모색
넘어서기	자신의 현재 상황과 여건을 점검한 후, 해결방안을 적극적으로 모색하고 실천함으로써 한계를 극복
돌아서기	실현 가능성이 낮은 진로 목표를 현실적으로 조정하고 돌아서기

4) 진로 탐색 행동

자신의 진로 탐색 행동은 진로 발달 및 진로 결정 과정에 있어 자기 자신과 다양한 직업들을 인지하고 분석하기 위해 필요한 인지적·의도적·행동적인 활동을 뜻하며(박수영, 2021), 최동선(2003)은 진로 탐색 행동을 직업에 대한 탐색, 자신에 대한 탐색과 같이 2개의 하위 요인으로 나누었는데, 이는 진로 결정 과정에서 반드시 필요한 정보인 자신의 특성과 다양한 직업의 정보를 탐색하는 중요한 변인으로 자리 잡고 있다.

또한 우리나라 대학생들은 대학에 입학하기 이전에 자신의 내적·외적 요인을 고려하여 전공을 결정하지 않고 성적에 맞춘 입시 준비에만 많은 시간을 할애하다 보니 자신의 진로에 대한 목표와 계획에 대해 적절한 준비를 마치지 못한 채로 대학에 입학하는 경우가 대부분이다(정자경, 2022).

때문에 자기 자신과 다양한 직업 세계를 이해하고 분석하는 활동인 진로 탐색 행동은 이러한 대학생들이 반드시 거쳐 가야 하는 단계로 볼 수 있다. 조규판, 장은영(2010)은 진로 탐색 행동을 개념의 범위와 행동의 기간으로 구분하여 설명하였다.

먼저 개념의 범위 측면에서는 자신의 내적 요인인 성격, 흥미, 가치관 등을 고려하여 자아정체감을 형성하는 자기 탐색, 현재 고용동향, 직업의 근무 환경, 직업의 미래 전망 등을 수집하여 분석하는 직업 세계로 분류하였으며 행동의 기간 측면에서는 자신의 진로를 결정하기 이전에 자신과 직업에 대한 정보를 수집하는 기간이라고 정의하였다.

이러한 점에서 보았을 때 진로 의사 결정 및 졸업 후 취업을 앞둔 시기인 대학생의 경우 진로 탐색 행동이 보다 적극적으로 이루어져야 하고 상담 현장 또한 이에 따른 적절한 개입이 필요할 것임을 시사한다.

진로 의사 결정 이론을 기초로 하여 진로를 결정하기 위해 반드시 수행되어야 하는 진로 탐색 행동은 진로 발달 과정에서 중요한 역할을 할 것이다. 또한 대학생들의 경우 대학 생활, 아르바이트 등으로 이루어진 다양한 대인관계를 통해 비교적 쉽게 얻어지는 진로 정보에 의해 개인의 특성을 고려하지 않고 진로 결정을 하게 될 가능성을 배제할 수 없으므로 자신과 직업에 대한 탐색이 선행되어야 한다(박수영, 2021).

제2절 합리적 진로 의사 결정 과정 및 방법의 이해

1. 진로 의사 결정 이론과 요인

1) 진로 의사 결정 이론

의사 결정이란 결정자가 의도하는 결과를 가능하게 하는 여러 가지 대안 중에서 하나의 대안을 선택하는 과정이고, 의사 결정 능력은 문제를 파악하고 해결책으로서의 대안을 개발하고 결정에 따라 행동하는 능력으로서 인간을 특징 짓는 고등 정신 능력 중의 하나이다.

의사 결정 능력의 향상은 당면한 문제를 해결하는 데에 도움을 주기 때문에, 문제해결을 위해서는 합리적 의사 결정이 요구된다. 개인의 진로발달은 일련의 연속되는 의사 결정 과정이다. 뿐만 아니라 진로발달 이론에 의하면 대학생 시기는 미래에 대한 계획을 세우고 진로를 결정하는 것이 주요한 진로 발달과업이 되기 때문에, 이 시기에 경험하는 진로 의사 결정 문제는 보다 중요하게 다루어질 필요가 있다.

진로 의사 결정 이론(career decision-making theory)은 의사 결정자가 어떠한 정보 처리 과정을 거쳐 최종 결론, 즉 진로 선택에 이르는지에 관심을 둔다. 즉 진로발달 이론과 달리 진로 의사 결정 이론은 의사 결정이란 국면에서 개인의 진로선택을 상세히 설명하고자 하는 이론이다. 이에 따라 진로 의사 결정 이론은 대학생의 진로선택과 밀접한 관련이 있으며, 대학생이 자신과 직업 세계와 관련된 정보를 수집하고 이를 실현 가능성과 자신의 가치를 기준으로 종합하고 선택하는 심리적 과정에 관심을 둔다(Harren, 1979; Jepsen & Dilley, 1974).

하렌(Harren, 1979)은 만족스러운 진로 의사 결정을 돕기 위해 자신의 이론에 포함된 의사 결정 과정, 의사 결정의 특징, 학생이 당면한 발달과업 등에 대해서 자세히 설명하고 있다. 특히 진로 의사 결정 과정을 인식, 계획, 확신, 실행의 네 가지 단계로 구분하였다.

첫째, 인식 단계는 대학생들이 현재 진로 계획이 없다는 것을 부정적으로 판단하는 단계이다. 불만족이 높은 학생들은 자신의 진로 계획이 없다는 것을 인식하게 되고, 불만족의 원인을 파악하게 되면서 더욱 현실적이고 적절한 선택을 하게 된다.

둘째, 계획 단계에서는 양자택일, 확장, 협소화, 조사, 구체화 과정을 명확히 한다. 불만족의 원인을 이해하고 여러 가지 대안들을 수립하면서 자신을 잘 알게 되고 불만족의 원인에 대해서도 적절히 대응할 수 있다. 특히 계획 단계에서는 자기 자신과 직업 세계에 대한 많은 정보를 수집하는 것이 중요하며, 이를 통해 비로소 직업에 대해 잠정적인 결정을 내릴 준비를 갖추게 된다.

셋째, 확신 단계에서는 자신이 계획했던 것을 결정하고 이러한 결정을 내린 동기를 친한 친구, 부모 등과 함께 의논하고 그들의 반응을 얻는다. 사람들의 평판이 부정적이면 계획 단계로 되돌아가서 좀 더 정보를 수집하거나 다른 대안을 고려해 보고, 긍정적인 평판을 받으면 자신이 내린 결정에 대하여 자신감을 가지게 된다. 이러한 피드백은 가치 있고 적극적인 동기를 부여하기 때문에 실행할 때 개인의 확신이 증가하게 된다.

넷째, 실행 단계에서는 자신이 내린 결정을 행동으로 옮기기 시작하는 단계이다. 하렌(Harren)은 이를 다시 동조, 자율, 상호 의존 세 가지 하위 단계로 나누는데, 개인이 내린 결정이 좀 더 만족스러운 것이 되기 위해서는 각각의 단계에서 진로 의사 결정의 과제들을 수행하여야 한다.

2) 진로 의사 결정 요인

의사 결정 유형은 진로에도 마찬가지로 적용된다. 합리적 의사결정 방식을 가진 사람들은 논리적이고 신중하게 의사결정을 수행하는 사람들로, 진로 결정 수준이 높게 나타난다. 또한 합리적 의사 결정은 진로 계획 및 진로 탐색 행동에도 긍정적인 영향을 미치는 것으로 나타난다.

합리적 의사 결정 능력이 있는 사람은 적극적으로 진로계획을 세우며, 정보 탐색을 하고, 좀 더 효과적인 의사 결정을 하며 전공 선택과 직업선택, 진로 의사 결정 과제에서도 그렇지 않은 사람들보다 진전을 보인다. 특히, 합리적 진로 의사 결정 능력이 높은 사람은 진로 의사 결정 각각의 단계에서 진로 의사 결정의 과제들을 잘 수행하며, 성공적으로 수행하는 과정에서 자신감이 향상된다. 따라서 진로 의사 결정을 내릴 때 합리적 의사 결정의 네 단계를 거치는 것은 중요하다(강채미, 2018).

의사 결정 시 고려해야 할 것이 진로 의사 결정 요인이다. 진로 의사 결정 요인에는 개인적 요인, 환경적 요인 및 직업 자체와 관련된 요인이 있다.

표 4-2 **진로 의사 결정 요인**

구분	요인	
개인적 요인	신체적 요인	나이, 성별, 건강
	지적 요인	지능, 적성, 능력치
	정의·심리적 요인	자아개념, 가치관, 흥미, 성격, 대인관계, 일의 만족도
환경적 요인	문화적 요인	사회·문화적 배경, 교육 정도, 가족의 영향, 대중 매체의 영향
	경제적 요인	수입, 경제적 상태
직업 자체와 관련된 요인	일과 환경 간의 요인	직업에 대한 사회적 인식, 조건, 직업의 복지 상태
	일과 개인의 요인	직업에 대한 욕구 정도, 직업의 안정성, 일터에서의 인간관계

2. 진로 의사 결정의 유형

우리는 다양한 선택을 통하여 성장해 왔다. 선택의 매 순간, 어떤 기준으로 선택할 것인가를 고심하게 된다. 우리 앞에 놓여 있는 많은 문제를 해결하기 위해 고심하고, 여러 대안을 탐색하여 스스로가 생각하는 정답을 갖게 되는 것을 의사 결정이라고 한다. 따라서 의사 결정이란 목표를 이루기 위해 여러 가지 방법을 찾아 다양한 기준과 방법을 정해 비교·탐색하여 가장 효율적이며, 실용 가능한 방법을 찾아내는 행동이다. 특히 진로 문제를 마주할 때, 자신의 목표를 설정하고 목표를 달성하기 위해 효율적인 방법을 선택하는 것을 진로 의사 결정 과정이라 한다.

삶의 가장 중요한 문제인 진로 문제를 선택하는 데 신중하고 진지한 자세로 최선을 다할 때, 성공적인 진로를 개척할 수 있으며 행복한 삶을 영위할 수 있다. 의사 결정을 할 때에는 필요한 정보를 모으고 분석하여 결정을 내리게 되는데, 결정해야 하는 사안마다 또는 사람마다 다른 의사 결정 방식이 있는데 이를 의사 결정 유형이라 한다. 의사 결정 유형은 의존적 유형, 직관적 유형,

합리적 유형의 세 가지로 분류할 수 있다.

(1) 의존적 유형

의사 결정에 부모나 친구, 교수님 등의 기대에 영향을 많이 받아 자신의 욕구와 상관없이 다른 사람의 의견에 따라 결정하는 유형을 의존적 유형이라 한다. 의존적 의사 결정 방식을 선택하는 사람은 수용적이며, 온순하고 다른 사람과 갈등 상황을 회피하는 경향이 있다. 이러한 의사 결정 방식은 결과에 책임을 지지 않으려는 경향이 있다.

(2) 직관적 유형

선택을 위한 정보 수집이나 분석, 예측 등의 논리적 판단과 합리적 사고를 통한 검증 과정을 거치지 않고 환상이나 즉흥적 감정에 따라 의사 결정을 하는 것을 직관적 유형이라 한다. 직관적 유형의 의사 결정은 신속하게 판단하고 빠르게 행동으로 옮길 수 있으나, 감정이나 기분에 의해 결정하게 되므로 결과의 성공률이 낮다.

(3) 합리적 유형

어떤 선택을 위한 의사 결정을 하기 전에 그 사안에 대한 정보를 충분히 수집하고 분석, 통찰하여 환경을 고려하며, 논리적으로 분석하여 판단하는 것을 합리적 유형이라 한다. 합리적 유형은 결정에 대한 책임을 자신이 지게 되므로 신중하고 이성적인 판단을 하게 된다. 다른 의사 결정 방법에 비해 가장 효율적이고 합리적인 방법이다.

3. 합리적 의사 결정 과정

1) 진로 의사 결정 점검의 필요성

우리는 살아가면서 수많은 의사 결정을 한다. 이러한 의사 결정은 '대중교통으로 어떤 것을 이용할까?'처럼 사소한 것부터 '어떤 직업을 선택할까?'와 같이 진로와 관련된 것까지 다양하다.

진로 의사 결정이란 진로 목표를 달성하기 위해 다양한 정보를 탐색한 후 진로문제를 구체적으로 파악하고 분석함으로써 가장 적절한 대안을 구하는 것이다.

이러한 진로 의사 결정은 인생 전반에 걸쳐 영향을 주기 때문에 개인 요인, 환경 요인, 직업 요인 등을 종합적으로 고려해야 한다. 한편, 아무리 신중하게 결정한 진로 의사라 해도 직업 세계나 가정환경 등 상황의 변화에 따라 달라질 수 있다. 그러므로 진로 의사 결정에 영향을 주는 요인들을 분석하고 점검하여 문제점이 발견되었다면 자신이 처한 상황에 맞게 수정·변경할 수 있어야 한다.

2) 의사 결정 과정

합리적 의사 결정을 위해 다음과 같은 단계를 거치게 된다. 각 단계에서 해야 할 일을 빠짐없이 수행하는 것이 중요하다.

(1) 1단계: 분명한 목표 설정

문제를 확실하게 정리하는 단계로 결정해야 할 문제 상황에 대한 이해가 가장 중요하며, 자신의 목표를 분명하고 구체적으로 설정한다.

(2) 2단계: 다양한 해결 방법 찾기

자신이 원하는 목표를 달성하기 위해 방법을 찾는 단계로, 자신의 경험이나 다른 사람의 조언, 또는 책 등의 사례와 같은 좋은 대안이 될 수 있는 방법을 모두 찾아본다. 성공 가능성보다는 가능한 많은 대한의 목록을 작성하는 것이 중요하다.

(3) 3단계: 대안 선택의 기준 제시

목록에 있는 여러 대안 중에서 무엇을 선택할지 정하기 전에 대안을 선택할 기준을 정한다. 예를 들면 실천 가능성, 자신의 능력치, 가치관, 시간 등을 정한다.

(4) 4단계: 설정한 대안 선택 기준에 따라 평가하고 결정하기

정한 여러 기준에 따라 여러 대안을 비교하며 평가한다. 여러 기준에 따라 상, 중, 하 등급으로 정해 최선의 대안을 결정한다.

(5) 5단계: 계획 세우고 실천하기

선택한 대안을 어떻게 실천할 것인가 구체적으로 계획을 수립하고 실천하는 단계이다. 만약 이 단계에서 새로운 정보를 알게 되면 원래의 계획을 각 단계에 따라 재검토하여 목표 달성에 최선의 방법을 선택하여야 한다.

제3절 나의 희망 직업 선택

1. 나의 희망 직업 탐색

1) 직업 탐색

대학생들의 취업 준비를 할 때 개인적 가치를 정립하고 그 목표를 구체적으로 정하는 것은 매우 중요한 것이다. 첫 번째 직장은 사회의 구성원으로서 첫 발자국을 내딛는 측면이기도 하고 사회적 지위의 관점에서 직업 분야의 위치와 수입을 기대하게 하는 결정적인 요인이 될 수 있다.

직업 탐색은 노동 시장 안에서의 사회적 활동으로 진행되는 것이 아니나, 구직자들이 소속된 사회적 관계 네트워크는 개인의 취업 목표 설정과 직업 탐색 방식 및 진행 과정, 그리고 구직 활동 성과에 큰 영향을 미친다. 그리고 직업 탐색 과정에서 정보 수집과 활용 및 적용은 사회적·구조적이며, 인구학적인 조건에 따라 차이가 있다.

2) 직업 탐색 행동

직업 탐색 행동(job search behavior)은 미래의 경력 기회를 획득하기 위한 다양한 정보를 찾아 수집하고 취업을 위해 적극적인 방법을 모색해 보는 행동이다.

또 잠재적인 직업에 대한 정보 획득과 이를 통해 합리적인 대안을 평가하며, 이를 기반으로 직업을 얻는 일련의 활동이다(Barber, 1994).

단순히 미래에 대한 대비로서의 정보 획득 방법이 아닌 사회진출의 전 단계로 보는 견해도 있다. 직업을 준비하고, 취업에 성공하고, 적응하기 위한 과정에서 활용되는 개인과 환경에 대한 정보를 획득하기 위한 일련의 활동이다. 이러한 직업을 얻기 위한 탐색 과정에서 중요한 요소들로는 탐색 장소, 탐색 진행 방법, 탐색 시간, 탐색의 포커스라 보았고, 정보 이해는 자신 및 자신을 둘러싸고 있는 환경적 요소로 정리하였다(Babu, 1993). 베버(Werberl, 2000)는 직업 선택과정에서 핵심적인 내용을 찾아 자신이 진입하고자 하는 직업에 도달하는 것이라고도 말했다.

개인의 재취업을 중심으로 하는 관점이 아닌 학교에서 직업 세계로의 진입을 대비하는 졸업 예정자들, 비자발적 실직자들, 그리고 이·전직 등 새로운 기회를 가지려는 자들에게 있어 필수적인 행동이다. 또, 자신의 현재 직업과 미래의 고용 목표 사이의 차이를 확연히 인식할 때 더욱 활성화되며, 따라서 근본적으로 매우 목표 지향성이 강한 행동이라고 말한다.

3) 직업 탐색 행동의 유형

블라우(Blau, 1993)는 직업 탐색 활동 모형을 예비적 직업 탐색 행동(preparatory job search behavior)과 적극적 직업 탐색 행동(active job search behavior)으로 구분하였다. 예비적 직업 탐색 행동은 취업을 준비하기 위한 관련 정보를 탐색하는 활동으로 책, 신문, 인터넷 조사 등을 활용하여 다양한 직업 관련 원천 소스를 확보하는 단계로, 적극적 직업 탐색 활동은 실제 취업을 희망하는 기업과 구인에 관한 정보를 찾는 것이며 시설, 공공 취업 지원 및 알선 기관이나 학교의 취업 지원 부서 등을 방문하는 단계의 활동으로 보았다.

세이크와 에스포드(Sakes & Ashforth, 2000)는 직업 탐색 흐름을 순차적 모형으로 설명하였다. 순차적인 직업 탐색의 결과 결국 취업에 도달하지 못한 구직자는 재탐색을 위해 직업 탐색의 초기 단계로 회귀한다는 것이다.

직업 탐색 과정에서 구직자는 고도의 집중력과 관심을 기울여야 하며, 심적으로 높은 스트레스와 불안감을 가지게 된다. 때로는 감정적으로 반응하며, 회피 현상을 보이거나 무기력감을 느끼기도 하고 쉽게 포기하는 결과까지 발생하기도 한다(양기종, 2015).

직업 탐색이 시작되면서 가까운 친척이나 친구 등 비공식적인 경로에 의존하는 경향이 강해지기도 하면서, 더 적극적인 활동이 요구되고 더 많은 스트레스 상황에 놓이고, 불안감이 증가한다.

4) 나의 직업 탐색

자기 삶의 주인으로 당당히 살아가기 위해서는 '일'이란 것이 매우 중요하다. '일'을 하는 직업을 갖는 것은 그만큼 중요한 일이라 할 수 있다. 그러므로 직업을 갖기 위한 진로 계획에 있어 신중하고 합리적인 진로 의사 결정을 하여야 한다. 구체적인 직업을 선택하기 전에 자신의 특성에 대해 점검해 볼 필요가 있다. 자신을 객관적으로 탐색하고 자신의 특성을 이해하는 데서 진로 계획은 시작된다.

자신의 특성을 이해하기 위해서는 전문가와 상담이나 전문 단체에서 제작한 표준화 검사를 통해 탐색할 수 있으며 인터넷의 표준화 검사를 활용할 수도 있다.

검사의 종류는 다양한데, 직업 흥미 검사, 직업 적성검사, 진로 성숙도 검사, 직업 성격 검사, 직업 가치관 검사 등이 있다. 나에게 맞는 직업을 선택하여야 나의 삶이 행복하게 되므로 나의 특성과 거기에 맞는 직업을 찾는 것은 매우 중요한 일이다. 나에 대한 이해가 충분히 되었다면 나에게 맞는 직업을 탐색하여야 한다.

직업 세계에 대하여 탐색한 후 나의 특성에 맞는 희망 직업 목록을 작성하고, 이 직업에 대해 자세히 탐색해 보아야 한다. 직업에 대한 정보 탐색은 인터넷이나 직업 정보 안내 기관에서 찾아볼 수 있으며, 그 직업이 하는 일, 임금 정보, 관련 자격과 면허, 향후 직업 전망 등의 정보를 자세히 알아보아야 한다. 부모님이나 주위의 친지들을 통한 직업 정보 또한 매우 유용하다. 이러한 간접 체험을 통한 직업정보뿐 아니라 인턴십이나 아르바이트 등의 직접 체험을 통해 직업 세계를 이해하고 정보를 축적하는 것도 유용한 방법이다. 직업 탐색을 통해 객관적이고 정확한 정보를 많이 탐색하고 축적할수록 자신에게 맞는 직업을 선택하는 데 도움이 된다.

자신의 특성을 이해하고 희망 직업 목록을 작성한 후 직업에 대한 정보를 알아보고 직업을 선택해 가는 모형은 다음과 같다.

표 4-3 **진로 설계 프로그램의 모형**

단계	활동
1단계	프로그램을 실시하기 전에 자신에 대한 이해를 위해 직업 흥미 검사, 진로 성취도 검사, 직업 가치관 검사를 실시한다.
2단계	나의 희망 직업을 찾는다.
3단계	부모님과 주위 사람들이 원하는 직업을 조사한다.
4단계	정보 자료, 대중 매체 및 인터넷 검색을 통하여 희망 직업을 찾는다.
5단계	각각의 직업에 대한 정보를 조사한다.
6단계	직업 가치관에 따른 직업을 평가한다.
7단계	나의 흥미에 따른 직업을 평가한다.
8단계	나의 직업 가치관에 따른 직업을 평가한다.
9단계	나의 성격, 신체 및 경제적 여건에 따른 직업을 평가한다.
10단계	적성, 학업 성취도에 따른 직업을 평가한다.
11단계	나의 희망 직업을 예비 선택한다.
12단계	나의 희망 직업을 최종 선택한다.
13단계	진로 목표를 위한 계획을 수립한다.

2. 나의 희망 직업 선택

1) 직업의 특징

직업은 우리의 일생 중 특정 시점에 수행되는 주된 일로서 시기적으로나 내용적으로 개개인에게 매우 중요하다. 직업이란 개인이 사회에서 자신의 재능과 능력에 따라 재화나 서비스를 생산하는 일의 유형이다. 즉 사람이 보수를 받고 생활을 유지하기 위하여 정신적·육체적 에너지를 소비하는 지속적인 활동을 뜻한다. 이러한 직업은 다음과 같은 특징을 가지고 있다.

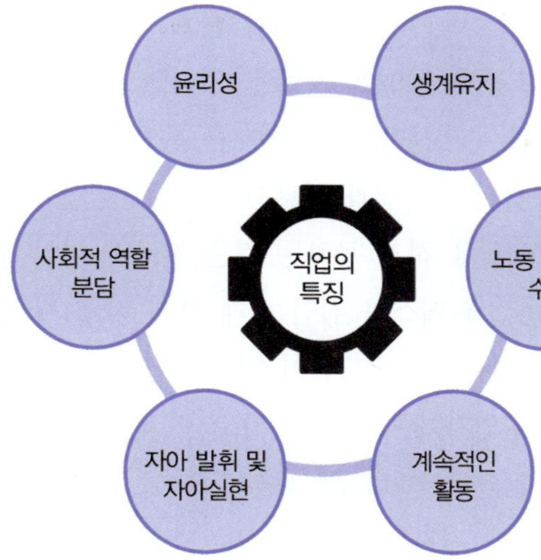

그림 4-1 직업의 특징

(1) **개성 발휘 및 자아실현**: 사람에게는 자질과 재능, 개성, 역량 등을 마음껏 발휘하고자 하는 욕구가 있다. 우리는 직업을 통해 개인의 재능과 역량을 발휘함으로써 자아실현을 할 수 있다.

(2) **사회적 역할**: 우리는 사회적인 존재로 태어나 죽을 때까지 필연적으로 사회에 소속되어 살아간다. 그 사회 속에서 직업을 통해 일정한 사회적 역할을 분담할 때 사회가 유지된다.

(3) **윤리성**: 불법적, 반사회적 및 비윤리적인 활동은 사회적으로 악영향을 끼칠 수 있으며, 이러한 활동은 직업으로 분류하지 않는다.

(4) **생계유지**: 우리는 직업을 통해 수입을 얻고 생계유지에 도움을 받으며 삶을 영위할 수 있다.

(5) **노동 행위의 수반**: 직업은 노동의 행위가 수반되어야 한다. 노동이란 생활에 필요한 물자를 얻기 위하여 행하는 정신적·육체적 활동을 말한다.

(6) **계속적인 활동**: 직업이 성립되기 위해서는 매일, 매주, 매월 등 주기적으로 행하고 있거나 명확한 주기를 갖지 않더라도 계속적인 활동이어야 한다.

2) 직업선택

오늘날 우리 사회에서 대학 졸업 후 직업의 선택은 개인의 삶에 중요한 과업이다. 대학생들이 당면한 청년 실업의 문제와 진로 선택의 문제가 심각한 사회적 문제로 대두되었다. 통계청(2022) 자료에 의하면 올 한 해 청년실업률은 5.7%이나 사실상의 취업 준비생을 포함하면 큰 폭으로 높아진다.

대학생들은 졸업 후 자신의 직업과 진로선택의 중요함을 실감하고 있다. 대학생들이 행복한 대학 생활을 하지 못하는 것은 진로와 취업 불안으로 취업에 성공하지 못할 것이라는 스트레스와 취업 실패 후에 겪게 될 심리적 압박감에 의한 두려움의 영향을 받는다. 대학생들이 직면한 진로 갈등은 평생직장의 개념이 사라지고 고학력 실업자가 매년 증가하고 이직률 또한 높아지면서 신규 취업률이 낮아지는 것과 연관된다(소용준, 박준성, 2016).

따라서 청년들의 취업과 진로에 대한 현실은 녹록지 않기에 '칠포세대(연애, 결혼, 출산, 인간관계, 내 집 마련, 희망, 꿈을 포기한 20~30대)'와 '십장생(십 대도 장차 백수가 될 가능성이 보인다)'이라는 말이 회자 되고 있음을 본다(오윤선, 황인숙, 2015).

사람들은 일을 통해서 개인적인 성장과 잠재력을 최적화하고 인생의 의미와 목적을 추구한다. 일에서 찾는 의미는 자신의 일을 중요하게 지각할 뿐만 아니라 자신의 전 생애에 영향을 주게 된다. 우리 사회의 대학생들은 학벌과 입시 위주 교육으로 인해 중·고등학교 시절 자기 자신과 직업 세계에 대해 충분히 탐색할 기회를 갖지 못하고 대학에 진학한다. 대학생들은 진로 결정에 우선시 되어야 할 흥미, 적성, 가치관 그리고 삶의 목표보다는 외적인 요인들을 고려해 학과를 선택하는 경우가 많다(문영숙, 2017).

또한 대학에서는 전공 학과를 변경하고 싶어도 필요한 학점을 이수하지 못하여 전과마저도 어렵고, 현재의 학업을 포기하고 다시 대학에 입학하는 것도 쉽지 않은 실정이다.

따라서 대학생 중에는 자신의 적성과 무관하게 취업 준비를 하여 취업난의 악순환을 경험하고 있다. 특히 입학 당시에 진로 적성을 고려하지 않는 대학 진학이 정체성과 주체성의 혼란을 야기하여 이후 진로 방향 설정에 어려움을 초래할 가능성이 있다.

3) 합리적인 직업 선택 과정

세상의 직업은 매우 많고 또 빨리 사라지고 생겨난다. 매우 빠른 속도로 변화하는 직업 환경 속에서 나에게 맞는 직업을 찾는 일은 어려운 작업이다.

앞에서 살펴본 대로 나의 특성에 맞는 직업을 찾기 위해서는 시대의 흐름을 잘 살펴보아야 하며 시간을 지켜보는 통찰력을 가져야 한다.

합리적인 직업선택은 직업이 내 삶에 갖는 의미를 정확히 이해하는 데서 출발한다. 직업에 대한 만족도는 나의 특성과 일치하는 정도에 따라 크게 영향을 받는다. 합리적인 직업선택 과정은 다음과 같다.

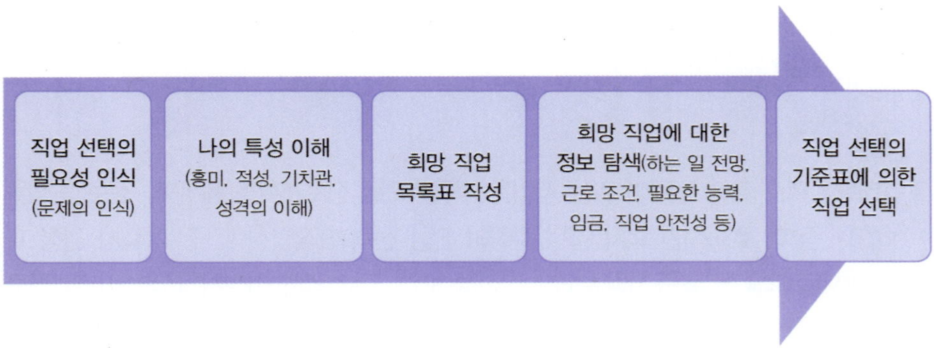

그림 4-2 **합리적인 직업 선택과정**

직업선택의 기준표는 자신의 직업 가치관을 고려하여 작성해야 하는데, 직업 가치관이란 직업을 선택하거나 수행할 때 중요시 생각하는 가치관을 말한다.

직업 가치관으로는 보수, 장래성, 창의성, 성취 욕구, 자율성, 복지 등이 있다. 직업선택의 기준은 사람마다 다를 수 있으므로 자신의 기준을 선택하고 그 기준에 따라 각각의 직업을 비교, 평가하여 최종적으로 나의 희망 직업을 찾을 수 있도록 한다.

연구문제

1. 진로장벽과 갈등이 자신의 진로 목표를 더욱 뚜렷하게 하고 열정적으로 자신의 꿈을 이루고자 노력하는 계기가 되기도 합니다. 그러므로 진로장벽과 갈등을 해결하고자 노력하는 자세는 매우 진지하고 유연해야 합니다. 진로장벽을 극복하는 방법에 관하여 이야기해 봅시다.

2. 합리적 의사 결정 능력이 있는 사람은 적극적으로 진로계획을 세우며, 정보 탐색을 하고, 좀 더 효과적인 의사 결정을 하며 전공 선택과 직업선택, 진로 의사 결정 과정에서도 그렇지 않은 사람들보다 진전을 보입니다. 의사 결정시 고려해야 할 진로 의사 결정 요인들에 대하여 토의해 봅시다.

3. 자기 자신의 특성을 이해하기 위해서는 전문가와 상담이나 전문 단체에서 제작한 표준화 검사를 통해 탐색할 수 있습니다. 이러한 표준화 검사의 종류와 특성들에 관하여 조사해 봅시다.

4. 직업은 우리의 일생 중 특정 시점에 수행되는 주된 일로서 시기적으로나 내용적으로 개개인에게 매우 중요합니다. 직업이란 개인이 사회에서 자신의 재능과 능력에 따라 재화나 서비스를 생산하는 일의 유형입니다. 이러한 직업은 어떤 특징을 가지고 있는지 토론해 봅시다.

CHAPTER 05

진로·직업 관련 법체계

제1절 개요

제2절 학생 진로 교육으로서의 진로상담(교육부)

제3절 성인 직업능력개발로서의 직업 및 진로상담교육(고용노동부)

제4절 분야별·계층별 직업 및 진로 상담 교육

학습목표

본 장에서는 학생과 성인에 대한 진로 및 직업과 관련된 근거법을 총망라하여 정리하였다. 이를 통해 학생과 성인의 진로·직업에 관한 지도 활동을 하는 교사와 전문가들에게 정확한 법적 근거를 제시함에 따라 그들이 시행착오 없이 활동할 수 있도록 하는 것은 물론, 학생·성인들에게도 진로 상담과 직업선택에 대한 올바른 길잡이가 되도록 하였다.

제1절 개요

진로와 직업상담은 상담 대상자에 따라 학생과 성인으로 구분할 수 있으며, 상담 내용에 따라 학생의 진로 교육의 일환으로 이루어지는 진로상담과 직업선택을 위한 상담으로 나눌 수 있다.

학생에 대한 진로상담은 교육부 소관 「진로교육법」, 성인에 대한 직업상담은 고용노동부 소관 「국민 평생 직업능력 개발법」, 「구직자 취업촉진 및 생활 안정 지원에 관한 법률」 등 다수의 법률에서 분야별로 전문적으로 규정하고 있으며, 그 밖에 청소년, 퇴직자, 경찰, 군인 등 계층 및 직군별로 개별법에서 소관 부처가 실시하도록 규정하고 있다.

제2절 학생 진로교육으로서의 진로상담(교육부)

학생 진로교육으로서의 진로상담은 「진로교육법」을 근거법으로 진행되고 있다. 「진로교육법」 제2조 제2호에서 진로상담은 학생에게 진로 정보를 제공하고 진로에 관한 조언과 지도 등을 하는 활동(온라인으로 하는 활동을 포함)으로 정의하고 있다. 이러한 진로상담은 학교 단위에서 학생이 자신의 진로를 탐색·설계할 수 있도록 학교 및 지역사회와 협력을 통하여 행하는 진로 수업, 진로 심리검사, 진로 정보제공, 진로 체험, 취업 지원 등을 포함하는 진로교육의 일환으로 실시되고 있다.

진로상담은 초·중등 학생과 대학생으로 나뉘며 초·중등학교의 진로상담은 전문교사 배치, 교과 편성 등 직접 법령에서 교육부 장관과 학교장의 임무로 규정하고 있고, 대학의 진로상담은 대학에서 자율적으로 실시하고 교육부 장관이 지원하는 방식이다.

또한, 교육부 장관은 국가진로교육센터를 두고 교육감은 지역 진로교육센터를 두어 전문적으로 진로상담을 실시하고 있으며, 소요 재원은 교육부 및 시도교육감 일반회계에서 지원한다.

학생 진로와 관련된 법은 표 5-1, 표 5-2, 표 5-3을 참조한다.

표 5-1 진로교육법[법률 제18298호, 2022.7.21 시행]

제1장 총칙	제1조 (목적)	이 법은 학생에게 다양한 진로교육 기회를 제공함으로써 변화하는 직업 세계에 능동적으로 대처하고 학생의 소질과 적성을 최대한 실현하여 국민의 행복한 삶과 경제사회 발전에 기여함을 목적으로 한다.
	제2조 (정의)	이 법에서 사용하는 용어의 뜻은 다음과 같다. <개정 2021.3.23.> 1. "진로교육"이란 국가 및 지방자치단체 등이 학생에게 자신의 소질과 적성을 바탕으로 직업 세계를 이해하고 자신의 진로를 탐색·설계할 수 있도록 학교와 지역사회의 협력을 통하여 진로수업, 진로 심리검사, 진로상담, 진로정보 제공, 진로체험, 취업지원 등을 제공하는 활동을 말한다. 2. "진로상담"이란 학생에게 진로정보를 제공하고 진로에 관한 조언과 지도 등을 하는 활동(온라인으로 하는 활동을 포함한다)을 말한다. 3. "진로체험"이란 학생이 직업 현장을 방문하여 직업인과의 대화, 견학 및 체험을 하는 직업체험과, 진로캠프·진로특강 등 학교 내외의 진로교육 프로그램에 참여하는 활동을 말한다. 4. "진로정보"란 학생이 진로를 선택할 때 필요한 정보로 개인에 대한 정보, 직업에 대한 정보, 노동시장을 포함한 사회환경에 대한 정보 등을 말한다. 5. "수업"이란 「초·중등교육법」 제24조에 따른 수업을 말한다.
	제3조 (다른 법률과의 관계)	진로교육에 관하여 다른 법률에 특별한 규정이 있는 경우를 제외하고는 이 법을 적용한다.
	제4조 (진로교육의 기본 방향)	① 진로교육은 변화하는 직업 세계와 평생학습사회에 적극적으로 대응할 수 있도록 스스로 진로를 개척하고 지속적으로 개발해 나갈 수 있는 진로개발 역량의 함양을 목표로 한다. ② 모든 학생은 발달단계 및 개인의 소질과 적성에 맞는 진로교육을 받을 권리를 가진다. ③ 진로교육은 학생의 참여와 직업에 대한 체험을 바탕으로 이루어져야 한다. ④ 진로교육은 국가 및 지역사회의 협력과 참여 속에 다양한 사회적 기반을 활용하여 이루어져야 한다. <개정 2021.3.23.>

	제5조 (국가 및 지방자치단체 등의 책무)	① 국가 및 지방자치단체는 학생의 발달단계 및 소질과 적성에 맞는 진로교육을 활성화하는 데 필요한 시책을 마련하여야 한다. ② 국가 및 지방자치단체는 장애인, 북한이탈주민, 저소득층 가정의 학생 및 학교밖 청소년 등 사회적 배려 대상자를 위한 진로교육 시책을 마련하여야 한다. ③ 중앙행정기관, 지방자치단체, 「공공기관의 운영에 관한 법률」에 따른 공공기관(이하 "공공기관"이라 한다) 및 「지방공기업법」에 따른 지방공기업은 교육부장관이 정하는 바에 따라 진로체험의 기회를 제공하여야 한다.
	제6조 (진로교육 현황조사)	① 교육부장관은 진로교육 정책 수립을 위하여 진로교육 관련 인력 및 시설, 진로교육 프로그램 운영 등 현황을 조사하고 그 결과를 공개하여야 한다. ② 제1항에 따른 진로교육 현황조사의 구체적인 내용, 절차 및 결과공개에 필요한 사항은 대통령령으로 정한다.
	제7조 (직무상 알게 된 사실의 누설금지)	진로교육을 담당하는 사람 또는 담당하였던 사람은 업무처리 중 알게 된 사실을 정당한 사유 없이 다른 사람에게 누설하여서는 아니 된다.
제2장 초중등 학교의 진로 교육	제8조 (진로교육의 목표와 성취기준)	① 국가교육위원회는 「초·중등교육법」 제2조에 따른 학교(이하 "초·중등학교"라 한다) 학생의 발달단계 및 학교의 종류에 따른 진로교육의 목표와 성취기준의 기본적인 사항을 정하고, 교육감은 국가교육위원회가 정한 범위에서 지역의 실정에 맞는 진로교육의 목표와 성취기준을 정할 수 있다. <개정 2021.7.20.> ② 국가교육위원회와 교육감은 제1항에 따른 진로교육의 목표와 성취기준을 교육과정에 반영하여야 한다. <개정 2021.7.20.> ③ 제1항 및 제2항에 따른 진로교육의 목표와 성취기준의 수립·시행에 필요한 사항은 대통령령으로 정한다.
	제9조 (진로 전담교사)	① 교육부장관과 교육감은 초·중등학교에 학생의 진로교육을 전담하는 교사(이하 "진로전담교사"라 한다)를 둔다. ② 교육부장관과 교육감은 초·중등학교에 진로전담교사를 지원하는 전문인력을 둘 수 있다. ③ 진로전담교사는 해당 담당교사와 협의를 거쳐 수업시간에 진로상담을 제공할 수 있으며, 이 경우 진로 상담시간은 수업시간으로 본다.

		④ 진로전담교사의 배치 기준, 제2항에 따른 전문인력의 자격 및 운영 등에 필요한 사항은 대통령령으로 정한다.
	제10조 (진로 심리검사)	① 초·중등학교의 장은 학생이 소질과 적성을 이해하고 진로상담의 자료로 활용할 수 있도록 진로에 관한 심리검사(이하 "진로심리검사"라 한다)를 제공할 수 있다. ② 교육부장관은 학생의 발달단계에 맞는 진로심리 검사의 운영기준을 제시할 수 있다.
	제11조 (진로상담)	① 초·중등학교의 장은 학생의 진로 탐색 및 선택을 지원할 수 있도록 진로상담을 제공하여야 한다. ② 초·중등학교의 장은 학생의 진로에 관하여 해당 학생의 보호자로부터 의견을 들을 수 있다.
	제12조 (진로 체험교육 과정편성·운영 등)	① 교육부장관과 교육감은 학생에게 다양한 진로체험의 기회를 제공할 수 있도록 교육과정을 편성하고 운영하여야 한다. ② 학교 교육과정 운영에 따른 진로체험 시간은 수업 시간으로 본다. ③ 진로체험 교육과정의 편성·운영 및 수업 인정에 필요한 사항은 대통령령으로 정한다.
	제13조 (진로교육 집중학년·학기제)	① 「초·중등교육법」 제24조에도 불구하고 교육감은 특정 학년 또는 학기를 정하여 진로체험 교육과정을 집중적으로 운영하는 진로교육 집중학년·학기제를 운영할 수 있다. ② 제1항에 따른 진로교육 집중학년·학기제의 운영에 필요한 사항은 대통령령으로 정한다.
제3장 대학의 진로 교육	제14조 (대학의 진로교육)	① 「고등교육법」 제2조에 따른 대학, 산업대학, 전문대학(이하 "대학"이라 한다)의 장은 진로교육을 실시할 수 있다. ② 교육부장관은 대학의 진로교육에 필요한 지원을 할 수 있다.
제4장 진로 교육 지원	제15조 (국가 진로교육 센터)	① 교육부장관은 진로교육 지원을 위하여 전담기관을 지정하여 진로교육센터(이하 "국가진로교육센터"라 한다)로 운영하고 그 업무 수행에 필요한 경비를 지원할 수 있다. ② 국가진로교육센터는 다음 각 호의 업무를 수행한다. 1. 진로교육의 목표 및 성취기준 개발 2. 진로정보망 구축·운영 3. 진로심리검사 개발 4. 진로상담 지원 5. 진로체험 프로그램 개발 6. 진로교육 콘텐츠 개발

		7. 진로전담교사 교육 8. 진로교육 현황조사 및 평가 9. 진로교육에 관한 국제 교류·협력 10. 그 밖에 진로교육을 위하여 교육부장관이 요청하는 사항 ③ 국가진로교육센터의 지정·운영 및 지원에 필요한 사항은 교육부령으로 정한다.
	제16조 (지역 진로교육 센터)	① 교육감은 국가진로교육센터와 연계하여 지역 실정에 맞는 진로정보 제공, 진로 심리검사 및 진로상담 제공, 진로교육 콘텐츠 개발·보급, 진로체험 운영·지원 등을 수행하는 지역진로교육센터를 설치·운영하거나 전담기관을 지정하여 운영할 수 있다. ② 제1항에 따른 지역진로교육센터의 구성·운영 및 전담기관의 지정 등에 필요한 사항은 조례로 정한다.
	제17조 (지역 진로교육 협의회)	① 교육감은 지역의 진로교육을 지원하고 자문하기 위하여 지방자치단체, 공공기관, 대학, 지역사회 단체 등이 참여하는 지역진로교육협의회를 구성·운영할 수 있다. ② 지역진로교육협의회의 구성·운영 등에 필요한 사항은 시·도 조례로 정한다.
	제18조 (진로체험지원)	① 국가와 지방자치단체는 학생이 다양한 진로체험을 할 수 있도록 학교 및 학생에게 진로체험을 제공하는 법인·기관·단체 등(이하 "진로체험기관"이라 한다)에 행정적·재정적 지원을 할 수 있다. ② 국가와 지방자치단체는 진로체험기관을 발굴하고 이에 관한 정보를 제공하는 시스템을 구축하여야 한다. ③ 제1항에 따른 지원 및 제2항에 따른 정보제공 시스템의 구축·운영에 필요한 사항은 대통령령으로 정한다.
	제19조 (교육기부 진로체험 기관 인증)	① 교육부장관은 학생에게 무료로 진로체험 기회를 제공하는 진로체험기관을 교육기부 진로체험기관으로 인증할 수 있다. ② 교육부장관은 제1항에 따른 인증 권한을 교육감에게 위임할 수 있다. ③ 제1항에 따른 인증 기준·절차 등에 필요한 사항은 대통령령으로 정한다.
	제20조 (협력체계 구축 등)	① 교육감은 대학의 장 및 지방자치단체의 장과 진로체험 등을 활성화하기 위한 협력 체계를 구축하여야 한다. ② 지방자치단체의 장과 교육감은 진로체험 시설 등 진로교육과 관련된 시설 및 프로그램을 설치·운영하거나 지원할 수 있다.

	제21조 (보호자 등의 참여)	① 교육부장관과 교육감은 학생의 보호자, 지역사회 인사, 졸업생 등이 학생에 대한 진로교육에 참여할 수 있도록 필요한 시책을 마련하여야 한다. ② 교육부장관과 교육감은 제1항에 따라 진로교육에 참여한 보호자 등에게 진로교육 설명회·연수 등을 제공할 수 있다.
	제22조 (진로 교육 콘텐츠)	① 교육부장관과 교육감은 진로교육에 필요한 다양한 콘텐츠를 개발하고 보급하여야 한다. ② 교육부장관은 특별시·광역시·특별자치시·도·특별자치도(이하 "시·도"라 한다)의 교육청, 교육 관련 연구소 등이 진로교육 콘텐츠를 개발·보급할 수 있도록 지원할 수 있다.
	제23조 (시·도 교육청 진로교육 평가)	① 교육부장관은 시·도의 진로교육 발전을 위한 지원 및 시·도 간 진로교육 격차 완화 등을 위하여 시·도 교육청의 진로교육을 평가하고 그 결과에 따라 행정적·재정적 지원을 할 수 있다. ② 교육감은 제1항에 따른 평가를 위하여 자체평가를 실시할 수 있다. ③ 제1항의 평가에 필요한 사항은 대통령령으로 정한다.

부칙 〈법률 제13336호, 2015.6.22.〉
이 법은 공포 후 6개월이 경과한 날부터 시행한다.
부칙 <법률 제17954호, 2021.3.23.> (법률용어 정비를 위한 교육위원회 소관 34개 법률 일부 개정을 위한 법률)
이 법은 공포한 날부터 시행한다.
부칙 <법률 제18298호, 2021.7.20.> (국가교육위원회 설치 및 운영에 관한 법률)

출처: 국가법령정보센터(http://www.law.go.kr).

표 5-2 진로교육법시행령[대통령령 제32627호, 시행일 2022.7.21]

제2장 초·중등 학교의 진로교육	제3조 (진로교육의 목표와 성취기준)	국가교육위원회는 법 제8조 제1항에 따라 진로교육의 목표 및 성취기준을 수립하거나 변경하려는 경우에는 「국가교육위원회 설치 및 운영에 관한 법률 시행령」 제12조 제1항에 따른 국가교육과정 모니터링단의 의견과 같은 영 제18조 제1항 제2호에 따른 전문위원회의 사전검토 의견을 들어야 한다. [전문개정 2022.5.9.]

출처: 국가법령정보센터(http://www.law.go.kr).

표 5-3 국가교육위원회 설치 및 운영에 관한 법률 시행령 [대통령령 제32627호, 시행 2022.7.21]

제3장 국가교육위원회의 소관 사무	제1조 (국가교육과정 모니터링단)	① 법 제12조 제1항에 따른 국가교육과정 기준과 내용에 대한 국민의견을 수렴하고 같은 조 제2항에 따른 국가교육과정에 대한 조사·분석 및 점검 업무를 지원하게 하기 위하여 국가교육위원회에 국가교육과정 모니터링단(이하 "국가교육과정모니터링단"이라 한다)을 둘 수 있다.
제4장 국가 교육위원회의 운영 등	제18조 (전문위원회의 구성 및 운영)	① 법 제17조 제1항에 따른 전문위원회(이하 "전문위원회"라 한다)는 다음 각 호의 구분에 따라 구성한다. ② 법 제10조 제1항 제2호의 사무에 관한 자문이나 사전 검토 등을 위한 전문위원회: 위원장 1명을 포함한 45명 이내의 위원

출처: 국가법령정보센터(http://www.law.go.kr).

제3절 성인 직업능력개발로서의 직업 및 진로상담교육(고용노동부)

「국민 평생 직업능력 개발법」 제2조 제2호에 따른 직업능력개발사업의 일환으로 직업 진로상담을 실시한다. 「국민 평생 직업능력 개발법」에 따른 진로상담은 「진로교육법」과 달리 구체적인 정의 규정을 두고 있지 아니하고, 개별사업으로 실시하고 있다. 고용노동부가 실시하는 개별사업에는 1) 국민의 자율적 직업능력개발을 지원하기 위하여 직업능력개발계좌 운영 및 이를 통한 비용이 지원되며(제18조 제3항), 2) 기능대학을 통한 교육 및 훈련생에 대한 진로상담이 실시되는 데 소요되는 재원은 고용노동부 일반회계와 고용노동기금에서 지원하게 된다.

「직업안정법」 제2조 제3호에 따라 직업지도로서의 직업 진로상담을 실시한다. 「직업안정법」은 직업지도를 규정한 최초의 법이기도 하다. 직업지도는 "취업하려는 사람이 그 능력과 소질에 알맞은 직업을 쉽게 선택할 수 있도록 하기 위한 직업적성검사, 직업정보의 제공, 직업상담, 실습, 권유 또는 조언, 그 밖에 직업에 관한 지도"를 말한다. 직업안정법 제14조에 따르면, 노동사무소는 새로 취업하려는 사람, 장애인, 취업을 위하여 특별한 지도가 필요한 사람에 대하여는 의무적으로 직업지도를 하도록 규정되어 있다. 직업지도의 방법과 절차 등은 고용노동부 훈령인 "직업소개 등 업무처리 규정"에서 상세하게 규정하고 있다.

「구직자 취업 촉진 및 생활 안정 지원에 관한 법률」 제12조와 관련하여, 노동사무소는 구직자에 필요한 취업 지원 프로그램 또는 구직활동 지원 프로그램 등에 관한 사항을 포함한 개인별 취업 활동 계획(이하 "취업 활동 계획"이라 한다)을 수립해야 한다. 노동사무소는 취업 활동 계획을 수립하기 위하여 구직자에 대한 진로상담 및 직업심리검사 등을 실시할 수 있으며, 구직자는 진로상담 등의 명령에 따라야 한다.

성인 진로 및 취업과 관련된 법은 표 5-4, 표 5-5, 표 5-6을 참조한다.

표 5-4 국민 평생 직업능력 개발법
[법률 제18751호, 2022.1.11., 일부개정/시행 2023.1.12.]

제1장 총칙	제2조 (정의)	이 법에서 사용하는 용어의 뜻은 다음과 같다. <개정 2010.5.31., 2010.6.4., 2012.2.1., 2014.5.20., 2021.8.17.> 2. "직업능력개발사업"이란 직업능력개발훈련, 직업·진로상담 및 경력개발 지원, 직업능력개발훈련 과정·매체의 개발 및 직업능력개발에 관한 조사·연구 등을 하는 사업을 말한다.
제4장 국가교육 위원회의 운영 등	제18조 (직업 능력 개발 계좌의 발급 및 운영)	① 고용노동부장관은 제12조 및 제17조에 따라 국민의 자율적 직업능력개발을 지원하기 위하여 직업능력개발훈련 비용을 지원하는 계좌(이하 "직업능력개발계좌"라 한다)를 발급하고 이들의 직업능력개발에 관한 이력을 종합적으로 관리하는 제도를 운영할 수 있다. <개정 2012.2.1., 2021.8.17.> ③ 고용노동부장관은 직업능력개발계좌를 발급받은 국민에게 직업·진로상담 및 경력개발을 지원할 수 있다. <신설 2021.8.17.>

출처: 국가법령정보센터(http://www.law.go.kr).

표 5-5 직업안정법[법률 제18425호, 2021.8.17, 타법개정/시행 2022.2.18]

제1장 총칙	제2조의2 (정의)	이 법에서 사용하는 용어의 뜻은 다음 각 호와 같다. <개정 2010.6.4., 2019.4.30.> 3. "직업지도"란 취업하려는 사람이 그 능력과 소질에 알맞은 직업을 쉽게 선택할 수 있도록 하기 위한 직업적성검사, 직업정보의 제공, 직업상담, 실습, 권유 또는 조언, 그 밖에 직업에 관한 지도를 말한다.
제2장 직업안정 기관 의장이 하는 직업 소개 및 직업지도 등	제14조 (직업 지도)	① 직업안정기관의 장은 다음 각 호의 어느 하나에 해당하는 사람에게 직업지도를 하여야 한다. 1. 새로 취업하려는 사람 2. 신체 또는 정신에 장애가 있는 사람 3. 그 밖에 취업을 위하여 특별한 지도가 필요한 사람 ② 제1항에 따른 직업지도의 방법·절차 등에 관하여 필요한 사항은 고용노동부장관이 정한다. <개정 2010.6.4.> [전문개정 2009.10.9.]

출처: 국가법령정보센터(http://www.law.go.kr).

표 5-6 구직자 취업촉진 및 생활안정지원에 관한 법률
[법률 제18744호, 2022.1.11., 타법개정/시행 2022.7.12.]

제3장 취업 지원 서비스 등	제12조 (취업 활동 계획)	① 고용노동부장관은 수급자격자와 협의하여 해당 수급자격자에게 필요한 제13조에 따른 취업지원 프로그램 또는 제14조에 따른 구직활동지원 프로그램 등에 관한 사항을 포함하여 개인별 취업활동 계획(이하 "취업활동계획"이라 한다)을 수립하여야 한다. ② 고용노동부장관은 취업활동계획을 수립하기 위하여 수급자격자에게 「직업안정법」 제2조의2 제1호의 직업안정기관(이하 "직업안정기관"이라 한다) 방문, 진로상담 및 직업심리검사 등의 참여, 상담에 필요한 자료 제공 등의 의무를 부과할 수 있다. ③ 고용노동부장관은 제10조 제1항에 따라 수급자격의 인정결정 통지를 한 날의 다음 날부터 1개월 이내에 취업활동계획 수립을 완료하여야 한다. 다만, 수급자격자의 취업역량 등에 따라 필요한 경우에는 7일의 범위에서 그 기간을 연장할 수 있다. ④ 고용노동부장관은 수급자격자가 제2항에 따른 의무를 정당한 사유 없이 이행하지 아니하는 경우에는 제10조 제1항에 따른 수급자격의 인정을 철회할 수 있다. 이 경우 수급자격자에게 그 사실을 서면으로 통지하여야 한다. ⑤ 수급자는 정당한 사유가 없으면 수립된 취업 활동 계획에 따라야 한다. ⑥ 고용노동부장관은 수립된 취업 활동 계획의 내용을 변경할 필요가 있거나 수급자가 요청한 경우 해당 수급자와 협의하여 그 내용을 변경할 수 있다. ⑦ 취업 활동 계획의 작성 방법 및 구체적인 내용은 대통령령으로 정한다.

출처: 국가법령정보센터(http://www.law.go.kr).

제4절 분야별·계층별 직업 및 진로 상담 교육

재취업지원서비스의 경우 「고용상 연령차별금지 및 고령자고용촉진에 관한 법률」 제21조의3에서는 사업주에게 근로자가 정년퇴직 등의 사유로 이직 예정인 근로자에게 경력·적성 등의 진단 및 향후 진로 설계, 취업 알선, 재취업 또는 창업에 관한 교육 등 재취업에 필요한 서비스(이하 "재취업지원서비스"라 한다)를 제공하도록 규정하고 있다. 특히, 고용인력(직장 피보험자)이 1천 명 이상이면 의무적으로 재취업 지원서비스를 실시하여야 한다.

직업별 재취업지원서비스의 경우 장애인, 보호소년, 학교 밖 청소년 등을 위하여 「장애인 특수교육법」, 「보호소년 등의 처우에 관한 법률」, 「학교 밖 청소년 지원에 관한 법률」 등에서 소관 부처가 별도의 직업진로상담을 할 수 있는 근거를 두고 있고, 퇴직경찰관, 제대군인 등 특수 직군을 위하여 「제대군인지원에 관한 법률」, 「경찰공무원 보건안전 및 복지 기본법」 등에서도 취업 알선을 하면서 직업 및 진로상담에 관한 규정을 두고 있다.

특별히, 정부는 「청년고용 촉진 특별법」을 제·개정하여 산학관 연계 기본원칙 및 각 주체별 책무 명시, 청년층의 직장 체험 기회 제공, 직업지도 프로그램 개발·운영 및 제공, 취업 애로 청년층에 대한 고용지원서비스 제공, 글로벌 인재 양성사업 및 협력 체계 개정 등을 통해 국가의 청년고용 문제에 대한 적극적 의지를 반영하고 있다(이영대, 2010). 부연 설명하면, 국가 및 지방자치단체는 청년고용을 촉진하기 위해 대책을 수립·시행해야 하며, 기업과 공공기관은 국가 및 지방자치단체의 대책에 적극 협조해야 한다(이영대, 2010). 뿐만 아니라 정부는 청년이 직업을 선택하기 전에 기업체 등에서 직업을 체험할 수 있는 기회를 제공해야 하며, 직업안정기관이나 학급 학교에 프로그램을 제공해야 한다(이영대, 2010).

분야별·계층별 진로 및 취업과 관련된 법은 표 5-7, 표 5-8, 표 5-9, 표 5-10, 표 5-11, 표 5-12, 표 5-13, 표 5-14, 표 5-15, 표 5-16을 참조한다.

표 5-7 고용상 연령차별금지 및 고령자고용촉진에 관한 법률
[법률 제18744호, 2022.1.11., 일부개정/시행 2022.6.10.]

제4장 정년	제21조의3 (퇴직예정자 등에 대한 재취업지원서비스 지원)	① 사업주는 정년퇴직 등의 사유로 이직 예정인 근로자에게 경력·적성 등의 진단 및 향후 진로 설계, 취업 알선, 재취업 또는 창업에 관한 교육 등 재취업에 필요한 서비스(이하 "재취업지원서비스"라 한다)를 제공하도록 노력하여야 한다. ② 제1항에도 불구하고 대통령령으로 정하는 수 이상의 근로자를 사용하는 사업주는 정년 등 대통령령으로 정하는 비자발적인 사유로 이직 예정인 준고령자 및 고령자에게 재취업지원서비스를 제공하여야 한다. ③ 사업주는 재취업지원서비스를 대통령령으로 정하는 바에 따라 다음 각호의 어느 하나에 해당하는 단체 또는 기관에 위탁하여 실시할 수 있다. <개정 2021.8.17.> 1. 「직업안정법」 제18조에 따라 무료직업소개사업을 하는 비영리법인이나 공익단체 2. 「직업안정법」 제19조에 따라 유료직업소개사업을 하는 법인 3. 「국민 평생 직업능력 개발법」 제16조 제1항에 따라 직업능력개발훈련을 위탁받을 수 있는 대상이 되는 기관 ④ 고용노동부장관은 사업주가 소속 근로자에게 재취업 지원서비스를 제공하는 경우에 예산의 범위에서 필요한 지원을 할 수 있다. ⑤ 제1항 및 제2항에 따른 재취업지원서비스의 대상, 내용 및 방법 등에 필요한 사항은 대통령령으로 정한다. [전문개정 2019.4.30.]

출처: 국가법령정보센터(http://www.law.go.kr).

표 5-8 장애인 등에 대한 특수교육법
[법률 제18298호, 2021.7.20. 타법개정]/ 시행 2022.7.21.]

제1장 총칙	제1조 (목적)	이 법은 「교육기본법」 제18조에 따라 국가 및 지방자치단체가 장애인 및 특별한 교육적 요구가 있는 사람에게 통합된 교육환경을 제공하고 생애주기에 따라 장애 유형·장애 정도의 특성을 고려한 교육을 실시하여 이들이 자아실현과 사회통합을 하는 데 기여함을 목적으로 한다.

	제2조 정의	이 법에서 사용하는 용어의 정의는 다음과 같다. <개정 2012.3.21., 2021.3.23., 2021.12.28.> 9. "진로 및 직업교육"이란 특수교육대상자의 학교에서 사회 등으로의 원활한 이동을 위하여 관련 기관의 협력을 통하여 직업재활훈련·자립생활훈련 등을 실시하는 것을 말한다.
제2장 국가 및 지방 자치 단체의 임무	제5조 (국가 및 지방자치 단체의 임무)	① 국가 및 지방자치단체는 특수교육대상자에게 적절한 교육을 제공하기 위하여 다음 각호의 업무를 수행하여야 한다. <개정 2016.5.29., 2017.12.19.> 9. 특수교육대상자에 대한 진로 및 직업교육 방안의 강구 ② 국가 및 지방자치단체는 제1항의 업무를 수행하는 데 드는 경비를 예산의 범위 안에서 우선적으로 지급하여야 한다. ③ 국가는 제1항의 업무 추진이 부진하거나 제2항의 예산 조치가 부족하다고 인정되는 자치단체에 대해 예산의 확충 등 필요한 조치를 하도록 권고하여야 한다. ④ 교육부장관은 제1항의 업무를 효율적으로 수행하기 위하여 문화체육관광부장관·보건복지부장관·고용노동부장관·여성가족부장관 등 관계 중앙행정기관 간에 협조체제를 구축하여야 한다. <개정 2008.2.29., 2010.6.4., 2013.3.23., 2016.2.3.>
제3장 특수 교육 대상자의 선정 및 학교 배치 등	제16조 (특수 교육 대상자의 선정 절차 및 교육지원 내용의 결정)	① 특수교육지원센터는 진단·평가가 회부된 후 30일 이내에 진단·평가를 시행하여야 한다. ② 특수교육지원센터는 제1항에 따른 진단·평가를 통하여 특수교육대상자로의 선정 여부 및 필요한 교육지원 내용에 대한 최종 의견을 작성하여 교육장 또는 교육감에게 보고하여야 한다. ③ 교육장 또는 교육감은 특수교육지원센터로부터 최종 의견을 통지받은 때부터 2주일 이내에 특수교육 대상자로의 선정 여부 및 제공할 교육지원 내용을 결정하여 부모 등 보호자에게 서면으로 통지하여야 한다. 교육지원 내용에는 특수교육, 진로 및 직업교육, 특수교육 관련 서비스 등 구체적인 내용이 포함되어야 한다. ④ 제1항에 따른 진단·평가의 과정에서는 부모 등 보호자의 의견진술의 기회가 충분히 보장되어야 한다.
제4장 영유아 및 초· 중등 교육	제23조 (진로 및 직업교육 의 지원)	① 중학교 과정 이상의 각급학교의 장은 특수교육대상자의 특성 및 요구에 따른 진로 및 직업교육을 지원하기 위하여 직업평가·직업교육·고용지원·사후관리 등의 직업재활훈련 및 일상생활적응훈련·사회적응훈련 등의 자립생활훈련을 실시하

		고, 대통령령으로 정하는 자격이 있는 진로 및 직업교육을 담당하는 전문인력을 두어야 한다. ② 중학교 과정 이상의 각급학교의 장은 대통령령으로 정하는 기준에 따라 진로 및 직업교육의 실시에 필요한 시설·설비를 마련하여야 한다. ③ 특수교육지원센터는 특수교육대상자에게 효과적인 진로 및 직업교육을 지원하기 위해 대통령령으로 정하는 바에 따라 관련 기관과의 협의체를 구성하여야 한다.

출처: 국가법령정보센터(http://www.law.go.kr).

표 5-9 보호소년 등의 처우에 관한 법률

[법률 제18425호, 2021.8.17., /시행 2022.2.18.]

제1장 총칙	제1조 (목적)	이 법은 보호소년 등의 처우 및 교정교육과 소년원과 소년분류심사원의 조직, 기능 및 운영에 관하여 필요한 사항을 규정함을 목적으로 한다. [전문개정 2007.12.21.]
	제1조의2 (정의)	이 법에서 사용하는 용어의 뜻은 다음과 같다. 1. “보호소년”이란 「소년법」 제32조 제1항 제7호부터 제10호까지의 규정에 따라 가정법원소년부 또는 지방법원소년부(이하 “법원소년부”라 한다)로부터 위탁되거나 송치된 소년을 말한다. 2. “위탁소년”이란 「소년법」 제18조 제1항 제3호에 따라 법원소년부로부터 위탁된 소년을 말한다. 3. “유치소년”이란 「보호관찰 등에 관한 법률」 제42조 제1항에 따라 유치(留置)된 소년을 말한다. 4. “보호소년 등”이란 보호소년, 위탁소년 또는 유치소년을 말한다. [본조신설 2020.10.20.]
	제2조 (처우의 기본 원칙)	① 소년원장 또는 소년분류심사원장(이하 “원장”이라 한다)은 보호소년 등을 처우할 때에 인권보호를 우선적으로 고려하여야 하며, 그들의 심신 발달 과정에 알맞은 환경을 조성하고 안정되고 규율 있는 생활 속에서 보호소년 등의 성장 가능성을 최대한으로 신장시킴으로써 사회적응력을 길러 건전한 청소년으로서 사회에 복귀할 수 있도록 하여야 한다. <개정 2013.7.30., 2020.10.20.> ② 보호소년에게는 품행의 개선과 진보의 정도에 따라 점차 향상된 처우를 하여야 한다. [전문개정 2007.12.21.]

	제3조 (임무)	① 소년원은 보호소년을 수용하여 교정교육을 하는 것을 임무로 한다. <개정 2013.7.30., 2020.10.20.> ② 소년분류심사원은 다음 각 호의 임무를 수행한다. <개정 2013.7.30., 2020.10.20.> 1. 위탁소년의 수용과 분류심사 2. 유치소년의 수용과 분류심사 3. 「소년법」 제12조에 따른 전문가 진단의 일환으로 법원소년부가 상담조사를 의뢰한 소년의 상담과 조사 4. 「소년법」 제49조의2에 따라 소년 피의사건에 대하여 검사가 조사를 의뢰한 소년의 품행 및 환경 등의 조사 5. 제1호부터 제4호까지의 규정에 해당되지 아니하는 소년으로서 소년원장이나 보호관찰소장이 의뢰한 소년의 분류심사 [전문개정 2007.12.21.]
	제5조 (소년원의 분류 등)	① 법무부장관은 보호소년의 처우상 필요하다고 인정하면 대통령령으로 정하는 바에 따라 소년원을 초·중등교육, 직업능력개발훈련, 의료재활 등 기능별로 분류하여 운영하게 할 수 있다. <개정 2013.7.30.> ② 법무부장관은 제1항에 따라 의료재활 기능을 전문적으로 수행하는 소년원을 의료재활소년원으로 운영한다. <개정 2020.10.20.> [전문개정 2007.12.21.] [제목개정 2013.7.30.]
제3장 분류 심사	26조 (청소년 심리검사 등)	소년분류심사원장은 「청소년기본법」 제3조 제1호에 따른 청소년이나 그 보호자가 적성검사 등 진로 탐색을 위한 청소년심리검사 또는 상담을 의뢰하면 이를 할 수 있다. 이 경우에는 법무부장관이 정하는 바에 따라 실비를 받을 수 있다. [전문개정 2007.12.21.]
제4장 교정 교육 등	제35조 (직업 능력개발 훈련)	① 소년원의 직업능력개발훈련은 「국민 평생 직업능력 개발법」으로 정하는 바에 따른다. <개정 2021.8.17.> ② 소년원장은 법무부장관의 허가를 받아 산업체의 기술지원이나 지원금으로 직업 능력개발훈련을 실시하거나 소년원 외의 시설에서 직업능력개발훈련을 실시할 수 있다. ③ 고용노동부장관은 보호소년의 직업능력개발훈련에 관하여 법무부장관에게 필요한 권고를 할 수 있다. <개정 2010.6.4.> [전문개정 2007.12.21.]

	제36조 (직업 능력개발 훈련교사)	직업능력개발훈련을 실시하는 소년원에는 「국민 평생 직업능력 개발법」으로 정한 자격을 갖춘 직업능력개발 훈련교사를 둔다. <개정 2021.8.17.> [전문개정 2007.12.21.]
	제37조 (통근 취업)	① 소년원장은 보호소년이 직업능력개발훈련과정을 마쳤을 때에는 산업체에 통근 취업하게 할 수 있다. ② 소년원장은 보호소년이 제1항에 따라 취업을 하였을 때에는 해당 산업체로 하여금 「근로기준법」을 지키게 하고, 보호소년에게 지급되는 보수는 전부 본인에게 지급하여야 한다. [전문개정 2007.12.21.]
	제42조의 2 (대안 교육 및 비행 예방 등)	① 소년원 및 소년분류심사원은 청소년 등에게 비행예방 및 재범방지 또는 사회적응을 위한 체험과 인성 위주의 교육을 실시하기 위하여 다음 각호의 교육과정(이하 "대안교육과정"이라 한다)을 운영한다. 2. 「소년법」 제49조의3 제2호에 따라 검사가 의뢰한 상담·교육·활동 등 ③ 대안교육과정의 운영에 필요한 사항은 법무부령으로 정한다. [전문개정 2013.7.30.]
제5장 출원	제45조의 2 (사회 정착 지원)	① 원장은 출원하는 보호소년 등의 성공적인 사회정착을 위하여 장학·원호·취업 알선 등 필요한 지원을 할 수 있다. <개정 2016.3.29.> ② 제1항에 따른 사회정착지원(이하 이 조에서 "사회정착지원"이라 한다)의 기간은 6개월 이내로 하되, 6개월 이내의 범위에서 한 번에 한하여 그 기간을 연장할 수 있다. <개정 2016.3.29.> ③ 원장은 제51조에 따른 소년보호협회 및 제51조의2에 따른 소년보호위원에게 사회정착지원에 관한 협조를 요청할 수 있다. <개정 2016.3.29.> ④ 사회정착지원의 절차와 방법 등에 관하여 필요한 사항은 법무부령으로 정한다. <개정 2016.3.29.> [전문개정 2007.12.21.] [제목개정 2016.3.29.]
제6장 보칙	제50조의 2 (청소년 심리 상담실)	① 소년분류심사원장은 제26조에 따른 업무를 처리하기 위하여 청소년심리상담실을 설치·운영할 수 있다. ② 제1항에 따른 청소년심리상담실의 설치와 운영에 필요한 사항은 법무부령으로 정한다. [전문개정 2007.12.21.]

출처: 국가법령정보센터(http://www.law.go.kr).

표 5-10 보호소년 등의 처우에 관한 법률 시행령 [대통령령 제32790호, 2022.7.11]

제3장 분류 심사 등	제52조 (상담 조사 등)	① 법 제3조 제2항 제3호부터 제5호까지의 규정에 따른 상담조사, 검사의 결정 전 조사, 분류심사 업무를 할 때에는 의뢰기관이 요청한 영역에 대하여 실시한다. <개정 2014.1.28., 2021.4.20.> ② 법 제3조 제2항 제3호의 경우 소년의 진로지도 및 품행 개선을 위한 교육을 실시할 수 있다. 이 경우 상담조사 기간의 출석 일수 인정 등에 관하여는 제85조를 준용한다. <개정 2014.1.28., 2021.4.20.> [전문개정 2008.6.20.]
	제54조 (청소년 심리검사 등)	① 법 제26조에 따라 심리검사 등을 요청하려는 사람은 소년분류심사원장에게 법무부 장관이 정한 방법과 절차에 따라 심리검사를 의뢰하여야 한다. ② 소년분류심사원장은 제1항에 따른 청소년 심리검사 등을 의뢰받았을 때에는 심리검사 등의 일시와 장소, 그 밖에 필요한 사항 등 협조사항을 미리 알려야 한다. [전문개정 2008.6.20.]
제4장 교정 교육 등	제71조 (직업 능력개발 훈련 방침)	① 소년원의 직업능력개발훈련은 보호소년이 근로의 소중함을 깨닫고 직업에 대한 올바른 태도와 능력을 길러 건전한 직업생활을 할 수 있도록 하여야 한다. ② 소년원의 직업능력개발훈련은 학교 교육 및 산업사회와 밀접한 관련을 갖도록 실시하여야 한다. [전문개정 2008.6.20.]
	제72조 (공공직업 훈련시설의 설치)	법무부장관은 「국민 평생 직업능력 개발법」 제27조에 따라 소년원에 공공직업훈련시설을 설치·운영할 수 있다. <개정 2022.2.17.> [전문개정 2008.6.20.]
	제73조 (지원 직업 능력개발 훈련)	소년원장은 법 제35조 제2항에 따라 산업체의 지원을 받아 직업능력개발훈련을 실시하려면 지원산업체와 지원목적, 기간, 내용, 그 밖의 지원에 관한 사항을 포함하는 지원약정서를 작성하여야 한다. [전문개정 2008.6.20.]
	제74조 (외부시설에서의 직업능력 개발훈련)	소년원장은 법 제35조 제2항에 따라 보호소년을 소년원 외의 시설에 통근시키거나 위탁하여 직업능력개발훈련을 실시할 수 있다. [전문개정 2008.6.20.]

	제75조 (직업능력 개발훈련 교사의 훈련)	법무부 장관은 직업능력개발 훈련교사의 능력개발을 위하여 해당 교사에게 「국민평생 직업능력 개발법」 제37조 제2항에 따른 보수교육을 정기적으로 이수하도록 해야 한다. <개정 2021.4.20., 2022.2.17.> [전문개정 2008.6.20.]
	제76조 (통근 취업의 원칙)	① 보호소년의 통근취업 대상 산업체는 소년원 출원 후 직업선택이 쉽고 건전한 직업의식과 가치관을 기를 수 있는 업체로 선정해야 한다. <개정 2021.4.20.> ② 소년원장은 법 제37조 제1항에 따라 보호소년을 통근 취업시키려면 통근취업 대상 산업체와 보수, 취업기간, 취업조건, 그 밖에 필요한 사항을 포함하는 취업약정서를 작성하여야 한다. ③ 소년원장은 통근취업을 하는 보호소년에게 준수사항을 부과하여 이를 지키도록 지도하여야 한다. ④ 소년원장은 산업체가 제2항의 취업약정사항을 위반하였을 때 또는 보호소년이 준수사항을 현저하게 위반하거나 통근취업을 계속하여서는 아니 된다고 판단되는 사유가 있을 때에는 통근취업을 금지할 수 있다. [전문개정 2008.6.20.]
	제77조 (자립기반 조성)	법무부장관은 보호소년의 직업능력 향상과 성공적 자립기반 조성을 위하여 창업보육, 지원재단 설립 및 자립생활관 운영 등 필요한 사업을 할 수 있다. [전문개정 2008.6.20.]
	제79조 (상담· 인성교육)	① 원장은 보호소년 등이 지닌 모든 문제와 그들의 욕구를 효과적으로 해소하여 교정목표를 조기에 달성할 수 있도록 체계적인 상담과 심리치료 등 인성교육을 하여야 한다. ② 원장은 보호자 등이 보호소년 등의 처우 또는 개인 사정에 관하여 상담을 신청하면 이에 응하여야 한다. ③ 원장은 제1항의 직무를 수행하기 위하여 해당 분야에 전문성과 소양을 갖춘 전담직원을 배치하거나 지정하여야 한다. [전문개정 2008.6.20.]
	제86조 (보호자 교육)	① 원장은 법 제42조의3에 따라 보호자교육이 필요하다고 인정되면 교육목적과 대상, 시간 및 장소, 프로그램 등의 내용이 포함되는 교육계획을 수립·시행하여야 한다. ② 제1항에 따른 교육 프로그램에는 다음 각호의 내용을 포함하여야 한다. 1. 가족기능 회복 및 문제해결 능력 함양 2. 자녀의 일탈행동에 대한 원인 분석 및 이해 증진

		3. 양성평등의식 및 민주적 양육 태도 함양 4. 자녀의 훈육지도 및 효과적인 대화 기법 5. 자녀의 학습 동기 유발과 진로지도 방법

출처: 국가법령정보센터(http://www.law.go.kr).

표 5-11 학교 밖 청소년 지원에 관한 법률
[법률 제17974호, 2021.3.23., 일부개정/시행 2021.9.24.]

	제8조 (상담 지원)	① 국가와 지방자치단체는 학교 밖 청소년에 대하여 효율적이고 적합한 지원을 할 수 있도록 심리상담, 진로상담, 가족상담 등 상담을 제공할 수 있다. ② 제1항에 따른 상담의 방법과 내용 등에 필요한 사항은 여성가족부령으로 정한다.
	제10조 (직업 체험 및 취업 지원)	① 국가와 지방자치단체는 학교 밖 청소년이 자신의 적성과 능력에 맞는 직업의 체험과 훈련을 할 수 있도록 다음 각호의 사항을 지원할 수 있다. 1. 직업적성 검사 및 진로상담프로그램 2. 직업체험 및 훈련프로그램 3. 직업소개 및 관리 4. 그 밖에 학교 밖 청소년의 직업체험 및 훈련에 필요한 사항 ② 국가와 지방자치단체는 학교 밖 청소년을 대상으로 취업 및 직무수행에 필요한 지식·기술 및 태도를 습득·향상시키기 위하여 직업교육 훈련을 실시할 수 있다. ③ 제1항에 따른 지원과 제2항의 직업교육 훈련 내용 및 방법에 필요한 사항은 여성가족부령으로 정한다.

출처: 국가법령정보센터(http://www.law.go.kr).

표 5-12 제대군인지원에 관한 법률
[법률 제18425호, 2021.8.17., 시행 2022.2.18]

제1장 총칙	제1조 (목적)	이 법은 국토방위의 임무를 성실히 수행하고 전역(轉役)한 제대군인의 원활한 사회복귀를 돕고 그 인력 개발 및 활용을 촉진함으로써 제대군인의 생활을 안정시키며 경제·사회발전에 이바지함을 목적으로 한다. [전문개정 2008.3.28.]
	제3조 (국가 등의 책무)	① 국가와 지방자치단체는 제대군인의 사회복귀 지원 및 그 인력의 개발·활용을 위하여 노력하여야 한다. ② 국가와 지방자치단체는 제대군인의 군 경력이 사회에서 인정

		되고, 군에서 받은 교육과 습득한 기술 등이 사회에서 활용될 수 있도록 필요한 시책을 강구하여야 한다. ③ 국가와 지방자치단체는 제대군인의 고용증진과 생활 안정을 위하여 필요한 노력을 하여야 한다.
제3장 취업 및 창업 지원	제13조 (직업교육 훈련)	① 국가보훈처장은 중·장기복무 제대군인(중·장기복무 전역예정자를 포함한다. 이하 이 조에서 같다)에게 사회적응교육 및 직업교육훈련을 실시할 수 있다. ② 국가보훈처장은 「국민 평생 직업능력 개발법」에 따라 직업능력개발훈련을 실시하는 기관에 중·장기복무 제대군인을 추천하여 직업능력개발훈련을 받게 할 수 있다. <개정 2021.8.17.> ③ 국가는 제1항과 제2항에 따른 사회적응교육·직업교육훈련 및 직업능력개발훈련 등에 드는 비용의 전부 또는 일부를 예산의 범위에서 지원할 수 있다. ④ 제1항에 따른 사회적응교육 및 직업교육훈련의 실시방법·내용 등에 필요한 사항은 대통령령으로 정한다. <신설 2013.7.16.> [전문개정 2008.3.28.]
	제14조 (취업지원 등)	① 국가는 다음 각호의 어느 하나에 해당하는 사람(이하 "취업지원대상자"라 한다)에게 취업지원을 한다. <개정 2013.7.16., 2021.6.8.> 1. 장기복무 제대군인 2. 장기복무 제대군인이 생활능력을 상실하는 정도의 질병이나 장애로 취업하기 어려운 경우 그가 지정한 자녀 중 1명. 이 경우 취업지원을 하는 질병이나 장애의 기준 등에 필요한 사항은 대통령령으로 정한다. ② 제1항에 따른 취업지원 실시와 관련하여 취업지원 실시기관, 국가기관 등의 채용의무, 국가기관 등에 대한 채용실태 확인, 기업체 등의 우선고용 의무, 업체 등의 신고, 보훈특별고용, 경력기간의 합산 및 차별대우 금지에 관하여는 「국가유공자 등 예우 및 지원에 관한 법률」 제30조, 제32조, 제33조, 제33조의2, 제33조의3, 제34조 제1항부터 제4항까지, 제35조의2 및 제36조를 준용한다. <개정 2009.2.6., 2013.7.16.> ③ 국가는 중·장기복무 제대군인의 원활한 사회복귀와 생활안정을 위하여 필요하면 제1항에 따른 취업지원 외에 진로·직업상담, 취업알선, 채용박람회 개최 등의 지원을 할 수 있다. <개정 2013.7.16.> ④ 취업지원대상자에 대한 취업지원 실시 횟수 및 그 밖에 취업지원에 필요한 사항은 대통령령으로 정한다. <신설 2021.6.8.> [전문개정 2008.3.28.]

	제15조 (특수직종 우선 고용)	①「국가유공자 등 예우 및 지원에 관한 법률」 제30조에 따른 취업지원실시기관(이하 "취업지원실시기관"이라 한다)이 안전관리직 등 장기복무 제대군인의 취업에 적합한 직종에 직원을 채용하거나 고용하는 경우 국가보훈처장이 추천하는 취업지원 대상자인 장기복무 제대군인을 우선하여 채용하거나 고용하여야 한다. <개정 2013.7.16.> ② 제1항에 따른 장기복무 제대군인의 취업에 적합한 직종의 범위는 군에서의 병과·특기 등을 고려하여 대통령령으로 정한다. [전문개정 2008.3.28.]
	제16조 (채용 시 우대 등)	① 취업지원실시기관이 그 직원을 채용하기 위하여 응시연령을 정하여 채용시험을 실시하는 경우 그 채용시험에 응시하는 제대군인(「병역법」 제26조 제1항 각 호의 업무에 복무하고 소집 해제된 사회복무요원을 포함한다. 이하 이 조에서 같다)에게는 대통령령으로 정하는 바에 따라 세 살의 범위에서 응시연령 상한을 연장하여야 한다. <개정 2009.6.9., 2013.6.4., 2013.7.16.> ② 현역 복무 중에 있는 사람(「병역법」 제2조에 따른 사회복무요원으로 복무 중인 사람을 포함한다)이 전역 예정일(사회복무요원의 경우에는 소집해제 예정일을 말한다) 전 6개월 이내에 채용시험에 응시하는 경우에는 이를 제대군인으로 본다. <개정 2009.6.9., 2013.6.4.> ③ 취업지원실시기관은 해당 기관에 채용된 제대군인의 호봉이나 임금을 결정할 때에 제대군인의 군 복무기간을 근무경력에 포함할 수 있다. <개정 2013.7.16.> ④ 취업지원실시기관이 채용시험의 합격자를 결정할 때에 합격 예정 인원을 초과하여 동점자가 있는 경우 이 법에 따른 취업지원대상자를 취업지원대상자가 아닌 사람보다 우선하여 합격자로 결정하여야 한다. <개정 2013.7.16.> [전문개정 2008.3.28.]
	제16조의2 (제대군인 고용 우수 기업 등의 인증)	① 국가보훈처장은 제대군인의 취업지원을 촉진하기 위하여 중·장기복무 제대군인을 대통령령으로 정하는 기준 이상으로 채용하고 있는 기업 또는 「공공기관의 운영에 관한 법률」에 따른 공공기관(이하 "기업 등"이라 한다)에 대하여 제대군인 고용 우수 기업 등의 인증(이하 "고용우수기업 등 인증"이라 한다)을 할 수 있다.

		② 기업 등은 고용우수기업 등 인증을 받으려면 대통령령으로 정하는 바에 따라 국가보훈처장에게 신청하여야 한다. ③ 국가보훈처장은 제2항에 따라 신청을 받은 경우에는 제1항 및 제7항에 따른 기준을 갖춘 기업 등에 총리령으로 정하는 바에 따라 고용우수기업 등 인증의 표시를 하거나 표지판을 붙이게 할 수 있다. ④ 국가보훈처장은 제1항에 따라 고용우수기업 등 인증을 받은 기업 등이 다음 각 호의 어느 하나에 해당하는 경우에는 그 고용우수기업 등 인증을 취소할 수 있다. 다만, 제1호에 해당하는 경우에는 고용우수기업 등 인증을 취소하여야 한다. 1. 거짓이나 그 밖의 부정한 방법으로 인증을 받은 경우 2. 제1항 및 제7항에 따른 인증 기준에 맞지 아니한 경우 ⑤ 국가 또는 지방자치단체는 고용우수기업 등 인증을 받은 기업 등에 대하여 필요한 지원을 할 수 있다. ⑥ 국가보훈처장은 제4항에 따라 고용우수기업 등 인증을 취소하려면 청문을 하여야 한다. ⑦ 제1항부터 제5항까지에서 규정한 사항 외에 고용우수기업 등 인증의 기준·절차, 유효기간, 지원 등에 필요한 사항은 대통령령으로 정한다. [본조신설 2021.6.8.]
	제17조 (창업지원)	국가는 예산의 범위에서 중·장기복무 제대군인의 창업을 위하여 필요한 창업상담, 창업교육 등의 사업을 실시할 수 있다. [전문개정 2008.3.28.]
	제18조의2 (전직지원금)	① 국가는 중·장기복무 제대군인의 생활안정을 도모하고 취업과 창업을 촉진하기 위하여 전직지원금을 지급한다. 다만, 중기복무 제대군인에게 지급하는 전직 지원금은 대통령령으로 정하는 바에 따라 지급액을 달리 정할 수 있다. <개정 2013.7.16.> ② 전직지원금은 중·장기복무 제대군인이 실업 상태에서 대통령령으로 정하는 적극적 구직활동(창업활동을 포함한다. 이하 같다)을 하고, 그 활동을 국가보훈처장이 확인하는 경우 최장 6개월간 지급한다. 다만, 다음 각호의 어느 하나에 해당하는 사람에게는 전직지원금을 지급하지 아니한다. <개정 2013.7.16., 2019.12.10.> 1. 중·장기복무 제대군인으로서 전역 후 6개월이 지나 전직지원금 지급신청을 하는 사람 2. 「군인연금법」 제7조 제1호 가목부터 다목까지의 규정에 따른 퇴역연금, 퇴역 연금일시금 및 퇴역연금공제일시금 중 어느

		하나를 받았거나 받고 있는 사람 3. 제3항에 따라 이미 전직지원금을 모두 지급받은 사람 ③ 전직지원금은 「고용보험법」 제46조 제1항에 따른 구직급여 일액의 최고액에 30을 곱한 금액의 100분의 50의 범위에서 월별로 지급하되, 전직지원금을 받고 있는 사람이 수급 기간 중에 취업이나 창업을 한 경우에는 그다음 달부터 남은 달까지 받을 총 지급액의 100분의 50을 일시금으로 지급할 수 있다. <개정 2009.1.30.> ④ 전직지원금을 지급받고 있는 사람이 취업이나 창업을 한 경우에는 국가보훈처장에게 즉시 신고하여야 한다. ⑤ 전직지원금을 받을 권리는 양도하거나 압류할 수 없으며 담보로 제공할 수 없다. ⑥ 전직지원금의 지급액, 지급신청, 지급방법 및 구직활동의 확인 등에 필요한 사항은 대통령령으로 정한다. [전문개정 2008.3.28.]
	제8조의3 (전직 지원금 지급중단 등)	① 국가보훈처장은 수급자격자가 다음 각호의 어느 하나에 해당하면 대통령령으로 정하는 바에 따라 전직지원금 지급을 중단할 수 있다. 1. 적극적 구직활동을 하지 아니하는 경우. 다만, 질병 등 대통령령으로 정하는 사유로 인한 경우는 제외한다. 2. 거짓이나 그 밖의 부정한 방법으로 전직지원금을 지급받았거나 지급받으려 한 경우 ② 국가보훈처장은 제1항 제2호의 경우 또는 전직지원금이 잘못 지급된 경우에는 대통령령으로 정하는 절차에 따라 전직지원금을 환수하고, 이를 반환하지 아니한 경우에는 국세 체납처분의 예에 따라 징수할 수 있다. ③ 국가보훈처장은 제2항에 따라 전직지원금을 환수하는 경우에 이를 반환할 자가 행방불명이거나 재산이 없거나 그 밖의 불가피한 사유로 환수가 불가능하다고 인정할 때에는 이를 결손 처분할 수 있다.

출처: 국가법령정보센터(http://www.law.go.kr).

표 5-13 제대군인지원에 관한 법률 시행령
[대통령령 제32916호, 2022.9.20., 일부개정/시행 2022.9.20.]

제3장 취업 및 창업 지원	제14조 (직업교육훈련)	① 법 제13조 제1항에 따라 다음 각호의 구분에 따른 사회적응교육 또는 직업교육훈련을 받으려는 중·장기복무제대군인은 국가보훈처장에게 신청하여야 한다. <개정 2014.1.14.> 1. 사회적응교육: 중·장기복무제대군인이 전역 후 생활 변화에 대한 적응과 새로운 인생설계를 위한 준비 및 취업에 필요한 기초적인 소양을 습득하게 하기 위한 교육 2. 직업교육훈련: 사회적응교육을 받은 사람 또는 취업에 필요한 기초적인 소양이 있는 중·장기복무 제대군인에게 더 높은 직무수행능력을 습득하게 하거나 기술발전에 적응하기 위한 지식 및 기능을 길러주는 훈련 ② 국방부장관은 중·장기복무 전역예정자에 대한 사회적응교육 및 직업교육훈련의 실시를 국가보훈처장에게 의뢰할 수 있다. ③ 법 제13조 제2항에 따른 직업능력개발훈련을 받고자 하는 중·장기복무제대군인은 국가보훈처장에게 직업능력개발훈련신청서를 제출하여야 한다. ④ 국가보훈처장은 제3항에 따라 직업능력개발훈련신청서를 제출한 사람을 총리령이 정하는 바에 따라 「국민 평생 직업능력 개발법」에 따른 직업능력개발훈련 실시 기관에 추천한다. <개정 2022.2.17.> ⑤ 제1항 및 제2항에서 규정한 사항 외에 사회적응교육 및 직업교육훈련의 구체적인 내용, 직업교육훈련 대상자 선정 등에 필요한 사항은 국가보훈처장이 정하여 고시한다. <신설 2014.1.14.>
	제16조 (국가기관 우선채용 및 고용 명령 등)	장기복무 제대군인 및 그 자녀에 대한 취업지원에 관하여는 「국가유공자 등 예우 및 지원에 관한 법률 시행령」 제47조, 제50조부터 제55조까지, 제60조, 제61조 및 제61조의2를 준용한다. <개정 2008.6.25., 2014.1.14.>
	제17조 (취업희망 신청 등)	① 법 제14조 제1항에 따른 취업지원대상자가 취업지원을 받으려면 국가보훈처장에게 총리령으로 정하는 취업희망 신청서를 제출하여야 한다. <개정 2008.6.25., 2014.1.14.> ② 법 제14조 제3항에 따라 진로·직업상담, 취업알선 등의 지원을 받으려는 사람은 국가보훈처장에게 그 지원을 신청하여야 한다. <개정 2014.1.14.>

	제20조 (창업 지원)	법 제17조에 따라 창업상담 또는 창업교육을 받으려면 국가보훈처장에게 창업상담 또는 창업교육을 신청하여야 한다. <개정 2008.6.25.>
	제20조의2 (적극적 구직 활동)	법 제18조의2 제2항 각 호 외의 부분 본문에서 "대통령령으로 정하는 적극적 구직활동"이란 다음 각 호의 어느 하나에 해당하는 경우를 말한다. <개정 2022.2.17.> 1. 국가보훈처장이 실시하는 직업교육훈련, 진로·취업상담, 창업상담·교육 등을 받고 있는 경우 2. 「직업안정법」에 따른 직업안정기관에서 구직등록 후 직업소개, 직업지도 등을 받고 있는 경우 3. 「국민 평생 직업능력 개발법」에 따른 직업능력 개발훈련시설 또는 「학원의 설립·운영 및 과외 교습에 관한 법률」에 따른 학원 등에서 취업 또는 창업을 위하여 수강 중인 경우 4. 구인(求人)업체에 방문하거나 우편·인터넷 등을 이용하여 구인에 응모한 경우 5. 채용 관련 행사에 참여하여 구인자와 면접 등을 한 경우 6. 제1호부터 제5호까지에 준하는 경우로서 국가보훈처장이 정하여 고시하는 경우 [본조신설 2007.12.20.]
	제20조의3 (전직 지원금 지급 신청 등)	① 법 제18조의2 제6항에 따라 전직지원금을 지급받으려는 사람(제20조의5에 따라 전직지원금의 지급이 중단된 후 다시 신청하는 사람을 포함한다)은 총리령으로 정하는 전직지원금 지급신청서를 국가보훈처장에게 제출하여야 한다. ② 국가보훈처장은 제1항에 따른 전직지원금 지급신청서를 제출받은 때에는 25일 이내에 전직지원금 지급대상 여부를 결정하고 신청인에게 그 결과를 통지하여야 한다. ③ 국가보훈처장은 전직지원금 지급신청서를 제출한 사람 및 전직지원금을 받고 있는 사람에 대하여 제20조의2에 따른 적극적 구직활동을 월 1회 이상 확인하고 필요하다고 인정하는 경우에는 신청인에게 자료제출을 요구할 수 있다. ④ 국가보훈처장은 제3항에 따라 적극적 구직활동으로 확인된 기간에 해당하는 전직지원금을 매월 25일(토요일 또는 공휴일에 해당되는 경우에는 그 전일)에 전직지원금 지급대상자가 지정하는 금융기관의 계좌에 입금하는 방법으로 지급한다. ⑤ 국가보훈처장은 제4항에도 불구하고 천재지변·재해 또는 이에 준하는 사유 등 특별한 사정이 있는 경우에는 전직지원금 지급일을 따로 정할 수 있다. [본조신설 2007.12.20.]

	제20조의4 (전직 지원금의 지급액 등)	① 법 제18조의2 제1항·제3항 및 제6항에 따라 중·장기복무 제대군인에게 지급하는 전직지원금의 지급액은 다음 각호와 같다. <개정 2014.6.30., 2022.1.13., 2022.9.20.> 1. 장기복무 제대군인: 월 70만 원 2. 중기복무 제대군인: 월 50만 원 ② 법 제18조의2 제3항에 따라 전직지원금을 일시금으로 지급받으려는 사람은 총리령으로 정하는 취업(창업)일시금 지급신청서에 취업 또는 창업을 입증할 수 있는 서류를 첨부하여 국가보훈처장에게 제출하여야 한다. [본조신설 2007.12.20.]
	제20조의5 (전직 지원금의 지급 중단 등)	① 국가보훈처장은 법 제18조의3 제1항 제1호에 해당하는 사람에 대하여 전직지원금의 지급이 중단될 수 있음을 사전에 통지하여야 한다. ② 국가보훈처장은 제1항에 따른 통지를 받은 날부터 14일 이내에 적극적 구직활동을 하지 아니하는 사람에 대하여 전직지원금의 지급중단을 결정하고 그 사유 등을 통지하여야 한다. [본조신설 2007.12.20.]
	제20조의6 (전직 지원금 지급 중단의 예외)	① 법 제18조의3 제1항 제1호 단서에서 "대통령령으로 정하는 사유"란 다음 각호의 어느 하나에 해당하는 사유를 말한다. 1. 본인의 질병·부상 2. 본인의 임신·출산 3. 천재지변 ② 전직지원금을 지급받으려는 사람이 제1항 각호의 어느 하나에 해당하는 사유로 적극적 구직활동을 할 수 없는 경우에는 진단서 등의 입증자료를 국가보훈처장에게 제출하여야 한다. [본조신설 2007.12.20.]
	제20조의7 (전직 지원금의 환수 등)	① 국가보훈처장은 법 제18조의3 제2항에 따라 전직지원금의 환수사유가 발생한 때에는 전직지원금을 받은 사람에게 지급한 전직지원금의 반납고지서를 송부하여야 한다. 이 경우 납입기간은 30일 이내로 한다. ② 국가보훈처장은 제1항에 따른 납입기일 내에 반납금을 납부하지 아니한 사람에 대하여는 납입기간 만료일부터 7일 이내에 15일 이내의 납입기간을 정하여 독촉장을 발부하여야 한다. ③ 제1항 및 제2항에 따라 납입고지 또는 독촉을 받은 사람은 국고수납기관에 반납금을 납입하여야 하며, 납입을 받은 국고수납기관의 장은 지체 없이 반납금영수 필통지서를 국가보훈처장에게 송부하여야 한다. [본조신설 2007.12.20.]

출처: 국가법령정보센터(http://www.law.go.kr).

표 5-14 경찰공무원 보건안전 및 복지 기본법
[법률 제18085호, 2021.4.20., 일부개정/시행 2022.4.21.]

제1장 총칙	제1조 (목적)	이 법은 경찰공무원에 대한 보건안전 및 복지 정책의 수립·시행 등에 필요한 사항을 규정함으로써 경찰공무원의 근무여건 개선과 삶의 질 향상을 도모하는 한편, 경찰공무원의 위상과 사기를 높이고 치안 업무에 전념할 수 있도록 함을 목적으로 한다.
	제3조 (국가의 책무)	① 국가는 경찰공무원이 재직 중에는 그 직무수행에 전념하고, 퇴직 후에는 안정된 생활을 할 수 있도록 경찰공무원의 보건안전 및 복지증진을 위한 여건을 조성하여야 한다. ⑤ 국가는 이 법에 따른 경찰공무원의 보건안전 및 복지증진을 위한 정책에 소요되는 재원의 조성에 적극 노력하여야 한다. <개정 2017.10.24.>
제3장 보건 안전 및 복지 증진	제11조 (퇴직경찰 공무원 취업 등 지원)	① 국가는 퇴직경찰공무원(퇴직 예정자를 포함한다. 이하 이 조에서 같다)의 원활한 사회복귀와 생활안정을 위하여 대통령령으로 정하는 바에 따라 퇴직경찰공무원에게 진로·직업상담, 취업알선, 채용박람회 개최 등의 취업지원을 실시할 수 있다. ② 경찰청장과 해양경찰청장은 대통령령으로 정하는 바에 따라 퇴직경찰공무원에게 사회적응교육 및 직업교육훈련을 실시할 수 있다. <개정 2014.11.19., 2017.7.26.> ③ 국가는 예산의 범위에서 퇴직경찰공무원의 창업을 지원하기 위하여 필요한 창업상담, 창업교육 등의 사업을 실시할 수 있다. ④ 국가는 제2항에 따른 사회적응교육 및 직업교육훈련에 드는 비용의 전부 또는 일부를 예산의 범위에서 지원할 수 있다.

출처: 국가법령정보센터(http://www.law.go.kr).

표 5-15 경찰공무원 보건안전 및 복지 기본법 시행령
[대통령령 제31537호, 2021.3.16., 타법개정/시행 2021.3.16.]

	제9조 (퇴직 경찰 공무원의 취업 등 지원)	경찰청장과 해양경찰청장은 법 제11조 제1항부터 제3항까지의 규정에 따른 취업지원, 사회적응교육·직업교육훈련 및 창업지원을 직접 실시하거나 다른 중앙행정기관의 장 또는 전문기관에 위탁하여 실시할 수 있다. <개정 2014.11.19., 2017.7.26.>

출처: 국가법령정보센터(http://www.law.go.kr).

표 5-16 청년고용추진 특별법

[법률 제18628호, 2021.12.21., 일부개정/시행 2021.12.21.]

제1장 총칙	제3조 (국가 및 지방자치단체 등의 책무)	① 국가 및 지방자치단체는 청년고용을 촉진하기 위하여 인력수급 전망, 청년 미취업자 실태 조사, 직업 지도, 취업 알선 및 직업능력개발훈련 등을 포함한 대책을 수립·시행하여야 하고 청년 미취업자의 고용이 촉진될 수 있는 사회적·경제적 환경을 마련하도록 노력하여야 한다. ② 기업과 「공공기관의 운영에 관한 법률」에 따른 공공기관 및 「지방공기업법」에 따른 지방공기업(이하 "기업 등"이라 한다)은 청년고용을 촉진하기 위한 국가 및 지방자치단체의 대책에 적극 협조하여야 한다. ③ 「초·중등교육법」 및 「고등교육법」에 따른 각급 학교(이하 "대학 등"이라 한다)는 산업현장에서 요구하는 인력의 양성을 위한 교육과정 운영, 직업 지도 및 직업현장 체험 기회 제공을 위하여 노력하여야 한다. [본조신설 2009.10.9.]
제2장 청년 미취업자에 대한 고용 확대 및 직업 지도 등	제8조의2 (청년에 대한 직장 체험 기회 제공)	① 국가 및 지방자치단체는 청년이 직업을 선택하기 전에 기업 등에서 직업을 체험할 수 있는 기회를 제공하도록 노력하여야 한다. <개정 2021.12.21.> ② 국가 및 지방자치단체는 기업 등이나 경제단체 또는 대학 등이 제1항에 따른 직장체험 기회 제공 사업에 참여하는 경우 그 소요 비용의 전부 또는 일부를 지원할 수 있다. <개정 2021.12.21.> [전문개정 2009.10.9.]
	제8조의3 (직업지도 프로그램의 개발·운영 및 제공)	① 정부는 청년이 적성과 능력에 맞는 직업을 선택할 수 있도록 직업상담·직업적성검사 등 다양한 직업지도 프로그램을 개발하여 「직업안정법」 제2조의2 제1호에 따른 직업안정기관을 통하여 직접 운영하거나 민간에 위탁하여 운영할 수 있다. <개정 2009.10.9.> ② 정부는 대학 등이 제1항에 따른 프로그램을 운영할 수 있도록 지원할 수 있다. [본조신설 2009.10.9.]
	제8조의4 (취업에 어려움을 겪는 청년에 대한 고용지원서비스 제공)	① 국가 및 지방자치단체는 저학력, 경력 및 직업기술의 부족 등을 이유로 취업에 어려움을 겪는 청년에게 개인별 심층상담을 통한 직업경로 설계, 직장체험·직업능력 개발훈련을 통한 취업의욕과 능력 증진, 취업 알선 등의 고용지원서비스를 제공하도록 노력하여야 한다. <개정 2021.12.21.> ② 국가 및 지방자치단체는 제1항에 따른 고용지원서비스를 제공하는 경우 취업에 어려움을 겪는 청년의 참여를 유도하고 취업을 촉진하기 위하여 필요한 지원을 할 수 있다. <개정 2021.12.21.>

		③ 제1항에 따른 취업에 어려움을 겪는 청년의 범위는 대통령령으로 정한다. [본조신설 2009.10.9.]
제3장 (청년미취업자 등에 대한 직업능력개발훈련)	제12조 (글로벌인재 양성사업 및 협력체계)	① 정부는 국제적 경험을 갖춘 우수한 청년 인재를 양성하고 청년의 고용을 촉진하기 위하여 해외 직장체험, 해외 봉사활동 등 다양한 인재 양성사업(이하 "글로벌인재 양성사업"이라 한다)을 하여야 한다. 이 경우 정부는 다음 각 호의 사항을 우선적으로 이행하도록 노력하여야 한다. 1. 글로벌인재 양성사업과 관련하여 다음 각 목의 자 등과 연계한 인력수급 및 취업정보 전산망 구축 가. 기업 등 나. 대학 등 다. 「직업안정법」 제19조에 따른 국외 유료직업소개사업을 하는 자 2. 글로벌인재 양성사업에서 우수한 성과를 거둔 제1호 각 목에 해당하는 자 등에 대한 우대조치 시행 3. 글로벌인재 양성사업에 참여하는 청년의 비자 발급 지원 및 현지 정보 제공 4. 글로벌인재 양성사업에 참여한 청년의 사후관리 방안 마련 ② 기업 등은 글로벌인재 양성사업을 지원할 수 있는 국외 기관의 발굴 등 제1항에 따라 정부가 하는 사업에 협조하여야 한다. ③ 대학 등은 다음 각 호의 사항에 관하여 제1항에 따라 정부가 하는 사업에 협조함으로써 글로벌인재를 양성하고 청년고용을 촉진하기 위하여 노력하여야 한다. 1. 글로벌인재 양성사업 대상 청년의 외국어 능력 향상 및 소양교육 강화 2. 글로벌인재 양성사업 참여자에 대한 학점인정 등 우대 방안 마련 ④ 정부는 제1항 제1호 각 목의 어느 하나에 해당하는 자 등이 글로벌인재 양성사업을 하는 경우 소요 비용의 전부 또는 일부를 지원할 수 있다. [전문개정 2009.10.9.]

출처: 국가법령정보센터(http://www.law.go.kr).

연구문제

1. 직업 및 진로상담은 사람이 평생 살아가면서 이루어지고 있는 것이 오늘날 현실입니다. 「국민 평생 직업능력 개발법」의 입법취지와 성인에 대한 직업 및 진로상담에 대한 내용을 설명해 봅시다.

2. 초·중·고등학교에서의 직업 및 진로상담, 대학에서의 직업 및 진로상담 그리고 사회에서의 직업 및 진로상담의 특성을 「진로교육법」, 「직업안정법」 및 「국민 평생 직업능력 개발법」 등의 내용을 인용하여 설명해 봅시다.

3. 재취업자에 대한 직업 및 진로상담을 규정하고 있는 법률과 그 주요 내용을 비교하여 설명해 봅시다.

CHAPTER 06

직업능력개발과 진성리더십

제1절 직업능력개발의 이해

제2절 진성리더십의 이해

제3절 진성직업능력개발 실천

학습목표

본 장에서는 우리나라 직업능력개발(훈련)의 개념과 실제를 이해하고 시대변화에 맞는 개발 방향을 제시한다. 이를 위해 경력관리와 셀프리더십을 넘어 자기 삶의 의미를 찾아 실행하는 진성리더십의 패러다임을 접목하여 진성직업능력개발을 제안하였다. 그리고 이것이 개인의 능력개발을 넘어 어떻게 지역사회에 영향을 미치는지 설명하였다.

제1절 직업능력개발의 이해

1. 직업능력개발 개념

1) 직업능력개발과 경력개발

우리는 생애주기별로 다양한 일을 경험하고 더 나아가 직업 활동을 하면서 살아간다. 그렇기에 사회 변화에 필요한 능력과 역량을 습득하고자 끊임없이 학습하고, 이를 지원하기 위한 활동들은 사회 곳곳에서 이뤄진다. 이러한 일련의 과정과 행위를 직업능력개발 및 경력개발이라 한다. 직업능력개발과 경력개발이 유사한 개념으로 혼용되고 있는데 우리가 일반적으로 알고 있는 직업능력개발의 정의는 심리·사회학 관점 중심으로, 법과 제도는 이러한 관점을 주로 담고 있다. 국민 평생 직업능력개발법에서는 모든 국민에게 평생에 걸쳐 직업에 필요한 직무 수행 능력(지능 정보화 및 포괄적 직업·직무 기초능력을 포함한다)을 습득·향상시키기 위하여 하는 훈련을 직업능력개발이라고 정의하고 훈련지원사업을 위한 근간을 제시하고 있다. 반면 경력개발은 한 개인이 일생에 걸쳐 일과 관련하여 얻게 되는 경험을 통해 자신의 직무 관련 태도, 능력 및 성과를 향상해 나아가는 과정으로 개인을 넘어 조직과 상호작용을 중요하게 본다(김흥국, 2000; Hall, 1996; Schein, 1990). 경력개발은 경영학 관점으로 개인과 조직의 공동참여를 중시하며, 개인·직무·가정의 상호작용과 개인의 주관적인 관점을 넘어 그들이 함께하는 조직의 체계적인 인적자원개발을 포함한다. 대다수 전문가는 개인적 측면의 경력개발은 개인적 경력계획(직업 및 직무 선택, 조직선택, 자기 경력개발)에 초점을 맞추나 조직적 측면의 경력개발은 경력관리(모집 및 선발, 배치, 평가, 훈련 및 개발)에 초점을 둔다고 주장한다(박양근, 2014; Gutteridge, Otte, 1983).

조직의 경력개발과 개인의 경력개발도 국가의 법체계 안에서 운영되므로 국민 평생 직업능력 개발법의 제도를 기반으로 한다고 볼 수 있다. 그러나 제도의 실행은 복잡하고 다양한 환경의 상호작용에서 진행되므로 행정관점에서 벗어나서 개인과 이를 둘러싼 환경에 집중할 필요가 있다. 법 제정과 실행보다 더 중요한 것은 국민이 실질적으로 희망하는 개인의 직업능력개발을 지원하고 있는지 실용성을 살펴보고, 질적 지원을 담보하는지 객관적인 관점을 담아내야 하며, 그것이 상호 연결되는 과정에서 발생 되는 구조적인 상황들에 대한 성찰이다. 사회심리학, 경영학 관점 용어 정의를 넘어 한 개인의 삶을 기준으로 본다면 개발정의가 교육(教育)을 넘어 배우고 익혀 체화하는 학습(學習)의 관점으로 확대되어 평생학습의 시대적 요구를 담아낼 필요가 있다.

2) 직업능력개발 목적과 현재

기대수명이 80세를 넘어 점점 길어지면서 사회보장체제도 100세 시대를 기준으로 변화하고 있다. 이는 한 세대가 길어졌고, 함께 소통해야 하는 세대가 다양해졌음을 의미한다. 우리는 빠른 사회 변화와 플랫폼 기반 세상에서, 인간과 인간의 결합을 넘어 물리적 공간 및 기계와도 융합하는 세상과 마주하고 있다. 또한 복잡한 네트워크 속에서 상호작용이 밀접한 시대에 산다. 따라서 그 변화의 속도만큼 학습하는 것도, 폐기학습(Unlearning)하는 것도 많아졌다.

국가는 이와 같은 사회 현상에 적응하고 지속적인 학습으로 국민의 역량을 개발하기 위해 직업능력개발을 위한 다양한 정책을 시행하고 있다. 그러한 정책실행의 기반은 국민 평생 직업능력개발법과 평생교육법에서 제시하고 있는데 표 6-1에서 제시된 법의 목적으로 직업능력개발의 방향과 목적을 알 수 있다. 평생교육법에서는 인간 개인의 삶의 만족이라는 거시적 관점에서 6대 영역으로 분류하고 그 중 직업능력개발은 한 영역을 담당하고 있는데, 이를 좀 더 구체적으로 제시해 놓은 것인 국민 평생 직업능력 개발법이라 할 수 있다.

법령의 다양한 시행을 통해 자기 직업능력을 개발하였다고 하더라도 이것이 직접적인 일자리와 직업 환경과 연결되기 위해서는 좀 더 복잡한 사회문제들을 해결해야 한다. 법의 지원으로 다양한 학습 기회를 얻고 자격증을 취득했으나 일자리와 연결되지 못한 경우, 생애 전환기에 4차 산업 유망직종 자격증을 취득했으나 직업을 찾지 못한 경우, 사회 경험을 연결해 '창직'을 했음에도 양질의 직업을 얻지 못한 경우를 주변에서 쉽게 볼 수 있다. 이런 문제는 훈련 직종과 내용, 양성 인력의 수와 수준 등 산업사회와 괴리되거나 정부 행정절차의 복잡화, 생산공정, 업무 진행상 여유 인력 부족, 훈련비용 인정금액의 과소 등으로 제대로 활용되지 못하는 표면적인 것도 있지만 제도 안에서 능력을 개발하여 직업 활동을 시작하였으나 직업과 연결되는 다양한 상호작용 속에서 직업환경에 적응하지 못하고 심리적 갈등과 사회적 방황을 하는 내면적인 문제도 있다.

그렇기에 제도권 지원이 부족한 부분은 지원제도 수립의 기반을 만들어 법 제정하는 것이 선행되어야 하고, 그러한 기본 단계를 넘어선 경우에는 실질적인 개인의 직업 능력개발을 지원하기 위해서 제도를 넘어 상호관계 속에서 발생하는 문제를 들여다봐야 한다(전승환, 고혜원 외, 2021). 따라서 법령에서 제시하는 직업능력개발의 목적을 제대로 수행하기 위해서는 법 제정 목적을 넘어 그 내용과 실천을 담보로 하는 규범적 목적도 중요한 고려 대상임을 인지할 필요가 있다.

표 6-1 법 제정의 목적

법	주요내용
평생교육법 제1장 제1조	「헌법」과 「교육기본법」에 규정된 평생교육의 진흥에 대한 국가 및 지방자치단체의 책임과 평생교육 제도와 그 운영에 관한 기본적인 사항을 정하고, 모든 국민이 평생에 걸쳐 학습하고 교육받을 수 있는 권리를 보장함으로써 모든 국민의 삶의 질 향상과 행복 추구에 이바지함을 목적으로 한다.
평생교육법 제1장 제2조	"평생교육"이란 학교의 정규교육과정을 제외한 학력보완교육, 성인 문자해득교육, 직업능력 향상교육, 인문교양교육, 문화예술교육, 시민참여교육 등을 포함한 모든 형태의 조직적인 교육활동을 말한다.
국민 평생 직업능력 개발법 제1장 제1조	모든 국민의 평생에 걸친 직업능력개발을 촉진·지원하고 산업현장에서 필요한 인력을 양성하며 산학협력 등에 관한 사업을 수행함으로써 국민의 고용창출, 고용촉진, 고용안정 및 사회·경제적 지위 향상과 기업의 생산성 향상을 도모하고 능력 중심 사회의 구현 및 사회·경제의 발전에 이바지함을 목적으로 한다.

출처: 평생교육법(2022), 국민 평생 직업능력 개발법(2022).

2. 직업능력개발의 발전과 지원사업의 이해

1) 직업능력개발법의 변천

우리나라 직업능력개발사업(직업훈련)은 1967년 1월 직업훈련법 제정을 시작으로 2022년까지 약 60여 년이 되어간다. 한국전쟁 후 다양한 분야에서 국가 주도의 지원으로 산업화와 빠른 세계 변화에 맞춰 눈부신 성장을 한 것처럼 직업능력개발 역시 국가 주도로 진행됨으로써 국가산업 발전에 필요한 인력을 체계적으로 양성하여 배치하여 국민소득 증가의 견인 역할을 하였고 국민 삶의 질 향상과 국가경제발전에 기여했다(김수원, 김예슬, 2019). 1976년에 사업주 직업훈련의무제를 근간으로 하는 직업훈련기본법이 제정되어 시행되었고, 1995년에는 고용보험법에 의한 직업능력개발 사업이 도입되었다. 1997년 IMF 이후에는 평생직업능력개발 지원의 필요성이 더욱 부각되기 시작하였다. 국가는 새로운 직업능력개발체제를 구축하고자 직업훈련기본법을 폐지하고 근로자직업훈련촉진법을 제정하여 시행하였는데 이 법은 2004년에 근로자직업능력 개발법으로 변경되었다. 2022년에는 그동안 산업환경변화를 반영하고 코로나19의 현실을 겪으면서 개인의 맞춤 직업능력개발지원을 하고자 기존의 직업능력 개발법을 국민 평생 직업능력 개발법으로 개정하였다. 그러나 여전히 평생교육법과 혼재되어 있어 통합관점의 법령으로 좀 더 고민할 필요가 있다. 우리 사회 많은 정책은 법을 기준으로 하나 부처별로 분절되어 시행하고 관리되면서 자원의 효율적 집행이 어려운 한계와 마주하고 있다. 그동안 각 행정기관을 중심으로 정책을 만들고 시행하는 양적 성장이 주를 이루었다면 초연결, 플랫폼 시대에 부합되도록 국민의 요구에 맞게 통합되어 질적 성장을 위한 인고의 시간이 필요한 시점이다.

2) 직업능력개발사업 이해와 현주소

직업능력개발사업은 직업능력개발훈련, 직업·진로 상담 및 경력개발 지원, 직업능력개발훈련 과정·매체의 개발 및 직업능력개발에 관한 조사·연구 등을 하는 사업을 의미한다. 현재 우리나라는 4차 산업혁명 시대 도래와 함께 국민의 평생 고용가능성을 제고하고 신기술 적응, 미래 핵심역량 함양을 지원하기 위해 2019년에는 노동시장 변화에 대응한 직업능력개발 혁신방안을, 2020년에는 한국판 뉴딜을 발표하였다(고용노동부, 2021).

국가 직업능력개발사업 체계는 그림 6-1과 같이 민간, 공공, 기업 중심으로 사업자와 개인의 요구 사항을 수행할 수 있도록 명확히 제시하고 있다. 국가정책 방향의 이해는 미래직업 세계를 예측할 수 있고 나의 구체적인 학습계획에 도움이 되므로 관심을 가져야 하지만 행정 처리의 복잡성과 부서 간 중복 및 혼선으로 제도 자체를 알지 못해 혜택의 사각지대에 놓인 경우가 많다. 우리나라가 IT 선진국으로 초연결 사회의 중심에 있음에도 많은 국가 제도 안내는 정책 대상자에게 일괄 혜택이 주어지는 방식이 아니기에 이로 인한 혜택 불평등이 깊어지고 있다.

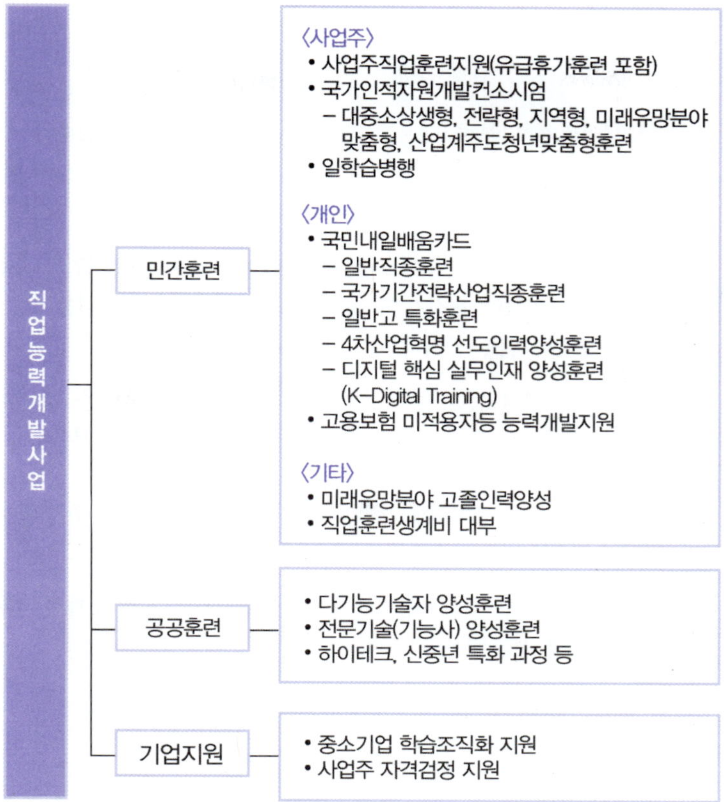

그림 6-1 직업능력개발사업 체계

출처: 고용노동부(2021). 직업능력개발사업 통계 연보. p. 10.

표 6-2의 사업은 국가의 직업능력개발지원을 위한 주요 사업으로 직업 현장을 반영하고 선진사례 분석을 통해 입안한 정책이다. 그러나 최저임금이나 실적 채우기 행정시행의 한계, 실제 물가에 비해 낮은 수준의 지원과 관련자의 정책 오·남용, 부족한 제도 이해로 인해 도입 취지와는 달리 활성화의 한계를 드러내기도 했다. 일본의 경우 지역 평생교육관을 '공민관'이라고 칭하고 수십 년간 그 안에서 발전해 오면서 국민 대다수가 '공민관'을 인지하고 있으나 우리나라의 경우 "평생학습관, 평생교육관, 행복학습관(센터), 읍면동 평생학습관, 동네 배움터, 우리 동네 학습공간" 등의 유사 사업으로 명칭이 자주 변화되면서 국민적 이해보다 혼선을 초래하기도 했다. 따라서 효과성에 따라 제도의 입안과 폐지를 반복하기보다는 사업명은 유지하면서 제도의 큰 틀 안에서 미래지향적인 제도로의 개선을 통해 국민이 실제 다양하게 활용하고 참여할 수 있도록 추가 노력이 필요하다.

표 6-2 직업능력개발 주요 사업 소개

시기	주요내용
사업주 직업훈련지원	사업주가 납부한 고용보험료를 재원으로 하며, 사업주가 소속 근로자 및 채용예정자의 직무능력향상을 위해 직업훈련을 실시 할 경우 비용 일부 지원함
국가 인적자원개발 컨소시엄	기업·사업주단체 등이 훈련지원기반이 미비한 중소기업과 훈련 컨소시엄을 구성하여 재직자 및 채용예정자를 대상으로 훈련을 할 경우 정부가 훈련 시설, 장비비, 운영비 등을 지원함
일학습 병행	기업이 청년 등을 선(先) 채용 후 체계적 현장훈련을 실시하고, 보완적으로 학교 등에서 이론교육을 시행한 후 자격을 부여함
국민 내일배움카드	국민 스스로 직업능력개발훈련을 실시할 수 있도록 훈련비 등 지원
국가 기간·전략산업직종 훈련	국가기간산업이나 국가전략산업 중 인력 부족 직종에 대한 전문기술 인력을 양성 훈련을 지원함

출처: 고용노동부(2021). 2020 직업능력개발 통계연보. 재구성.

3. 미래 직업능력개발사업 방향

1967년 직업훈련법 제정 이후 산업 고도 성장기에 필요한 인력을 양성하면서 국가가 빠르게 발전할 수 있었다. 1997년 IMF 시기와 2007~8년의 글로벌 금융위기, 2019년 코로나19라는 사회적 대 변혁이 있었지만 우리나라는 국가 행정 기반 시스템하에서 위기를 잘 극복하고 선진국 반열에 올랐다. 사실 국가 주도의 직업능력개발지원은 빠른 기간 동안 인력을 양성하게 했으나 우리나라는 3대 사회변혁 시기 이후 사회 일자리와 연계되지 못한 문제와 마주하면서 국가의 인력양성 정책에 대한 비난 수위도 높아지고 있는 현실이다. 이제는 이러한 양적 지원 방향에서 벗어나 개인이 직업능력개발에 보다 더 능동적으로 고민하고 실천할 수 있는 기반 구축이 필요하다. 무료지원 교육체계를 벗어나 학습자의 학습책임 의식을 강화할 수 있는 제도가 필요하며, 공공영역 중심의 방향을 벗어나 다양한 민간영역이 함께함으로써 일괄적인 직업능력향상지원을 넘어 질을 담보할 수 있는 제도로 안착해야 한다. 전국 226개 지방자치단체에서 이와 관련해 다양한 역할들을 수행하고 있지만 여전히 기초 수준 직업능력

개발이 지원되고 있다. 또 유명무실한 자격증 전성시대의 정책에서 벗어날 필요가 있다. 이미 4차 산업현장에서는 기존의 HRD 정책이나 학습 방법에서 벗어나 좀 더 개인의 학습을 지원하고, 필요한 내용 중심으로 재편되고 있다. 그리고 이러한 변화를 빨리 습득하고 국가정책을 넘어 미래를 창의적으로 준비한 사람들에게 기회가 더 주어지고 있는 현실이다. 국가가 주도적으로 많은 정책을 만들고 이를 통제하기보다는 사람이 가진 역량과 생각을 담아낼 수 있는 플랫폼 기반 직업능력개발사업의 발굴이 절실하다.

제2절 진성리더십의 이해

1. 진성리더십의 개념과 특성

1) 리더십의 이해

우리는 직업 활동을 하면서 조직에서 성과를 높이고 생애주기별 미래 준비를 위해 다양한 지식(Knowledge), 기술(Skill), 태도(Attitude)를 습득한다. 그러면서 사람들과의 관계를 좀 더 돈독히 하고 그것이 성과에 연결될 수 있는 영향력을 발휘하기 위해 지식, 기술, 태도의 역량을 넘어 리더십을 학습한다. 리더십은 리더가 그와 영향을 주고받는 사람, 그리고 리더십이 발생하는 상황에서 지속적인 상호작용으로 목표를 달성하여 더 나은 차이를 만들어 내는 활동이다.

리더십 이론은 매우 다양하며 고전의 리더십과 현대적 리더십은 다른 양상을 보인다. 먼저 고전의 리더십은 리더가 주도적으로 이끄는 것을 기본 방향으로 한다. 고전적 리더십에는 리더가 가진 스타일에 기반한 특성이론·행동이론, 리더십 상황을 고려한 상황 이론, 동기 적용·기대 과정을 설명한 목표 경로 이론·의사결정이론, 역할이론을 근간으로 하는 교환이론, 거래적·카리스마·변혁적 리더십이 있다(Bass & Riggio, 2006; Blake & Mouton, 1964; Fiedler, 1964; Kuhnert & Lewis, 1987; Lipmen-Blumen, 2005; Northhouse, 2010). 반면에 현대적 리더십은 고전적 리더십 관점을 넘어 리더십 경향의 문제점을 지적하고 전 방위적인 측면에서 다시 생각하는 형태들로 발전하였는데 슈퍼리더십, 공유리더십, 팔로워십,

정서적 리더십, 서번트리더십, 윤리적 리더십 등이 여기에 해당한다. 이렇게 다양한 리더십 이론은 미국 에론(Eron) 스캔들을 기점으로 제기된 리더십 본질 찾기에 대한 성찰로 리더십의 근원적 목적을 찾고 자기한테 진실한 상태의 진성 리더십을 탄생시켰다(윤정구, 2015).

실제 리더십에 대한 연구가 본격적으로 진행된 지난 한 세기 동안 리더십은 성과 창출을 넘어 각종 문제를 해결할 수 있는 경영기법으로 인식되었고, 자신의 성장과 목표 달성을 위해 셀프리더십으로도 적용되기 시작했다. 그러나 그것 역시 학습기법과 스킬을 벗어나기에는 부족했다. 2016년 4차 산업혁명 등장은 우리 미래 방향성을 새롭게 정의하고 초연결 사회, 변동성(Volatility), 불확실성(Uncertainty), 복잡성(Complexity), 모호성(Ambiguity)의 뷰카(VUCA) 시대가 도래하였음을 알렸다. 이러한 특수성을 고려할 때 직업능력개발이 지식과 스킬을 학습하는 것이 아니라 변화에 유연하게 대응하면 자기 삶 전반의 일 및 직업과 연계될 수 있는 고민이 필요하며, 이러한 역할을 할 수 있는 직업능력개발 리더십의 고민이 필요하다.

2) 진성리더십의 개념

진성리더는 리더십 발현을 지식이나, 스킬, 역량에 두지 않고 본인의 진정성 있는 사명(Mission)을 기반으로 함께하는 사람들을 임파워먼트시켜 영향력을 행사하는 사람이다. 사명(Mission)은 리더가 존재하는 이유를 설명해 주는 살아가는 이유이자 목적이기에 사명에 따라 일관된 삶을 통해서 자신의 품성으로 내재화한 사람이 진성리더이며, 그들의 이러한 성찰과 실천의 과정이 진성리더십이라 할 수 있다.

삶을 살아가는 자신만의 프레임을 정해주는 모형을 진성리더십에서는 과거 경험을 기반으로 구성된 정신모형Ⅰ과 미래의 바람직한 모습을 구성하는 정신모형Ⅱ로 구성한다. 특히 정신모형Ⅱ는 사명, 가치, 비전, 정체성을 필수 구성요소로 사명(Mission)은 자기 삶의 근원적 이유인 목적을 뜻하고 사명 달성을 위한 의사 결정의 가이드라인을 가치(Value)라 하며, 사명을 이루기 위한 중간적 목표를 비전(Vision)이라 한다. 마지막으로 정체성(Identity)은 자신의 과거 현재 미래를 알 수 있는 자신만의 스토리를 의미한다.

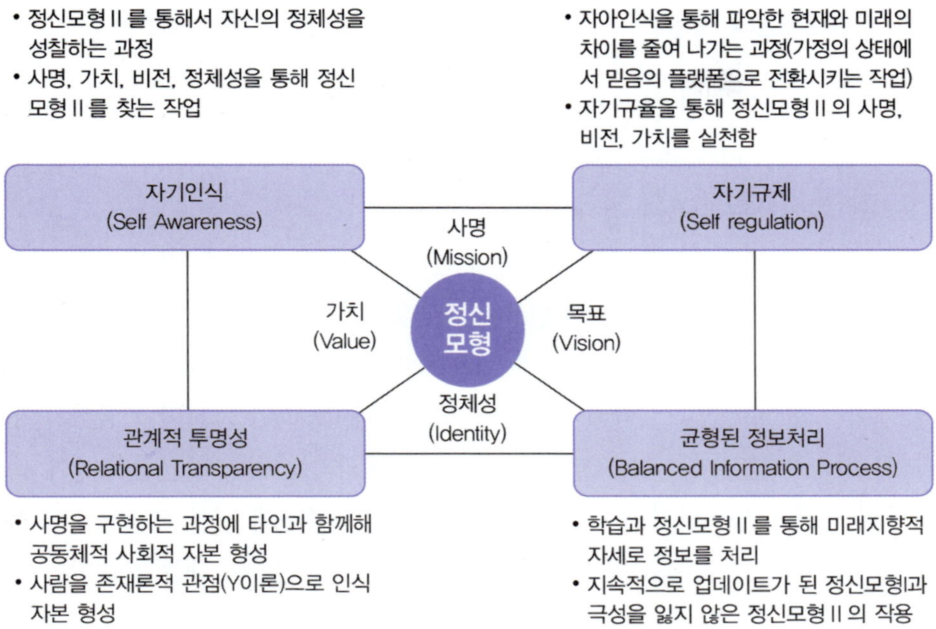

그림 6-2 진성리더십의 원리

출처: 윤정구(2015). 진성리더십 5장 재구성.

그림 6-2 진성리더십의 원리에 의하면 이러한 정신모형 I 에서 II로의 전환과 성장은 진성리더십의 자기 인식(Self Awareness), 자기 규제(Self Regulation), 균형된 정보처리(Balanced Information Process), 관계적 투명성(Relational Transparency)이라는 네 가지 구성 요인의 선순환을 통해 완성됨을 알 수 있다. 첫 번째 자기 인식은 자기성찰을 통해 자신을 온전히 이해하는 것이고, 두 번째 자기 규제는 이를 통해 자신만의 삶의 스토리를 검증하여 믿음으로 만드는 과정을 뜻한다. 세 번째 정보처리 과정은 기존의 낡은 사고방식과 오류를 나의 목적 스토리에 맞게 성장하기 위한 것이며, 네 번째 관계적 투명성은 그런 자신만의 스토리를 수행하기 위해서 다른 사람들과의 자본을 동원하는 방식을 의미한다. 이 네 가지의 단계적 선순환을 통해서 진성리더는 진성리더가 되어감(becoming)을 경험하면서 리더십을 발현한다.

그동안 우리가 학습한 리더십 스타일, 역량, 스킬은 자신의 성찰과 학습이 부재하더라도 필요한 리더십 방법(도구)을 실행하면 목표 달성에 가능한 것처럼 우리 사회에 전파가 되었다면 진성리더십의 네 가지 요인을 기반으로 하는 과정을 살펴볼 때 그 무엇보다도 자신에 대한 성찰과 목적 기반의 실천 의지가 가장 중요함을 알 수 있다.

3) 진성리더십의 특성

진성리더십은 인간을 존재론적 관점으로 인식하여 Y이론을 근간으로 하며, 자기 목적 스토리를 중점으로 실천을 중요시하게 본다. 다른 리더십과 다른 대표적인 차이점은 다음과 같다.

첫째, 진성리더십은 수많은 리더십의 한계인 스킬을 벗어나, 자기 삶의 의미를 찾고 그렇게 찾은 목적을 기반으로 끊임없이 학습하고 생활 속에서 실천하며, 그 영향력을 주변에도 스며들게 함으로써 문화를 만들어 내는 리더십의 리더십이라 할 수 있다. 그림 6-3의 진성리더십 파이프라인을 보면 지금까지 우리가 학습한 많은 리더십 모델은 직책, 스킬, 성과라는 경영학 관점의 경계 속 3단계 한계를 벗어나지 못하였는데 진성리더십은 주변에 선한 영향력으로 사람의 성장과 실천을 촉진하여 결국은 그러한 문화를 만들어 내는 모델임을 제시하고 있다.

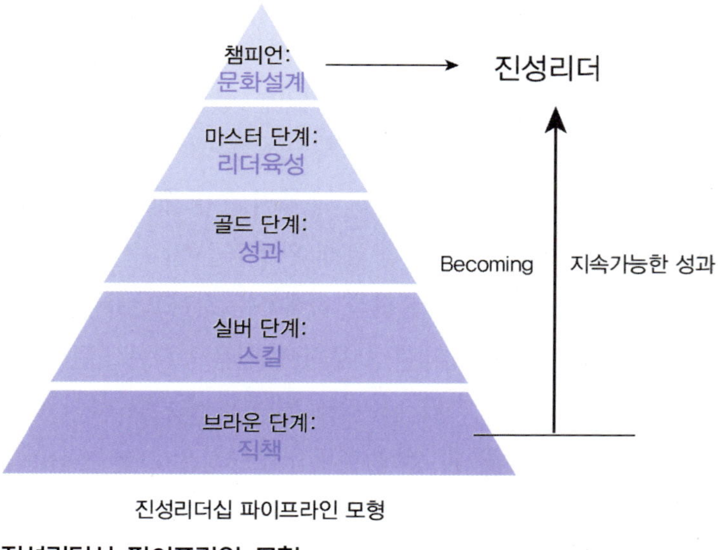

그림 6-3 진성리더십 파이프라인 모형

출처: 윤정구(2015). 진성리더십 재구성.

우리는 사회 변화와 그사이 발생하는 문제를 보면서 이 시대 리더의 부재를 이야기하곤 한다. 이것은 그동안 우리가 배우지 않아서도 아니고 지식을 몰라서도 아니다. 자기 내면과 외면을 일치시켜 그 가치를 실천하려는 커플링의 모습이 아닌 타인의 시선과 흉내 내는 리더십을 보였기 때문이다. 선한 영향력과 자기 삶의 의미를 찾아 목적 중심의 리더십이 발현되어 문화로 정착된다면 여러 가지 사회문제의 대안이 될 수 있을 것이다.

둘째, 리더십 실천을 위한 방법으로 의사소통, 의사결정, 임파워먼트, 코칭과 멘토링, 갈등 및 다양성 관리, 성과 및 변화관리를 기존의 프레임이 아닌 자기 사명과 한 방향으로 정렬하고 일관되게 실천하도록 제시한다. 즉, 목적(사명)을 최우선에 두고 그 북극성을 중심으로 구성 요인이나 방법들을 연계함으로써 실질적인 실천과 효과를 구체화하는 특징을 가지고 있다.

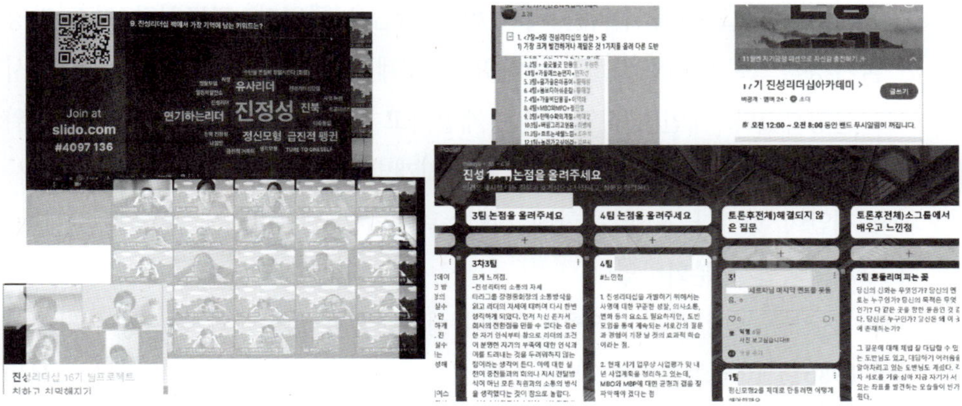

그림 6-4 진성리더십아카데미 혼합학습 및 학습자 의견 사례

출처: 한국조직경영개발학회(2022). 진성리더십아카데미 내부 자료.

셋째, 배움과 실천을 생활화하는 도반 문화와 나눔의 문화로 과거로 회귀하려는 성인학습자의 한계를 넘어서고자 노력한다.

진성리더십의 전파와 이를 통해 무너진 사회를 복원하고자 하는 조직경영개발학회에서는 사회공헌프로그램으로 진성리더십아카데미를 운영하고 있다. 그림 6-4는 혼합과정(Blended Learning)으로 진행되는 다양한 학습 방법과 학습 과정 및 학습자 의견을 진성리더십아카데미 운영 사례를 통해 제시한 것이다. 그들의 학습 여정은 무너진 리더십 복원을 희망하는 사회 각계각층의 전문가와 실천가의 기부와 이러한 삶을 성찰하고 실천하려는 미래 학습자들이 함께 만들어 가는 선한 영향력이다. 실제 아카데미에 참석한 학습자들의 인터뷰와 사례를 보면 지금까지 리더십과는 다른 진정성과 자기 삶의 좌표에 대해 많은 고민과 실행 리더십 설계를 하게 된 경험이라고 소감을 밝힌다. 그런 의미에서 리더십은 이론이나 목표 달성을 위한 수단으로 접근하여 외적인 성공을 갈구하는 것이 아니라 자기 삶의 목적이 무엇인지 찾아 인생을 설계하고 사회구성원으로서 함께 만들어 가는 의미 있는 과정일 때 비로소 본질에 충실한 출발이라 할 수 있다.

2. 직업능력개발과 진성리더십의 관계

1) 목적중심 직업능력개발의 필요성

직업능력개발을 위해 우리는 이미 많은 학습을 하였다. 고도성장 이후 다양한 국가정책으로 인력양성을 지원하였고, 세계변화에 적응하고자 전략을 제시하고 실행하였다. 개인의 직업능력을 개발하고 새로운 직업환경에 적응하기 위한 노력이 더 빠르게 전개되면서 많은 자기개발서와 자기관리 및 학습 관련 사회적 제안이 있었다. 또한 통합적 직업능력개발은 생애주기별 특성에 맞게 좀 더 구체화되면서 분화하였다.

자기관리를 넘어 사회 다양한 분야의 상호작용과 영향력의 중요성이 강조되면서 1986년 미국의 경영학자 맨즈(Maz, C)는 자기 스스로 리더가 되어 자신을 이끌어가는 셀프리더십을 제안하였다. 셀프리더십은 타인과 구성원에 대한 영향력이 아니라 자신이 나갈 방향을 설정하고 자기를 통제하면서 이끌어 가는 것이다. 셀프리더십은 Y이론 관점으로 사람은 자기 책임성, 창의력, 자율적 통제력을 가지고 있으며 자아실현 욕구에 동기부여 된다는 전제로부터 시작한다. 이러한 관점으로 인해 개인 관점을 넘어 나의 영향력이 함께 하는 사람들에게 미치도록 하는 슈퍼리더십으로도 확장되었다(Manz & Sims, 2001).

빠른 사회 변화에 적응하고자 열심히 신기술과 역량을 습득하고 그 기반으로 직업생활을 시작하나 처우·임금의 문제, 적성·흥미의 부합, 일과 휴식의 균형 등의 표면적 이유와 다양한 세대 및 조직 내 갈등으로 직업 활동의 어려움은 오히려 날로 더 심해지고 있다. 다양한 해결책과 이론들이 등장하고 있지만 자신이 살아가는 이유를 찾아 그 사명을 근간으로 작은 목표들을 수립하고 이를 지켜나가는 가치와 정체성이 확립되어 있다면 이러한 어려움을 극복하고 실천하는 과정이 의미 있고 행복할 것이다.

우리가 찾는 직업은 생애주기별 다소 다른 특성이 있다. 사회초년생이 자기 전공 및 다양한 일자리 탐색으로 시작한다면 직업생활을 하는 중장년의 경우는 직업역량을 향상하고, 상호작용을 통해 목표를 달성하고자 활동한다. 반면 전직을 모색하는 신중년과 신노년은 경제적 독립을 넘어 자아실현과 사회적 활동이라는 직업 본래의 목적을 모두 중요하게 고민한다. 개인 진로를 중심으로 시작한 직업능력개발은 점점 더 공동체 및 사회구성원으로서 역할과 상호작용하는 방향으로 변화하고 있다. 이러한 현상은 초고령사회와 100세 시대라는 사회 이슈와 부합되면서 더 강해지고 있다. 이제 직업능력개발은 변화하는 시대에 맞춰 그 안의 구체적 콘텐츠 학습을 넘어 변화된 사회에서 직업생활을 좀 더 의미 있게 할 수 있는 자신의 사회적 역할을 강조한다. 그런 의미에서 자기 삶의 좌표인 목적(미션)을 찾아 비전과 가치를 한 방향으로 정렬해 정체성을 확립하고 삶 속에 꾸준히 실천하는 진성리더십이 현대사회의 다양한 문제점을 해결할 수 있는 직업능력 개발의 방향이 될 수 있다. 무엇(What)을 개발하고 학습하냐 보다는 왜(Why) 배우고 학습하려 하는지에 집중해야 하며, 이것은 진성리더십의 원리에 따라 삶의 의미를 찾는 것이 선행되어야 가능하다.

2) 삶의 질을 높이는 진성직업능력개발

학령기 때 적성과 흥미를 중심으로 미래를 설계하나 일부 상위권을 제외하고는 대입이라는 이슈와 맞물려 진정 중요한 자기 미래 의미와 어떤 삶을 살고 싶은지 진지한 고민은 우선순위에서 밀린다. 충분한 자기 탐색 후 학업이나 직업과 연계하고 기회를 열어주기 위해 다양한 국가정책(학점은행제, 일학습병행제, 평생학습기관, 학점은행제, 선취업후진학 등)이 있으나 이 역시 양적인 선택지의 증가이지 질적 선택지의 한계에 많은 사람이 여전히 자신이 무엇을 하고 살아가고 싶은지 모른 채 삶을 산다.

수단과 방법은 '무엇을 위한, 왜'라는 전제가 있으며 이것은 자신이 왜 사는지 이유에 갈급함을 요구한다. 자신의 과거, 현재, 적성, 흥미 모든 것을 꺼내놓고 목적을 명확히 하고 이를 시행하기 위한 단기 목표인 비전을 설정해야 하며, 매 순간의 의사 결정과 실행에 있어 내가 세운 목적에 부합하는 가치 라인을 명확히 해야 한다. 예를 들어 직업개발과 선택에 있어 이 사회의 다양한 사람들과 함께하는 온정을 불어넣는 사람이 되겠다는 목적을 찾았다면 이를 실천하기 위한 구체적 비전인 목표는 사회복지사가 되거나, 대학 입학 후 심화 내용을 전공하거나, 다른 직업생활을 하나 봉사로 함께함으로써 가능할 것이다.

그러면서 소명 의식에 대한 것도 담게 되고 그와 마주한 미래의 자신도 그려볼 수 있다. 또 그러한 활동 중 하게 되는 다양한 의사 결정은 목적과 병렬된 가치로 판단하며 삶을 살아갈 수 있다.

변화하는 사회에 적응하기 위해 새로운 기술을 배우고 역량을 향상하는 것이 중요한 것은 사실이나 이것은 내가 살아가는 이유가 아니라 이를 실행하는 하나의 도구에 지나지 않으므로 지금까지 우리가 해 온 자기관리와 개발, 셀프리더십과는 다른 좀 더 포괄적인 고민이 필요하다. 진성리더십은 온전한 자기 이해를 기반으로 자신의 살아가는 목적을 찾고 그 목적에 가치와 목표(비전)를 정렬시키는 것을 가장 기본으로 한다. 그렇기에 위기 상황에서도 빠르게 변하는 세상의 이치와의 다양한 문제 가운데에서도 모두 적용이 가능하다.

평생학습 시대가 되면서 사람들은 자기 행복을 위해 때로는 새로운 직업생활을 위해 지속 학습한다. 그러나 다양한 자격증 취득과 교육 이수로도 소기의 목표를 달성하지 못한 어려움과 마주하기도 한다. '평생학습 유목민'이라는 말은 이런 사회 현상을 반영한다(조선에듀, 2019). 유행하는 직업을 얻기 위해, 국가 정책과 제도에서 전략적으로 제시하는 자격증을 취득하기 위한 직업능력개발 방식을 뒤쫓아가는 것이 아니라 자신의 목적에 부합하는 직업능력개발이 더 중요함을 인식해야 한다.

각종 인식 및 실태조사를 하는 사회 보고서에 의하면 우리가 나이 들어가면서 나와 가족을 벗어나 우리라는 공동체에서 유대관계와 상호작용이 더 중요하게 인식하고 있음을 알 수 있다(통계청, 2020; 2021; 2022). 따라서 사회적 역할과 나눔에 대한 갈망이 높아지는 우리의 현주소를 고려한다면 직업 선택과 개발에서 내용과 지식 중심이 아니라 이런 가치와 현상을 담아낼 수 있는 학습과 방법을 고민해야 한다. 이러한 과제 속에서 자기성찰과 자기 삶의 목적을 기반으로 하는 진성리더십의 개념은 내용을 넘어 자기 삶을 설계하고 실천하게 하므로 '질(質)'을 담보로 하는 직업능력개발을 가능하게 한다.

제3절 진성직업능력개발 실천

1. 나만의 진성직업능력개발 모델

1) 진성직업능력개발 정신모형

목표 중심의 직업능력개발을 넘어 자기가 살아가는 이유에 기반한 직업능력개발을 위해 나만의 진성리더십의 정신모형을 활용하여 방향을 설정하는 것은 실천 원동력으로 매주 중요하다. 진성리더십은 이런 되어감을 연속적으로 실행하기 위해 삶의 의미 찾기를 필수요인으로 제시하고 이를 실행하고 적용하기 위해 가치, 비전의 목적과 정렬화(alignment)를 제시한다. 그림 6-5는 진성리더십에서 정신모형의 핵심 기제인 미션, 비전, 가치의 의미와 관계를 나타내고 있다.

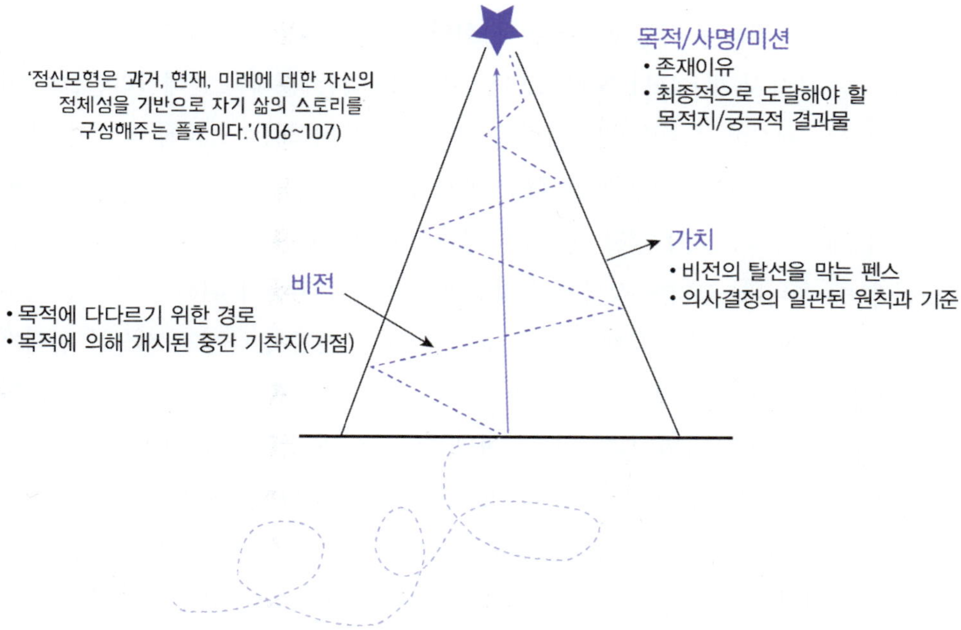

그림 6-5 나의 미션, 비전, 가치 상호작용 관계

출처: 이창준(2022). 윤정구(2015) 진성리더십 아카데미 17기 특강 재해석.

그림 6-5의 나의 미션, 비전, 가치 상호작용 관계 모형에 따르면 우리가 지금까지 해 온 직업능력개발은 비전(Vision) 중심이었음을 알 수 있다. 최종 목적지가 명확하지 않은 상태의 비전은 달성하더라도 다양한 갈등과 문제 상황에서 자신의 갈급함을 해결하지 못하였다. 내적 동기가 충분히 반영되지 않았기에 위기 상황에서 흔들렸고, 자신의 단기 목표 달성을 위해 사회적 기준에 부합하지 않은 가치판단도 하였다. 그러나 자기 사명을 찾으면 비전은 사명을 이뤄내야 하는 중간 기착지이므로 흔들리지 않고 계속하여 나갈 수 있는 명확한 동기로 작용한다. 목적(미션)은 사람들과의 상호작용 안에서 고민하고 실천해야 하는 대명제로 그 여정이 우리 삶을 더 풍요롭게 한다. 그러므로 자신이 하고자 하는 일과 경제적 활동을 분리해서 살아가는 것이 아니라 일치하여 자기 삶을 이끄는 노력이 중요하다. 예를 들어 "지혜로운 사람으로 살며, 배움을 통해 꿈꾸고 나누며 일을 찾도록 이웃과 동행한다."라는 목적(Mission)을 찾았다면 이를 실행하는 방법(Vision)의 구체화는 나의 직업, 봉사, 사회활동과 연계될 수밖에 없고, 그렇다면 그것을 위해 어떠한 것이 바람직한 방향인지 찾기는 어렵지 않다. 목적지를 위한 직업과 관련된 비전 수립은 더 즐겁게 몰입하게 한다.

목표를 실행하는 과정에 우리는 사회의 다양한 유혹에 흔들리게 된다. 사회적 규범 내에서 통용되나 자기 도덕성에는 어긋나는 문제는 댄에일리언(2014)이 실험에서 제시한 것처럼 거짓말하는 착한 사람들이 되는 오류에 빠지게 한다. 그래서 다양한 의사 결정과 문제해결에서 흔들리지 않은 가치(Value) 라인을 명확히 해야 한다. 조직 생활 중 위기 상황에서 인력감축은 많은 리더가 직면한 문제 중 하나다. 그러한 상황에서 자신의 자리를 유지하기 위해 구성원을 도구로 인식하면서 발생한 문제를 종종 접하곤 한다. 따라서 나에게 진실한 상태가 중요한 것이며, 이는 문제 등 위기 상황이 발생해도 흔들리지 않고 목적을 향해 나갈 수 있는 나의 실천 원동력이 된다. 논어의 옹야편에 나오는 *知之者는 不如好知者요, 好知者는 不如樂之者라*(아는 것은 그것을 좋아하는 사람만 못 하고, 좋아하는 것은 즐기는 사람만 못 하다)는 즐기는 것이 얼마나 중요한지 알 수 있다. 그런 의미에서 진성직업능력개발에서 말하는 자기 삶의 목적을 찾아 학습 방향을 설정하고 삶 속에서 실천하면서 배움과 나눔과 공동체적 삶을 하나의 관점으로 정렬화하는 것은 진성직업능력개발의 처음이자 끝이라 할 수 있다.

2) 나만의 진성직업능력개발 목적 정의

진성리더십은 지금까지 우리가 해 온 목표와는 다른 개념으로 환경의 제약에도, 시대변화에도, 흔들리지 않고 갈 수 있는 나의 북극성과 같다. 만약 우리가 길을 잃어 헤맨다면 북극성은 나아갈 방향을 확신하고 움직일 수 있게 하는 기준이 된다. 북극성을 찾지 못해 북두칠성 등 주변 별들을 활용해 북극성을 찾아 길을 나서기도 하지만 이는 그 여정의 목적을 찾기 위한 하나의 방법일 뿐임을 기억해야 한다. 이러한 가이드를 충족하기 위해 진성직업능력개발에서는 목적진술문의 작성을 강조한다. 이것은 내가 살아가면서 흔들리지 않은 나침반의 지남철이자 북극성과 같은 역할을 한다. 그림 6-6과 같은 목적선언문을 통해 자신이 삶 속에서 실천할 가치를 명문화할 수 있다.

나 ○○○는 ____________를 위해서 ________통해 ________을 합니다.

그림 6-6 **진성직업능력개발 목적선언문**

출처: 한국조직경영개발학회 진성리더십아카데미 내부자료.

자신의 미션과 비전, 가치를 찾으면 이를 하나의 문장으로 정리하여 목적 중심 삶을 실천하는 하나의 좌표로 삼고 실천해야 한다. 그리고 이것은 나의 다양한 활동 중 일부 적용을 넘어 모두를 담아낼 수 있어야 한다. 누구나 이해할 수 있는 간결하고도 쉬운 명제로 정리하며, 이것은 삶 속에서 지속적인 자기성찰과 적용을 통해 가능하다.

2. 진성직업능력개발 실천 환경이해와 적용

1) 학습문화와 도반그룹

진성사명을 중심으로 자기 삶의 방향과 실천 계획을 수립하였더라도 이를 실행하는 일이 쉽지는 않다. 혼자 가는 외로운 길이 아니라 함께 가는 즐거운 길이 되기 위해 이를 실천하고 함께하는 교학상장(敎學相長)의 장이 될 수 있는 문화와 함께하는 이가 필요하다.

함께 목적을 찾고 실천하고 성찰을 촉진할 수 있는 사람들의 모임을 진성리더십에서는 진성 도반이라 한다. 인간이 신과 같은 존재가 아니기에 진성리더십 기반의 직업능력개발 여정 중 실수를 범하기도 좌절하기도 한다. 이를 바로잡고 다시 나아갈 힘을 얻기 위해 함께하는 이들의 격려와 관심이 중요하며 이를 통해서 자신의 목적을 잃지 않고 정진할 수 있다. 그리고 그러한 과정의 영향력은 나만의 목적 달성이라는 쓰임을 넘어 사회 곳곳에 선한 영향력을 전파하게 한다.

우리는 이미 자격증 취득이라는 목표 달성을 위해 다양한 학습모임을 구성하여 함께하는 모습을 봤고, 이것이 취업준비생 사이에 하나의 문화로 정착하였음을 알고 있다. 그러나 그렇게 취득하였더라도 실제 직업환경에서 다양한 문제로 적응하지 못하고 다시 고난의 목표를 세우고 출발하는 사람들을 봤다. 진성 직업능력개발의 도반은 자격증 취득의 목표를 중심으로 하는 학습모임이 아니라 왜 그 자격증을 취득하려는지 어떠한 삶의 주인공이 되고 싶은지 목적 중심이므로 자기 이해를 바탕으로 목적 찾기가 선행되고 이를 도반과 함께 나누고 촉진하는 학습모임을 만든다. 진성직업능력개발은 내면의 가치와 외면의 가치가 어긋나는 디커플링의 상태를 인정하고, 커플링의 상태가 되기 위해 노력하며, 자기 이해를 바탕으로 나에게 집중하며 진성 실천을 통해 영향력을 사회에 전파한다. 여전히 일자리 찾기와 생애주기별 직업 선택은 경제적 이유로 인해 가치 요소들이 후 순위에 밀리지만 사회적 자아와 가치를 고민하는 사람들이 늘어나면서 이러한 가치에 집중하는 모습이 늘어나고 있다.

2) 진성직업능력개발을 위한 리더십 실천

직업능력을 개발하면서 사회적 이목으로 자신의 목적과 부합되지 않은 디커플링과 과거의 오류에서 벗어났으나 새로 장착한 정신모형Ⅱ의 작동이 현실 세계 괴리감으로 혼선을 빚게 되는 이중몰입을 자주 경험한다. 그러나 이것을 해결하기 위해 이원학습과 삼원학습의 원리를 이해하고 실천하면서 직업능력개발 상황에서 진성리더십을 적용할 수 있다. 일원학습이란 성적이 안 오르면 학원을 옮겨보는 행위나 답이 정해 있는 시험을 잘 보기 위한 학습으로 지금까지 우리가 해 온 직업능력개발의 현주소와도 유사하다. 반면 이원학습은 정신모형Ⅰ의 문제점을 개선해 나가는 학습, 상대의 진솔하고 자발적 피드백을 기반으로 하는 학습을 의미한다. 학습의 최종 목적지인 삼원학습은 목적, 비전, 가치,

정체성으로 구성된 정신모형Ⅱ를 정신모형Ⅰ과의 차이를 극복하여 믿음의 근육을 만드는 학습이자 영혼의 종소리를 깨우는 각성 사건을 통한 학습을 의미한다. 과거 일원학습에서 이원학습으로 그리고 다시 삼원학습으로 심화되는 경험을 통해 우리의 직업능력개발 과정과 결과는 나에게 더 큰 행복감과 의미로 다가올 것이다.

표 6-3 긍정심리자본의 개념

구분	주요내용
낙관주의(Optimism)	항상 긍정적 미래를 생각하고 이를 믿는 신념
회복탄력성(Resilience)	이전 상태로 회기를 멈추고 더 높은 수준의 삶의 의미를 발견하는 것
자기효능감(Efficacy)	자신이 처한 과업을 성공시킬 수 있다는 자기 능력에 대한 신념
희망(Hope)	성공체험을 공유하려는 심리적 능력, 목적 지향적 행동

출처: 한영수(2022). 진성리더십아카데미 특강. 재해석.

극심한 경쟁과 사회 변화에서 내가 먼저 살아남는 게 중요한 적자생존의 원리가 지배적이었지만 사실 인간의 위대함은 타인과의 경쟁에서 오지 않는다. 타인의 고통을 자신도 함께 느껴 그 고통을 덜어주려 애쓰는 마음과 행동이, 즉 긍휼감의 실천으로 직업능력개발 환경의 스트레스를 최소화할 수 있다. 표 6-3의 낙관주의, 회복탄력성, 자기효능감, 희망의 긍정심리 자본은 그 여정을 더욱 단단하게 한다. 긍정심리 자본은 도전적 상황에도 자아개념을 긍정적으로 이끌어가며 순발력 있는 변화를 꾀할 수 있도록 개인의 실천을 돕는다.

앞에서 살펴본 진성리더십 심화 원리의 실천은 정신모형을 확립하고 자기 인식(Self Awareness), 자기 규제(Self Regulation), 균형된 정보처리(Balanced Information Process), 관계적 투명성(Relational Transparency)이라는 네 가지 요소의 상호작용과 순환 속에서 나를 더욱 단단하게 한다. 이전의 나를 넘어 각성 사건으로 목적 중심의 정신모형을 장착하고 나서 나의 모습은 끊임없는 자기 규제를 통해 확고히 할 수 있으며, 사회 각종 부정부패와 동조하지 않은 지행합일(知行合一)의 삶은 균형된 정보처리와 관계적 투명성을 기반으로 실천될 수 있다. Y 이론과 존재론적 인간관을 근간으로 하고 이를 바탕으로 하는 다양한 실천 방법(의사소통·의사결정·임파워먼트·코칭·멘토링·갈등관리·다양성관리·성과관리·변화관리)이 진성목적과 한 방향으로 정렬되어 있기에 가능하다. 이것은 자기에 관해서는 높은 도덕성과 긍휼감을 기본으로 한다. 이제는 직업능력개발에 있어 경쟁의 딜레마에서 벗어나 삶의 궁극적인 목적지를 인지하고 그 과정을 즐기면서 쌓아갈 수 있는 실천력을 장착하며, 그 선한 영향력이 나를 넘어 공동체적 의의로 확산하도록 실행할 시기다.

연구문제

1. 직업능력개발지원을 위한 다양한 국가정책을 알아보고 장단점을 분석하여 미래지향적인 직업능력개발지원 방안을 제시해 봅시다.

2. 우리가 지금까지 해 왔던 직업능력개발의 한계를 인식하고 이를 해결할 수 있는 자신의 역할과 실천에 대해 이야기해 봅시다.

3. 미래사회를 담아낼 수 있는 직업능력개발을 위해 나의 진성직업능력개발 모델을 세우고 실천할 수 있는 구체적 방안을 공유해 봅시다.

CHAPTER 07

진로 프로그램 개발 및 활용

제1절 진로 계발을 위한 진로 특성

제2절 진로 프로그램 기획 및 개발

제3절 진로 프로그램 적용

학습목표

본 장에서는 진로 관련 역량을 계발하기 위해 필요한 개인적 특성과 환경적 특성에 대해 살펴보고, 이를 기반으로 한 진로 프로그램을 기획, 개발 및 적용을 통해 진로 프로그램을 실행하고 평가와 관리에 이르기까지의 내용에 대해 살펴볼 수 있도록 하였다. 이를 통해 진로 프로그램을 활용할 수 있고 더 나아가 차별화된 진로 프로그램을 구안할 수 있는 역량도 갖출 수 있는 기반을 다질 수 있도록 하였다.

제1절 진로 계발을 위한 진로 특성

1. 진로 특성: 개인적 차원

1) 역량

역량(competency)은 어떤 특정한 상황이나 직무에서 효과적이고 우수한 수행을 할 수 있는 개인의 내재적인 특성으로, 개인이 성공적인 수행을 하기 위하여 개별적으로 결합해서 사용하는 것이다. 즉, 역량은 지식, 기술 태도, 사고유형 등이 포함되며 학습이나 업무 환경 안에서 탁월하고 효과적인 업무를 수행해 낼 수 있는 특성이다. 이를 통해 어떤 학습이나 업무 등을 효과적으로 수행하느냐의 여부를 판단할 수 있는 기준이 된다. 이것은 교육과 훈련을 통해 계발될 수 있고 환경과 상호작용하기도 한다(Boyatzis, 1982).

심리학자 맥클러랜드(McClelland, 1973)는 지능보다 역량의 중요성을 주장하였고, 높은 성과자들이 지는 특성이 바로 역량이라고 하면서 실제 삶 속에서 이루어지는 성취와 관련된 역량을 평가해야 한다고 하였다. 스펜서와 스펜서(Spencer & Spencer, 1993)는 역량이 학습자의 학습이 완전하게 이루어졌을 때 성취할 수 있으며 정의적인 특성까지 포괄하는 총체적인 특징을 지니고 있다고 하였다. 또한 역량을 심층역량과 표면역량으로 구분하여, 표면역량은 보다 쉽게 계발이 가능한 역량으로서 지식과 기술 영역을 의미하고, 심층역량은 상대적으로 계발하기 어려운 역량으로서 자아개념이나 동기 등을 의미한다.

이와 같이 역량의 개념들을 종합해 보면 다음과 같다. 수행해야 할 과업이나 과제가 실제적이고 특정한 맥락 안에서 설정되어 있고, 지식, 기술, 태도, 동기, 자아개념 등의 요인들을 기반으로 한 인간의 인지적, 정의적, 행동적 특성이 총체적으로 포함되어 있다. 그리고 구체적인 준거에 의해 측정과 평가를 받을 수 있어서 수행하는 한 인간의 탁월성을 판단할 수 있다. 특히 역량은 타고나는 것이 아니라 후천적으로 계발 가능한 것이므로 교육과 훈련 등을 통해 육성될 수 있는 것이다.

최근 역량이 새롭게 부각되고 있는 이유는 현대 사회가 요구하는 지식의 성격이 변화하고 있고, 미래 사회에서는 어떤 목적을 달성하기 위해 반복적이고 기계적인 지식과 일은 상당 부분 인공지능이 대신하게 될 것으로 예측되기 때문이다. 이에 따라 인간에게 기대되는 역할 중에서 명확하게 정의되지 않은 상황에서도 창의적으로 문제를 해결해야 하고 불확실성이 높은 상황에서 이제까지 존재하지 않았던 아이디어를 구안하기 위해서는 창의융합역량이 필요하다(김정연, 2018). 이에 따라 지식 중심의 교육이나 일방적인 강의식 수업으로 학습할 수 있는 상황이 더 이상 유효하지 않다는 인식으로 인해 진로교육의 초점이 역량 계발 중심으로 변화되고 있다. 특히 OECD는 역량의 개념이 직업이나 직무와 관련된 것이 아니라 인간의 전체적인 삶의 질 향상을 위해 필요한 것으로 규정하면서 진로교육 현장에서 진로 관련 역량 계발에 중점을 두기 시작했다(Steinberg, 2017).

진로 역량은 진로를 선택하고 자신이 선택한 진로가 실제로 구현될 수 있도록 노력하는 과정에서 필요한 지식, 기술, 태도, 성향 등을 일컫는다. 즉, 이것은 특정한 직업이나 직무에 한정해서 필요한 것이 아니라, 불확실하게 변화하는 미래 사회에 대비하여 준비해야 하는 역량을 말한다. 미국에서는 진로 계발 역량 가이드라인(National Career Development Guidelines, NCDG)를 만들어서 미국 각 주의 교육기관과 기업 등에서 많이 활용될 수 있도록 하고, 개별적으로 개인들이 진로 계발을 효과적으로 향상시킬 수 있는 방법과 전략 등을 제시하고 있다. 이에 따라 학습자의 진로 계발을 하고자 하는 목적을 가지고 있다면, NCDG의 지침을 기반으로 프로그램을 개발 및 운영하여 평가까지 할 수 있다. NCDG의 진로 역량은 자아인식, 학업 및 직업 탐색, 진로계획으로 구분된다(Miller, 1992).

진로를 계발할 수 있는 역량에 대해서 다양한 학자들이 개념 정의를 하고 있는데 이에 대해 종합하면 다음과 같다. '진로계획 및 설계'는 삶에서의 진로를 향상시키기 위해 의사결정을 하고 삶과 직업의 균형을 유지하는 것, '진로 탐색'은 자신의 요구에 적절한 진로 정보와 지식을 탐색하여 분석하는 것, '전공 및 직업 지식'은 진로와 관련된 직업 등에 대한 정보를 이해하고 희망하는 전공과 직업에 대해 알고 있는 정도를 의미한다. '구직 기술'은 실제 현장에서의 리더십, 의사소통 및 구직 준비에 대한 자신감과 태도를 말하며, '구직효능감'은 다양한 구직활동을 성공적으로 수행할 수 있는 능력에 대한 확신을 의미한다.

2) 흥미

흥미는 어떤 활동에 대한 선호를 의미하며, 어떤 대상에 마음이 끌린다는 감정을 수반하는 관심이며, 어떤 대상이나 활동 등에 대해서 계속적으로 몰두하거나 아니면 그것을 그만두려고 하는 행동 경향을 말한다(Hidi & Baird, 1986). 만약 흥미를 가지고 있는 활동을 하게 된다면, 활동의 결과가 좋아지고 만족도도 높아지기 때문에 적절한 진로가 어떤 것인지를 탐색하고자 할 때 흥미를 살펴보아야 한다는 것이다.

진로 흥미는 일반적인 흥미와는 다르게 다양한 직업이나 직종 중에서도 어떤 특정한 것에 대해 호의적이고 수용적인 관심 및 태도를 갖는 것을 말한다. 직업 흥미는 직업선택이나 직업의 지속, 직업 만족, 직업에서의 성공과 밀접한 관계가 있어 중요한 동기유발의 요인이 된다. 그러므로 진로 계발에 있어서 성공을 성취하기 위해서는 인지적 요인뿐만 아니라 흥미나 동기와 같은 정의적 요인도 같이 조화를 이루어야 한다. 왜냐하면 인지적 요인이 일의 능률과 관련이 있다면 정의적 요인은 일에 대해서 흥미를 가지고 그 일에 대한 즐거움과 행복감 등을 느낄 수 있도록 하기 때문이다(Nauta, 2007).

진로선택에 있어서 지능이나 적성검사를 사용하는 경향은 점차 감소하고 있는 데 비하여 흥미검사의 사용은 점차 증가하고 있다(Gable & Wolf, 1993). 이는 진로와 관련된 성공을 성취하기 위해서는 인지적 요인뿐만 아니라 정의적 요인도 함께 중요하게 다뤄져야 한다는 것을 의미하는 것이다. 따라서 진로 계발에 있어서 흥미와 같은 개인적 특성을 구체적으로 고려해야 한다.

고용노동부 산하 한국고용정보원 워크넷에서는 청소년 대상 '직업흥미검사'를 제공하고 있고, 중·고등학생의 직업적 흥미를 탐색하도록 하고 이에 적합한 직업과 학과(전공)를 안내하고 있다. 여기에서는 홀랜드(Holland)의 흥미이론에 기반하여, 일반흥미(6개 유형) 및 기초흥미 분야(14개 분야)를 측정할 수 있도록 한다. 일반흥미는 다음 **그림 7-1**에 제시한 바와 같이, ① 현실형, ② 탐구형, ③ 예술형, ④ 사회형, ⑤ 진취형, ⑥ 관습형이다.

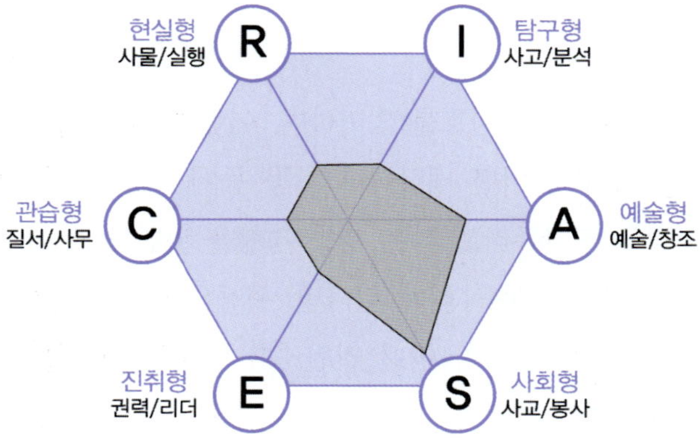

그림 7-1 청소년 대상 직업흥미검사의 일반흥미(6개 유형)

출처: 한국고용정보원 워크넷.

기초흥미 분야 14개는 다음과 같다. ① 기계·기술(기계를 다루거나 직접 수리하는 활동에 관한 흥미), ② 사회안전(치안유지, 보안 및 응급구조 등의 활동에 관한 흥미), ③ 농림(곡물 경작 및 화초재배 분야에 대한 흥미), ④ 과학·연구(천문학, 생물학 등 자연현상을 과학적으로 연구하는 분야에 대한 흥미), ⑤ 음악(다양한 방법으로 음악을 표현하고 감상하는 것에 대한 흥미), ⑥ 미술(감정을 미술작품으로 나타내는 일에 대한 흥미), ⑦ 문학(사상과 감정을 글을 통해 전달하는 것에 대한 흥미), ⑧ 공연예술(관객 앞에서 예술활동을 공연하거나 연기하는 것 또는 전시, 공연을 기획하는 것에 대한 흥미), ⑨ 교육(교과나 다양한 학습내용을 설명하고 가르치는 일에 대한 흥미), ⑩ 사회(사회를 위해 봉사하고 어려운 사람들을 돕는 일에 대한 흥미), ⑪ 관리·경영(조직을 효율적으로 운영하고 사람들을 지휘하는 일에 대한 흥미), ⑫ 언론(다양한 매체를 통해 의견을 피력하고 주장하는 일에 대한 흥미), ⑬ 판매영업(상품판매를 위해 고객에게 설명하고 설득하면서 다양한 판매 전략을 세우는 일에 대한 흥미), ⑭ 사무회계(서류나 문서 등을 작성 및 관리하고 계획 및 집행하는 업무에 대한 흥미)

한편, 고용노동부 산하 한국고용정보원 워크넷에서는 또한 대학생 이상 성인을 대상으로 '직업선호도 검사(S형)'를 제공하고 있다. 여기에서는 좋아하는 활동, 관심 있는 직업, 선호하는 분야를 탐색하여 직업흥미 유형에 적합한 직업을 제공한다. 측정은 다음과 같이 6개 분야이다. 즉, ① 현실형(분명하고 질서정연하고 체계적인 활동을 좋아하며 기계를 조작하는 활동 및 기술을 선호하는 흥미 유형), ② 탐구형(관찰적, 상징적, 체계적이며 물리적, 생물학적, 문화적 현상의 창조적인 탐구활동을 선호하는 흥미 유형), ③ 예술형(예술적 창조와 표현, 변화와 다양성을 선호하고 틀에 박힌 활동을 싫어하며 자유롭고 상징적인 활동을 선호하는 흥미 유형), ④ 사회형(타인의 문제를 듣고, 이해하고, 도와주고, 치료해주는 활동을 선호하는 흥미 유형), ⑤ 진취형(조직의 목적과 경제적 이익을 얻기 위해 타인을 지도, 계획, 통제, 관리하는 일과 그 결과로 얻게 되는 명예, 인정, 권위를 선호하는 흥미 유형), ⑥ 관습형(정해진 원칙과 계획에 따라 자료를 기록, 정리, 조작하는 활동을 좋아하고, 사무 능력, 계산능력을 발휘하는 것을 선호하는 흥미 유형)이다.

3) 성격

한 사람이 다른 사람과 구분되는 특성은 성격을 들 수 있는데, 이것은 비교적인 변화가 크지 않다. 그러므로 어렸을 때의 성격이 성인이 되고 나서도 크게 변하지 않을 확률이 높고, 다양한 상황 속에서 개인이 어떻게 행동하고 어떤 태도를 취할지 등에 대해 예측할 수 있게 된다. 그러므로 개인적 차원에서 성격이라는 특성을 이해하게 되면, 그 개인을 위해 진로 계발에 도움이 될 것이다.

다양한 학자들이 성격에 대해 개념 정의를 하였으나 이를 종합해 보면 다음과 같다. 성격은 개인의 특징적인 행동과 생각을 결정하는 체계이다. 그리고 시간의 흐름과 상황의 변화에 크게 영향을 받지 않으며, 지속적이고 일관적이며 안정적으로 유지되며 타인과 구별되는 고유한 독특한 특성이다. 즉, 특정 상황이나 사건에 대해 자신만의 독특한 방식으로 생각하고 행동하며 환경과 상호작용하는 고유한 심리적 특성이라는 것이다(권석만, 2015).

성격심리학자들은 각자의 관점으로 성격 구조에 대하여 논의하였지만, 일반적으로 성격이 외향성, 친화성, 성실성, 신경증, 개방성 등 다섯 가지 요인으로 구성되어 있다는 데 의견이 일치하고 있다(Costa & McCrae, 1986). 이러한 성격 특성을 분류하기 위해 사용하고 있는 체계를 Big 5 성격요인이다. 즉, Big 5 성격요인(Big Five Personality Factors)은 인간에게 공통적으로 존재하는 성격을 5개의 차원으로 구성한 것이다.

코스타와 맥크레이(Costa & McCrae, 1992)의 연구에 따르면, 사람의 성격을 외향성, 친화성, 성실성, 신경증, 개방성 등 다섯 가지 요인으로 구분하였다.

첫째, 외향성(Extraversion)은 다른 사람과 교제를 하거나 상호작용, 관심 등의 정도를 나타내며, 하위 요인으로는 온정, 리더십, 자극 추구, 활동성, 명랑 등이 있다. 또한 자신의 감정을 솔직하게 표현하고, 인간관계를 중요시하는 경향을 나타내며, 집단 내에서는 사회적 참여가 많고 사교적이며 주도적인 역할을 한다.

둘째, 친화성(Agreeableness)은 일반적으로 친절, 수용, 호감, 우호, 순응 등을 지니고 있으며, 관대한 마음과 타인을 공감할 수 있는 능력은 신뢰감을 쌓을 수 있을 것이라는 의미를 담고 있다. 이러한 친화성이 높을수록 인간관계에 있어 원만한 관계를 유지할 수 있고 호의적이고 배려심도 많아지게 된다. 그러나 이와 반대로 친화성이 낮을수록 자기중심적이고, 공감능력이 낮으며, 무관심과 질투심이 많아져 타협이 필요한 상황에서 비협조적인 태도로 일관하게 된다.

셋째, 성실성(Conscientiousness)은 사회적으로 통용되는 법규상 위반되지 않는 범위 내에서 이를 준수하면서 해당 직무를 완수해 나가는 척도를 나타낸다. 이는 개개인의 성실한 정도를 나타내는 척도로써, 성실성이 높을수록 직무만족도와 책임감, 계획성이 높으며, 성실성이 낮을수록 신뢰성 및 계획성이 낮다. 또한 성실성이 낮을수록 끈기가 부족하여 충동적인 행동을 하는 특성을 가진다. 성실성에는 유능감, 조직화 능력, 책임감, 목표지향성, 자기 통제력, 완벽성이 포함되며, 일과 가장 관련이 있는 하위요인으로 구성되어 있다.

넷째, 신경증(Neuroticism)은 정서적 통제, 정서적 불안정 등으로 나타나고, 신경증의 수치가 높을수록 정서적 불안정이 높아 일상생활에서 우울함과 스트레스를 경험하고, 신경증 수준이 낮으면 정서적으로 안정되어 있어서 일상생활에서 긍정적이고 심리적 안정을 도모하면서 긍정적인 모습을 나타낸다.

다섯째, 개방성(Openness)은 새로운 경험과 명랑한 성향을 가지고 있고, 틀에 박힌 사고방식을 거부하고 새로운 사고와 경험을 수용하는 등의 창의성을 가지고 있다. 이는 변화와 다양성을 선호하고 지적이고 풍부한 삶을 살아갈 수 있도록 하는 특성이다.

성격 5요인과 예측하기 어려운 진로 변화에 직면했을 때 갑작스러운 진로 계획 변화 및 장벽에 대처하고 적응할 수 있는 개인의 능력 및 태도(Rottinghaus et al., 2005)인 진로적응성의 관계를 살펴보았을 때, 내적 통제성, 자아존중감, 낙관성, 주도성 등과 같은 성격 관련 변인들과 진로적응성 간의 유의미한 상관관계가 있다(Tolentino et al., 2014). 또한 성격 5요인과 대학생활적응 간의 관계를 연구한 국외 선행연구들에서는 공통적으로 신경증이 낮고 외향성과 성실성이 높을수록 대학생활적응을 잘 하는 것으로 확인되었고(Credé & Niehorster, 2012), 국내 선행 연구에서는 외향성, 신경증, 개방성 성격 요인이 대학생의 학교생활적응에 유의미한 요인으로 나타났다(권은진, 2015). 이와 같이 성격 5요인과 진로적응성 간의 관계가 유의미하고, 대학생의 대학생활적응 간의 관계도 유의미하므로, 성격이 진로 계발과 직업환경 등에서의 적응 여부에 영향을 미치는 중요한 요인이라고 볼 수 있다.

고용노동부 산하 한국고용정보원 워크넷에서는 청소년을 대상으로 한 '인성검사'를 제공하고 있다. 본 검사는 성격 5요인에 대해 측정을 하고 있으며 하위 요인은 다음과 같다. ① 외향성(친밀, 사회성, 리더십, 활동성, 자극 추구, 긍정정서), ② 호감성(신뢰, 정직, 이타, 협조, 겸손, 동정), ③ 성실성(유능감, 정돈, 규칙 준수, 성취 지향, 자제, 신중), ④ 개방성(상상, 심미, 감수성, 경험 추구, 지적 호기심, 가치), ⑤ 정서적 불안정성(불안, 분노, 우울, 자의식, 충동, 심약)이다. 한편, 대학생 이상 성인을 대상으로 한 '직업선호도 검사(L형)'에서는 개인의 흥미유형 및 성격, 생활사 특성을 측정하여 적합한 직업을 안내하고 있다. 여기에서 성격은 일상생활 속에서 나타나는 개인의 성향을 측정하고 있고, 하위 요인은 ① 외향성, ② 호감성, ③ 성실성, ④ 정서적 불안정성, ⑤ 경험에 대한 개방성이다.

2. 진로 특성: 환경적 차원

진로 계발을 위한 진로에 대한 의사결정을 하기 위해서는 개인적 차원에서 개별적 특성도 이해하고 있어야 하지만, 진로 목적을 달성하기 위해 환경이 어떠한지에 대해서도 구체적으로 인식하고 있어야 한다.

1) 진로장벽

진로장벽 연구는 1960년대에 크리테스(Crites, 1969)가 직장 적응을 어렵게 하는 요인을 '방해조건(thwarting conditions)'으로 표현하면서 시작되었다. 크리테스(1969)는 취업 이후 직장에서 직무나 직업에 적응을 어렵게 하는 조건을 연구하였다는 점에서, 취업 전 준비 과정까지 포함하는 현대적 의미의 진로장벽과 차이가 있다. 크리테스(1969)의 연구 이후에 진로장벽 연구가 지속되었고, 2000년대 이후에는 국내에서도 진로장벽에 대한 연구가 활성화되었다.

진로장벽(Career barrier)은 진로결정에 영향을 미치는 요인 중 다양한 이론적·경험적 연구대상이 되는 개념(김은영, 2001)으로 진로와 관련된 수행 과정에서 개인의 진로 결정, 목표, 동기 등에 영향을 주거나 방해하는 요인으로 볼 수 있다. 크리테스(1969)는 진로장벽을 직장에서 직장인이 적응하는 과정 중 방해되는 조건들로 기술하면서, 크게 심리적 측면과 같은 내적 장벽과 직장 및 임금 차별과 같은 외적 장벽으로 구분하였다. 런던(London, M., 1997)은 진로장벽에 대해 개인 혹은 직업 환경의 영향을 통해 구성되는 것으로 보고, 갈등, 변화, 차별, 상실감, 직업 요구 사항과 그에 따른 기대의 증가 등으로 인하여 발생한다고 주장하였다. 또한, 진로장벽은 개인마다 심리적 변인과 인지·정서 양식에 따라 다르게 지각하므로 다른 행동이 나타날 수 있다고 언급하였다. 스완슨과 위트케(Swanson & Woitke, 1997)에 따르면, 진로장벽은 개인의 내적 혹은 환경 속에서 진로발달을 어렵게 하는 조건이며, 내적·외적 장애를 모두 포함한다고 하였다.

2) 진로장벽 요인

첫째, 개인의 심리적 문제는 진로 계발을 하는 대상자의 내적 심리상태가 요인이 되는 경우이다. 예를 들어, 진로와 관련한 자신에 대한 평가와 결과로 인해 자신감이나 자기효능감이 저하되거나, 진로에 대한 불만족, 대인관계의 어려움, 자기이해 부족 등으로 인해 진로장벽이 발생하는 것이다. 또한 이러한 개인 심리적 문제는 외부의 환경이나 다양한 요소에 의해서도 영향을 받는 지각된 특성이기 때문에 다른 요인과의 연계성도 고려해야 한다(장경미, 2020).

둘째, 개인의 신체적 문제는 개인이 가진 질병이나 신체적 장애가 진로장벽으로 인식될 수 있다. 예를 들어, 질병, 신체적 열등감, 부상, 신체적 장애, 미흡한 신체조건 등은 개인의 신체적인 문제로 인식되어 진로장벽으로 인식될 수 있다(김영우, 2018).

셋째, 진로 및 직업에 대한 정보나 교육 등의 부족은 개인이 진로나 직업에서의 목표를 달성하지 못하는 데 진로장벽으로 인식된다. 이는 개인이 진로나 직업에 대한 목표 달성을 위해 필요한 정보와 역량이 부족하거나 관련 교육과 실무 경험이 부족한 것이다(Swanson & Tokar, 1991).

넷째, 사회적 편견이나 정책 등에 의해 차별을 받아서 진로 계발에 방해를 받는 경우에 진로장벽을 느낄 수 있다. 이는 성 역할에 대한 고정 관념, 연령 차별, 학력 차별, 인종 차별 등 진로나 직업에서의 목표를 성취하고자 할 때 인식되는 다양한 요인과 관련이 있다. 즉 성별, 연령별, 학력별로 차별을 받게 되는 것은 개인적 요인이지만, 이러한 차별 상황에 놓이게 되는 것은 환경적 요인으로 구분될 수 있다(Nieva & Gutek, 1981).

제2절 진로 프로그램 기획 및 개발

1. 진로 프로그램 개발의 이론적 기초

1) 진로발달이론

진로 관련 개념 및 단계를 설명한 진로발달이론은 여러 학자에 의해서 제시되었다. 그 중에서 슈퍼(Super, 1957)의 진로발달이론은 선행연구들이 제시하고 있는 진로발달에 대한 개념들을 타당하게 설명하고 있기 때문에, 여러 진로발달이론 중에서 가장 영향력이 있고 포괄적인 이론 중 하나로 진로 교육 현장에서 가장 많이 적용되고 있다. 이것은 진로발달의 단계별 과업을 제시하면서, 진로발달을 촉진시키는 다양한 진로 교육 프로그램 개발에 크게 기여하였다.

슈퍼(Super, 1957)의 진로발달이론에서 진로선택의 단계는 ① 성장단계(출생~14세), ② 탐색단계(15~24세), ③ 확립단계(25~44세), ④ 유지단계(45~65세), ⑤ 은퇴단계(65세 이상)로 5단계로 거쳐 이뤄진다. 첫째, 성장단계는 출생~14세에 해당하는 시기로, 욕구와 환상이 지배적이며 사회참여와 현실 검증력이 증가함에 따라 점차 흥미와 능력을 중요시한다. 둘째, 탐색단계는 15~24세에 해당하는 시기로, 이 시기에 개인은 학교와 여가 그리고 파트타임 일과 같은 활동을 통해 자아를 확인하고 진로탐색을 수행한다. 셋째, 확립단계는 25~44세에 해당하는 시기로, 이 시기에는 자신에게 적합한 분야를 발견하여 일을 하여 생활을 유지해나가려고 노력한다. 넷째, 유지단계는 45~65세이며, 일과 생활 속에서 안정적인 것에 만족하며 살아간다. 다섯째, 은퇴단계는 65세 이상에 해당하는 시기로, 은퇴 단계 이전에 가지고 있었던 직업으로부터 은퇴하고 일상과 직업 분야에서 다른 새로운 역할과 활동을 탐색한다.

슈퍼(Super, 1990)는 진로발달이론의 기저를 이루고 있는 핵심 개념은 자아개념이라고 하였고, 진로발달은 진로에 관한 자아개념의 발달이라고 보았다. 즉,

자아개념이 전 생애를 통해 각 진로 발달 단계에서 중요한 역할을 하게 되어 진로 발달의 중요한 척도가 될 수 있다는 의미이다. 또한 슈퍼는 진로의 결정에 있어서 영향을 주는 개인적 요인 및 환경적 요인으로 구분하였고, 이 요인들이 상호작용하여 결국 진로발달에 영향을 미친다고 하였다. 개인적 요인은 자신의 흥미, 성격, 가치, 적성, 욕구 등으로 자신을 어떻게 지각하는지에 관한 것이고, 환경적 요인은 가정, 학교, 또래집단, 지역사회 등으로 제시하였다.

2) 직업선택이론

홀랜드(Holland, 1985)의 직업선택이론은 개인의 행동양식 결정은 성격과 환경 간의 상호작용에 이루어지고, 자신의 성격 유형을 나타낼 수 있는 진로와 직업을 선택한다는 것이다. 즉, 개인의 진로 선택은 성격의 유형별 특징과 관련된 직업을 선택하게 되고, 이에 따라 개인은 직업 환경에 잘 적응하게 되면서 직업에 대한 만족도도 높아질 것이다. 이는 네 가지의 가정에 근거하여 마련된 이론을 설명하고 있다. 다음은 홀랜드의 직업선택이론의 가정 네 가지를 일컫는다.

첫째, 인간은 현실형(Realistic), 탐구형(Investigative), 예술형(Artistic), 사회형(Social), 진취형(Enterprising), 관습형 (Conventional) 중 한 가지의 유형으로 분류될 수 있다. 이는 6개의 유형의 첫 글자를 따서 RIASEC이라고 하며, 각 유형은 부모로부터 물려받은 유전, 환경, 계층, 문화 등을 포함한 개인적인 요인과 다양한 문화와의 상호작용에 의한 결과로 나타난다.

둘째, 비슷한 성격 유형을 가진 인간은 그들끼리 정보나 정서, 감정 등을 공유하기 쉽고, 그들이 속하는 환경도 성격유형에 따라 좌우된다.

셋째, 인간은 자신의 능력을 발휘할 수 있고 가치관과 신념, 태도 등을 표현할 수 있는 환경을 찾으며, 자신에게 적절한 역할과 이를 수행할 수 있는 환경을 선호한다.

넷째, 개인의 행동은 개인의 성격과 환경 간의 상호작용에 의해 결정된다. 이에 따라 개인의 성격과 직업 환경에 대한 지식과 정보는 각 개인의 진로 선택, 직업 성취, 개인의 능력 등에 대한 결과를 예측할 수 있게 한다.

2. 교수설계: ADDIE 모형

1) 교수설계의 기초

일련의 연속적인 교수설계(Instructional Design)는 전문적이고 명확한 수준을 고려한다면 수업의 효과를 증진시킬 수 있는 최적의 교수법이자 체계적인 절차이다(Smith & Ragan, 2005). 즉, 교수설계는 체계적인 기반과 교수학습의 원리를 적용하여 학습자로 하여금 수업의 전 과정을 체계적으로 이해하고 문제를 해결하기 위해 현재 상태와 바람직한 상태 간의 차이를 파악하여 최상의 해결책을 도출하기 위한 것이다. 교수설계는 교수설계의 절차를 실행하는 데 있어서 각 단계의 지식이나 기술을 파악할 수 있도록 교수설계의 과정을 시각화한 것이다. 교수설계모형의 대표적인 모형은 ADDIE 모형과 딕과 캐리(Dick & Carey) 모형, 켐프(Kemp) 모형 등이 있는데, 본 장에서는 가장 일반적으로 적용되는 ADDIE를 다루고자 한다.

교수에 대한 접근은 '산출물' 중심에서 시작하였으나 점차적으로 '과정' 중심으로 변화하였다. 이는 수업의 전체 과정을 이해하고 개선하는 것을 목적으로 하며, 교수자, 학습자, 교수학습자료 및 학습 환경 등 다양한 구성요소 간의 상호작용을 통해 학습자가 의도한 목표를 최대한도로 성취할 수 있도록 수업의 전 과정을 투입, 과정, 산출의 순환적 과정으로 구성한다(Dick, Carey & Carey, 2009). 이러한 수업을 설계한다는 것은 수업의 목적과 목표를 설정하고, 수업을 통하여 전달되어야 할 과제의 내용과 그 수업에 참여할 교수자와 학습자에 대해 분석한다. 또한, 이들의 요구를 분석하여 최적의 교수매체와 수업 과정을 고안하여 어떤 방법을 활용하여 수업의 효과를 확인할 것인가를 탐색하는 전문적인 활동을 포함한다.

2) 교수설계 모형: ADDIE

교수설계모형으로서 ADDIE는 일련의 연속적인 단계로서 ADDIE 분석, 설계, 개발, 실행 및 평가의 최소 다섯 가지 기본 단계 또는 구성요소가 포함되어야 한다. 이는 5개의 영어 단어의 첫 글자를 결합하여 ADDIE 모형을 구성하고 있으며, 효율적이고 효과적인 교수 체제를 구안하기 위한 과정 및 절차를 도식화하여 나타낸 것이다. 이를 통해 실제 진로 프로그램을 어떻게 계획하고 관리하며, 관련 전문가나 집단 그리고 이해 관계자들과의 협업을 통해 진로 프로그램을 구안하고 실행하는 것 등에 대한 의사결정에 도움을 줄 수 있다(정재삼 외, 2012).

ADDIE 모형은 분석(Analysis), 설계(Design), 개발(Development), 실행(Implementation), 평가(Evaluation)의 다섯 가지 요소로 구성되어 있다. ADDIE 교수설계모형은 체계적 교수설계모형의 가장 기본적이고 광범위하게 사용되는 교수설계모형으로서, 이는 반드시 아무것도 없는 처음에서 시작되는 것이 아니라 수정하는 경우에서와 같이 특정 단계에서도 시작할 수 있기 때문이다(강명희 외, 2017).

다음 그림 7-2는 ADDIE 모형의 절차 및 내용이다.

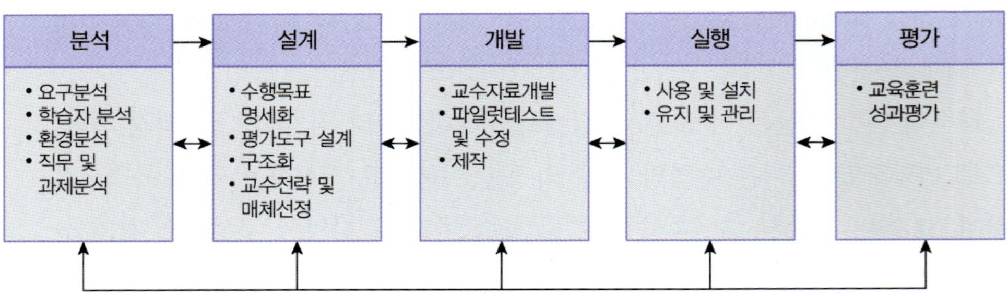

그림 7-2 ADDIE 모형의 절차 및 내용

출처: 강명희 외(2017).

1단계 – 분석(Analysis): 교수 설계의 가장 초기 단계로서, 교수를 통해 진로와 관련하여 해결해야 할 문제를 분석하고, 문제를 해결하기 위한 목표와 계획을 조직적으로 결정하는 단계이다. 이는 학습자 분석, 요구 분석, 환경분석, 과제 분석이 이루어진다. 즉, 학습자에 대한 수준, 특성, 성향 등 파악을 하면서 학습자 분석을 하고, 그들이 기대하는 것 등에 대해 요구 분석을 한다. 환경분석을 통해 교육 현장에서 실제적으로 사용할 수 있는 실제적인 학습 공간과 물적 자원 등을 분석한다. 또한 무엇을 학습해야 하는지를 결정하는 과제 분석을 기초로 일관성 있게 진행할 수 있도록 한다.

2단계 – 설계(Design): 1단계의 분석 결과를 바탕으로 진로 관련 역량을 계발하기 위한 전체 교수 목표를 관찰 가능하고 측정 가능한 수행 목표로 구성하여,

교수 내용 단위, 각 단위에 필요한 시간 및 교육 순서를 결정하도록 한다. 또한 수행 목표가 제대로 이루어지는지를 측정하기 위한 평가도구를 선정하고, 학습자를 위해 효과적인 프로그램이 되도록 계열화하여, 어떻게 가르칠 것인지에 대한 교수 전략을 수립한다. 그리고 학습자를 위한 진로 관련 학습 활동을 촉진할 수 있는 적절한 교수 매체를 선정한다.

3단계 – 개발(Development): 분석과 설계 단계에서 결정된 학습목표와 내용을 성취하기 위해 학습 자료를 실제로 개발하고 제작하는 단계이다. 이것은 수업 장면에서 직접 활용할 수 있는 구체적인 결과물을 만들어내면서 수정사항이 있는 경우에는 진로 프로그램을 수정하고 최종 산출물인 진로 프로그램을 개발하게 된다.

4단계 – 실행(Implementation): 완성된 교수 프로그램이나 자료를 실제 진로 교육 현장에 적용하는 단계이다. 이 단계에서는 수행 목표의 달성을 위한 체계적인 프로그램이나 수업 운영이 중요하다. 또한 프로그램이나 수업이 원활하게 실행될 수 있도록 교육 시설, 기자재, 인적 자원 등 필요한 지원 체제도 포함하여 실행이 효과적으로 이루어질 수 있도록 해야 한다.

5단계 – 평가(Evaluation): 평가는 교수설계로 의도한 수행 목표가 충분히 성취되었는지의 여부를 확인하는 과정으로, 교육성과에 대한 평가가 이루어지는 단계이다. 교육의 전체 과정이나 활동에서 적절성, 효율성, 효과성, 타당성을 확보하기 위해 보다 개선된 교육과정을 차후에 설계하기 위해 판단을 내리게 된다. 주로 교수 자료, 교재, 프로그램에 대한 평가가 이루어지며, 학습자의 학업 성취도 및 교수 성취도에 대한 평가도 포함된다. 이를 통해 진로 프로그램이나 수업이 계속 진행될 수 있는지의 여부와 문제점 등을 파악하고 수정사항 등을 체크할 수 있도록 한다.

3. 진로 프로그램 개발 원리 및 내용

1) 개발 원리

진로 프로그램 개발 원리는 특정 활동을 위한 목적, 목표, 구체적 내용, 활동 구성 원리, 대상자, 과정, 절차, 활용 매체, 시기 등의 다양한 요소를 포함하고 있다. 그런데 이것은 다양한 교육 현장에서 개발되어 활용되기 때문에, 이러한 요소들이 달라질 수 있으나, 이러한 개발 원리는 학습자를 대상으로 학습체제인 개인, 조직 및 지역사회 등이 다양한 교육적 경험을 통해 일정한 변화를 일으킬 수 있도록 하면서 체계화된 교육을 만들어나갈 수 있도록 한다. 이는 거시적 관점에서의 진로 프로그램은 학습자를 위해서 교육기관에서 제공하는 모든 형태의 학습활동을 의미하고, 미시적 관점에서의 진로 프로그램은 특정 진로와 관련된 내용을 학습하기 위한 개별 학습 과정의 설계하고 개발하는 것이다.

진로 관련 이론 중에서 대표적인 슈퍼(1957)의 진로 이론에서는 진로선택 시 흥미와 관심의 중요성은 강조하면서, 진로발달에 대해 아동기부터 성인 초기까지로 제한하지 않고, 전 생애에 걸쳐서 이루어지고 있는 것으로 보면서, 진로 관련 프로그램을 구안할 때 개발 원리로 적용해야 함을 제안하였다. 이는 기존의 이론과는 차별화된 내용으로서, 총 5단계로 구분되어 있다. 슈퍼는 각 단계별로 발달과업을 성공적으로 수행하면 발달 단계 내에서 주어진 역할을 생애역할을 잘 해낼 수 있다고 하였다. 이에 대한 내용은 다음 그림 7-3에 제시하였다.

단계	연령	시기	세부 시기
1	0~14세	성장기	환상기(4~10세)
			흥미기(11~12세)
			능력기(13~14세)
2	15~24세	탐색기	잠정기(15~17세)
			전환기(18~21세)
			시행기(22~24세)
3	25~44세	확립기	시행기(25~30세)
			안정기(31~44세)
4	45~64세	유지기	구분 없음
5	65세 이후	쇠퇴기	구분 없음

그림 7-3 **슈퍼의 진로 발달 단계**

출처: Super(1957).

위와 같은 발달 단계를 통해 차근차근히 다음 단계에 대한 준비를 효과적으로 할 수 있게 되고, 다음과 같은 세 가지의 과업을 이루게 된다(Swanson & Fouad, 2020). 첫째, 호기심에서부터 시작하여 자신과 직업에 대한 정보를 기초로 하여 자신의 흥미, 관심, 가치관, 계획 등을 인식하여 일반적인 진로 목표를 형성하는 과업인 '결정화'의 단계이다. 둘째, 결정화를 통해 점차적으로 나타나게 된 몇 가지 선호 직업 중에서 특정한 직업 선호를 '구체화'하는 단계이다. 셋째, 특정 진로와 직업을 위한 노력을 기울이기 위해 교육 훈련을 받거나 본격적인 취업 준비 등의 노력을 기울이는 '실행' 단계이다. 이와 같은 진로 발달 단계와 발달과업에 따라 진로 프로그램이 개발될 수 있으나, 이러한 원리는 절대적인 것은 아니고, 개인의 진로 발달에 따라 차이가 있을 수 있으므로, 진로 프로그램을 개발 시 이를 고려해야 한다. 특히 대학생 시기는 슈퍼(Super, 1990)의 진로 발달 단계상에서 탐색기부터 확립기에 걸쳐져 있는데, 이 시기에 자신에게 적합한 진로와 직업 분야를 발견할 수 있다. 이에 따라 슈퍼의 진로 발달 단계의 이론에 따라 진로 프로그램이 개발된다면, 대학생 시기에 진로를 선택하여 좀 더 발전적이고 안정적인 분야에서의 지위를 얻기 위해 효과적으로 노력하여 대학 졸업 이후의 시기를 준비할 수 있게 된다.

2) 개발 내용

진로 프로그램은 대부분 진로탐색, 진로결정, 진로결정자기효능감, 진로적응성 등의 요인을 계발시키기 위한 내용으로 구성되어 있다. 그 중에서 진로 탐색에 관한 내용이 가장 많고, 이러한 진로 탐색은 자기이해 및 직업 탐색, 직업과 일의 세계에 대한 이해, 흥미, 적성, 성격, 가치관 등의 내용으로 구성되어 있다. 특히 진로적응성(career adaptability)은 미래의 예측 가능한 상황을 준비하는 것뿐만 아니라 진로와 직업환경의 변화로 인해 발생한 예측 불가능한 상황에 적응할 수 있는 대처능력을 의미한다(Savickas, 1997). 이러한 진로적응성은 4차 산업혁명과 인공지능이 더욱 확산되어 새롭고 불확실한 변화 상황에서 문제를 해결하고 대처해나갈 수 있는 심리적 자원으로서, 최근에 더욱 강조되고 있다. 즉, 자신의 진로에 잘 적응하면 할수록 자신이 선택한 전공이나 진로에 만족하면서 주어진 과업을 원만하고 효과적으로 수행해나갈 수 있기 때문이다. 따라서 변화하는 진로 환경에 적극적이고 유연하게 대처하기 위해 대학은 대학생의 진로적응성을 증진시킬 수 있는 방안을 구안할 필요가 있고, 다음과 같이 두 가지의 연구에서 대학생의 진로 계발 측면에서 진로적응성 향상을 위한 프로그램이 개발된 사례를 제시하고자 한다.

손영민(2016)은 Meaning-Making 기반 진로교육프로그램이 대학생의 진로적응성에 미치는 효과에 관해 연구를 진행하였다. 이 연구는 대학생들에게 자신의 적성과 흥미, 희망과 동기, 진로에 대해 진지하고 체계적으로 탐색하여 삶의 의미를 명료하게 확립할 수 있도록 기회를 제공하고, 특히 학생들이 구성하는 성장 스토리를 통해 학생들 개개인을 이해할 수 있도록 하여 진로적응성을 향상시킬 수 있었다. 최규하(2016)는 대학생의 진로적응성 향상을 위한 프로그램을 개발하였는데, ADDIE 모형을 참고하여 진로적응성의 구성요소인 관심, 통제, 호기심, 자신감 향상을 이론적 근거로 개발되었다. 특히 자기주도학습을 포함하여 진로적응성 향상 프로그램을 실시한 집단과 그렇지 않은 집단을 비교하였는데, 자기주도학습을 포함한 프로그램이 대학생의 진로적응성을 향상시키는 데 효과적이었다. 이와 같은 연구를 고려하여 볼 때, 진로 프로그램을 개발하는 경우에는 학습자가 진로 프로그램에 참여하여 진로 관련 지식과 정보를 습득하는 등의 인지적 변화를 경험하는 것뿐만 아니라 스스로의 진로 계발에 책임감을 가지고 자기주도적으로 진로 관련 역량을 향상시킬 수 있도록 하는 내용으로 개발하는 것이 중요하다.

제3절 진로 프로그램 적용

1. 진로 프로그램 실행

1) 예비 진로 프로그램 실행

예비 진로 프로그램 실행은 최종적으로 진로 프로그램으로 확정되기 전에, 미리 시험적으로 실행을 해보면서 프로그램의 문제점을 발견하고 수정 및 보완하여 더 효과적이고 타당한 프로그램으로 개발할 수 있다. 예를 들어, 대학생을 위한 진로 프로그램을 실행하기 전에 예비 진로 프로그램을 실행하여 참여한 대학생으로부터 회기별 평가서 및 전체 평가서를 수집하고, 소감을 프로그램 수정 및 보완에 반영한다. 또한 사전 및 사후 검사를 실시하여 얻은 자료를 통해 진로 프로그램의 실시방법, 개입 전략, 목표 달성 정도 등에 대해 예비적으로 검증하여 본 진로 프로그램을 실행하기 전에 완성도를 높일 수 있다.

2) 본 진로 프로그램 실행

본 진로 프로그램 실행은 개발된 교수-학습을 위한 지도안으로 교수자가 학습자를 가르치기도 하고 프로젝트 등의 관련 활동을 할 수 있도록 한다. 교수-학습은 교사와 학생이 다양한 기술과 방법으로 상호작용하여 목표하는 성과를 성취할 수 있도록 하는 것이다. 이는 전통적인 교수-학습에서 강조하는 개인차를 고려하여 개별화 학습이나 팀별 활동을 할 수 있도록 하여 학습자 스스로 진로 관련 문제를 해결하는 소집단 학습 또는 1명의 교수자가 다수의 학습자를 가르치는 대집단 수업을 의미하는 것이다. 최근에는 다양한 교육 현장의 문제점을 해결하기 위해 문제중심학습(Problem Based Learning, PBL), 프로젝트 기반 학습(Project Based Learning, PBL), 플립드 러닝(Flipped Learning), 액션러닝(Action Learning) 등 새로운 교수-학습 방법을 활용하여 진로 프로그램을 실행할 수 있다.

수업을 실행하는 단계는 다음과 같다. 즉, 진로와 관련된 프로그램에 참여하여 성취하여야 하는 목표를 제시하고, 간단한 질문이나 퀴즈를 통해 학습자의 진로 계발을 위한 특성과 성향을 파악한다. 그리고 학습자의 수준과 발달 단계에 적절한 교수법을 선택하여 필요한 매체와 교수-학습 자료를 준비한다. 이는 학습자가 적극적으로 흥미를 가지고 참여할 수 있도록 질문과 피드백을 제공한다.

2. 진로 프로그램 평가 및 관리

1) 진로 프로그램 평가

진로 프로그램을 평가하는 과정에서는 진로 프로그램을 진행하고 난 후에 이를 검토하여 수정하거나 보완하는 것이다. 이를 통해 부족하거나 미흡하게 수행된 교수-학습 활동이 반복되지 않고 개선시킬 수가 있다. 이를 위해 진로 프로그램이나 수업에 대해 정보를 수집하고, 이를 분석하여 문제점이 있는지의 여부를 확인하고 진로 프로그램의 질 관리에 대한 개선점을 도출한다.

한편, 평가 단계에서는 진로 관련 역량의 향상 효과를 검증하기 위해, 진로 프로그램을 적용한 실험집단과 진로 프로그램을 적용하지 않은 통제 집단을 대상으로 사전 및 사후 검사를 실시하여, 목표로 하는 역량의 향상 효과를 확인한다. 사전 및 사후 검사에 따른 통계적 검증의 한계를 보완하기 위해 질적 자료를 추가하여 학습자의 보고서, 인터뷰 등의 결과를 분석하여 평가할 수 있다.

2) 진로 프로그램 관리

진로 프로그램을 실시하고 결과를 검증하고 평가하여 개선해야 한다. 그리고 이를 통해 확정된 진로 프로그램이라고 하더라도 반복적인 실시를 통한 결과를 즉각적으로 반영하고 수정 및 보완하여 진로 프로그램을 지속적으로 관리해야 한다. 즉, 예비 진로 프로그램을 실시하여 이에 참여한 대상자의 피드백을 통해 진로 프로그램을 수정 및 보완하고, 이러한 과정을 거쳐 만들어진 진로 프로그램은 진로 관련 이론적 근거를 기반으로 체계적으로 구안된 것으로 볼 수 있다. 이와 같이 진로 프로그램을 개발하고 실행과 평가를 거쳐 만들어지는 과정은 순환적 체계이므로, 지속적으로 관리를 통해 더욱더 발전되고 타당한 진로 프로그램이 구안될 수 있는 것이다.

연구문제

1. 진로 프로그램을 구안하기 위해 개인적 차원과 환경적 차원에서의 특성을 살펴보아야 하는 이유에 대해 토의해 봅시다. 그리고 자신을 스스로 탐색해보면서 개인적 차원과 환경적 차원에서의 특성이 무엇인지 확인해봅시다.

2. 진로 프로그램의 기본이 되는 이론에 대해 다시 상기시켜봅시다. 그리고 이를 바탕으로 ADDIE 모형에 적용시켜서 진로 프로그램을 기획하고 개발하여 봅시다.

3. 진로 프로그램을 평가하고 관리해야 하는 이유에 대해 생각해 보고, 그 내용에 대해 공유해봅시다. 그리고 실제 개발했던 진로 프로그램에 대해 평가 및 관리 차원에서 어떻게 해야 하는지에 대해 토의해봅시다.

CHAPTER 08

진로 검사 활용 및 실제

제1절 심리검사의 기초

제2절 진로 검사의 이해

제3절 진로 계발을 위한 코칭

학습목표

본 장에서는 미래 사회를 주도해나갈 학습자들을 위한 심리검사에 대한 기초적인 지식을 습득하여, 진로 관련 검사의 개념과 특성을 이해할 수 있도록 하였다. 또한 실제 교육 현장에서 진로 계발을 위한 코칭을 이해하기 위해 코칭의 개념과 특성 그리고 실제 활용에 대해 제시하였다. 이를 통해 독자들은 다양한 진로 관련 검사를 활용할 수 있고, 진로 코칭을 다양하게 활용할 수 있는 방향에 대해 이해할 수 있다.

제1절 심리검사의 기초

1. 심리검사의 개념

1) 심리검사의 의미

적성, 지능, 성격, 흥미, 가치관 등 인간의 심리적 특성을 파악하기 위해 다양한 측정도구나 검사도구를 활용하여 양적·질적으로 측정하고 평가하는 일련의 절차가 바로 심리검사(psychological test)이다. 이것은 교육과 상담, 코칭 현장에서 반드시 사용해야 하는 것은 아니지만, 진로와 적성 관련 심리검사를 적절한 목적을 가지고 활용한다면, 신뢰롭고 타당한 방법으로 대상자의 관련 특성을 이해할 수 있다. 이러한 심리검사를 교사, 상담자, 코칭 전문가 등을 위해 대상자의 문제를 이해하고 그 문제를 해결할 수 있도록 해준다.

심리검사는 라틴어의 테스툼(testum)에서 기인하고, 금속을 정련하는 일련의 과정이라고 볼 수 있다. 카텔(Cattell, 1890)이 인간의 정신능력도 측정할 수 있다는 논문을 발표하면서 처음으로 정신검사(mental test)라는 용어를 사용하였다. 그 이후에 인간의 심리 및 정신적인 능력이나 행동이나 수행의 경향성을 검사하기 위해 질문이나 과제를 일관성 있는 양식으로 제시한 체계적 절차 또는 도구를 일컫게 되었다(김영환, 문수백, 홍상황, 2005).

2) 심리검사와 유사한 용어

심리검사가 다양한 용어로 쓰일 수 있기 때문에 학자와 연구자들이 내린 심리검사에 대한 정의도 약간 다르다(Gronlund, 1981).

첫째, 평가(evaluation)는 검사 결과를 사전에 제시된 기준에 기반하여 결과를 판단하는 것이다. 둘째, 사정(assessment)은 개인이 가지고 있는 특성이나 성향 등에 대해 체크리스트, 면담이나 관찰 등의 자료를 이용하여 객관적으로 예측하는 것이다. 셋째, 진단(diagnosis)은 의학적인 원인이나 치료 후의 상황 등을 예측하는 것이다.

2. 심리검사의 특성

1) 심리검사의 목적

심리검사와 이에 대한 측정은 심리적 속성에 수치를 부여하는 원리와 과정 등을 연구하는 분야이다. 이것은 어떤 사람이 특정 진로에 있어서 적절한 적성과 역량을 가지고 있는가? 그 특성은 어떤 점에서 다르고, 그 차이는 신뢰롭고 타당한 검사 결과로 나타난 것인가? 그 결과를 어떻게 해석해야 하는가? 등에 대해 대답을 하기 위한 것이다.

2) 진로 및 적성 관련 심리검사의 목적

진로교육에서 상담이나 코칭 등의 현장에서 관련 심리검사를 사용하는 목적은 다양하다. 그러므로 검사를 실시하는 주체는 어떤 종류의 검사를 어떤 목적을 위해 사용할 것인지에 검토한 후에 활용하는 것이 적절하다. 다음은 진로 및 적성 관련 심리검사를 활용하는 목적에 대한 내용이다(Barrett, 2009).

첫째, 학습자의 진로 관련 역량, 적성, 흥미, 가치관 등의 수준과 정도가 어떠한지에 대해 확인하여 학습자가 스스로 자신을 이해하고, 자신의 주요한 특성을 규준과 비교하여 상대적인 수준과 위치를 확인할 수 있다. 그리고 검사자는 학습자에 대한 다양한 측면을 이해하고 이를 활용하여 진로와 적성의 수준을 파악하고 학습자 개인의 선택에 따라 적절한 도움을 줄 수 있다.

둘째, 학습자가 진로교육을 받거나 상담 및 코칭 등의 진행 후에, 그 결과와 성과를 확인할 때 심리검사가 활용된다. 즉, 진로교육에서 자신의 정체성과 꿈을 발견하고 구체화하며, 관련 학습에 충실하면서 비전 수립, 자기이해 및 탐색, 적성 및 직업 탐색, 경험과 경력을 쌓는 것이 필요하고, 이를 통해 성취된 바를 객관화하여 확인할 때 심리검사 결과가 사용되는 것이다. 심리검사 결과를 통해 학습자의 성취에 있어서 긍정적인 변화는 진로교육이나 상담, 코칭 등의 프로그램이 유의미한 효과가 있다는 것을 의미하는 것이다.

셋째, 학습자가 자신에게 적절한 진로를 선택하고 이를 결정하여 준비할 때 문제가 되거나 방해하는 요인을 확인할 수 있다. 즉, 개인의 진로 발달을 어렵게 만드는 개인 내적 관계 또는 환경적인 사건이나 조건이 바로 진로장벽(career barrier)인데, 이것은 진로 계발, 취업, 진학, 직업생활, 승진 등에 있어서 진로 목표나 동기에 부정적인 영향을 미친다. 이는 두 가지로 구분되는데, 내적 장벽은 개인의 심리적 측면의 장벽이고, 외적 장벽은 주로 환경에서 오는 장벽이다. 이러한 상황에서 진로장벽을 개인이 어떻게 지각하느냐에 따라 이를 극복할 수 있는데, 이를 진로 관련 심리검사를 통해 발견하지 못한다면 비합리적인 신념, 왜곡된 정보처리 등으로 심리적 무력감이나 자존감 저하를 느낄 수 있다. 그러므로 심리검사를 통해 방해 요인을 확인하고 긍정적인 변화를 가져올 수 있는 근거를 마련해야 할 것이다.

3) 심리검사의 장점

이와 같이 심리검사의 목적을 달성하기 위해 다양한 심리검사가 진행되는데, 이러한 심리검사를 실시할 때의 장점을 열거하면 다음과 같다(Miller & Lovler, 2019).

첫째, 주관적인 가치 판단이 아니라 신뢰성과 타당성이 보장된 검증을 할 수 있다. 즉, 심리검사는 검사를 하는 주체가 피검사자에 대한 특성과 정보 등을 확인할 수 있고 지원해야 할 도움의 요인을 도출하거나 개인차를 이해할 수 있도록 해준다. 또한 피검사자도 자신을 더 잘 이해하고 진로와 적성을 파악하여 자기이해를 위해 필요한 정보를 활용하여 확신을 가지고 미래를 계획할 수 있다.

둘째, 특성이나 속성 등을 양적으로 표현하여, 다양한 정보와 수치를 객관적으로 파악하여 활용될 수 있다. 즉, 피검사자의 특성이나 속성 등에 대한 양적 수치를 확인하여 과학적인 연구의 목적으로 이용되는 것이다. 예를 들어, 진로 관련 검사 결과가 대학 졸업 후 직업을 선택하는 데 있어서 미치는 영향을 밝힐 목적으로 관련 심리검사를 실시하여 통계적으로 검증한 결과로 검사자가 해석하여 진로 목적에 맞게 도움을 제공할 수 있다.

셋째, 특성과 관계 등의 양상을 관찰하여 통계적으로 분석하여 정확하게 기술할 수 있도록 한다. 즉, 구체적이고 정확한 양적 수치와 점수는 피검사자가 속한 집단에서의 상대적 위치를 알려주거나, 특정 수준에 도달하지 못했음을 파악할 수 있다.

넷째, 진로 및 적성 관련 심리검사의 경우에는 학습자나 대상자의 성격이나 적응 양식 등을 파악하여 적절하고 중요한 도움을 제공하거나 환경을 구성하는 데 도움이 될 수 있다. 이와 같은 강점으로 인해, 각종 진로 및 적성 검사, 흥미 검사와 같은 심리검사를 활용하여 대학, 기업, 기관 등 다양한 현장에서 선발이나 배치를 위해 활용되고 있다.

3. 심리검사의 실제

심리검사의 시행은 검사자와 피검사자 간의 상호관계, 피검사자의 신체적, 심리적인 상태, 심리검사 동기, 성별, 나이, 인종, 성격, 태도 등이 검사 결과에 영향을 미칠 수 있다. 이에 따라, 신뢰롭고 타당한 결과가 도출되기 위해서 검사자와 피검사자 간의 적절한 관계를 형성하고 피검사자가 편안한 마음으로 검사에 응할 수 있도록 해야 하는 등의 환경이 마련되어야 한다(Robert, 2017).

특히 진로 관련 심리검사를 시행하면 좋은 경우는 다음과 같다. 학습자들이 자신의 적성, 흥미, 역량, 가치관 등에 대해 구체적으로 이해하지 못하고 있거나, 자신의 특성이나 성향 등에 대해 표현의 어려움이 있어서 진로를 결정이나 준비에 고민이 많은 경우, 그리고 학습자가 세부적인 자기 이해를 통해 특정 기준으로 유형화하거나 구분하여 진로교육, 상담 및 코칭 등을 받고자 하는 경우에 진로 관련 심리검사가 긍정적으로 활용될 수 있다. 이를 바탕으로 학습자는 진로를 준비하고 계발할 수 있는 동기와 참여도를 향상시킬 수 있다.

1) 관계 형성

심리검사에서는 검사자와 피검사자 간의 적절한 관계 형성, 즉 라포(rapport) 형성이 필요하다. 라포는 공감대, 상호 신뢰 관계 등을 형성하는 것으로 정의 내릴 수 있다. 서로가 대화를 주고받거나 다양한 행동, 눈빛 등을 통해 자연스럽게 관계가 형성되고 효과적으로 상호 교류할 수 있도록 몇 가지 기술을 갖추고 있어야 한다.

라포 형성에 있어서 중요한 요인은 의사소통인데, 언어적 의사소통 및 비언어적 의사소통 모두 강조되어야 한다. 검사자와 피검사자가 서로 이야기하면서 자연스럽게 관계를 유지하는 언어적 의사소통을 해야 하고, 서로의 행동이 상대방의 생각과 감정을 반영하여 속도를 조절하면서 어조, 호흡 등을 맞추는 페이싱(pacing)과 특정 동작이나 행동, 표정 등을 따라 하는 미러링(mirroring) 등을 통해 비언어적 의사소통도 함께해야 피검사자의 마음이 편안해질 것이다.

2) 피검사자를 위한 심리검사 실시

심리검사에서는 검사자와 피검사자의 특성이 검사에 영향을 미칠 수 있다. 검사자는 성별, 나이, 성격, 인종, 태도, 검사 전에 피검사자와 아는 사이였는지의 여부 등이 검사 과정이나 결과에 영향을 미칠 수 있다. 또한 피검자사가 검사 문항이나 용어, 질문을 잘 이해하지 못해서 설명하는 과정에서 표준화된 절차를 벗어날 수도 있으므로, 표준화된 응답을 준비하고 상황별 융통성 있게 대처해야 한다. 그리고 만약 돌발 상황이 생긴다면 반드시 기록하고 검사 결과를 해석할 때 참고해야 한다. 한편, 피검사자는 심리검사를 할 때의 기분이나 분위기에 좌우되어 긴장하거나 불안할 수 있고 지나친 기대 또는 저항을 할 수도 있으므로 피검사자를 충분히 이해하면서 신뢰롭고 타당한 결과를 얻기 위해서 검사자는 심리검사의 목적, 내용, 한계 및 유의사항 등에 대해 설명하면서 피검사자를 격려하고 동기를 부여해야 한다.

심리검사를 실시할 때 검사실의 환경과 분위기도 중요하다. 지나친 소음이나 자극이 없어야 하며, 적절한 채광과 통풍이 되도록 하고, 조용한 공간에서 심리검사가 실시될 수 있도록 해야 한다. 또한 심리검사를 실시하는 시간도 피검사자의 상황을 고려하여 시간 조율을 해야 하며, 피검사자가 피곤하거나 지나친 정서적 반응을 촉발시킬 수 있는 분위기가 조성되지 않도록 해야 한다.

3) 심리검사의 윤리

학습자를 위한 진로 관련 심리검사를 시행할 때, 다음과 같은 윤리를 지켜야 한다.

첫째, 개인이 심리검사를 받기 전에 그 검사의 목적, 내용, 결과의 사용, 결과를 소유하고 공유할 수 있는 사람 등에 대해 동의를 받아야 한다.

둘째, 검사자는 피검사자의 검사 결과에 대해 비밀을 보장해야 한다. 특히 검사의 내용이나 결과 그리고 심리검사 결과 자료를 해석하는 과정에 있어서도 동의 없이 다른 사람들에게 공유되어서는 안 된다.

셋째, 인종이나 문화가 다른 사람이 피검사자라면, 인종이나 문화 그리고 환경적인 요인 등을 고려하여 결과에 대한 해석을 해야 한다.

4) 심리검사 활용

진로교육에서 진로 관련 심리검사를 실시하고 활용하는 경우에 전문적이고 체계적인 과정으로 진행되어야 한다(Hoffman, 2001).

첫째, 다양한 심리검사 중에서 어떤 검사가 학습자의 진로 계발에 도움이 될지의 여부에 대해 확인하고 적절한 심리검사가 활용되어야 한다. 이때 가장 중요시되어야 할 점은 진로 관련 심리검사의 목적을 살펴보고, 구체적이고 명확한 목적이 있는 경우에 기반하여 심리검사가 선정되어야 한다. 이때 해당 검사가 학습자를 이해하기 위해 유용하게 활용될 것인지, 심리검사가 학습자의 해당 역량이나 측면을 검사하기에 적절한 것인지, 신뢰도와 타당도가 확보되어 있는 검사인지 등에 대해 확인해야 한다.

둘째, 진로 관련 검사를 해석할 때 주의해서 활용되어야 한다. 특히 진로 관련 심리검사를 진행하고 결과를 받은 학습자들은 높은 점수를 무조건 좋은 것으로 받아들이고, 낮은 점수를 받은 영역에 대해서는 자신감이 저하되거나 실패할 것으로 왜곡하여 예측할 수 있다. 그러므로 낮은 점수를 받은 영역에 대해 억지로 긍정적으로 보도록 하는 것이 아니라, 낮은 점수가 나온 영역이 무엇을 의미하는지에 대해 정확하게 해석할 수 있도록 해야 한다. 특히 낮은 점수가 나온 경우에는 학습자가 심리검사를 할 때 우울하거나 불안한 경우가 있을 수도 있고, 문항을 잘못 이해한 경우나 소음이 있어서 집중하지 못했을 수도 있기 때문에, 학습자의 심리적 및 환경적 요인을 확인하고 해석 및 설명을 해야 한다.

셋째, 학습자가 선호하는 진로나 적성 또는 직업으로 심리검사 결과가 나오지 않을 때, 학습자에게 불일치의 내용을 구체적으로 설명해야 한다. 즉, 학습자가 원하는 진로 분야로 결과가 나오지 않았다면, 학습자가 실망하거나 포기하지 않도록 하고, 심리검사 결과가 최종 정답이 아니기 때문에 다양한 심리검사나 충분한 탐색과 도전 등을 통해 문제를 해결할 수 있도록 심리검사 결과를 활용할 수 있도록 한다.

넷째, 진로 관련 심리검사 결과에 따라 학습자를 위해 추천 직업 목록이 제시되는 경우에, 관련 분야에 대한 가능성을 확인할 수 있도록 해야 한다. 예를 들어, 학습자가 가지고 있는 역량 수준에 따라 그 시대에 맞는 직업 목록은 한정된 요인만을 고려하여 제시된 것이기 때문에, 이것은 학습자가 선택해야 하는 직업으로 단정 짓지 않도록 해야 한다. 왜냐하면 미래사회의 변화에 따라 직업 목록은 달라질 수 있기 때문이다. 이에 따라, 학습자가 심리검사 결과에 따라 추천 직업들의 공통점을 찾도록 하고 이와 관련되어 학습자가 관심 있는 직업을 탐색하거나 유사한 특징이 있는 직업으로 성공할 수 있는 가능성을 예측해보도록 하는 것도 좋은 심리검사 활용이 될 수 있을 것이다.

5) 심리검사를 수행하는 전문가의 역할

심리검사를 수행하는 전문가는 반드시 전문적인 교육과 훈련, 수련 등을 받은 사람이어야 한다. 왜냐하면 피검사자의 특성, 문제 등을 밝히고 이에 대한 검사 결과에 기반하여 앞으로의 결정에 도움을 주어야 하기 때문이다. 다음은 심리검사자의 전문성을 발휘하기 위한 역할과 태도이다(Kaplan & Saccuzzo, 2017).

첫째, 심리검사의 결과는 객관성에 근거하여 피검사자에 대한 다양한 정보를 제공해줄 수 있다. 이를 위해 전문가는 심리검사 결과에 대한 타당성 있는 해석이 필요하고 명확한 정보를 피검사자에게 설명해야 한다.

둘째, 심리검사 결과를 통해 피검사자의 특성, 성격, 가치관 등에 대해 파악할 수 있기 때문에 피검사자의 현황을 다각적이고 심층적으로 이해할 수 있다. 그러므로 이때 검사자의 전문성이 필요하며 학문적 지식뿐만 아니라 실제 현장에서의 다양한 경험과 경력을 바탕으로 객관성에 근거하여 전문적인 소견을 제시해야 한다.

셋째, 심리검사를 받는 피검사자는 심리검사에 응하고 이에 대한 결과를 통해 자신의 삶의 질적 수준을 높이고 행복한 인생을 살고자 한다. 그러므로 심리검사를 수행하는 전문가는 심리검사 점수 또는 결과에만 초점을 맞춰서 피검사자에 대해 전체적으로 바라보고 이해를 하고자 해야 한다.

넷째, 심리검사의 선정, 실시, 채점 및 해석 등에 대한 전체 과정은 전문가에 의해 진행될 때, 전 과정에 대한 학문적이고 실천적인 역량을 지니고 있어야 한다. 만약 그렇지 않다면, 심리검사가 잘못 활용될 수도 있고 왜곡되어 해석이 될 수도 있는 등의 문제가 발생할 수 있기 때문에 심리검사를 수행하는 전문가는 관련 역량과 전문성을 향상시키기 위해 지속적으로 노력해야 한다.

제2절 진로 검사의 이해

1. 진로와 관련 개념

1) 진로 및 적성의 의미

진로(career)는 모든 사람들이 자신의 인생을 살아가는 행로 또는 길을 의미한다. 즉, 개인의 삶이 곧 진로라고 볼 수 있고, 진로는 우리의 인생과 밀접한 관계가 있기 때문에, 중등교육 이후 고등교육뿐만 아니라 평생교육에 이르기까지 진로교육이 중요한 의미를 지닌다.

진로 계획을 구체적으로 구성하기 위해서는 자신의 적성, 흥미, 소질, 환경 등을 고려하여 실천 가능한 인생의 로드맵을 만들어야 한다. 특히 100세 시대를 맞이하여 변화하는 인생에 있어서 계획하고 실천하기 위해서는 자신의 진로 관련 역량과 적성 등에 파악하는 것이 무엇보다 중요하다.

한편, 적성(aptitude)은 학습, 직업 등에서 성공 가능성을 예측할 수 있는 심리적 특성이다. 이것은 어떤 특정한 분야에서 수행 가능성을 예측해볼 수 있는 개인의 잠재력을 강조하고 있다. 그러므로 그 분야에서 필요로 하는 기술이나 기능 등을 비교적 쉽게 학습하거나 성공적으로 달성할 수 있는 개인의 특수한 역량이며, 특정한 분야와 관련된 지적 능력과 함께 성향, 직업적 흥미와 같은 정의적인 측면도 포함하고 있다(Brown & Brooks, 1991).

2) 진로 관련 요인: 진로 적응성

최근 빠르게 변화하는 사회 분위기 안에서 직업 환경도 급속하게 변화하고 있고, 이에 따라 이러한 환경 내에서 변화하는 일에 대해 대처하기 위한 준비도를 진로 적응성(career adaptability)이라고 일컫는다. 이것은 아직 오지 않은 미래를 염두에 두고 현 상황에 적극적으로 대처하면서 직업 환경의 변화에 따라 생각과 행동을 유연하고 신속하게 변화시킬 수 있도록 한다. 진로 적응성 수준이 높은 개인은 자신의 진로 계획과 준비와 진로 계발에 대한 통찰력 수준의 향상을 위해 노력하기 때문에, 직업 분야에서의 성공뿐만 아니라 일상 생활에서도 성공적인 적응과 대처를 할 수 있다.

이러한 진로 적응성은 직업 세계를 이해하고 진로 계획을 세워서 진로 선택을 준비하는 과정에서 중요한 요인이며, 미래사회의 변화에 먼저 적응하고 생존할 수 있는 요인이다(Super & Knasel, 1981). 즉, 과거의 어려운 상황을 극복했던 경험을 바탕으로 미래의 불확실한 환경적 변화에 효과적으로 적응할 수 있도록 하는 탄력성도 갖출 수 있도록 한다는 점에서 4차 산업혁명 시대를 맞이하는 현대 사회에 학습자에게 필요한 요인이라고 볼 수 있겠다.

3) 진로 관련 요인: 진로준비행동

진로준비행동(career preparation behavior)은 개인이 진로 결정을 하는 데 있어서, 진로와 관련된 실제적이고 구체적인 행동을 하는 것을 의미하며, 진로탐색행동, 직업탐색행동 등의 용어로 표현되기도 한다. 이것은 다양한 종류의 직업 중에서 개인이 선택할 수 있는 직업의 영역을 확인하고 이에 대한 정보와 환경 등에 대한 자료를 수집하며, 진로탐색행동을 실행 및 유지하려는 태도, 그 중에서 자신에게 적절한 직업을 선택 및 결정해가는 과정이라고 개념 정의를 내릴 수 있다(Flum & Blustein, 2000).

한편, 진로준비행동이라는 용어를 정의한 스피어스(Speas, 1979)는 진로준비행동과 관련된 인지 과정에 대해 진로 목표를 설정하고 융통성과 유연성을 발휘하여 효율적이고 자기주도적으로 자신의 삶을 이끌어나가는 것이라고 하였다. 이는 직업에 대한 목표와 계획의 명확성 그리고 스스로에 대한 자신감까지 포함하는 것이며, 자신의 적성, 흥미 등을 고려한 진로 결정을 하기 위해 충실하게 행동으로 실제 옮기고 있는지의 여부가 중요하다.

4) 진로 관련 요인: 진로정체감

진로정체감(career identity)은 개인의 목표, 관심, 재능 등에 대해 명확하고 견고한 이미지를 가지고 있느냐를 의미한다. 이것은 의사결정 측면에서 문제가 없도록 하고, 피할 수 없는 환경에서의 모호함을 직면했을 때, 적절한 의사결정을 내릴 수 있는 자신의 능력에 대해 자신감과 확신을 갖도록 한다. 이러한 진로정체감이 높은 사람은 자신의 목표가 명확하고 뚜렷하며, 적성, 흥미, 재능 등에 대해 구체적이고 견고한 의견을 가지고 있다. 이를 통해 자신의 진로와 적성에 대해 충분히 심사숙고하고 진로와 직업을 합리적으로 선택하면서 미래를 설계할 수 있도록 하면서, 자신과 세계를 효과적으로 연결해주는 토대가 되어 준다(Holland et al., 1980).

진로정체감이 형성되기 위해서는 자신에 대한 이해가 가장 우선되어야 한다. 자신의 적성, 심리적 상태, 성향, 성격, 흥미, 가치관 등을 파악하고 직업 세계에 대한 이해와 정보 수집을 통해, 자신에게 적절한 직업의 종류와 가치관을 확인할 수 있도록 해야 한다. 특히 이러한 것을 능동적으로 할 수 있도록 하기 위해 진로상담 및 코칭이 진행되고 있고, 이를 통해 인지, 정의 및 행동적인 측면에서 관심을 가지고 변화를 이룰 수 있도록 해야 한다. 왜냐하면 진로에 대한 인지적 측면은 성숙되어 있다 할지라도 정서적으로 안정적이지 않고 실천적인 진로준비행동이 수반되지 않는다면 적성 등에 맞춘 진로 목표를 달성하기 어렵기 때문이다(Stringer & Kerpelman, 2013).

5) 진로 관련 요인: 진로성숙도

진로성숙도(career maturity)는 슈퍼(Super, 1955) 학자가 처음으로 소개하였고, 그 이후 미국에서 폭넓게 연구가 되었다. 이것은 진로 발달에 있어서 발달과업을 성공적으로 수행하기 위해 준비되었는지의 여부를 살펴볼 수 있는 개념으로, 진로 발달의 과정에 있어서 발생하는 여러 종류의 문제를 해결하면서 다음 단계로의 발달을 촉진시키는 역할을 한다. 즉, 진로성숙도는 개인의 진로 발달 수준을 파악할 수 있는 지표라고 볼 수 있으며, 다양한 진로와 직업에 대한 지식, 진로탐색, 진로계획, 진로에 대한 의사결정 등이 진로성숙도를 설명할 수 있다(Osipow & Fitzgeraid, 1996).

크리테스(Crites, 1961)는 진로성숙도가 동일 연령대의 학습자와 비교해서 상대적인 직업 준비도라는 개념으로 설정하였다. 이는 특정 직업을 수행하기 위한 적성에 적절한 행동이나 판단하는 능력이 계발되는 것이 직업발달이며, 이러한 발달 과정으로 이루어진 결과가 진로성숙도라는 것이다. 한편, 슈퍼(Super, 1990)는 직업을 선택한 '결과'에 중점을 두었고, 크리테스(Crites, 1961)는 직업을 선택하는 '과정' 그 자체에 중점을 두었다는 것이 차이점이다. 그러나 개인이 자신의 연령대에서 직면한 진로 관련 문제들을 해결할 수 있는 인지적·정의적·행동적 측면에서 진로 발달과업을 충실하게 수행하고 점진적으로 적응해가는 준비의 정도라는 것이 공통된 개념이다.

2. 진로 검사의 특성

1) 스트롱(STRONG) 검사

최초의 진로검사는 스트롱(Strong, 1927)의 직업흥미검사(Strong Vocational Interest Blank: SVIB)이며, 직업흥미(Vocational Interest)는 직업에 대한 결정과 이에 따른 행동을 예측하는 강력한 수단이다. 그리고 자신의 흥미에 맞는 직업을 선택하는 것은 개인의 삶과 직업에 대한 만족감과 실제 직업에서의 효과적인 수행을 결정하는 요인이다. 그러므로 본 검사는 개인의 직업에 대한 흥미에 적합한 진로가 무엇인지를 제시하면서, 각 직업에 종사하는 사람들의 흥미 패턴을 분석하여 특정 직업에 종사하는 사람들의 공통적인 흥미 패턴, 능력, 직업 관련 정보 등과 함께 진로 계획 수립에 도움이 될 수 있도록 하였다. 즉, 본 검사의 목적은 개인의 진로와 직업에 있어서 어떤 측면에 흥미가 있고 적성에 맞는지를 알려주기 위해 개발되었다. 특히 다양한 직업에 종사하는 사람들의 흥미와 적성 등에 대해 관련 이론과 경험적 자료를 분석하여 체계적으로 흥미 리스트를 구성하여, 이를 기반으로 다양한 분야에 대한 친숙한 문항을 사용하였다(Donnay, 1997).

흥미는 특정한 대상에 관심이 있고 열중하려는 경향성이다. 그리고 진로탐색을 통한 직업활동은 직업에 종사하는 자의 흥미가 반영되므로, 자신의 직업에 흥미가 있다면 그 직업에 대한 지식, 능력, 가치 등을 충분히 가지고 있는 사람일 것이므로 그 직업에 만족할 수 있을 것이다. 또한 특정한 직업군의 사람들은 공통적인 흥미 패턴을 가지고 있고, 비슷한 흥미 패턴을 지닌 사람들은 특정한 직업의 수행 수준이 좋고, 그 직업에 만족할 가능성이 높을 것이라고 가정하였다. 이러한 가정에 따라, 본 검사는 직업의 표본을 선정하고 흥미를 측정하는 방법 등을 제시하여, 검사에 대한 근거를 마련하였다.

본 검사는 1927년에 개발된 이래, 계속해서 개정판이 나오면서 직업의 변화를 검사 도구에 반영하기 위해 많은 연구를 통해 검사 문항과 척도의 신뢰도 및 타당도가 입증되어 왔다. 그리고 현재 진로 및 직업 상담, 코칭, 경력개발, 전환배치, 컨설팅 등의 분야에서 홀랜드(Holland, 1985)의 자기탐색검사(Self-

Directed Search)와 함께 세계적으로 많이 사용되는 진로검사로 간주되고 있다. 이에 대한 검사 결과는 한 개인이 어떤 작업이나 활동에 가치를 두고, 어떤 진로와 직업이 적합한지, 어떤 환경에서 어떤 사람들과 일하는 것을 좋아하는지 등에 대해 척도별로 점수를 제시한다. 그리고 이를 통해 개인의 흥미와 진로, 직업, 적성 등의 문제를 다루는 영역에서 구체적인 정보를 얻을 수 있다.

1964년, 10개의 직업 척도(OS: Occupational Scales) 이외에, 직업 리스트 중에서 상관이 높고 동일한 요인으로 나타난 직업 목록을 함께 묶어서 구성된 기본흥미척도(BIS: Basic Interest Scales)가 추가되었다. 그리고 1974년, 직업 흥미에 관한 홀랜드(Holland)의 이론을 기반으로 하여, 일반직업분류척도(GOT: General Occupational Theme)가 새로이 도입되었다. 1994년에는 일반직업분류, 기본흥미척도, 직업 척도, 개인 특성 척도의 4개의 척도로 구성된 개정판인 Strong Interest Inventory: SII가 출간되었다. 한국에는 2001년에 SII 한국판이 출간되었고, 2017년에는 한국판 STRONG® 직업흥미검사II 프로파일, 전문해석보고서 출간되었고, ㈜어세스타 부설 심리평가연구소에서 초등학생부터 성인에 이르기까지 활용할 수 있는 직업흥미검사, 진로탐색검사, 진로발달검사를 제공하고 있다.

본 검사는 다음과 같이 네 가지의 척도로 구분되며, 일반직업분류(GOT), 기본흥미척도(BIS) 및 개인특성척도(PSS)이다. 일반직업분류(GOT)는 포괄적인 흥미 패턴을 탐색할 수 있도록 하고, 기본흥미척도(BIS)는 특정활동, 주제에 대한 자신의 흥미 활동을 확인할 수 있도록 하며, 개인특성척도(PSS)는 업무형태, 학습스타일, 리더십, 모험심 등의 개인 선호도를 평가한다. 다음은 이와 같은 3개의 척도에 대한 설명을 그림으로 제시한 것이다.

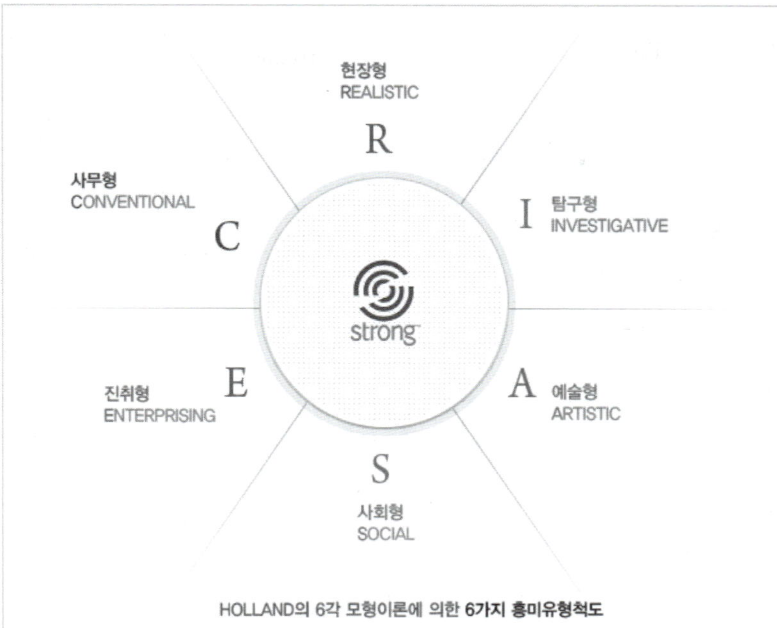

그림 8-1 일반직업분류(GOT)

출처: ㈜어세스타 부설 심리평가연구소.

	GOT (General Occupational Themes)	BIS (Basic Interest Scales)
R 현장형 REALISTIC	기계 및 건설분야, 신체 활동	기계/건설, 컴퓨터/전자기기, 군사활동, 안전서비스, 자연/농업, 운동경기
I 탐구형 Investigative	분석 및 조사분야, 연구활동	과학, 연구조사, 의학, 수학
A 예술형 Artistic	문화 및 예술 분야, 창작활동	시각예술/디자인, 공연예술, 글쓰기/언론, 요리
S 사회형 Social	교육 및 서비스 분야, 봉사활동	상담/봉사, 교육, 인적자원개발, 사회과학, 종교/영성, 보건의료서비스
E 진취형 Enterprising	사업 및 정치분야, 설득활동	마케팅/광고, 판매, 관리, 기업운영, 정치/대중연설, 법
C 사무형 Conventional	사무 및 정보처리 분야, 관리활동	사무관리, 세무/회계, 정보시스템, 금융/투자

그림 8-2 기본흥미척도(BIS)

출처: ㈜어세스타 부설 심리평가연구소.

그림 8-3 개인특성척도(PSS)
출처: ㈜어세스타 부설 심리평가연구소.

2) 홀랜드(Holland) 검사

현재 세계적으로 인정받으면서 널리 활용되고 있는 진로 및 적성검사는 홀랜드 검사이다. 진로 심리학자인 홀랜드(Holland)는 개인의 흥미와 특성이 진로 유형과 밀접한 관계가 있다고 간주하였고, 개인과 환경의 상호작용이론에 기반하여 진로 유형을 연구하였다. 즉, 성격 유형은 부모, 문화, 사회적 계층, 물리적 환경 등의 영향을 받고 자라면서 다른 사람들의 가치관, 태도, 행동 등을 경험하고 모방하여 이루어진다는 것이다. 홀랜드(Holland)는 1953년 직업선호도검사(Vocational Preference Inventory: VPI)를 처음으로 제작하였고, 여러 차례 개정을 거쳐서 현재의 진로적성탐색검사(Holland's Self-Directed Search: SDS)로 발전시켰다. 이것은 그림 8-4와 같이 직업적 성격유형을 나타내는 육각형모형(RIASEC)으로 개발되었고, 현실형(Realistic), 탐구형(Investigative), 예술형((Artistic), 사회형(Social), 진취형(Enterprising), 관습형(Conventional)유형의 육각형으로 직업적 성격유형을 구분할 수 있다(Holland, 1985).

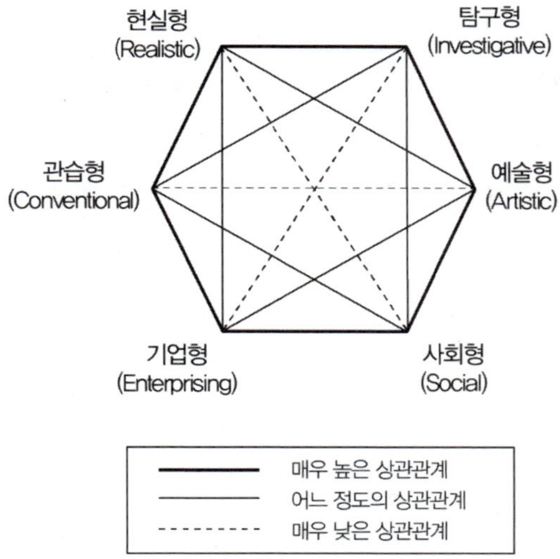

그림 8-4 홀랜드 검사의 직업적 성격유형(RIASEC)의 육각형 형태

출처: Holland, J. L. (1997). Making vocational choices (3rd ed.). Odessa, FL: Psychological Assessment Resources.

다음은 고용노동부 산하 워크넷에 제시되어 있는 각 유형별 설명이다(워크넷, 2023).

첫째, 현실형(R)은 명확하고 체계적이며 질서정연한 일을 좋아하고, 기존의 가치와 신념 체계에 위배되지 않는 선에서 원리 원칙적으로 사고하고 명확한 방법을 사용하여 행동하는 경향이 강하다. 전기나 기계, 공학계열 분야와 같이 실제적이고 규칙적인 행동 양식이 존재하는 분야를 선호한다. 사물을 다루고 조작하는 것을 좋아해서 손재주가 있다는 평을 듣는 경우가 많으며 겸손하고 솔직하지만, 스스로 사회적인 영향력을 발휘하여야 하는 일과 학문적이고 창의적인 일에 서툴다고 여기는 편이다.

둘째, 탐구형(I)은 현상을 비판적이고 분석적으로 관찰하고, 체계적이고 창조적으로 탐구하는 것을 좋아하는 반면, 규칙적이고 반복적인 활동이나 리더십을 발휘해야 하는 활동을 별로 좋아하지 않는다. 인간적 감정이나 사회적 환경보다는 자연현상이나 사회 현상에 대한 탐구활동에 대한 관심이 많다. 독립적이며 개방적인 태도로 정보를 수집하고 자료를 분석하며 현상에 대한 결론을 내리는 과정을 거쳐 문제를 해결하는 방식의 일을 선호한다.

셋째, 예술형(A)은 창의적이고 유연한 사고를 즐겨 하며 아름다움을 추구하는 경향이 강하다. 틀에 박힌 일이나 같은 패턴의 일, 변화가 없이 틀에 맞추어 해야 하는 일을 별로 좋아하지 않는다. 같은 사물이나 현상을 보고도 획일적으로 판단하지 않으며 상상력이 풍부하고 독창적인 편이다. 예술적 감수성이 뛰어나고 능력을 발휘하며 즐기는 반면, 명확하고 규칙적인 활동이나 객관적 사실을 추구하는 활동에 약한 편이다. 또한 개방적인 사고 체계를 소유하고 있어 변화를 주도하고 추구하며 자신의 직감에 의존하여 문제를 해결하려는 경향도 있다.

넷째, 사회형(S)은 타인의 문제를 경청하고 공감하고 도와주는 것을 선호하며, 사람을 상대로 하는 활동에 능숙하다. 일반적으로 이타적이고 자애로운 배려가 깊은 인물로 평가받는다. 그리고 사물을 지향하기보다는 대인관계에 더 주목하여, 타인에게 사실과 내용을 가르쳐주고 도와주고 지원하는 활동을 좋아한다.

다섯째, 진취형(E)은 자신이 기획하고 목표로 설정한 내용을 실행하는 데 있어서 탁월한 역량을 나타내는 유형이다. 개인과 조직에서의 목표를 성취하거나 경제적으로 이익을 얻기 위한 활동을 선호하며, 다른 사람들에게 영향력을 발휘할 수 있는 일을 하고 싶어 한다. 계획하고 목표를 설정하여 추진하고 있는 일을 성공적으로 이끌어나가기 위해, 설득이나 협상 등의 사회성을 발휘한다.

여섯째, 관습형(C)은 조직적이고 체계적이며 규칙과 시스템이 잡혀 있는 일을 좋아하고, 규정이나 시스템 등이 없이 불확실하고 애매하며 시시각각 변화하는 일을 피하려는 경향이 강하다. 수립되어 있는 시스템에 적용하여 규칙에 맞게 성실하고 분명하면서도 체계적으로 일을 하는 것을 좋아하며, 서류 작성 및 기록 등과 같은 사무적인 일에 능력을 발휘한다. 또한 문제상황에서 변화를 추구하거나 비판하기보다는 조심스럽고 체계적으로 해결 계획을 세우는 편이다.

제3절 진로 계발을 위한 코칭

1. 코칭의 개념 및 특성

1) 코칭의 개념

코칭(coaching)을 이끄는 코치(coach)는 16세기에 헝가리 콕스(Kocs)라는 도시에서 네 마리의 말이 이끄는 마차의 이름인 콕시(Kocsi)에서 유래된 단어이다. 코치의 사전적 의미는 버스나 탈 것 등을 교육하거나 훈련하는 사람으로서, 현재 코치의 의미는 고객을 현재의 상황에서 원하는 지점까지 데려다주는 것이다. 이러한 측면에서 코칭은 많은 사람들을 정해진 목적지인 역으로 데려가기 위해 정해진 노선을 따라가는 기차(train)와 비교되는 마차(coach)라는 단어로 설명되고 있다. 즉, 마차는 마차에 올라탄 개인이나 소수의 집단이 원하는 목적지까지 이동시켜주는 수단으로서 기차와 다른 개념으로 볼 수 있다는 것이다(Świeży, 2021).

코칭은 1950년대 미국의 기업들을 중심으로 경영관리 분야에 최초로 활용되기 시작했고, 1980년대부터 '코칭'(Coaching)이라는 용어와 전문 코치가 등장하게 되었다. 이에 따라, 국제적인 코칭 기관인 CCU(Corporate Coach University)와 국제코치연맹(International Coach Federation: ICF)이 설립되었다. 2003년, 한국에서는 한국코치협회(Korea Coaching Federation: KCA)가 설립되었고, 이를 계기로 코칭의 전문화와 체계화가 이루어지기 시작하였다.

코칭에서는 코칭을 하는 사람과 코칭을 받는 사람으로 구분된다. 코칭을 하는 사람은 코치라고 하고, 코칭을 받는 사람은 코칭 대상, 고객, 코칭 고객, 코치이(coachee), 클라이언트(client), 피코치 등으로 다양하게 불리고 있다. 그런데 여기서 피코치라고 하는 명칭은 코칭을 받는 수동형의 의미가 부각되고 있기 때문에 코칭을 받는 사람이 온전하고 주도적인 존재라는 코칭의 철학과 배치되는 측면이 있어서, 본 저술에서는 다양한 명칭 중에서 코칭을 받는 사람을 코칭 고객으로 통일하도록 한다.

코칭이라는 용어는 일반적으로 코치가 자신의 역량과 경험을 바탕으로 스포츠 분야에서 선수 또는 팀을 훈련시키는 사람을 코치라고 불리고 있다. 그런데 스포츠 분야에서의 코치들은 경쟁적인 경기에서 선수 또는 팀의 역량을 최고로 발휘할 수 있도록 하고 목표를 달성하도록 도와주고 성공의 기쁨을 공유하는 역할을 하고, 선수 또는 팀에 지시나 명령을 하지 않는다. 이는 코치가 선수나 팀을 평가하고 지시하면서 가르치는 것이 잠재력을 발휘하는 데 전혀 도움이 되지 않고 선수나 팀이 스스로 계발하고 학습할 수 있도록 도와주는 것이 바람직하기 때문이다(Whitmore, 2009). 즉, 코칭은 긍정적인 성과를 얻기 위해 개인의 가능성과 잠재력을 발현시키기 위해 가르침을 주는 것이 아니라, 스스로 학습하면서 깨달을 수 있도록 하는 것이라는 의미이다.

코칭을 직업으로 하는 전문 코치들의 국제단체인 국제코칭연맹(International Coaching Federation: ICF)은 코칭을 고객의 개인적이고 직업적인 잠재 가능성을 극대화할 수 있도록 생각을 일깨우는 창의적인 과정으로서, 코칭을 받는 고객과 함께 하는 파트너십으로 정의했다(ICF, 2023). 이는 코칭을 통해 고객의 스스로에 대한 책임감과 자발성을 향상시킬 수 있고, 코치가 고객의 문제에 대해 조언이나 해결책을 제시하지 않고, 스스로 해결하도록 돕기 때문이다. 한국코치협회(Korea Coaching Federation: KCA)에서의 코칭은 개인과 조직의 잠재력을 극대화하여 최상의 가치를 실현할 수 있도록 돕는 수평적 파트너십이라고 하였다.

한편, 학자들은 코칭의 개념에 대해 다양한 관점과 철학을 바탕으로 정의하기 때문에 다음과 같이 다양하게 코칭의 개념에 대해 설명하였다. 콜(Cole, 2000)은 과거의 패턴을 깊이 있게 탐구하는 심리치료와 다르게, 코칭은 목표 달성을 위한 행동지향적 파트너십으로 정의하였고, 딘과 메이어(Dean & Meyer, 2002)는 코치가 고객과 피코치의 대인관계를 유연하게 하고, 효과적인 조직에서의 수행을 강화하며, 구성원의 인식의 촉진을 제공하는 협력적인 파트너십이라고 하였다. 그랜트(Grant, 2003)는 개인과 조직의 성과를 향상시키고, 자기주도적으로 학습하며 개인의 발전을 촉진시키는 데 있어서, 코치와 고객이 협력하는 체계적인 과정이라고 하였다. 맥더모트와 자고(McDermott & Jago, 2005)는 사람들의 재능, 환경과 잠재력을 스스로 주도하고 관리하는 방법을 학습할 수 있도록 지원하는 집중적인 훈련 방식이라고 하였다. 이를 종합해보면, 코칭은 코치와 코칭 고객 간의 강력하면서도 협력적인 관계로서, 인간 본연의 역량 계발을 하도록 하면서 특별한 성과와 성취를 가능하도록 하는 데 초점을 맞춘 방식이라고 볼 수 있다.

2) 코칭의 특성

코칭은 코칭 고객의 변화와 성장에 관심을 두고, 과거가 아닌 현재를 탐구하여 미래를 계획할 수 있도록 한다. 이를 통해 개인의 변화를 통한 발전을 적극적으로 지원하여 내면의 잠재력을 극대화시켜서 자신의 삶을 주도적으로 이끌어나갈 수 있도록 한다. 또한 코칭 고객에게 새로운 목표를 설정하도록 하고, 확장된 인식과 관점을 가질 수 있도록 하여 개인적인 발전을 촉진시키고, 스스로 목표를 향해 정진해나갈 수 있도록 한다. 즉, 코칭을 통해 코치와 코칭 고객과의 수평적 파트너십 안에서 코칭 고개의 잠재 능력을 발견하여 변화와 발전을 도모하면서 보다 나은 삶은 지향할 수 있도록 하는 특성을 갖고 있다(Bachkirova, Cox, & Clutterbuck, 2014).

한편, 코칭은 대학생 이상의 성인학습자를 위한 현장에서 다양하게 이루어지고 있다는 특성을 가지고 있다. 노울즈(Knowles, 1978)는 성인학습자는 앎에 대한 욕구를 가지고 있고, 자기주도적이며, 선행경험을 풍부하게 가지고 있으면서 학습에 대한 욕구를 가지고 있을 때 내재적으로 동기를 강력하게 가질 수 있다고 하였다. 이는 교육 현장에서 교수자의 역할이 일방적으로 가르치는 것으로부터 촉진하고 독려하는 사람으로의 변화에서 그 접점을 찾을 수 있다. 특히 과거의 일방적인 지식의 전달이 교수자의 역할이었다면, 이제는 학습자가 스스로 자기를 통제하고 질문에 대해 생각하면서 문제를 해결할 수 있도록 코치가 질문하면서 피드백을 결합하는 코칭 전략이 더 효과적이다.

교수자는 코치처럼 학습자를 가르치기보다는 개인이 자신의 필요에 의해 설정한 목표를 성취하기 위해서 학습에 자발적으로 참여하게 된다. 이러한 학습은 학습의 효과뿐만 아니라 학사 학위, 자격증 등을 취득한 이후에 나아가야 할 진로 관련 역량 계발에 긍정적인 영향을 미친다. 즉, 이는 교수자와 학습자 간의 코치와 코칭 고객으로서의 관계를 맺으면서 적극적 경청, 강력한 질문, 문제해결, 자기 조절 및 통제 등과 같이 목표 지향적이고 행동 기반의 변혁적 코칭이 이루어질 수 있게 한다는 특성을 가지고 있다는 것이다(Hargrove, 2003). 따라서 진로 및 적성검사를 하고 난 후, 그 결과를 활용하여 코칭을 적용하면, 진로를 계발하고 발전시키는 데 더욱더 효과적으로 진행된다.

2. 코칭의 차별성

1) 코칭의 위치

코칭은 상담(counseling), 치료(therapy), 멘토링(mentoring), 컨설팅(consulting), 가르침(teaching), 훈련(training) 등과는 다르다. 예를 들어, 과거의 고통스러운 감정이나 사람들 간의 갈등을 해결하고 싶다면, 상담이나 치료가 효과적인 방법이 될 수 있고, 특정 기술을 학습할 필요가 있다면 그것에 맞는 훈련을 받으면 되며, 전문적인 기술이 현장 훈련과 지도를 받기를 원한다면 멘토링을 받는 것이 도움이 될 것이다. 그런데 코칭에서 코칭 고객은 자신 스스로가 해결하기 어려운 문제에 있어서도 적절한 답을 이끌어낼 수 있기 때문에, 앞서 언급된 상담, 치료, 멘토링, 컨설팅, 가르침, 훈련 등과 다르다.

특히 진로를 코칭하는 데 있어서, 진로 코칭 또는 커리어 코칭 등의 용어로 사용되고, 이는 진로 상담으로 혼용되어 사용되기도 한다. 코칭에서의 코치는 현재와 미래 가능성에 초점을 두어 코칭 고객의 변화를 일으키기 위해 함께 작업하며 평등한 관계를 가지고 있다. 반면에 상담에서의 상담자는 상담을 받으러 온 내담자의 과거에 일어난 문제의 원인을 발견하여 이를 치유하고 안정을 주기 위해 해결을 위한 솔루션을 제공하는 전문가이다. 그러므로 코칭에서는 질문, 경청, 피드백 등과 같은 코칭 기술을 활용하며, 상담에서는 심리학, 정신병리학 등의 전문적 지식으로 내담자의 문제를 해결하도록 한다(Kidd, 2006).

코치는 코칭의 전문가이고, 어떤 특정 영역이나 분야의 전문가가 아니기 때문에 해당 분야의 구체적인 지식을 가지고 있지 않을 수 있다. 그러나 코칭에서의 코칭 고객은 더 높은 수준의 학습과 성취를 얻기를 원하며 자신의 삶에서 더 큰 만족과 행복감을 얻고자 하는 사람들이기 때문에, 코치는 코칭 고객과의 관계에서 권위자, 치료자 등으로 만나는 것이 아니다. 즉, 코치는 코칭 고객과 수평적 파트너로서 만나면서 코칭 고객들이 과거에 대해 거의 다루지 않고 현재와 미래에 중점을 두면서, 잘 배우고 성취하여 삶의 질이 나아질 수 있도록 도와준다.

코칭 서비스의 주체와 대상의 전문성을 기준으로 질문을 하느냐 또는 해답이나 솔루션을 주느냐에 따라, 코칭을 인접 영역과 구분하고 있다(Farily & Stout, 2003). 다음의 그림 8-5에서 좌표의 오른쪽은 서비스의 주체가 전문가이고, 좌표의 왼쪽은 서비스의 대상이 전문가이다. 좌표의 아래쪽으로 갈수록 해답을 제시하고 위쪽으로 갈수록 질문을 한다. 특히 코칭은 코칭 고객에 대해 그들이 스스로 가지고 있는 문제에 대한 전문가로 인식하고 있기 때문에, 해답을 제공하는 것이 아니라 질문을 하는 영역에 존재한다.

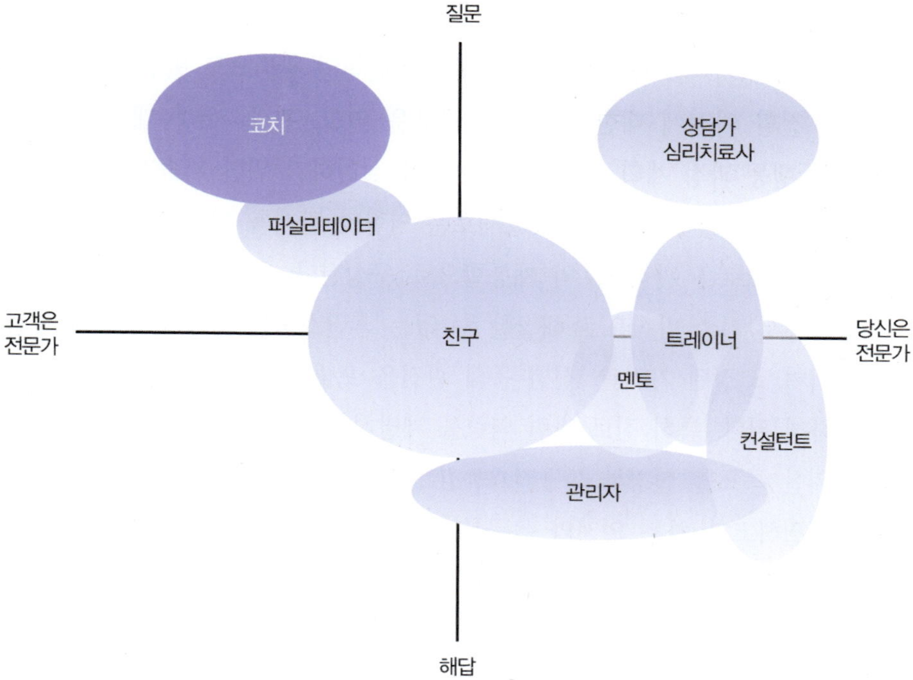

그림 8-5 **코칭의 위치**

출처: Fairley & Stout(2003). Getting Started in Personal and Executive Coaching.

2) 코칭과 전환학습

전환학습은 새로운 관점과 시각을 통해 믿음, 신념, 태도 등의 전환이 일어날 때 학습이 일어난다는 것이다. 다양한 분야에 종사하고 있는 코칭 고객들이 코칭을 받는다면 관점 전환을 통해 긍정적으로 방향으로 행동이 변화한다는 것은 코칭과 전환학습과도 연관성이 있다는 것을 의미한다(김선희, 리상섭, 2018). 특히 코칭 고객의 진로 계발을 돕기 위해서는 스스로 진로를 생각하고 결정하면서 인생에 대해 주도적으로 책임감을 가질 수 있도록 하는 코칭이 도움이 된다. 즉, 코칭이 진행되는 과정 속에서 코치는 코칭 고객에게 의제를 선택할 수 있도록 하고 각 코칭 세션을 구성할 수 있도록 하면서 상호 협력 관계 속에서 코칭 고객이 성찰적 반향을 불러일으키기 위해 의미 있는 질문을 한다. 이때 코칭 고객은 진로 관련 목표를 설정하고 계획을 세우고 코치와의 약속을 통해 세션이 진행되는 동안 진로에 대한 구체적인 성찰을 하면서 진로계발을 위한 학습을 할 수 있게 된다.

메지로우(Mezirow, 2000)의 전환학습 이론에 따르면, 다음의 10단계를 거치게 된다. ① 혼란스러움을 만드는 딜레마, ② 분노, 수치스러움, 두려움 등의 감정에 대한 자기 평가, ③ 자신의 가정에 대해 비판적인 관점으로 반성, ④ 불만족스러움과 전환 과정에 대한 공유, ⑤ 새로운 역할, 관계, 행동 대안의 탐색, ⑥ 새로운 행동 과정 계획, ⑦ 새로운 행동을 실천하기 위한 기술과 지식을 습득, ⑧ 새로운 역할에 대한 시도, ⑨새로운 역할과 관계를 위한 기능과 자신감의 구축, ⑩ 새로운 관점으로의 재통합으로 구성된다. 즉, 전환학습은 인생의 변화 상황에서 기존 방식으로 해결할 수 없는 혼란스러운 딜레마 상황에 빠질 때 시작되며, 고정된 가치관, 신념 등의 관점을 포괄적이며 유연하게 변환시켜서 학습하게 된다. 특히 진로 관련 역량을 계발하고자 할 때, 코칭 고객은 진로 설정을 위한 목표를 설정하고 구직효능감, 자기리더십 등을 통해 진로 관련한 문제를 해결하고자 하는 의지와 욕구를 파악하면서 스스로를 계발할 수 있다. 이로써 코칭 고객은 새롭게 형성된 관점에 따라 자신이 목표한 진로와 경력 관련한 변화를 이뤄낼 수 있다.

이를 종합하면, 코칭은 진로 계발을 위한 전환학습과 연관성을 가진 차별성이 그 특징이라고 볼 수 있다. 즉, 코칭을 통해 코치는 코칭 고객의 관점 전환을 위해 질문을 활용하며 코칭 고객의 경험을 자원으로 하여 지금까지와는 다른 변화와 발전을 지지하며 더 나은 미래를 지향할 수 있도록 하는 전환학습을 하도록 한다. 이를 통해 진로 관련한 영역에서의 문제를 해결하거나 새로운 삶의 목표를 포함하는 새로운 자아 정체성의 확립이 일어나면서 진로 전환까지 연결될 수 있다.

3. 코칭의 실제

1) 진로 코칭

다양한 교육 및 훈련 현장에서 진로·적성 계발을 위한 코칭은 한 개인이 진로 관련한 역량을 계발하고자 할 때 진로 지도와 코칭의 분야가 합쳐진 진로 코칭(career coaching)이다. 이것은 개인의 강점, 역량 등을 파악하여 코칭 고객 스스로 진로와 관련된 이슈를 인식하고 해결하도록 돕고, 본인의 적성과 가능성을 인식하여 진로 개척과 관련 직업을 찾을 수 있도록 돕는 파트너십이다(Yates, 2014). 2001년 세계 최초로 Bench CCI(Career Coach Institute)를 설립하였고, 개인과 조직의 변화와 발전을 촉진시켜서 효과적인 성과를 얻어내는 것을 진로 코칭이라고 정의하였다. 그리고 진로 코치에 의해 코칭 고객이 자신에 대한 역량과 기술을 인식하고 현재 진로와 직업 상황에 있어서 더 나은 가치를 창출하기 위해 노력하게 된다(Molyn, 2020). 이것은 미래지향적이고 행동주의적이며, 개인의 가치관에 따른 직업관을 확립할 수 있고 강점 탐색을 통해 진로와 적성에 맞는 분야로 진출하게 되고, 그 분야의 핵심 인재로 성장할 수 있게 된다.

진로 발달과 적성에 맞는 직업을 선택하기 위한 진로 선택 과정에서 신입사원의 경우 자신이 선택한 직업 환경에 제대로 적응하지 못하고 퇴사하는 비율이 높은데, 최근 조사결과에 따르면(사람인, 2022), 기업 1,124개사를 대상으로 '1년 이내 조기퇴사' 현황에 대해 조사한 결과, 84.7%가 조기 퇴사한 직원이 있었고, 2021년 조사 결과(74.6%)보다도 10.1%가 증가하였다. 이는 전체 신규 입사자 대비 조기 퇴사자의 비율은 평균 28.7%로, 10명 중 3명꼴로 조기 퇴사하는 것으로 분석되었으며, 기업들이 생각하는 직원들의 조기 퇴사 사유는 '직무가 적성에 안 맞음'(45.9%) 이 응답률 1위로 나타났다. 그리고 청년층의 첫 직장 평균 근속 기간은 1년 7개월이고, 첫 직장을 계속 다니고 있는 청년은 34.4%이며, 65.6%는 졸업 후 가진 첫 일자리를 그만둔 것으로 확인되었다. 이에 따라 진로 코칭을 통해 대학에서 직업 세계로 나아갈 수 있도록 하고, 직업 세계에 유연한 적응을 효과적으로 할 수 있기 위해 진로 코칭이 더욱더 필요하다고 볼 수 있다. 이에 따라, 대학생 선·후배 간 코칭을 하거나 또래들끼리 코칭을 한 경우에 코칭 고객의 사회적 적응이 뛰어났고, 진로를 결정하거나 진로에 대한 확신을 더 가진 것으로 나타났다. 또한 대학생활의 전반적인 부분에 대한 자기 관리, 자기 이해 및 주관적 안녕감 등이 향상되고 결국 학업적 성공에 큰 효과가 있는 것으로 나타났다(Burke & Passmore, 2019). 그러므로 진로 코칭을 통해 개인과 직업환경 간의 상호작용에 초점을 맞추게 하고, 예측이 가능하거나 예측이 불가능한 상황을 처리하고 대처해나갈 수 있는 진로 역량과 적성에 맞는 개인의 준비도를 마련할 수 있도록 해야 할 것이다.

2) 또래 코칭

진로·적성 계발을 위한 코칭은 진로 코치와 진로 코칭을 받는 고객으로 구성된다. 이때 진로 코치는 진로 코칭 과정에서 코칭 고객의 진로와 적성에 알맞은 목표와 열정을 찾도록 도와야 하며, 장기적으로 발전할 수 있도록 기회를 잡을 수 있도록 한다. 이를 통해 코칭 고객이 진로에 대한 장벽을 없앨 수 있도록 하고 진로와 적성에 관련한 대안들을 찾아 자신감을 얻을 수 있도록 한다. 이에 따라 진로 코치의 역할을 다음과 같이 종합해볼 수 있다. 즉, 코칭 고객의 특정한 일이나 직업을 찾도록 하기 위해 고객이 상황을 객관적으로 평가하고 가치와 포부를 구체적으로 설정할 수 있도록 한다. 그리고 고객의 강점 및 약점을 인지하여 어떤 진로와 적성이 코칭 고객에게 알맞은지에 대해 스스로 이해할 수 있도록 해야 한다. 그리고 코칭 고객 스스로 자신을 노동시장에 효과적으로 내놓을 수 있도록 지원하고, 지속적인 피드백과 격려를 제공해야 한다 (Zeus & Skiffington, 2002).

다양한 문제 상황에서 비슷한 연령의 또래들이 코치, 교사 등의 상위 연령의 조력자 이상으로 또래를 지원하고 격려할 수 있는 역량과 가능성을 지니고 있다. 이것은 또래 코칭을 하거나 또래 코칭을 받는 대상자 모두에게 유익하고 의미 있는 과정이며, 상호 유연한 의사소통과 상호작용을 포함하면서 책임감을 가지고 임하기 때문에 진로 발달과 계발에 있어서 명확한 목적을 가지고 서로를 지원하는 발전적인 관계에서 전문적인 진로 계발, 실행 및 성찰을 통해 과정과 결과 모두를 효과적으로 통합할 수 있어서 진로 계발을 촉진시킬 수 있다 (Passmore & Brown, 2009).

대학생은 고등학교를 졸업하고 나서 전공을 설정하여 깊이 있게 학문을 탐구하고 대학 졸업 후 진로와 적성에 따른 일을 해야 한다. 이와 같은 상황에서 진로 계발은 무엇보다 중요한 과업이라고 볼 수 있다. 이때 또래(peer)는 자신과 비슷한 연령과 비슷한 가치관이나 경험 등을 지닌 사람으로서, 대학에서는 선배, 동료, 또래 상담자 등 프로그램을 교육과 훈련을 받은 리더를 또래코치라고 일컫는다. 그리고 또래 코칭(peer coaching)은 대학생들 또래 사이에서 상호 협력적 관계를 통해 성취하고자 하는 목표를 향해 변화를 추구하면서 대화로서 코칭이 이루어지는 프로세스이다(Corrigan et al., 2019).

또래코칭은 1980년대 이후부터 다양한 교육 현장, 조직에서의 직원 개발 등의 교육 및 훈련에 효과적인 도구로 활용되어 왔다. 이는 개인이나 구성원들의 평생학습을 통해 목표 달성을 위한 발전적인 관계로 코칭을 진행하는 것이다. 대학생의 대학 경험이 학생 발달에 있어서 또래 집단을 가장 영향력 있고 중요한 요인이기 때문에, 또래 상호작용의 중요성이 서로에게 긍정적인 영향을 주게 되어 진로와 적성 계발에 도움이 된다. 특히 이것은 두 명 이상의 동등한 동료들 사이에서의 주도적이고 상호 유익한 관계를 공식화할 수 있기 때문에, 진로 계발을 위한 학습을 위해 더욱 효과적이다(Hagen et al., 2017).

연구문제

1. 본인이 활용하고자 하는 진로 관련 검사가 무엇인지 그리고 그것을 활용하고자 하는 목적, 구성 및 내용에 대해 살펴봅시다. 그리고 그 내용에 대해 구성원들과 함께 공유하고 토의해봅시다.

2. 진로 검사의 필요성에 대해 이해하고, 이에 대한 개념과 특성에 대해 정리해보도록 합니다. 그리고 다양한 진로·적성 검사에 대해 몇 가지를 실제로 실시해보면서 어떤 대상자를 대상으로 어떤 방식으로 활용할 수 있을지에 대해 토의해봅시다.

3. 진로 계발을 위한 코칭에 대해 이해하기 위해, 코칭의 개념과 특성에 대해 살펴보고, 그 차별성에 대해 다시 정리해보도록 합니다. 그리고 진로 및 적성 계발을 효과적으로 할 수 있는 진로코칭과 또래코칭을 실제 교육 현장에 적용했을 때를 상상하여 역할극을 해봅시다.

CHAPTER 09

창업과 창업교육

제1절 창업과 창업교육의 이해
제2절 창업가와 창업의지
제3절 국내 대학 창업교육

학습목표

본 장에서는 창업과 창업교육의 개념 및 필요성에 관한 고찰을 통하여 창업자가 가져야 할 자질과 역량에 대해서 살펴본다. 현재 우리나라 대학의 창업교육 현황에 대해서 살펴보고 효과적인 창업교육의 방향에 관해서 고찰해보고자 한다.

제1절 창업과 창업교육의 이해

1. 창업의 정의

일반적으로 '창업(創業)'이란 '사업 따위를 처음으로 이루어 시작함'(네이버 국어사전)을 말한다. 기존에 있는 조직이 아닌 새로운 아이디어를 통하여 사업의 목표를 정하고 재화와 서비스, 생산, 유통의 과정을 통하여 소비자에게 새로운 가치를 제공하기 위해 행하는 모든 과정을 창업의 과정으로 볼 수 있다.

창업(創業)의 법적인 정의에 관해서 살펴보면, 2016년 개정된 「중소기업창업 지원법」 제2조에 의하면 '창업(創業)이란 중소기업을 새로 설립하는 것'으로 창업의 정의를 다소 엄격하게 정의하면서 창업지원제도를 악용하는 것을 방지하고자 하는 방어적 입장을 취하고 있다. 첫째, 타인으로부터 사업을 승계하여 승계 전의 사업과 같은 종류의 사업을 계속하는 경우, 다만, 사업의 일부를 분리하여 해당 기업의 임직원이나 그 외의 자가 사업을 개시하는 경우로서 중소벤처기업부령으로 정하는 요건에 해당하는 경우는 제외하고 있다. 둘째, 개인사업자인 중소기업자가 법인으로 전환하거나 법인의 조직변경 등 기업형태를 변경하여 변경 전의 사업과 같은 종류의 사업을 계속하는 경우와 셋째, 폐업 후 사업을 개시하여 폐업 전의 사업과 같은 종류의 사업을 계속하는 경우와 넷째, 기존 업종에 다른 업종을 추가하여 사업을 하는 경우에는 추가된 업종의 매출액이 총 매출액의 100분의 50 미만인 경우와 같이 위 네 가지 경우에만 해당하지 않는다면, 조직의 규모와 관계없이 새로운 사업을 시작하는 경우는 모두 창업이라고 할 수 있다(장석주, 2017).

또한 「중소기업창업 지원법」 제2조(정의)에 따르면, '창업자(創業者)'란 '중소기업을 창업하는 자와 중소기업을 창업하여 사업을 개시한 날부터 7년이 지나지 아니한 자'를 말한다. 사업을 개시한 날은 창업자의 성격이 개인사업자인지, 법인사업자 인지에 따라 달라지는데, 법인사업자의 경우 법인설립등기일, 개인사업자의 경우 부가가치세법 제8조 제1항에 따른 사업개시일을 기준으로 한다(장석주, 2017).

창업에 대한 학자들의 다양한 정의를 살펴보면 다음과 같다. 이석규(1997)는 창업이란 '제품이나 용역을 생산하거나 판매하는 사업을 시작하기 위해 새로운 기업을 설립하는 행위'이다. 백형기(1999)는 '창업자가 창업아이디어를 가지고 일정한 사업목표를 세워 생산요소를 적절히 결합하여 제품 생산 등에 적합한 기업을 설립하는 행위'이다. 이장우(1997)는 '창업이란 다양하고 무질서한 사회의 변화 환경 속에서 절호의 기회를 발견하고, 이런 기회를 살리기 위하여 자원을 발견·보관·통제하는 것'으로 정의한다.

베스퍼(Vesper, 1980)는 '현재 가지고 있는 자원, 노동, 재료와 자산을 결합하여 이전보다 더 가치 있는 조직으로 변화시킴으로써 현재보다 더 많은 수익을 창출해내는 것'으로 정의한다. 론스타트(Ronstadt, 1984)는 '창업이란 부가적인 부(富)를 창출하는 역동적인 과정이고, 다만, 부(富)는 자산, 시간, 직업에 대한 헌신 등의 위험을 감수하는 개인에 의해서만 창출이 가능하다'고 정의한다. 돌링거(Dollinger, 2000)는 '창업이란 위험과 불확실성이 큰 상황하에서 성장과 이윤을 추구하는 혁신적이며 경제적인 조직체의 탄생'이라고 정의하고 있으며, 창의성, 혁신, 자원의 수집, 경제적 조직체의 설립, 이윤추구의 기회 등을 창업의 핵심요소로 제시하였다. 드락커(Drucker, 1985)는 '창업이란 새로운 부(富)를 창출하는 능력을 가지고 기존의 자원을 투입하는 혁신적 행위'라고 하였다.

위의 연구자들의 정의를 종합해보면, 창업이란 '개인 또는 집단이 자금과 인력을 동원하여 지금까지 해오던 일이나 업종을 초월하여 새로운 업종을 선택하고 사업체를 구성하여 운영하는 것'으로 정의할 수 있다. 또한 창업이란 인적·물적 자원을 활용하여 불확실한 환경을 감수하고 사업을 통해서 이윤을 추구한다는 특성을 지니고 있다.

최근 국가 차원에서 추진하는 창업으로는 새로이 사업을 시작하는 '스타트업(start-up)'이 있다. 스타트업이란 '혁신형 기술과 아이디어를 보유하고 새롭게 창업을 하는 신규기업'을 말하며, 불확실한 상황 속에서 고객에게 새로운 상품을 제공하고 신기술을 기반으로 창업해서 빠르게 성장하는 기업이 되는 것을 궁극적인 목표로 한다.

2. 창업교육의 개념과 목표

1) 창업교육의 개념

창업(創業)이란 앞서서 '개인 또는 집단이 자금과 인력을 동원하여 기존에 해

왔던 일이나 업종의 범위를 초월하여 새로운 업종을 선택하고 사업체를 구성해서 운영하는 것'으로 정의하였다.

또한 '교육(教育)'이란 표준국어대서전에 의하면, '지식과 기술을 가르치며, 인격을 길러주는 행위'이며, 옥스퍼드대사전에서는 '교육이란 조직적인 훈련과 수업'으로 정의된다. 교육학자 듀이(J. Dewey)는 '교육이란 경험의 의미를 부가하는 방향으로 경험을 재구성하고 재조직함으로써 하위 경험의 과정을 지시하는 능력을 키워나가는 것'으로 정의하고 있다.

따라서 '창업교육(創業教育)'이란, '인간의 근본 바탕에 내재되어 있는 창업정신을 일깨우고 북돋워 주어서 새로운 것을 행할 수 있도록 가르치고 잠재능력을 키워주는 과정이며 행위교육'이다. 또한 창업교육이란 '개인의 미래에 대한 진로탐색이나 행동발달에 필요한 아이디어를 창업가적인 행동으로 전환할 수 있는 역량을 배양하는 기업가 정신교육'으로도 정의할 수 있다. 또한 창업교육은 새로운 진로·취업 탐색 교육이라고 할 수 있다. 창의성과 도전정신을 통해 위험을 감수하고 스스로 문제를 해결해나가는 기업가정신과 그런 능력을 개발하는 교육으로 한 가지 직무만을 잘 수행하는 능력을 가진 인재를 양성하는 취업교육과는 다른 방식의 직업교육이라 할 수 있다(홍영애, 2019). 창업교육에 관한 국내외 연구자들의 정의에 관해서 정리하면 표 9-1과 같다.

표 9-1 창업교육의 다양한 정의

연구자	창업교육의 개념 및 정의
윤희현(2019)	창업과 관련된 여러 가지 요인들의 상관관계 및 교육을 제공하는 공급자와 창업가, 사회적 인프라 등을 포함한 창업 생태계를 중심으로 성공 가능성을 높이는 교육
박재환, 김용태 (2009)	창업교육은 실제로 사업을 준비하거나 경영하지 않는 사람도 잠재적 창업자로 여기고 이들에게도 사업 경영에 관한 내용을 가르치는 교육
하선탁(2008)	학생들의 도전정신, 창의성, 자율성을 강화하고 창업가되려는 열망을 제공하며 창업을 현실화시킬 수 있는 체계적인 교육과정
곽동신(2016)	예비창업자 및 기창업자를 대상으로 창업하는 데 필요한 요소를 숙지시켜 이를 시행할 수 있는 다양한 능력을 갖추도록 하는 교육과정
Drucker (1985)	창업가적 비법은 마법처럼 신비스러운 것이 아닌, 유전자와는 아무 상관 없는 훈련과 실습을 통해 익힐 수 있는 것

연구자	창업교육의 개념 및 정의
Ronstadt (1984)	창업가는 육성될 수 있다는 관점을 가지고 창업교육을 직업교육의 한 방법으로 인식해야 하며 창업교육을 받은 학생을 누구든 잠재적인 창업가로 인식해야 한다.
Jones & English (2004)	개인의 사업적 기회를 인식할 수 있는 능력과 통찰력, 자부심, 지식 및 기능을 제공하는 과정

출처: 구자억 외(2020). 창업교육론. 동문사. 재구성.

2) 창업교육의 목표

창업교육의 목표는 창업교육이 나아가야 할 방향을 제시해준다. 창업교육을 통하여 창업가로 성장할 수 있도록 창업가적 정신과 의지, 태도를 길러서 건전한 기업문화를 창조하고 개발하는 것을 목표로 한다. 많은 연구자에 의하면 일반적으로 창업교육의 목표는 개인과 공동체 속에서의 기업가적인 태도와 정신 및 문화를 조성하는 것이다(Bechard & Toulouse, 1998; Co & Mitchell, 2006).

그러나 창업교육의 목표를 정의함에 있어서 다음 두 가지 사항에 관해서 주목할 필요가 있다. 첫째, 창업교육은 스타트업과 기업가의 수를 증가시키는 것을 목표로 하는 것이 아니라 미래 창업활동을 하거나 직업을 찾는데 필요한 평생의 기능을 향상시켜주는 것을 목표로 해야 한다(Jones, 2010). 둘째, 창업교육은 학생들에게 기업가적인 지식과 기능을 전달하고 창업방법을 가르치는 것을 목표로 해야 한다(Gibb, 2002). 한편, 컬비(Kirby, 2004)는 '창업교육은 첫째, 기업가정신에 대한 방향성과 인식을 제공해야 한다. 둘째, 창업교육은 새로운 기업을 형성하도록 도움을 주어야 하며, 자영업 또는 경제적 자급률 향상을 위해 필요한 역량을 개발하는 데 도움을 주어야 한다. 셋째, 창업교육은 중소기업의 생존과 성장에 초점을 맞추어야 한다'라고 하였다.

결국 창업교육은 학습자가 창업과 기업 운영에 필요한 기업가적 지식과 기능, 태도를 습득할 수 있는 커리큘럼으로 구성되고 학습활동으로 연결되어야 한다.

3) 창업교육의 구성요소

창업교육은 기업가정신을 함양시켜 기업가에게 필요한 지식과 기능에 대한 이해를 제공하고, 기업가정신을 통하여 학생들은 실제로 기업가정신 학습과정을 거쳐 건전한 기업가로의 성장을 돕는다. 창업교육의 목표를 달성하기 위해서는 다음과 같은 기업가적 지식, 기업가적 기능과 기업가적 태도를 중시하는 방향으로 교육내용이 구성되어야 한다.

(1) 기업가적 지식

창업교육은 잠재적 기업가에게 미래 환경의 압박, 도전과 불확실성에 대처하는 데 필요한 지식과 기능, 태도를 제공한다(Dumitrache & Monica, 2014). 기업가적 지식이란 '기업가적 기회 식별, 기회창출, 마케팅, 재무, 조직 등과 같은 기업가의 활동과 관련된 지식을 말한다'(Hao & Yinghua, 2018). 기업가적 지식은 중등교육기관의 기업가정신 훈련을 통해서도 습득할 수 있다. 기업가정신 과정을 통해 습득한 기업가적 지식은 창업 의도에 긍정적인 영향을 미치며, 창업교육 과정을 통하여 기업가적 지식과 역량을 얻을 수 있고 창업 의도를 갖는 데 긍정적 영향을 미친다.

(2) 기업가적 기능

창업교육은 기업가적 기능과 행동을 창출하는 역할을 한다. 기업가로 성공하기 위해서는 비즈니스 관리에 필요한 개인적인 기업가적 기능이 필요하다. 이러한 기업가적 기능에는 탁월한 커뮤니케이션 능력, 비즈니스 계획 수립과 관리에 필요한 의사결정 역량, 규율준수 역량, 자제력, 위험감수 및 혁신성과 같은 요소가 있다(Solesvik, 2014). 이러한 기업가적 자질은 창업교육 및 훈련을 통하여 실질적인 결과를 도출할 수 있는 능력이다(Putta, 2014). 이러한 기업가적 기능을 개발하면 개인의 전문성을 신장시킬 수 있고 사회적 수준에 부합하는 기업인으로 성장하고 발전할 수 있는 좋은 기회를 가질 수 있게 된다(Moberg et al., 2014: Terzaroli, 2018). 또한 창업교육을 통하여 어떻게 능동적으로 행동할 것인지, 어떻게 취업 시장에 진출할 것인지를 미리 알고 미래에 일어날 수 있는 기회를 잡을 수 있는 기업인이 되도록 도움을 줄 수 있다.

결국 기업가적 기능은 학생들이 미래를 준비할 수 있도록 도와주는 기능이다. 21세기 산업사회가 필요로 하는 창업 기업인의 주요한 기능은 분석적 문제해결력, 혁신 및 창의성, 자기 주도 및 주도성, 유연성 및 적응성, 비판적 사고력, 정보 및 기능 활용능력, 의사소통 및 협업 역량이다(WEF, 2016). 이러한 기업가적 기능은 기업가적 정신 방향과도 일맥상통한다.

(3) 기업가적 태도

기업가는 일반적으로 결정적인 좋은 기회를 식별하고 위험을 감수하여 창업으로부터 최대의 만족을 얻을 수 있는 능력을 갖추어야 한다. 창업의 시점은 심리적 요소인 금융의 가용성, 아이디어의 생성, 인프라, 기능, 시장 인식, 태도와 같은 다양한 매개변수에 의해서 달라지기도 한다. 올포트(Allport, 1935)는 '태도는 현대 사회심리학에서 가장 독특하고 필수적인 개념으로 다루어지는데, 사람의 태도는 그 사람의 과거와 현재 경험으로 형성되며, 자신의 태도에 애착을 가질 수 있다'고 하였다. 기업가정신에 대한 개인의 태도 형성에 영향을 미치는 요소는 일련의 가치관, 신념 및 인지된 자기효능감이며 이것은 기업인의 기업경영의 이유를 뒷받침한다. 많은 연구에서 창업교육이 청년들에게 기업가적 태도를 개발하게 하고, 기업가정신을 가다듬고, 다양한 창업의 기회를 제공하고 있음을 알 수 있다(Ede et al., 1998; Kassean et al., 2015; Peterman & Kennedy, 2003). 효과적인 창업교육을 위해서는 기업가로서의 올바른 행동에 창업교육이 집중적으로 이루어져야 하며, 이러한 행동 교육에는 사업 계획 작성과 같은 기존의 특성과는 분리되어야 한다고 주장하였다(Robinson et al., 1978). 결국, 창업교육에서 다루어야 할 기업가정신역량은 사업의 성공을 유지하는데 필요한 기업가정신의 특성인 기업가로서의 태도, 신념, 재능, 성격, 행동 영역이다. 결국, 기업가정신이란 기업가적 지식, 기업가적 기능 및 기업가적 태도가 통합되어 나타나는 결정체이다(European Commission, 2020).

훌륭한 기업가가 되기 위해서는 언제나 불확실성을 감지하고 환경에 적응할 수 있는 역동성, 유연성 및 자율적인 규제 능력을 갖추어야 한다. 훌륭한 기업가가 갖추어야 할 역량은 기업가적 지식과 기업가적 동기이다. 기업가적 지식은 전달될 수 있는 명시적 지식과 전달될 수 없는 기능과 경험을 의미하는 암묵적 지식이 있으며 기업가적 동기부여는 기업가적 태도와 기업가적 의도의 두 가지 요소가 있다(Markowska, 2011).

제2절 창업가와 창업의지(Entrepreneurial Intention)

1. 창업가의 특성

창업가는 기업을 운영하는 사람으로 기업가정신 연구의 중요한 대상이다. 경제학자 칸틸리온(Cantillion, 1755)은 '창업가를 불확실한 상황 속에서 조직관리를 위해 위험을 감수하는 합리적인 의사결정자'로 정의하였다. 이후 많은 이론가들의 실증연구를 통하여 창업가의 개념 및 특성을 정의하였다. 창업가는 기업 내·외적인 다양한 환경적 요인 간 상호작용의 영향을 받는다. 창업가의 주요한 심리적 특성인 위험감수성, 자율성, 적극성, 성취욕구를 창업의도와 창업가의 행동을 설명하는 창업의사결정에 큰 영향을 주는 요인으로 제시된다(Dewhurst & Hoborin, 1998).

창업가의 특성을 말할 때 종종 '창업정신' 혹은 '기업가정신(Enterpreneurship)'으로 설명된다. 기업가정신이란 일반적으로 지속적인 기업 발전을 이룰 수 있는 힘으로 미래의 불확실성과 높은 위험을 무릅쓰고 주도적으로 기회를 포착하면서 도전하고 혁신적 활동을 통해서 새로운 가치를 창조하는 실천적 역량이다. 또한 무한한 인간의 욕구를 충족시키기 위하여 한정된 자원을 효율적으로 사용하여 효용을 극대화하는 정신이며, 주어진 상황을 개선하기 위하여 지금까지 알려져 있지 않은 새로운 것을 발견하는 것을 말한다. 이러한 점에서 기업가정신의 시작이 바로 창업정신이라 할 수 있다.

일반적으로 창업가의 심리적 특성은 혁신성, 진취성, 위험감수성, 자율성으로 설명된다(구자억 외, 2020).

1) 혁신성(innovation)

슘페터(Shumpeter, 1942)에 의하면 혁신성을 '창조적 파괴'라고 명명하면서 혁신성이란 '과거의 지식이나 기술, 투자에 의하여 결과물에 새로운 가치를 부합시켜 새로운 제품이나 서비스를 창출하는 것'이라고 하였다. 과거와 차별화된 제품과 서비스를 개발하기 위해서는 반드시 창의적 아이디어가 필요하기 때문에 혁신성은 창의성을 포함하는 개념이며 창업가의 핵심적인 특성이 된다.

2) 위험감수성(risktaking)

창업가는 불확실한 환경 속에서 새로운 기업을 창업하고 운영하면서 때로는 높은 위험을 감수하는 의사결정이 필요하다. 새로운 사업을 시작할 때 100% 성공확률을 가지고 시작하는 경우는 드물다. 성공확률이 없을지라도 과감하게 뛰어들어 성공 기회를 포착하는 것이 바로 기업가정신이다.

위험감수성이 높은 창업가는 경쟁자를 수동적으로 따라가는 것이 아닌 적극적인 행동을 통하여 상황을 주도해 나간다(Sitkin & Weingart, 2017). 최근 들어 의미를 확장하여 기업이 새로운 사업의 성공 확신이 없을지라도 과감한 행동을 통하여 기꺼이 새로운 사업기회를 포착해 나가는 능력을 포함한다. 물론 위험도를 줄이기 위해서 기업가는 사전에 사업타당성을 철저하게 분석함으로써 실패 가능성을 최소화하는 것이 필요하다. 무조건 뛰어드는 것이 아니라 적극적으로 도전하면서 합리적 의사결정을 할 수 있는 것도 기업가의 능력이 될 수 있다.

3) 진취성(proactivity)

진취성이란 새로운 사업 기회를 포착하기 위해서 필요한 총체적인 노력을 말한다. 진취성은 창업가의 변화 인식과 자발적인 경쟁에 대한 통찰력을 제공한다. 나아가 기업 환경변화와 미래 수요를 예상하여 신제품 개발과 새로운 서비스를 도입하여 적극적으로 경쟁사를 제압해나가는 자발적인 창업가적 자세를 말한다. 따라서 진취성이 높은 창업가는 기존 경쟁방법에 의존하지 않고 적극적 자세로 새로운 사업 기회를 포착하고 방안을 제시한다(Lumpkin & Dess, 2005). 이러한 진취성은 사업의 경쟁 우위를 창조하는 데 매우 효과적이다.

4) 자율성(autonomy)

자율성은 창업가적 비전을 가지고 기회를 포착하기 위해서 독립적으로 행동하는 성향을 가진다. 이러한 자율성은 개인과 조직 모두에 적용되며, 일반적으로 조직의 규범과 전략을 실행하는 개념이다. 최근에는 기업에 필요한 새로운 아이디어와 비전을 제시하기 위해서 조직의 관료주의를 탈피하여 타성에 얽매이지 않고 독창적으로 일을 할 수 있는 창업가적 독립성을 자율성에 포함시킨다(Dess & Lumpkin, 2005). 이러한 자율성은 구성원들의 혁신적인 아이디어 개발을 촉진시키고 업무효율성을 증대시켜 기업경쟁력 강화에 매우 유익하다.

또한 자율성은 기업 성장과 밀접한 연관성이 있다. 자율성은 대기업보다 더 독립적이고 자발적인 중소기업의 성장에 더욱 필요한 요소로서 더 많은 자유를 기대하는 창업기업과 매우 밀접한 관련이 있다(Van Gelederen & Jansen, 2006).

이러한 기업가정신은 단순히 창업을 하고자 하는 기업인에게만 필요한 것이 아니라 조직을 구성하고 조직문화를 만들려고 하는 모든 사람들에게 필요하다. 또한 미래사회를 살아가기 위해서는 모든 사람들이 갖추어나가야 할 진취적이고 도전적인 행동과 태도로서 수용되어야 한다.

2. 창업의지 결정요인

창업과정은 새로운 하나의 조직을 창조하는 과정이다. 하나의 새로운 조직을 만들어 내는 창업의 과정에는 창업가의 의사결정단계가 있으며 그 단계에는 반드시 창업자의 '창업의지(entrepreneurial intention)'가 필요하다. 결국 창업의지는 창업과 관련된 매우 중요한 요소이고 새로운 조직 설립을 위한 의사결정과 행위를 결정하기 때문에 창업과정을 이해하는 데 매우 중요한 개념이다(Turker & Selcuk, 2009). 창업가의 의사결정은 사전에 치밀하게 계획되고 준비되어야 하며, 의사결정에 필요한 창업 의지에 관한 이해는 매우 중요하다.

1) 창업의지의 개념

'창업의지(entrepreneurial intention)'는 현재 창업여부를 가지고 있는가가 아닌, 미래에 창업할 가능성을 얼마나 가지고 있는가를 의미한다. 창업의지는 창업에 대한 행위인 의도적인 태도를 말하며, 창업의지는 창업의 첫 단계에 해당하는 것으로 창업을 이해하는 것은 매우 중요하다(Krueger & Carsrud, 1993). 실제로 창업의지가 높은 사람이 실질적으로 창업할 확률이 매우 높다.

또한 창업의지는 개인의 태도와 경험이 창업이라는 행위로 이어지도록 도와주는 매개 역할을 한다(Yoon, 2004). 따라서 '창업의지란 창업을 위해 계획적이고 행동적 의도를 통하여 이루어지는 일련의 과정이다(Bird, 1988)'. 의지는 행동을 결정하는 가장 중요한 변수이기 때문이다(Fishbein & Ajzen, 1975).

2) 창업의사 결정요인

창업은 개인의 개인적 특성과 환경 간의 상호작용을 통하여 이루어진다(Greenberger & Sexton, 1988). 창업의사를 결정하는 요인으로 환경요인이 중요한데 정부정책, 사회·경제적 조건, 재무적 지원, 경영기술, 비재무적 지원 등을 들 수 있다(Gnyawali & Fogel, 1994). 창업의사결정 과정을 이해하기 위해서는 창업 시작단계의 의사결정뿐만 아니라 창업 이후 사업의 지속여부를 결정하는 창업자의 의사결정 과정도 포함되어야 한다(Naffzigeretal, 1994).

창업 의사결정에 영향을 주는 요인으로는 창업가 개인의 특성, 가족관계, 성별과 같은 창업가의 개인적 환경요인과 창업을 통해 추구하고자 하는 창업가의 개인적 목표, 창업에 대한 사회적 인식과 자금 확보 용이성과 같은 사업적 환경, 구체적인 창업 아이디어, 창업을 통한 이익과 매출, 시장점유율 등과 같은 성과가 있으리라는 기대 등 다양한 요인이 해당된다(이익중, 2011). 창업의사 결정에 영향을 미치는 주요한 요인에 대해 살펴보면 다음과 같다.

(1) 창업태도

창업태도는 창업에 임하는 개인의 태도를 말한다. 개인적 태도는 일관성 있게 어떤 대상에 대한 호의적·비호의적으로 반응하는 개인의 학습된 경향을 말한다(Ajzen, 1991). 일반적으로 태도는 행동의도와 밀접한 관련이 있다. 일반적으로 태도와 행동 간에는 양의 상관관계가 있으며, 대체로 특정 행동에 대한 개인의 태도가 호의적일수록, 그 행위를 수행할 의도는 더욱 높아진다(Moore & Benbasat, 1991). 어떤 대상 혹은 그 대상과 관련된 행동에 대해서 보다 더 호의적 태도를 가질수록 그러한 행동은 수행될 가능성이 높다(성창수, 2011).

(2) 주관적 규범

주관적 규범은 '개인 행동에 관한 타인의 의견에 대한 개인적 지각과 이를 얼마나 수용하는지의 정도'를 말한다(Ajzen, 1991). 주관적 규범이란 개인이 어떠한 행동을 준비할 때, 주위 사람들의 기대에 대한 신념과 그러한 기대에 순종하려는 동기로 구성되어 있다(Fishbein & Ajzen, 1975). 합리적 행동이론 관점에서 보면, 어떤 행동에 대해 호의적 태도와 주관적 규범을 가질수록, 그러한 행동을 수행하려는 의도는 더욱 강해지고 행동을 취할 가능성이 매우 커진다. 개인에게 미치는 규범적 영향이 클수록 개인은 그것에 따라 행동하려는 의도가 강해지는 경향이 있으며(Bagozzi et al., 1988), 주관적 규범이 개인의 행동 의도에 강한 영향을 미친다(Schifter & Ajzen, 1985). 특히 이러한 행동의도에 대한 주관적 규범의 영향은 서양권 사회보다는 동양권 사회에서 훨씬 더 두드러지게 나타난다.

(3) 인지된 행동통제

아지젠(Ajzen, 1991)의 계획된 행동이론은 합리적 행동이론을 확장하여 개인이 완전히 통제할 수 없는 행동에 구체적으로 인지된 행동의 통제라는 개념을 추가하였다. 즉 인지된 행동통제에는 외적인 요소와 내적인 요소가 있는데 외적인 요소는 시간, 돈과 같은 물질적인 요소를 말하고, 내적인 요소는 자아능력이나 자신감 같은 개인의 능력을 말한다. 이러한 인지된 행동 통제의 개념하에서는 '행동이란 개인의 통제하에 있으며, 특정 행동을 실행하는 것이 얼마만큼 쉽고 어려울 것인가에 대한 개인의 지각'으로 정의된다(김수진 외, 2016). 그리고 인지된 행동 통제는 개인의 통제적 신념과 통제 요소인 지각된 지원(perceived facilitation)의 곱이라는 통제적 신념 구조에 의해 결정된다(성창수, 2011). 통제적 신념은 기술, 자원, 기회의 이용가능성에 관한 개인의 지각을 의미하고, 지각된 지원이란 특정한 행동 결과를 성취하는데 이들 자원, 기술 및 기회의 중요성에 관한 개인적 평가를 의미한다.

제3절 국내 대학 창업교육

1. 대학에서의 창업교육의 중요성

중소기업청(k-startup)에서 진행되고 있는 창업지원사업 프로그램 중 대학창업교육의 체제 속에 명시되어 있는 대학 창업교육의 개념을 살펴보면, 대학에서의 창업교육이란 '창업 친화적 교육으로서 창업과 관련 인프라를 조성하고 창업 생태계 환경 구축을 위하여 창업가적 정신을 이해하고 태도를 형성하여 이론적인 지식과 혁신적인 사고력을 가질 수 있도록 하는 교육'을 말한다. 기술혁신을 위한 대학의 창업교육은 4차 산업혁명에 대비한 인재를 양성하고 신기술을 개발하고 사업화를 이끌어갈 창업의 핵심적 역할을 수행할 것이다.

창업은 일자리 창출의 핵심 원동력이다. 오늘날 새로운 기술을 기반으로 하는 창업이 증가하고 있으며 창업 활성화를 위해서는 대학의 연구, 도전적인 인재 양성, 신기술 보급이 매우 중요하게 되었다. 대학은 기업에 단순히 인재를 공급해주는 역할에서 벗어나 자체적으로 대학 내 일자리 창출이 일어나도록 해야 한다.

창업 지원 환경이 과거에 비해 매우 다양해지고 있으며 창업교육의 중요성도 커지고 있다. 2018년 대학창업통계 조사 결과 보고서에 따르면 2017년 기준으로 국내 4년제 대학 중에서 창업학과가 개설된 학교는 13개이며(연계 전공 제외), 2019년 2월 기준 창업학과가 개설된 학교는 총 14개, 학부 및 학과를 포함해 총 25개로 나타났다.

표 9-2 2019년 2월 기준 창업 관련 학부 및 학과 개설 현황(전공 포함)
(창업, 벤처전공, 사이버대학 포함, 연계전공 불포함)

순번	학교유형	대학교명	학과명(전공 포함)
1	대학교	가톨릭관동대학교	창업지식재산학과
2	대학교	가톨릭대학교	창업대학(스타트업융복합 전공)
3	대학교	군산대학교	융합기술창업학과
4	대학교	대구대학교	자산관리창업학과
5	대학교	대전대학교	창업학부
6	사이버대학	서울사이버대학교	창업비즈니스학과
7	대학교	세명대학교	벤처창업학과
8	사이버대학	세종사이버대학교	외식창업프랜차이즈학과
9	대학교	신라대학교	창업예술학과
10	대학교	영산대학교	웰빙조리창업 전공
11	대학교	우송대학교	글로벌외식창업학과
12	대학교	창원대학교	창업자산융합학부

순번	학교유형	대학교명	학과명(전공 포함)
13	대학교	청운대학교	창업경영학과
14	대학교	초당대학교	외식조리창업학과/창업경영학과
15	대학교	한국교통대학교	융합교육창업학부
16	사이버대학	한국열린사이버대학교	창업경영컨설팅학과
17	대학교	한동대학교	ICT 창업학부
18	대학교	한라대학교	벤처창업학 전공
19	대학교	한밭대학교	창업경영학과
20	대학교	서울과학기술대학교	벤처경영학과
21	대학교	숭실대학교	벤처경영학과/벤처중소기업학과
22	대학교	한림대학교	벤처비즈니스융복합 전공
23	사이버대학	한양사이버대학교	인사조직 전략벤처학과

출처: 홍영애(2019). 한국대학교육협의회, 학교별 학과 현황. pp. 3-4.

대학생들은 창업을 취업을 위한 수단으로 보는 경우가 많다. 따라서 이러한 현실을 고려할 때 대학의 창업교육은 직업탐색의 또 다른 과정으로 바라보는 관점 개선이 필요하며, 창업에 관심을 가진 학생들에게 대학은 더 많은 종류의 창업강좌를 개설하고, 창업동아리 및 창업경진대회 등 다양한 지원을 통하여 학생들에게 기업가정신 고양시켜 창업으로 연계될 수 있도록 해야 한다(김종운, 2014). 또한 학생들의 창업교육 및 지원 시스템에 대한 인식을 변화시키고 불확실한 미래를 회피하지 않고 도전하여 새로운 아이디어를 낼 수 있는 기업가적 마인드 형성에 필요한 대학교육 프로그램 개발과 창업 지원 시스템이 필요하다(홍영애, 2019).

2. 창업지원 시스템의 개념 및 필요성

대학 창업 지원 표준모델(2016)에 따르면 대학에서의 창업지원 시스템의 개념은 '창업교육지원', '창업 사업화 지원', '창업인프라 지원'으로 구분할 수 있다(홍영애, 2019).

1) 창업교육지원

'창업교육지원'이란 창업과 관련된 정규 교과(전공/교양)로서 학점이 인정되는 창업강좌와 비교과로는 창업동아리, 창업경진대회, 창업특강 등 창업 준비를 위한 활동과 같은 교육 강좌를 지원하는 사업을 말한다.

2) 창업 사업화 지원

'창업 사업화 지원'이란 대학이 자체적으로 운영하는 사업 또는 외부 네트워크와의 연계를 통하여 우수한 창업자를 발굴·육성하여 창업 사업화의 성공을 촉진하는 것을 말한다. 대표적으로 스카우팅, 엑셀러레이팅, 스케일업 등이 있다. 스카우팅이란 경영, 기술, 시장분야의 전문가 등으로 구성된 집단을 통해 교내외 우수한 창업자 또는 창업 아이템을 상시로 발굴하는 것을 말한다. 엑셀러레이팅이란 초기 실패율과 리스크를 줄이기 위하여 스타트업의 투자와 전문보육을 하는 것을 말한다. 스케일업은 창업기업의 성장 및 글로벌 시장 진출을 촉진하기 위하여 R&D, 국내외 판로개척, 기업경영 및 확장을 위한 시설자금 및 운영자금 등을 확보해서 투자하는 다양한 활동 등을 말한다.

3) 창업인프라 지원

'창업인프라 지원'은 조직·인력, 공간·장비, 학사제도·인사제도, 창업포탈로 구분된다. 대학이 보유하고 있는 유망기술을 창업으로 이어지도록 위해서는 창업전담조직 구성이 필요하다. 창업 지원 조직·인력은 대학 내 창업교육 및 창업 지원 업무를 전담하는 조직을 말한다. 재학생의 창업률 활성화를 위해서는 재정 지원에 속하는 교비지원과 인적지원을 담당하는 창업전담직원을 배치하고, 창업과 관련한 상시적인 의견 수렴과 의견 반영을 위한 창업전담기구를 대학 내 설치하여 이러한 지원 조직의 기능을 강화할 필요가 있다(김선우, 2013). 또한 창업 경험이 풍부한 전문가, 실전 경험자를 대학의 교원으로 확보하고, 창업 상담 센터 등 창업 지원 기구를 대학 내 설치하여 사업 계획서 작성, 투자 연계, 멘토링, 정부 지원 사업 및 제도 소개 등 창업과 관련된 다양한 정보를 학생들에게 제공해야 한다(장지현, 2016).

또한 대학 내 창업전담조직의 설치뿐만 아니라 창업에 필요한 다양한 공간을 전용공간과 연계 공간으로 구분하여 설치하고 창업단계별로 창업동아리방, 창업 준비실, 공동창업 보육실 등 설치가 필요하다. 또한 학생들의 좋은 창업 관련 아이디어를 효과적으로 시제품 제작을 유도하기 위해서는 메이커스페이스(Maker Space) 구축도 필요하다. 창업친화적 학사제도 및 인사제도는 대학 내 창업에 친화적인 분위기를 형성하여 학생 및 교원들이 창업에 쉽게 도전할 수 있는 환경을 조성을 위해 만들어진 제도를 말한다. 학생 대상의 창업친화적 학사제도와 교원 대상의 창업친화적 인사제도가 있다. 창업친화적 학사제도에는 창업휴학제, 창업대체학점 인정제, 창업강좌 학점교류제, 창업장학금제, 창업특기생 선발제, 창업학과 및 창업연계전공, 창업대체 논문인정제 등이 있다. 창업친화적 인사제도에는 교원창업 휴·겸직제, 창업 중점 교수제, 교원업적평가가 있다.

3. 국내 대학의 창업교육 현황

국내 대학에 창업교육이 도입된 것은 1980년대에 몇몇 대학에서 창업 관련 과목을 대학에 개설되면서 시작되었고, 그 후 1990년대에는 28개 대학에서 창업 교과가 개설되었고 경영학 전공 학자들에 의해 창업학과 창업교육에 대한 연구가 본격적으로 이루어졌다.

초기 창업교육 연구는 창업교육의 실태, 창업교육의 교과 내용 결정 모형, 효과적인 교수법, 교육과정 개발 등 창업학 도입에 필요한 주제를 중심으로 이루어졌다. 창업에 대한 사회적 관심과 수요가 많지 않아 소수의 학자들에 의해 창업학을 소개하는 수준으로 학문적 연구에는 한계가 있었다(정지호, 2014). 그러나 1990년대 후반 IMF 외환위기로 인하여 경제 상황이 악화되었고 이에 따른 실업률 증가로 인하여 창업 열풍이 불어 예비창업자를 대상으로 한 다양한 창업교육이 본격화되었고 창업교육에 대한 사회적 관심도 크게 높아졌다.

학부 단위의 창업교육은 1995년 숭실대학교가 중소기업학과를 개설하면서 시작하게 되었다. 이어서 2010년 숙명여자대학교 앙트러프러너십 전공 개설, 2012년 호서대학교 창업학부가 개설되면서 대학가로 널리 확산되었다.

표 9-3 국내대학 창업교육 연대기

연도	내용
1980년대	• 1986년 중소기업 창업지원법 제정 • 대학에서 창업 관련 과목 개설 • 아주대학교 중소기업론, 동국대학교 타당성 분석
1990년대	• 1992년 28개 대학 창업교과목 개설 • 1995년 숭실대학교 벤처중소기업학부 개설 • 최초 창업교육과정 개설 • 1997년 중소기업청 16개 대학 창업교육기관 지정
2000년 이후	• 2004년 중소기업청 5개 창업대학원 설립(중앙대, 호서대, 한밭대, 예원예술대, 전주산업대) • 석사과정 창업컨설팅, 창업경영 등 세부 전공 개설 시작 • 2007년 75개 대학 창업 관련 강좌 개설 • 2008년 중앙대학교 창업학 박사 과정 개설 • 2010년 숙명여자대학교 앙트러프러너십 센터 운영(전공개설) • 2012년 산학협력선도대학 사업 • 호서대학교 창업학부 개설(창업, 기술경영, 디지털, 비즈니스 전공) • 5개 창업대학원 추가 설립(국민대, 연세대, 계명대, 성균관대, 부산대) • 2015년 대학 창의적 자산 실용화 지원사업 • 18개 대학 선정 • 2016년 기준 86개 대학 창업교육센터 설치 • 2017년 사회 맞춤형 산학협력 선도대학 사업 육성

출처: 구자억 외(2020). 창업교육론. 동문사. p. 96. 재구성.

1) 교과프로그램

대학 창업교육은 교과와 비교과로 나누어지며, 교과프로그램은 학점이 부여되는 교양(필수/선택)과목과 전공(필수/선택)과목으로 이루어지고, 교수법에 따라 이론형 과목과 실습형 과목으로 나뉜다. 이론형 과목은 창업 일반에 관한 내용으로 편성되고 내용의 절반이 창업 이론으로 구성되며, 실습형 과목은 구체적인 사업 아이템을 중심으로 사업 계획서 작성, 조별 모의창업 실습, 시제품 개발 등의 실습이 포함되어 편성된 교과목이다(대학정보공시 계획 및 지침서, 2016; 황지영, 2017).

운영 형태에 따른 특징을 살펴보면, 이론교육은 주로 교수나 창업교육 전문가가 주제별로 분담하여 강의를 진행한다. 주로 기업가정신 함양, 비즈니스 모델, 창업 지원 정책, 사업 계획서 작성 등 예비창업가에게 필요한 태도와 세부적인 스킬, 이론적 지식, 창업 관련 정보를 강의 형태로 제공한다. 실습교육은 '청년인턴제'와 같은 현장실습, 모의창업시뮬레이션 형태로 구분하여 이루어진다. 현장실습은 교육생들이 자신이 창업하고자 하는 업종의 사업 현장에서 실제 업무를 체험함으로써 현장 지식과 경험을 습득하여 창업 성공률을 높이기 위해 실시되는 교육을 말한다(김용태, 2018).

2) 비교과 프로그램

비교과프로그램은 학점이 부여되지 않는 교육활동을 말하며 대표적으로 창업동아리, 경진대회, 캠프, 특강 등이 있다. 창업은 창업 시장과 현장 실무에 대한 이해가 매우 중요하기 때문에 실무 경험, 창업 생태계 체험, 인적 네트워크를 구축할 수 있는 현장실습이 중시되어야 한다.

(1) 창업동아리

창업동아리 활동은 창업 전반에 대한 실전 경험을 통하여 학생들이 창업마인드와 실전 역량을 키우는 비교과프로그램이다. 창업아이템을 발굴하고 개발하기 위해서는 다양한 특성을 가지고 있는 학생들이 각자의 능력을 상호 교류하고 발전시키며 전문지식 습득을 촉진시키는 창업동아리 활동은 비교과프로그램에서 매우 중요한 활동에 속한다(고혜림, 2016). 대학 내 창업동아리 운영 주체는 각 대학별 창업지원단 또는 창업과 관련된 조직들(LINC+사업단, 기업가센터 등) 또는 교내외 대학(원)생 3인 이상으로 구성된 팀이 해당된다.

창업동아리를 지원하기 위한 활동으로는 창업 준비실, 시제품 제작실, 창업 카페 등 창업동아리 활성화 및 창업 준비를 위한 공간을 제공하고 동아리활동 기획에 필요한 제작비를 지원해야 하며, 지도교수 및 전담 멘토 등과 연계하여 집중 관리하는 전문 멘토링제 운영, 분야별 전문가와 연계한 창업자문활동 지원, 창업전문가 초청 창업 역량 강화 교육 등을 실시해야 한다.

<사례> 인천대학교 창업동아리

대학 내 창업에 대한 의식제고를 통해 창업기반을 조성하고 실제 비즈니스로 이어질 수 있도록 아이템 발굴에서부터 사업화까지 원스톱 프로세스를 진행한다. 창업동아리 실패 최소화를 위하여 전담멘토제를 활용하여 아이템 시장분석 및 사업타당성 분석 후 개발비를 지급하고 현실성 낮은 아이템은 포기 및 재도전 기회를 제공한다.

인천대학교 창업동아리 발굴 육성 체계도

1단계: 선발		2단계: 육성		3단계: 평가		4단계: 우수팀 선정
선발: 상반기(3월) 하반기(8월)/ 기술성, 권리성, 사업성 조사 및 분석개발계획	▶	창업동아리활동/ 시제품 설계 및 개발	▶	계속지원팀 및 지원중단팀 선정	▶	총장상 수여 (연 1회)

출처: 대학 창업 운영 매뉴얼 3.0, 2018.

(2) 창업캠프

창업캠프란 단기간 내 창업과 관련된 아이디어를 실현해볼 수 있는 기회를 제공하는 행사로서 대학생과 일반인을 대상으로 실시된다. 예비창업자 및 창업동아리의 우수한 창업아이템을 사업화하도록 유도하며 그들의 잠재 아이디어를 발굴하여 창의성과 도전정신을 겸비한 창업자를 육성하여 창업활동을 장려하는 비교과프로그램이다.

창업캠프의 대표적인 유형은 아이디어 기획자, 아이디어를 표현해주는 디자이너, 표현한 아이디어를 구현시키는 개발자가 한 팀을 이루어서 새로운 아이디어를 도출하고 사업계획서 작성, 시제품을 만들어 창업 전체의 과정을 경험하는 해커톤과 일정 시간 내 특정한 아이디어를 구체적으로 발전시키거나, 특정 상품 아이디어를 구현 가능한 형태로 직접 만들어보는 메이커톤 등의 방식으로 운영되기도 한다.

<사례> 한밭대학교 창업캠프

행사명	2017 대전 세종 충남 부모님과 함께 하는 DT창의 창업캠프	2017년 빅데이터 전문가 양성 BIz-Cool 창업캠프
기간	1박 2일	1박 2일
목적	자기탐색과 기업가정신 창업교육 및	빅데이터를 주제로 한 실습·체험

	활동을 통해 창업의 각 단계별 의사결정 과정을 체험해봄으로써 실전, 창업 역량 강화 및 기업가정신을 함양시킴	중심의 창업교육을 통해 기업가정신을 함양하고 빅데이터를 활용할 수 있는 역량과 안목, 전략적 마인드 배양
교육방법	사물인터넷과 적정기술을 활용한 창업아이템메이커(Maker)를 창출하고 생활 속 불편함을 개선하고자 하는 창업 아이디어를 발굴, 창업 아이템으로 전환하기 위한 문제해결 과정을 거쳐 최종적으로 적정기술을 활용한 시제품을 제작	빅데이터 실무교육경험이 풍부한 현장 전문가에 의한 멘토링 및 코칭 시스템을 갖추고, 창업실행의 전반적 과정에 걸친 빅데이터 활용 방법을 이론 실습형 강좌로 진행

출처: 대학 창업 운영 매뉴얼 3.0, 2018.

(3) 기타 창업 관련 특강, 창업 서포터즈, 창업 마일리지 등

대학생들의 창업활동을 촉진시키기 위해서는 창업 관련 특강, 창업 서포터즈, 창업 마일리지와 같은 비교과 프로그램 활동을 활성화하여 대학 내 창업문화를 만들어가는 것이 중요하다. 창업과 관련한 전문지식과 경험이 풍부한 전문가를 초청하여 강연을 통해 창업에 관한 관심을 촉발시키고 진로선택의 기회를 제공해주기 위한 창업 관련 특강이 있다. 창업 트렌드 최근 동향, 창업 아이디어 발굴 및 사업화 전략, 창업과 관련된 다양한 사례 등이 주제가 된다.

또한 교내외 창업 관련 정보 수집 및 홍보 활동을 담당하고, 소정의 활동비를 지원하는 창업 서포터즈와 창업교육 및 창업활동이력 등을 점수화하여 우수자에게 장학금을 지급하거나 기타 창업과 관련된 프로그램을 연계시켜 지원해주는 창업 마일리지가 있다.

<사례> 충북대학교 교원 대상 창업교육 특강 커리큘럼(안)

구분	주요내용
교직원 창업교육	창업자의 자세 및 관계 스킬
	평생 한 번은 창업하는 시대
	인문학과 창업
	미래 트렌드 이해하기

구분	주요내용
창업교수법 확산	한국 경제 상황 창업의 필요성
	충북대 창업지원 어디까지 알고 계십니까
	창업하게 하는 교수법
	글로벌시대의 디지털 활용 경영전략 수립

출처: 대학 창업 운영 매뉴얼 3.0, 2018.

3) 창업친화적 학사제도 및 인사제도

창업친화적 학사제도 및 인사제도를 운영하여 대학 내 다양한 창업친화적 제도를 전파하고 활성화함으로써 창업으로 인한 학생들의 학업 단절과 학업 병행에 따른 어려움을 해소하고, 교원의 창업 관련 전문적 역량을 제고하는 데 목적이 있다(대학 창업 운영 매뉴얼 3.0, 2018).

성공적인 창업을 위해서는 대학 내 창업문화(Entrepreneurship culture) 조성이 매우 중요한 요소이며, 창업을 활성화시키는 문화적 환경은 개인의 심리적 동기를 자극시키고 창업의 단계로 진입하는 데 중요한 역할을 한다(Shapero & Sokol, 1982). 대학 내 창업친화적 문화 조성을 위해서는 학생과 교직원 등 대학 내 구성원들이 위험을 감수하고 창업에 도전할 수 있는 창업친화적 학사제도와 인사제도의 운영이 필요하다.

(1) 창업휴학제도

창업휴학제도는 창업으로 인한 학업 단절을 방지하기 위해 창업으로 인한 휴학이 가능하도록 학사규정 내에 마련한 제도이다. 단, 창업 휴학의 대상이 되는 창업은 학업과의 연계성을 유지하기 위하여 원칙적으로 학생의 전공(복수전공 등 포함)과 관련된 분야로 한정하는 것이 바람직하다(대학 창업 운영 매뉴얼 3.0, 2018).

<사례> 창업친화적 학사제도 단국대학교 창업휴학제도

학칙	제21조(휴학) (중략) ① …학생이 가사 질병 창업 입대 및 그 밖의 임신·출산·육아 등의 사유로 인하여 휴학하고자 할 때에는 휴학원서와 증빙자료를 제출하여 총장의 승인을 받은 후 휴학할 수 있다. 이에 관한 세부사항은 별도로 정한다.

학칙시행세칙	제13조(휴학의 종류 및 휴학원서 제출절차) ① …학생이 가사·질병·창업·입대 및 그 밖의 임신·출산·육아 등의 사유로 인하여 휴학하고자 할 때에는 휴학원서와 증빙자료를 제출하여 총장의 승인을 받은 후 휴학할 수 있다. 이에 관한 세부사항은 별도로 정한다. ④ "창업휴학"이라 함은 창업 등의 사유로 휴학하는 것을 말하며, 휴학을 하고자 하는 학생은 창업지원단 「창업교육학사제도운영위원회」의 심의를 거쳐 관련 증빙자료와 휴학원서를 교무처 또는 천안캠퍼스 교무처에 제출하여야 한다.

출처: 단국대학교 규정관리 시스템.

(2) 창업대체학점 인정제도

창업실습과 같은 비활동과 창업현장실습을 통해 학습목표 달성이 가능한 경우에는 이를 정규 학점으로 인정하여 창업과 학업의 병행에 따른 어려움을 해소하여 학업 중단을 최소화하기 위해 운영되는 제도이다. 창업대체학점으로 인정되는 활동은 창업 준비활동과 실제 창업으로 구분되며 일정한 조건 충족 시 학점으로 인정한다. 창업대체학점으로 인정되는 창업 준비활동은 창업동아리 형태로 운영되는 것이 바람직하다. 창업동아리 활동이 학점으로 인정받기 위해서는 ① 대학 내 전임교원을 지도교수로 등록, ② 다수의 참여 학생, ③ 구체적 결과물의 제출, 평가, 등위의 세 가지 요건이 모두 충족되는 것을 원칙으로 하되, 세부기준은 대학 자율로 결정하도록 한다.

<사례> 창업동아리 활동의 대체학점 인정

◉ (전임교원의 지도) 대학의 전임교원(산학협력중점 교원 포함)이 동아리 지도교수로 등록하여 학기별로 5회 이상 지도한 경우
*창업동아리 지도교수의 활동은 업적평가에 반영하여 활성화 유도

◉ (다수의 참여학생) 2인 이상의 학생이 참여학생으로 등록해야 하며, 최대 10인으로 제한한다.

◉ (구체적 결과물의 제출 미 평가) 사업계획서 및 시제품과 같이 창업동아리 활동을 평가할 수 있는 구체적 결과물의 제출 및 평가한다.

출처: 대학 창업 운영 매뉴얼 3.0, 2018.

<사례> 창업 대체학점 인정제도 건국대학교

학생이 주도하여 커리큘럼을 설계하여 이수하는 수요자 중심의 '자기설계학

기제' 정규학기 총 8학기 중 1학기만 신청 가능

구분	내용
지원자격	• 3학기~8학기 재학생(초과학기 신청 불가)
취득 가능 학점	• 최소 3학점~최대 12학점(정규수강과목 병행 가능)
수강교과목	• 과목명: 드림학기설계 I, II, III, IV(각 3학점) • 학점인정기준: 주당 10시간 이상 시 3학점 인정 • '전공선택' 또는 '일반선택'으로만 학점 인정 가능 • 신청 당시 지도교수 면담을 통해 타당성과 적격 여부를 확인, 위원회 심사 후 학점 부여
수강신청	• 정규 수강신청기간 • 수강신청 기간 이전에 지도교수, 학생 소속 단과대학장 및 관련 행정부서(학사지원팀)의 확인 후 수강신청
강의수강 및 출석	• 진행상황을 지도교수에게 정기보고 - 주차별 보고서, 중간보고서, 결과보고서
학점 및 성적 인정 기준	• 학점: 프로젝트결과물, 지도교수 평가 및 심사를 통해 성적 부여 • 성적: 해당과목의 절대평가(A/B/F) 적용하며 지도교수 확인
지원금	• 등록금 납부생에 한하여 지원금 지급 가능 • 신청학점에 따라 차등지원하며, 프로젝트 심사 후 최종 결정 • 활동내용 작성 및 증빙자료 제출 필요 • 중도포기, 휴학, 불성실한 경우 학점 불인정 및 지원금 환수 가능 • 지급시기: 중간보고 이후 1차 지급, 최종보고 이후 최종지급

출처: 대학 창업 운영 매뉴얼 3.0, 2018.

(3) 창업강좌 학점교류제도

창업학점교류협정을 맺은 대학 상호 간에 공식적인 절차에 따라 창업강좌로 지정된 타 대학의 강좌를 수강하는 경우 학점을 인정하는 제도이다. 창업강좌 학점교류제의 지속적인 활성화를 위해서는 전국적인 온라인 수강 시스템 구축이 필요하다.

<예시> 창업강좌 학점교류제: 숭실대학교, 한남대학교

숭실대학교

국내 대학 교환학생 학점교류에 관한 내규	제1조(목적) 이 내규는 학칙 제48조에 의거 숭실대학교(이하 "본교"라 한다)와 학술교류협정을 맺은 국내 타 대학교(이하 "타교"라 한다) 간에 교환학생 및 학점교류에 필요한 제반 사항을 정함을 목적으로 한다. (하략)
비고	협정대학 간 학술교류협정에 의거, 학점교류에 관한 세부사항은 학점교류 협약서 등을 통해 정함.

한남대학교

학칙	제30조(학점교류) ① 본교와 협정관계에 있거나 총장이 인정하는 국내외 대학 또는 정부나 국가·기관 등에서 파견하는 대학에서 취득한 학점은 각각 35학점 범위 내에서 본교에서 취득한 학점으로 인정할 수 있으며, 이에 대한 세부사항은 총장이 따로 정한다. 개정(2004.6.8)

출처: 대학 창업 운영 매뉴얼 3.0, 2018.

연구문제

1. 대학 창업교육의 활성화를 위하여 어떠한 방향으로 국가적인 정책이 이루어져야 하며, 이를 위한 사회적, 국가적 지원방법에 대해서 생각해 봅시다.

2. 성공적인 창업을 준비하기 위해서 개인적으로 갖추어나가야 할 역량에 대해서 생각해보고 자신과 주변 사람들의 실제적인 창업 경험의 이야기를 나누어봅시다.

3. 대학 내외에 존재하는 청년 창업을 방해하는 요소를 살펴보고 이를 해결할 수 있는 방안에 대해서 생각해 봅시다.

CHAPTER 10

외국의 중등 진로직업교육

제1절 미국의 중등진로직업교육
제2절 독일의 중등진로직업교육
제3절 핀란드의 중등진로직업교육
제4절 호주의 중등진로직업교육

학습목표

본 장에서는 지방분권체제로 운영되고 있는 미국의 중등직업교육, 복선형제 학제를 채택하고 직업전문학교와 기업 간의 이원체계가 잘 운영되고 있는 독일의 중등진로직업교육, 무학년제 형태로 운영되며 국가 차원의 직업자격체제가 시행되고, 중등교육기관과 지방자치단체 간의 상호협력이 활발하게 운영되는 핀란드의 중등진로직업교육 및 지방분권체제로 운영되며 학교교육기관과 학교밖 직업훈련기관과의 수직적, 수평적 연계가 잘 되어있는 호주의 중등직업교육에 관해서 살펴본다.

제1절 미국의 중등진로직업교육

1. 미국의 교육체계와 직업교육제도

지방분권체제에 의해 운영되는 미국의 공교육은 국가 수준의 교육과정이 존재하지 않는다. 2001년 "No Child Left Behind Act(뒤처지는 아이가 있어서는 안 된다)" 법령을 제정하고 교육에 대한 연방전부의 권한을 확대하여 학생들의 학업 성취 및 평가, 학부모의 선택권 확대, 학생들의 조기 독서능력 등을 강조하였다.

미국의 교육제도는 초등, 중등, 고등교육으로 구분되며, 18세까지 이루어지는 초·중등교육은 12년간 의무교육체제이다. 고등학교를 졸업하면 학생들은 2년제 전문대학(community college, junior college), 4년제 대학, 직업교육을 실시하는 1~2년 과정의 직업기술교육훈련기관(technical or vocational institution) 중에서 선택하여 입학할 수 있다. 2년제 대학에서 정규 4년제 대학으로의 편입이 가능하며, 희망학생은 4년제 대학의 첫 2년간의 교육과정에 해당되는 학점을 사전에 취득해서 편입을 하거나, 취업준비를 위한 완성교육 형태의 직업기술교육을 받으면 된다. 직업기술교육훈련기관에서는 직업 준비를 위한 다양한 교육훈련을 실시한다. 직업기술교육훈련원의 교육과정과 목적은 2년제 전문대학 또는 커뮤니티 칼리지들과는 완전히 다르며 2년제 대학들이 수여하는 '준학사학위(Associate Degree)' 대신에 '자격증(Certificate)'을 수여한다(장명희, 2011).

일반적으로 미국의 직업교육훈련은 'Vocational Education(VE)'으로 불리다가, 'Career and Technical Education(CTE)'이라는 용어로 전환되어 사용하고 있다. 미국의 직업교육훈련(CTE)은 고등학교 단계인 중등교육 수준(secondary level), 고등교육 수준(post secondary level), 성인교육 수준(adult education level)을 모두 포함하지만, 일반적으로 미국에서의 직업교육훈련이란 1990년 퍼킨스(Perkins) II 법에 명시된 바와 같이 학사 학위를 요구하지 않는 직업에서 일하고자 하는 학생들을 위한 교육을 말한다(Levesque et al., 2008).

2. 미국의 중등 직업교육과정

미국의 중등교육단계의 직업교육훈련(CTE)은 고등학교에서 실시되고 있다. 교육과정을 살펴보면, 가족 및 소비자교육(family and consumer sciences education), 일반 노동시장 준비 교육(general labor market preparation education), 직업준비교육(occupational education)이 있다(장명희, 2011).

1) 동향 및 특성

미국 중등 직업교육훈련의 동향과 특징을 살펴보면 다음과 같다.

첫째, 직업교육훈련의 발전 방향은 졸업 후 단순한 취업을 위한 교육에서 인문교육과의 연계와 통합하는 방향으로 발전해 왔다. 미국은 1984년 직업교육의 질 향상을 목적으로 '퍼킨스 직업 및 기술 교육 법안'(일명 퍼킨스법)(Carl D. Perkins Vocational and Applied Technology Education Act)을 통과시켰다. 미국은 퍼킨스법에 의해 직업교육의 의미를 새롭게 하였는데 그동안 3차례의 개정을 거치면서 1990년대 미국 직업교육훈련의 근간을 이루어왔다. 퍼킨스법의 핵심은 노동시장에서 필요로 하는 기술인력을 양성하고 특히 취약계층을 위한 직업교육을 실시하여 사회적 형평성을 제고하고, 저변의 노동력을 확대·강화하는 것이다. 특히, 1990년에 제정된 퍼킨스II법의 가장 큰 의의는 교육의 질 제고를 통하여 세계적인 경쟁력 증진을 국가적 과제로 삼아서 미국 역사상 최초로 직업교육에 직업기술뿐만 아니라 인문 분야에 대한 학습이 필요하다는 것을 강조하였다는 점이다. 또한, 퍼킨스 법은 직업교육은 특정 직무능력뿐만 아니라 직업세계가 공통적으로 요구하는 능력(읽기, 쓰기, 이해하기, 문제해결력, 대화소통능력, 정보활용능력 등) 함양이 필요하다는 점을 강조하였다. 직업교육의 대상도 확대하여 중등 및 고등교육에서뿐만 아니라 일반 성인과 노인계층까지 광범위하게 확대 적용하였다.

둘째, 연방 정부 차원에서 직업 교육을 관장하는 퍼킨스법에 따라서 중등 교육기관과 고등 교육기관과는 상호연계되며 직업교육과 인문교육의 통합을 강조하고 이를 수행하기 위하여 관련 제도를 적극적으로 개진해 왔다. 이 중에서 가장 대표적인 통합 및 연계 형태는 Tech Prep(Technical Preparatory Model)으로 중등 교육기관과 2년제 대학 및 도제 프로그램 운영 기관과 연계하여 교육기관

간의 협력적 관계를 형성하고 학생들의 선택과 교육 기회를 확대하였다.

2) 교육과정

고등학교단계에서 직업교육훈련은 통합형 고등학교(comprehensive high schools), 전일제 직업교육훈련 고등학교(full-time CTE high schools), 다수의 고등학교를 대상으로 직업교육훈련과정을 제공하는 지역 직업교육훈련 학교(area or regional CTE schools)에서 시행되고 있다(Levesque et al., 2008). 고등학교 단계의 교육과정은 인문과정, 직업교육훈련과정, 재량활동 과정으로 구분된다(장명희, 2011).

(1) 인문과정(Academic)

영어, 수학, 과학, 사회, 미술, 외국어로 구성된다.

(2) 직업교육훈련과정(Career and Technical Education)

가족 및 소비자교육(family and consumer sciences education), 일반 노동시장 준비 교육(general labor market preparation education), 직업프로그램(occupational programs)으로 구성된다. 가족 및 소비자교육은 노동시장 밖에서의 역할, 일반 노동시장 준비 교육은 워드 프로세싱과 초보적 기술과 같은 일반적 취업 능력, 직업 프로그램은 특정 직업이나 직업군에서 요구되는 직무능력을 가르친다. 특히 직업프로그램(occupational programs)에서는 특정 직업이나 직업군에서 요구하는 10가지 직무능력을 가르친다. 10가지 직무능력은 ① 농업, ② 비즈니스(비즈니스 관리, 비즈니스 서비스), ③ 마케팅, ④ 테크놀로지 및 커뮤니케이션(커뮤니케이션 테크놀로지, 컴퓨터 테크놀로지, 기타 테크놀로지), ⑤ 무역 및 산업(건설, 기계 및 수리, 운송, 재료 생산, 프린트 생산, 기타 정밀 생산), ⑥ 헬스케어, ⑦ 보육 및 교육, ⑧ 보호서비스, ⑨ 음식서비스 및 환대, ⑩ 대인 및 기타 서비스 영역이다. 특히 직업 프로그램 가운데 비즈니스와 컴퓨터 테크놀로지는 2002년 현재 미국의 공립 고등학교에서 가장 많이 개설하여 운영하고 있는 교육과정이다(Levesque et al., 2008).

(3) 재량활동/기타(Enrichment/Other)

재량활동 교육과정으로는 일반적인 스킬(General skills), 건강·체육·오락교육(Health·physical, and recreational education), 종교 및 신학(Religion and theology), 군사학(Military science)이 있다.

2002년 기준, 대부분의 미국 공립 고등학교에서는 적어도 한 개 이상의 직업교육훈련 과정을 운영하고 있다. 고등학교 수준의 직업교육훈련이 이루어지는 학교는 전일제 CTE 고등학교, 통합형 고등학교이다. 미시간주를 포함해서 일부 주에서는 한 개의 통합형 고등학교에 등록한 학생은 다른 통합형 고등학교에서도 CTE 과정을 이수할 수 있고, 다른 주에서는 사립 고등학교의 학생이 공립 고등학교에서도 CTE 과정을 이수할 수 있다. 2002년 기준 미국의 전체 공립 고등학교에서 운영되고 있는 직업교육훈련과정은 평균 약 9개이며, 고등학교 유형 중에서는 전일제 CTE 고등학교가 평균 10개 과정으로 가장 많은 직업교육훈련 과정을 운영하고 있다(Levesque et al., 2008).

3) 교육평가 및 질 관리

오바마 정부 시절부터 각 주별로 교육과정 표준을 각각 설정하기보다는 국제적 수준에 맞는 표준교육과정을 설정하는데 전체 50개 주가 동의할 것을 권고하였다. 워싱턴에 주재하고 있는 교육 관련 2개의 단체인 NGA(National Governors Association)와 CCSSO(Council of Chief State School Officers)는 표준교육과정 설립을 주도하였고, 46개 주가 이 공통교육과정 설립을 지지하였다. 2009년 언어, 수학의 교과과정 표준 초안이 설립되었고, 2010년 1월에 초안이 통과되었다. 특히, 캘리포니아주에서는 10학년까지의 교육과정 표준을 기초로 하여 2006년부터 CAHSEE(California High School Exit Exam: 고등학교 졸업시험)라는 절대평가제도를 시행하고 있으며, 여기에 합격한 학생들에게만 고등학교 졸업장을 부여하고 있다. 10학년이 되면 모든 학생들은 반드시 이 시험에 참가하여야 하고, 불합격 학생들에게는 11학년에 2번, 12학년에 5번까지 기회를 제공한다. 또한 각 학년 불합격학생에게는 각 학군은 추가 프로그램을 의무적으로 제공해야 한다.

제2절 독일의 중등진로직업교육

1. 독일의 교육체제와 진로교육제도

독일의 교육체제를 살펴보면, 3살이 되면 유치원에 가서 만 6세에 초등학교에 입학하여 4년간의 초등과정을 마치면 바로 진로를 결정하고 본인의 적성에 알맞은 다양한 학교에 진학하게 된다는 점이 우리나라와는 다르다. 독일에서는 모든 학생이 대학을 진학하지 않으며 초등학교를 졸업한 뒤 레알슐레나 하우프트슐레에 입학하여 실업교육을 받은 후 바로 취업하든지 혹은 직업학교(Berufsschule)에 진학하여 미래의 직업을 위한 준비를 한다. 하지만 학생들이 원하는 경우 교육과정 중간에 시간이 지난 후에도 일정한 기준을 통과하면 언제든지 대학 진학을 위하여 다른 학교(예를 들면 김나지움)로 전학 갈 수 있다(주한독일고등교육진흥원, 2014).

독일의 학제는 복선형제로써 초등학교까지는 동일한 교육을 받고, 중학교부터는 개인의 관심과 능력에 따라 각기 다른 학교에서 교육을 받는다. 독일의 중등학교는 우수학생은 김나지움, 보통학생은 레알슐레, 열등학생은 하우프트슐레에 진학한다. 그리고 종합학교인 게잠트슐레는 위 세 가지 학교를 통합하여 운영하는 학교이다. 중등교육 2단계인 고등학교과정에서 김나지움 상급반과 직업학교가 있다. 김나지움은 우리나라의 일반계고등학교, 레알슐레와 하우프트슐레, 게잠트슐레는 특성화고에 해당된다. 의무교육은 12년으로 초중등교육과정이 해당된다. 대학은 주로 김나지움 상급반 학생들이 진학하게 된다. 직업학교를 졸업하면 대개 전문대학에 진학하거나 요건을 갖추어 일반대학으로 진학하기도 한다. 독일교육은 우리나라와는 달리 학생의 소질과 재능을 살려줄 수 있는 방향으로 교육제도가 운영되며, 성적평가 방법이나 대학입시제도도 학생의 소질과 적성을 최대한 존중하는 방향에서 운영된다(김창환, 2008).

독일의 진로직업교육은 9세부터 시작하며, 주마다 차이는 있지만 대개 생애 최초의 진로선택은 초등학교 4학년 때 이루어진다. 학부모들은 진로교육기관 전문가로부터 다양한 정보를 제공받으며, 초등학교 담임교사는 학생들의 적성과 흥미를 고려하여 상급학교를 학생들에게 추천한다(이사론, 2017). 우리와 달리 독일은 한 명의 담임선생님이 초등학교 전 과정을 담당하기 때문에 학생의 성향과 소질을 잘 파악하여 학생이 잘 할 수 있고 원하는 방향을 선택하도록 도와주는 전인격적인 교육 시스템을 갖추고 있다. 학생들이 비록 1차로 상급학교를 선택하더라도 추후 변경 선택이 가능하여 다른 계열의 학교로도 바꿀 수 있다. 일본과 마찬가지로 독일의 진로교육은 직업전문학교와 기업 간의 이원체계(Duales System)가 이루어지고 있다(김강식, 2000). 즉 하우푸트슐레나 레알슐레를 졸업한 학생들의 약 50%가 학교와 기업이 직업교육의 책임을 함께 나누는 방식인 듀얼시스템을 적용받는다. 최근 김나지움으로 진학하는 학생들의 수가 증가하고 있으며 일반계 학생들에게도 체계적인 진로교육이 실시되고 있다(이사론, 2017).

표 10-1 독일의 교육제도

<table>
<tr><td>23세</td><td rowspan="2" colspan="3">전문학교(Fachschule)</td><td rowspan="4">대학</td></tr>
<tr><td>22</td></tr>
<tr><td>21</td><td rowspan="2" colspan="3">고등직업학교(Berufsaufbauschule)</td></tr>
<tr><td>20</td></tr>
<tr><td>19</td><td rowspan="3" colspan="3">직업학교(Berufsschule)</td><td rowspan="3">김나지움 상급반</td></tr>
<tr><td>18</td></tr>
<tr><td>17</td></tr>
<tr><td>16</td><td rowspan="4">하우프트슐레
(Huptschule)</td><td rowspan="4">레알슐레
(Realschule)</td><td rowspan="4">게잠트슐레
(종합학교)
(Gesamtschule)</td><td rowspan="4">김나지움
(Gymnasium)</td></tr>
<tr><td>15</td></tr>
<tr><td>14</td></tr>
<tr><td>13</td></tr>
<tr><td>12</td><td rowspan="2" colspan="4">진로탐색 기간</td></tr>
<tr><td>11</td></tr>
<tr><td>10</td><td rowspan="4" colspan="4">초등학교(Grundschule)</td></tr>
<tr><td>9</td></tr>
<tr><td>8</td></tr>
<tr><td>7세</td></tr>
</table>

2. 독일 중고등직업교육기관의 종류 및 특징

1) 중등직업교육기관의 종류

(1) 레알슐레(Realschule)

독일의 대표적인 중등 직업교육기관 중 하나이며, 중급기술자나 회사원 또는 관공서에서 종사할 공무원 등을 양성하는 6년제 학교이다. 독일 학생의 약 30% 정도가 진학하며 학생의 학업 성적에 따라 진학하지 못할 수도 있다.

(2) 게잠트슐레(Gesamtschule)

'게잠트슐레'는 1970년대 독일 교육개혁을 거치면서 세 개의 학교를 합쳐 신설된 통합형 인문실업 종합학교이다. 독일의 교육과정이 학생들로 하여금 초등교육과정을 졸업할 때 지나치게 일찍 진로를 결정하게 만드는 문제점을 해결하기 위해서 설립한 종합학교이다. 여기서는 김나지움이나 레알슐레와 같은 엄격한 입학조건이 없다는 것이 특징이다. 근본적으로 교육의 개별화를 지향하는 게잠트슐레는 학생들의 다양한 능력과 적성을 키워준다는 근본 취지에 알맞게 교육과정이 세분화되어 있다. 다양한 종류의 선택과목이 개설되어 있고 필수과목과 선택과목으로 구분되어 있다.

(3) 직업학교(Berufsschule)

직업학교는 레알슐레와 하우프트슐레를 졸업한 모든 학생들이 의무적으로 진학하는 학교이다. 특정 직업과 관련된 실용적인 교육을 하는 학교로 수업기간은 3년으로 농업, 상업, 광업, 전자, 섬유, 가정 직업학교 등이 있다. 시간제 학교로 주로 운영되며, 학생들은 산업체에서 근무하면서 일주일에 1~2일 정도 학교에 나와서 수업을 받는다. 교육과정은 총 수업시간의 60%는 직업교육, 40%는 독일어(국어), 사회, 경제, 종교, 스포츠 등 일반교육으로 구성된다. 수업은 학과에 따라 반편성이 이루어지고, 1학년에는 직업 기초와 관련된 일반적인 교육을 받고, 2~3학년이 되면 전공심화교육을 받는다. 직업학교를 졸업한 학생들은 다음 단계의 고등직업학교(Berufsaufbauschule)에서 교육을 받을 수 있는 자격이 주어진다(김창환, 2008).

2) 고등직업교육기관

(1) 고등직업학교(Berufsaufbauschule)

고등직업학교는 직업학교(Berufsschule)를 졸업한 학생들이 계속해서 교육을 받을 수 있는 학교로서 고등보통교육과 심화된 전공이론 교육을 실시한다. 전공 분야에 따라 교육기간은 1~3년으로 다양하게 운영된다. 졸업하면 전문학교 또는 고등전문학교에 진학하게 된다. 고등직업학교의 종류로는 공업기술, 상공업, 농업, 가정 고등직업학교 등이 있다(김창환, 2008).

(2) 전문학교(Fachschule)

전문학교는 이미 배운 직업을 기초로 계속적으로 교육을 하는 기관이다. 졸업 후에는 기술전문가(기능사와 기사의 중간 단계) 자격을 취득하게 되고 직장에서 책임적 위치에서 일할 수 있게 된다. 따라서 전문학교에서의 수업은 특성화, 전문화되어 있으며 전공 영역에 따라 수업연한은 1~3년으로 다양하다(김창환, 2008). 전문학교의 종류에는 공업계열로는 기계제작, 전자, 섬유, 금속이 있고, 기술계열로는 에너지기술, 목재기술, 방송기술, 냉·난방기술이 있으며, 상업계열로는 은행보험, 교통, 해운, 호텔 관광이 있다. 가정·사회복지계열로는 유치원교육, 조산원, 양로원, 사회사업 등이 있다.

(3) 마이스터 학교(Meisterschule)

직업학교를 졸업한 후, 약 3년 동안 기업체 현장 경험을 쌓은 후에 다시 입학하여 1~2년간의 교육과정을 거치고 자격시험에 합격하면 비로소 마이스터(장인) 자격을 부여하는 학교이다. 즉 해당 직업 분야에 종사하는 도제들이 마이스터 학교에서 일반 심화교육과 전문 심화교육을 받은 후에 독일 수공업협회가 주관하는 마이스터 시험에 합격하도록 하며, 마이스터로서의 역할 수행에 필요한 자질과 능력을 배양시키는 것을 목표로 하는 학교이다. 교육기간은 학과에 따라 6개월~1년이고, 주당 40시간의 수업이 실시된다. 교육과정은 전공, 교양 및 실습 과정으로 구성되어 있고 전공 실습, 전공 이론, 직업교육학, 경제와 법이 있다. 마이스터 학교 입학자격은 고등학교 수준의 직업학교를 졸업한 후, 최소 3년 이상의 관련 업종 경력을 쌓은 후에, 현재 관련 업종에서 도제로 근무하고 있어야 한다.

마이스터를 취득하게 되면 독일에서는 다음과 같은 혜택이 주어진다. 첫째, 직업 연수 기회가 부여되어 스스로 직무능력 개발이 가능하여 경쟁력을 확보할 수 있게 된다. 둘째, 마이스터 자격은 상급자격으로 독일에서 사회적으로 높은 인정을 받게 되어 고용시장에서 유리한 위치를 선점할 수 있다. 셋째, 마이스터는 장인으로서 모범을 보이게 되며, 도제훈련을 통하여 제자 양성이 가능하고 직업 전문인으로서의 자부심을 갖게 된다. 넷째, 회사에서 독자적인 창의적 노력과 의지를 보유한 자로 인정받게 되어서 회사의 미래를 책임지고 결정하는 데 동참할 수 있는 리더의 자격이 부여된다. 마지막으로 독일의 일부 주에서는 대학입학시험인 아비투어를 치르지 않고도 대학에 입학할 수 있는 자격이 부여된다(김창완, 2008). 현재 독일에는 1·2·3차 산업 각 분야에 걸쳐서 최고의 기술과 능력을 갖춘 다양한 마이스터가 존재하고 있으며 독일의 기업 선진화에 기여하고 있다.

표 10-2 독일마이스터의 종류

안경, 유리, 제과/제빵, 인쇄, 출판, 상자제작, 장갑, 모자, 연필/펜, 병원기계 제작, 지붕제작, 미용/이용, 선박 제작, 우유 제조, 양조, 선박 제조, 난로 제작, 세탁, 보석세공, 전자 기계 제작, 전자기술, 에너지, 청소, 컴퓨터 판매, 꽃꽂이, 산림관리, 금속 제작, 사진, 정원관리, 피혁, 도구제작, 정보기술, 난방기계, 건물 수리, 정밀기계, 정육, 수산물 판매, 상품 판매, 자동차기계, 세라믹 제작, 라디오기술, 레스토랑 관리, 동물관리, 섬유, 주방, 치과기계, 농업기계, 건물안전, 건물관리, 상수도, 하수도, 수도 관리, 페인트, 시계 제작, 자전거, 피아노, 가구 마이스터 등

출처: 이샤론(2017). 한국과 독일의 중등교육단계에서 진로교육 비교. 재구성.

(4) 전문대학(Fachhochschule)

전문대학은 일반고등학교나 실업고등학교를 졸업한 학생들이 진학하는 학교이며, 4~5년간 학업과 직업교육을 실시하는 대학이다. 독일 전문대학의 설립 목적은 산업 각 분야의 중견 전문인력을 양성하는 것으로 교육내용은 산업의 모든 분야를 포괄하고 있으며 직업과 관련된 다양한 실무능력을 배양하는 데 중점을 둔다. 교육과정은 기초과정(4학기)과 심화과정(4학기)으로 구성되며, 약 170학점을 이수해야 졸업이 가능하고, 졸업하면 석사학위를 부여한다.

교육과정의 특징은 이론교육보다는 실습과 프로젝트 수업이 주가 되며, 교내·외 각종 실습 장소에서 수업이 진행된다. 실습이 중시되며 폭넓은 실천 관련 프로젝트 수업이 주로 이루어지며, 실습수업이 가능하도록 많은 실습실이 대학교에 마련되어 있다.

제3절 핀란드의 중등진로직업교육

1. 핀란드의 교육체계와 중등직업교육제도

1) 교육체계

핀란드는 의무교육이 7세에 시작되어 9년 동안 이루어진다. 자신이 거주하는 지역에서 기초교육을 무료로 받는다. 1~6학년까지 동일한 학습과정을 배우고 7~9학년에서 필수과목, 선택과목, 현장실습을 이수한다. 9년간의 기초교육이 끝나면 진학이나 취업을 선택해야 하지만, 학생들이 바로 취업하는 것은 사회적으로 권장되지 않고 진학이 장려된다. 학생들은 직업계고나 일반계고 중에서 자유롭게 선택을 할 수 있는데, 기초교육이 더 필요하다고 생각하는 경우에는 기초학교 10학년에 진학해서 보완교육을 받을 수도 있다(박윤희 외, 2011).

일반계고에서는 기초교육을 기반으로 3년간 교육이 실시되며 졸업 후 고등교육 단계로의 진학에 필요한 자격을 획득하기 위해서는 국가시험을 치러야 한다. 직업계고도 3년 과정으로 다양한 분야 직무 수행에 필요한 기술과 능력을 배양하는 것을 목표로 하며 고등교육기관에 진학할 수 있는 능력을 함양시킨다. 따라서 직업계고는 고등교육기관으로 진학하도록 교육하고 있으며 직업계 고등학교를 졸업한 학생들도 고등교육단계에 진학할 수 있다. 핀란드의 고등교육기관으로는 대학과 폴리텍대학이 있다. 폴리텍대학에의 입학자격은 고등학교의 성과 결과에 따라 주어지고 학과는 다양한 학문 분야로 구성되어 있고, 해당 분야의 자격을 획득한 전문가를 양성하는 데 중점을 둔다. 입학시험이나 직업자격증 소지 여부에 따라 대학 입학 자격이 결정되며 학사 학위는 최소 3년, 석사학위는 최소 5년, 박사학위는 최소 년의 기간이 필요하다(박윤희 외, 2011).

2) 중등 직업교육제도

핀란드의 중등단계 직업교육은 고등학교 단계부터 실시된다. 주로 16~19세의 학생들을 대상으로 실시되고 수학 연한은 3년이다. 핀란드의 중등 직업교육의 특징은 학년은 존재하지만, 수강에 대해서는 학년 제한이 없기 때문에 한 반에 여러 학년이 섞여 있는 무학년제 형태로 운영된다. 우리나라의 특성화고에 해당하는 별도의 직업교육 기관이 있으며 이곳에서 중등과정의 직업교육과 훈련이 실시된다. 직업교육기관은 학생들에게 다양한 직업 분야에서 요구되는 역할 수행에 필요한 기술과 능력을 함양하는 것을 목표로 하여 고등교육기관 진학에 필요한 학생들의 능력을 향상시키기 위하여 지원한다. 핀란드에서는 옴니아(Omnia, the Joint Authority of Education in Espoo Region)와 에카미(Ekami, Joint Educational Authority of Kotka-Hamina Region)가 있는데 이 두 기관은 교육 제공자와 교육기관이 연합하여 구성된 비교적 규모가 큰 종합 교육기관이다. 이러한 교육기관은 지방자치단체 간에 상호 협력하는 형태(joint municipal authority)로 운영되는데 핀란드 직업교육 기관의 약 45%를 차지하고 있다(Ministry of Education, 2007).

핀란드에서는 중등과정의 직업교육과정을 이수하면 중등후기 직업자격증(vocational upper secondary certificate), 심화 직업자격증(further vocational qualifications), 전문 직업자격증(specialist vocational qualifications)을 취득할 수 있다. 중등후기 직업자격은 중등교육기관에서 제공되는 중등후기 직업교육훈련, 도제훈련 또는 역량 기반 자격(competence-based qualifications)을 이수하면 취득할 수 있다. 중등후기 직업자격을 취득한 학생들은 특정 분야에서의 직업능력에 필요한 기초 기술과 현장에서 요구되는 전문 능력을 갖추었다고 인정을 받게 되고 이후 심화 직업자격과 전문 직업자격을 취득할 수 있는 자격이 부여된다. 핀란드의 국가 차원의 직업자격체계는 유럽자격체계(the European Qualification Framework, EQF)에 근거하여 운영되며 다음과 같은 8개의 수준으로 구분된다. 즉 중등 직업교육과정을 통해 취득할 수 있는 중등후기 직업자격과 심화 직업자격은 4수준에 해당되고 전문 직업자격은 5수준에 해당된다.

표 10-3 핀란드 자격 및 강의 및 기타 역량 모듈 분류 체계

NQF/ EQF레벨	자격, 강의 및 기타 역량 모듈
1수준	
2수준	• 기초 교육(Basic education) 요강
3수준	
4수준	• 일반 중등 후기교육(General upper secondary) 요강 • 입학 시험(Matriculation examination) • 중등 후기 직업 자격(Vocational upper secondary qualifications) • 심화 직업 자격(Further vocational qualifications) • 감금 시설 기초 시험(Basic Examination in prison services) • 소방관 자격증(Fire fighter qualification) • 응급 대응 센터 교환원 자격(Emergency response centre operator qualification)
5수준	• 전문적인 직업 자격증(Specialist vocational qualifications) • 화재 및 구조 서비스 분야 부장교자격증(Sub-officer qualification in fire & rescue services) • 항공 교통통제 직업 자격증(Vocational qualification in air traffic control)
6수준	• 응용 과학대학의 학사(Bachelor's degrees in universities of applied sciences) • 대학 학사(Bachelor's degrees in universities)
7수준	• 응용 과학대학의 석사(Master's degrees in universities of applied sciences) • 대학 석사(Master's degrees in universities)
8수준	• 대학·국방대학 과학·예술 대학원 학위(Universities' and National Defence University's scientific and artistic postgraduate degrees) • 일반 직원 학위(General Staff Officer's Degree) • 수의학 분야 전문 학위(Specialist Degree in Veterinary Medicine) • 의학 분야 전문가 훈련(Specialist training in medicine) • 치과 분야 전문가 훈련(Specialist training in dentistry)

출처: Sanni Grahn-Laasonen(2017). Government Decree on the National Framework for Qualifications and Other Competence Modules. Ministry of Education and Culture. 재구성.

2. 핀란드의 중등직업교육과정 편성·운영·평가 체제

1) 교육과정 편성 및 운영

핀란드는 중앙정부 주도하에 직업교육과정 편성·운영에 관한 지침이 제공된다. 2014년 이전까지는 핀란드의 모든 직업교육기관에서는 직업계 고등학교 졸업을 위해서는 120학점을 이수해야 했다. 1학점은 40시간으로, 직업교육 과정 이수를 위해서는 1년에 40학점(1600시간)씩 3년간 총 120학점(4800시간)을 이수해야 했으나 2014년에 개정된 「중등 후기 직업교육훈련에 관한 법률(The Vocational Upper Secondary Education and Training Act, 2014)」에 따라 직업계 고등학교 졸업 자격을 갖추기 위해서는 유럽 직업교육훈련 학점 체계(European Credit system for Vocational Education and Training, ECVET) 권고안에 따라 총 180학점(competence points)을 이수하면 된다(Finnish National Board of Education, 2015). 졸업을 위해 이수해야 하는 180학점(competence points)에는 직업 과목(vocational units) 135학점, 공통 직업 과목(common vocational units) 35학점, 선택 과목(optional units/free-choice units) 10학점 및 현장학습(on-the job learning) 최소 35학점으로 구성된다.

필수과목과 선택과목으로 구성되는 직업 과목(vocational units)에는 진로상담과목 최소 1.5학점과 프로젝트 과제 최소 2학점이 포함된다. 이것은 우리나라 고교 직업교육과정 내 전문교과II와 매우 유사하다. 공통 직업 과목(common vocational units)은 우리나라 직업기초능력과 유사한 개념이며 의사소통과 상호작용 기술(communication and interaction skills), 수학과 자연과학 역량(competence in mathematics and natural sciences), 사회와 직업생활에 필요한 기술(skills required in society and working life), 사회적·문화적 역량(social and cultural competence)으로 구성된다.

핀란드는 일반계 고등학교와 직업계 고등학교가 구분되어 있기 때문에 일반교육과정과 직업교육과정 간의 상호 교류가 용이하지 않다. 그러나 학생들은 교과목 선택 시는 본교 학교뿐만 아니라 일반계와 직업계 포함하여 타 학교에 개설되어 있는 자유 선택과목(free-choice units)을 자유롭게 수강할 수 있기 때문에 관심 있는 직업과목을 수강하거나, 공통직업과목 이수를 통하여 직업계 고등학교 졸업자격과 동시에 일반계 고등학교 졸업자격을 갖출 수 있다. 또한 다양한 분야의 자격 취득에 필요한 직업교육 프로그램이 제공되며 학생들의 선택권이 보장된다.

직업계 고등학교에서는 학생 개인이 희망하는 직업 영역을 선택할 수 있으며 또한 직업교육기관이 제공하는 과목을 선택해서 이수한 후에 해당 직업 자격을 취득한다. 직업계고의 교육과정은 크게 8개로 구성되는데, 인문학과 교육(humanities and education), 문화(culture), 사회과학, 비즈니스와 행정(social science, business and administration), 기술, 의사소통과 운송(Technology, communication and transport), 자연과학(Natural science), 천연자원과 환경(Natural resources and the environment), 사회복지, 건강과 스포츠(Social services, health and sport), 관광, 요식업과 가정학(Tourism, catering and domestic services)이다. 각 과정 하위에는 53개의 고등학교 직업교육 자격이 존재하고, 그 하위에는 119개의 세부적인 학습 프로그램이 존재한다(Finish National Board of Education, 2001).

직업계고의 교육과정은 핵심교과와 직업교과, 자유선택학습으로 구성되어 있다. 직업계고의 핵심교과는 모국어, 제2모국어, 외국어, 수학, 물리와 화학, 사회·사업과 노동시장, 체육과 건강, 예술과 문화, 윤리, 심리학, 타 문화, 기업가정신, 환경, 정보와 의사소통기술 등으로 구성된다(박윤희 외, 2011).

핀란드 교육문화부에서 제공하는 헤어 디자이너(Hairdresser) 직업자격(The Vocational Qualification in Hairdressing, 2014)의 사례를 살펴보면, 헤어 디자이너 직업 자격을 취득하기 위해서는 180학점을 취득해야 하는데, 직업과목 135학점(필수과목 120학점, 선택과목 15학점), 공통직업과목 35학점(필수과목 19학점, 선택과목 16학점), 자유선택과목 10학점으로 구성된다. 또한 과목보다는 프로그램 단위로 학생들의 선택권을 보장하고 있다. 또한 직업교육에서의 현장실습을 강화하고 있다. 2011년 이후에는 3년간의 모든 직업교육과정은 최소 6개월간 현장 실습교육을 포함하도록 정하고 있다. 이는 기존의 실습교육과는 차별화된 '현장교육(On-the-job training)'으로 현장교육의 교육목표는 교육과정 안에서 결정되며 현장 서비스 및 생산 과정 내에서 이루어진다. 모든 수업은 교육기관과 고용주 간의 협력 속에서 계획되고 실행된다. 직업현장교육의 목표는 노동시장의 필요에 대응하고 직업교육기관 졸업생의 고용 가능성을 높이는 것이다. 현장실습교육을 통하여 학생들은 직업생활의 규칙과 업무과정을 습득하는 데 도움을 받을 수 있고 직업교육의 매력을 강화시키며 교사와 전문가 사이의 상호작용을 원활하게 한다(남궁욱, 2016).

표 10-4 핀란드 직업계고의 계열 및 하위 자격 과정

계열	목적	하위 자격 과정 (직업학습모듈의 선택학습에 따라 다름)
항공정비	• 항공정비 관련 광범위한 기술자격을 가진 인재 육성	• 자격 카테고리 B1을 위한 교육 및 훈련 • 자격 카테고리 B2를 위한 교육 및 훈련
뷰티케어	• 미용 관련 분야 취업 또는 미용 분야 창업에 필요한 지식 및 기술을 갖춘 전문가 육성	• 마사지와 치료방법 • 화장 강조법 • 판매와 마케팅
해양	• 선박 운용, 서비스, 정비 등과 관련 기본적인 직업적 기술자격을 갖춘 인재 양성	• 갑판 및 엔진 수리(수리공) • 전기운용(전기기사) • 갑판관리(갑판관리인) • 기술자 인력관리(기술자관리인)
사회 및 건강관리, 간호	• 간호 및 돌봄서비스, 건강관리 서비스 관련 역량을 갖춘 인재 양성	• 응급처치, 재활치료, 구강 및 치아 관리 • 어린이 및 청소년 돌봄과 교육 • 정신건강 및 약물 오남용 관리, 간호와 돌봄서비스 • 장애인 돌봄, 노인 돌봄서비스 • 고객서비스 및 정보관리
관광	• 관광객의 요구와 기대 및 관광업의 구조를 다양한 시각 갖추고 다문화적 일터에서 요구되는 기술과 특별한 역량을 갖춘 인재 양성	• 관광영업과 정보서비스 • 관광활동
임업	• 삼림관리 기술과 지식, 일반적인 삼림관리 업무수행능력을 갖춘 인재 양성	• 산림관리 • 산림기계 • 다양한 산림의 활용
비즈니스 정보기술	• 개별 고객 또는 기업 대상 사업에 필요한 광범위한 기술 습득 및 다양한 환경에서 역할 가능한 인재 양성	• 서비스와 마케팅 • 정보시스템 개발
호텔 및 외식산업	• 숙박 및 음식서비스의 제공자로서 호텔 및 외식산업에 필요한 기초기술을 갖춘 인재 양성	• 호텔서비스 • 레스토랑 음식 생산 • 레스토랑 서비스
금속가공 및 기계	• 금속 및 기계 산업 분야 기초 기술 습득 및 주어진 역	• 제조기술 -기계기술자, 도금기술자, 용접기사

계열	목적	하위 자격 과정 (직업학습모듈의 선택학습에 따라 다름)
	할을 수행할 수 있는 인재 양성	-설비기술자, 기구생산자, 정밀기계기사 • 기술과 정비 -자동화조립공, 정비기술자, 주조기술자 -기초설계자, 주형 도안가

출처: Finish National Board of Education(2001). National core curriculum for upper secondary vocational education and training. 재구성.

2) 교육과정 평가

국가 자격 요건(the National Qualification Requirement)에서 결정된 직업 기술 요건(vocational skills requirements)과 평가 기준에 따라 학생들의 직업능력 관련 학습과 역량 수준이 평가된다(Eurydice, 2015). 또한 학생들의 학습 결과는 과정 진행 중에 구두 또는 서면 피드백을 통하여 전달되고, 평가 결과는 인증서(certificates)에 기록하여 모든 자격 과목의 성적을 부여하는 근거가 된다. 평가는 3단계 척도로 만족(Satisfactory), 우수(Good), 탁월(Excellent)로 표시되며, 이 수준에 도달하지 못하면 미이수 처리된다. 직업계 고등학교 학생은 180학점을 이수해야만 졸업이 가능하고 선택과목은 학생의 동의하에 성적 기재 없이 패스 표시가 가능하다.

제4절 호주의 중등진로직업교육

1. 호주의 중등단계 직업교육 체제

호주의 중등과정 교육과정은 우리나라의 중학교 과정에 해당하는 중등과정인 7~10학년과 고등학교 과정에 해당하는 후기 중등과정인 11~12학년으로 구분된다. 호주에서의 직업교육과 훈련은 후기 중등과정인 11학년부터 시작한다. 2년 과정인 후기 중등과정은 주로 16~17세 학생들이 이수하며 원활한 교육훈련시스템이 적용되고 보통 학년보다는 학생들의 수준이나 관심에 따라 학습진단이 구성된다. 호주의 고등학교는 주로 일반교육과 직업교육이 병행하는 종합 고등학교의 성격을 띤다. 호주에서는 학생들이 고등학교에 진학하게 되면 대학 입시를 준비하거나 아니면 취업을 위한 직업교육 과정을 이수한다(ACARA, 2016).

호주의 고등학교 교육과정은 2년으로 크게 세 가지 형태로 운영되는데, 일반 교육(general education), 직업교육 프로그램(other VET programs), 학교기반 도제훈련(school-based apprenticeships and traineeships, SBATs)이다(ACARA, 2016). 학생들은 3개 과정 중 한 가지 과정을 선택하여 과정을 이수하고 또 다른 과정의 커리큘럼을 이수하고 학점으로 인정받으면 한 개 이상의 자격증 또는 이수증을 취득할 수 있다. 한 개의 과정을 선택한 후, 직업교육훈련 프로그램 및 학교기반 도제훈련을 이수하면 Certificate Ⅰ부터 Ⅳ에 해당하는 국가자격 취득이 가능하고 이는 호주자격체계(Australian Qualifications Framework, AQF)의 1수준부터 4수준에 해당한다. 호주자격체제를 살펴보면 1수준은 집단에 소속되어 계속 교육을 받을 수 있는 지식과 기술을 갖춘 정도로 초보적인 업무를 수행할 수 있는 정도이며, 2수준은 정의된 맥락에서 업무를 수행할 수 있는 지식과 기술을 갖춘 정도이며, 3수준은 계속교육을 받을 수 있고 업무에 필요한 이론, 실무지식, 기술을 갖춘 정도이며, 4수준은 전문적이고 숙련된 일 또는 계속 교육에 필요한 이론 및 실제적 지식과 기술을 갖춘 정도를 말한다(최수정 외, 2017).

표 10-5 호주 중등직업교육과정에서 취득 가능한 자격의 수준

AQF 수준	설명	AQF 자격	기간
4수준	전문적이고 숙련된 일을 할 수 있거나 계속적인 교육 수행에 필요한 이론 및 실제적 지식과 기술을 갖춤	Certificate Ⅳ	1년
3수준	계속적인 교육이 가능하거나 업무수행에 필요한 이론, 실무지식, 기술을 갖춤	Certificate Ⅲ	6개월
2수준	정의된 맥락에서 과업을 수행할 수 있는 지식과 기술을 갖춤	Certificate Ⅱ	-
1수준	초보적인 일을 수행하거나 집단에 소속되어 계속적인 교육을 받을 수 있는 지식과 기술을 갖춤	Certificate Ⅰ	-

출처: 최수정 외(2017). 호주와 핀란드의 중등단계 직업교육학점제 비교연구. p. 196. 재구성.

2. 호주의 중등직업교육과정 편성·운영·평가 체제

1) 중등직업교육과정 편성

지방분권체제로 운영되고 있는 호주는 고등학교 교육과정 편성은 정부 차원의 지침에 맞추어서 15개 과목[1])에 대하여 학습 영역, 영역별 범위와 수준(Unit 1-4)만 제공되며, 구체적인 교육과정 편성은 각 주의 지침에 따라 실시된다.

호주 빅토리아(Victoria)주의 사례를 살펴보면, 고등학교 단계 교육과정은 VCE(Victorian Certificate of Education), VET(Vocational education and training), VCAL(Victorian Certificate of Applied Learning)로 구성된다(최수정 외, 2017). VCE는 일반교육과정으로 중등교육 이후 대학 진학을 희망하는 학생들이 이수하는 과정이며, 단위 이수 시간인 100시간(수업 50시간, 자기주도적 학습 50시간)이 1학점으로 인정되고 영어 3학점을 포함하여 최소 16학점을 취득해야 한다(VCAA, 2016). VET는 직업교육 및 훈련과정으로 중등교육 이후 취업을 희망하는 학생들을 위한 직업교육과정인데, VCEVET(Victorian Certificate of Education Vocational education and training)와 SBATs(school-based apprenticeships and traineeships)로 구성된다. VCEVET는 VCE와 동일한 형식으로 개발된 직업교육과정이며 다양한 자격 취득을 위한 프로그램으로 구성되어 있으며, 훈련보다는 학교 중심교육과정이다. 반면 SBATs는 VCE, VCAL 과정을 이수하면서 학교장이 승인하는 학교 밖 인증기관에서 파트타임으로 도제훈련을 받는 교육과정으로(State of Victoria, 2016), 두 가지 형태로 운영된다. 첫 유형은 직장 외 훈련(off the job training) 중심으로 운영되고, 일주일에 7시간의 임금 근로와 6시간의 훈련을 합쳐서 13시간의 도제훈련에 참여해야 한다. 두 번째 유형은 일주일에 최소 13시간의 일터 기반 훈련(workplace-based training)을 받는 유형이다. certificateⅢ 이상의 자격 취득을 원하는 학생들은 반드시 근로 시간 중 1시간의 구조화된 훈련을 받아야 한다. VCAL은 중등교육을 받고 취업을 희망하는 학생들을 위한 일반적인 직업교육과정으로, 고등학교 교육수준에 해당하는 자격을 취득할 수 있다. 1단위를 성공적으로 이수하면 1학점을 부여한다. 각 VCAL 단위는 계획된 교실학습과 자기주도 학습을 포함하여 100시간 이수가 포함된다. 하나의

---

1) 영어, 수학, 과학(물리, 화학, 생물 포함), 인문학 및 사회과학(역사, 지리, 경제학, 경영, 시민의식 포함), 예술, 언어, 건강과 체육, 정보와 커뮤니케이션 기술 및 디자인과 테크놀로지

VCAL과정을 마치기 위해서는 최소 10학점을 이수해야 하며, 일반적으로 1년 정도가 소요된다(VCAA, 2016).

표 10-6 호주 빅토리아주 후기중등교육 커리큘럼

VCE	직업교육 및 훈련(VET)		VCAL
	VCEVET	SBATs	
고등학교 졸업 이후 대학 진학을 희망하는 학생을 위한 교육과정	VCE교과와 동일한 식으로 운영되는 직업교육 과정	학교에 다니면서 학교장이 승인하는 학교 밖 국가인증기관에서 받는 직업교육	고등학교 졸업 이후 취업을 희망하는 학생들을 위한 일반적인 직업교육과정

출처: Victorian Curriculum and Assessment Authority(2017). Senior Secondary School Curriculum. 재구성

호주의 교육과정 편성의 주요한 특징 중 하나는 RTO(Registered Traineeships Organization)가 중등단계 직업교육에서의 교육과정 편성에 참여한다는 점이다. RTO는 국가가 인정한 훈련기관으로 질 높은 직업교육과 훈련, 자격서비스를 제공하는 것을 목적으로 한다. 즉, 각 학교가 후기 중등단계 VET 프로그램을 편성할 때, RTO가 자문을 제공하고 승인함으로써 호주의 학생들이 보다 다양한 프로그램을 선택하는 데 도움을 주고 있다.

2) 교육과정 운영

지방분권제가 시행되고 있는 호주는 주의 방침에 따라 교육과정 운영에 관련한 사항들이 매우 다양하다. 8개 주의 교육과정 구성 및 운영의 일반적인 특징을 살펴보면 다음과 같다(최수정 외, 2017).

첫째, 고등학교 단계에 해당하는 2년 과정을 마치면 고등학교 졸업장과 직업교육 자격을 취득할 수 있다.

둘째, 일반교육과정과 직업교육과정 내 개설된 커리큘럼과 과목간에 자유로운 선택이 가능하다.

셋째, 고등학교 단계의 교육과정 수료 후 졸업장 취득을 위해서는 주마다 명시된 이수 학점, 필수 이수 과목, 성적 기준 등을 만족해야 한다.

넷째, 일반교육과정과 직업교육과정 내에서는 이수과목의 학점은 상호 교환

될 수 있다. 특히 직업교육과정의 특징 중 하나는 일반교육과정과 직업교육과정 내 커리큘럼 및 과목을 학생들이 자유롭게 선택할 수 있다는 점이다.

3) 교육과정 평가

교육과정 평가는 호주 빅토리아의 사례를 보면 이수 과목에 대한 학습(study score)평가와 역량 기반(competency-based)으로 이루어진다. 일반교육 과정에서는 학습평가가 이루어지고, 직업교육 과정에서는 역량 기반 평가가 이루어진다. 이때 학습평가는 한 과목에서 학생의 수행 수준을 평가하는 것으로 프로그램이나 과목에 따라 구체적인 평가 방법이 달라진다. 학습평가는 내부평가와 외부평가로 구분되며, 내부평가는 이수과정 평가와 과제평가로 구성되고, 외부평가는 1년에 한 번 시행되는 일반적인 성취 평가(General Achievement Test)와 심화탐구·비판적사고평가(Extended Investigation Critical Thinking Test)로 구성된다. 호주자격체계에 기초하여 역량 기반 평가는 이수 시간과 능력 단위(unit of competency)에 대한 수행 능력 달성 여부를 기반으로 과목의 이수 여부를 평가한다. 주로 역량평가는 프로그램을 승인한 RTO에서 담당한다(VCAA, 2011).

3. 호주의 중등단계 직업교육의 특징

호주 중등단계 직업교육의 큰 특징은 학교교육기관과 학교밖 여러 직업훈련기관들과의 수직적, 수평적 연계가 잘 되어 있다는 점이다. 수평적 연계의 특징으로는 직업교육과 일반교육 간의 연계 및 학교기관별 교육 간 학점의 상호인정시스템 구축으로 일반교육에서의 학점과 직업교육에서의 자격취득 및 학점이 상호 교환된다. 빅토리아주의 경우에는 직업교육 프로그램 이수로 취득한 자격은 VCE와 VCAL에서 학점으로 인정된다. 또한 등록된 훈련기관과 학교 간의 수평적 연계 시스템이 잘 구축되어 있어서 다양한 직업교육 프로그램을 연계하여 개설하고 운영하여 학점과 자격을 부여한다는 점이다(최수정 외, 2017).

호주의 중등 직업교육과정의 수직적 연계는 고등 직업교육보다는 주로 성인교육(further education)과 경험학습을 인정한다는 것에 초점을 두고 있다. 호주에서 시행되는 '블록 크레딧 인증제(block credit recognition)'는 학교밖 사회에서의 경험과 성인교육을 통해 취득한 자격을 고등학교 단계에 해당하는 학점으로 인정해주는 제도이다. 블록 크레딧 인증제를 통하여 취득한 자격이나 경력을 학점으로 전환하고자 하는 경우에는 빅토리아주 교육과정 및 평가 당국(VCAA)에 해당 자격 및 경력에 대한 내용을 VCE 또는 VCAL 학점으로 전환하는 요청서를 접수한 후 심사를 거치면 학점으로 인정받을 수 있다(VCAA, 2011).

연구문제

1. 독일과 미국의 중등단계 직업교육과 비교했을 때 우리나라 특성화고가 안고 있는 직업교육의 가장 큰 문제점은 무엇인가요?

2. 한국과 독일의 중등교육단계에서 이루어지고 있는 진로직업교육의 공통적인 특성은 무엇이며 가장 큰 차이점은 무엇인가요?

3. 핀란드의 기술 직업교육과정의 자격취득을 위한 하위계열 시스템과 우리나라 특성화고 자격취득과정을 비교해봅시다.

4. 호주와 핀란드 중등직업교육 학점제의 특성을 살펴보고 우리나라 고교학점제에 적용할 수 있는 부분에 대해서 생각해보고 그 이유에 관해서 이야기해 봅시다.

CHAPTER 11

구직 관련 동향 분석

제1절 구직동향

제2절 뜨는 직업, 사라진 직업

제3절 변화되는 구직 전망

제4절 채용의 변화

제5절 청년 구직 동향

제6절 여성 관련 구직 동향

제7절 중장년 구직 심각에 따른 중앙부처 및 지방자치단체 기반 구축 동향

제8절 국가교육책임제 및 국가진로교육법 강화 동향

학습목표

본 장에서는 최근 구직동향, 채용의 변화, 청년·여성·중장년 구직동향, 국가교육책임제 및 진로교육법 강화 동향 등을 다양하게 분석하는 등 비교적 상세하게 살펴보았다. 이를 통해 각 계층별로 구직에 임하는 데 있어서 정확한 판단과 방향을 정립하는 데 도움을 주고자 한다.

제1절 구직 동향

2022년 고용노동부에 따르면 2022년 3분기 신규 구인 인원은 856,092명으로 전년동기대비 19.8%(14만 1천 명) 증가하였으며, 신규 구직건수는 1,097,525건으로 전년동기대비 11.3%(14만 건) 감소하였다. 구인은 증가하고 구직은 감소함에 따라 구인배수가 0.78로 전년동기대비 0.20 상승하였다.

2022년 3분기 취업건 수는 398,851건으로 전년동기대비 13.1%(6만 건) 감소하였으며, 금년 들어 취업건 수가 계속 감소 추세를 나타내고 있으며, 임금의 경우 구인업체가 제시한 평균 임금은 217만 원인 반면에, 구직자의 평균 희망 임금은 221만 9천 원으로 분석되었다.

직종별 구직현황을 보면 2022년 3분기 기준 구직규모가 가장 큰 직종은 경영·행정·사무직 24만 2천 건으로 나타났으며, 전년동기대비 9.5% 감소되었다. 이어서, 돌봄 서비스직(간병·육아) 7만 3천 건, 음식 서비스직 6만 2천 건, 보건·의료직 6만 2천 건, 사회복지·종교직 5만 6천 건 순으로 뒤를 이었다.

직종별 구직규모 3천 건 이상 기준으로 정보통신 연구개발직 및 공학기술직(9.7%)과 법률직(3.2%)에 한하여 전년동기대비 증가했으며 그 외 직종은 전년동기대비 모두 감소하였다. 정보통신 연구개발직 및 공학기술직의 경우 2022년 1월부터 전년동월대비 증가세를 꾸준히 이어가고 있으나, 이와 달리 금속·재료설치·정비생산직은 2022년 1분기부터 3분기까지 지속해서 전년동기대비 20% 이상 감소하였다.

지역별로 보면 2022년 3분기 기준 전국적으로 전년동기대비 감소되었다. 세종시는 1% 미만으로 소폭 감소한 반면, 서울·인천·대전·충남은 10% 이상 감소율을 보였다.

제2절 뜨는 직업, 사라진 직업

세계경제포럼 보고서에서 현재 7세 이하 어린이가 사회에 나가 직업을 선택할 때가 되면 65%는 지금은 없는 직업을 갖게 될 것이라고 예측했다(김승 외,

2019). 그렇다면 앞으로 새로 등장하는 뜨는 직업은 무엇이 될까? 여러 분야에서 제공한 인기 직업 등에 대해서 알아보기로 한다.

1. 뜨는 직업

한국고용정보원(2022)에 따르면 지난 8년간 새로 생긴 직업은 총 3,525개로 과학기술의 발전과 고령화, 1인 가구 증가 등의 영향으로 새로 생긴 직업이 많았다. 반면 기술이 발전하면서 사라진 직업은 18개였다. 2012년부터 2019년까지 8년 동안 사업장 직무조사 결과를 보면 총 12,823개의 직업이 등재됐다. 뜨는 직업은 크게 네 가지 변동요인으로 나눌 수 있다. 먼저 과학 기술발전으로 생긴 직업은 미디어콘텐츠 창작자(1인 크리에이터)[1], 디지털 장의사, 디지털 문화재 복원 전문가, 블록체인 개발자, 인공지능 엔지니어(머신러닝 엔지니어[2]·딥러닝 엔지니어), 빅데이터 전문가(데이터사이언스트[3]·엔지니어·시각화전문가), 드론 조종사 등이 있다.

조선일보(2020)에 따르면 미디어콘텐츠 창작자(1인 크리에이터)인 먹방 유튜버 쯔양의 경우 미국 소셜 블레이드 분석 결과를 보면 한 달 수익이 최대 3억 5000만 원, 다른 분석 사이트인 녹스인플루언서는 한 달 수익이 1억 6200만~2억 8200만 원으로 나타났다.

저출산과 고령화, 1인 가구 증가 등 인구학적 변화에 따라 나타난 직업도 있다. 의뢰인이나 유족을 대신해 고인의 유품과 재산 등을 정리하고 사망 장소에 남겨진 오염물질을 처리하는 유품정리사, 고객의 의뢰를 받고 쾌적하고 효율적인 생활 및 사무공간을 위해 물건과 공간을 말끔하게 정리하는 서비스 제공자인 수납 정리원이 있다. 또 국내 반려동물 양육 가구가 638만 가구(가구당 평균 가구원 수 2.24명, 2020년 행안부 인구통계 기준)를 고려하면 반려동물 양육인구가 1,530만 명에 육박해(데일리벳, 2021), 관련 시장은 6조 원을 상회할 전망이다(김승 외, 2019). 이러한 분위기 가운데 애완동물의 장례를 주관하는 애완동물장의사, 개·고양이 등 애완동물의 다양한 문제행동의 원인을 분석하고 행동교정 프로그램

1) 만드는 사람. 창조자, 창작자, 생산자, 개발자, 작가 등의 의미로 사용된다. 유튜브에서는 일반적으로 동영상을 생산하고 업로드하는 창작자를 말한다.
2) 머신러닝 파이프라인을 구축하여, 머신러닝 프로젝트의 업무를 자동화하며 연구조직의 생산성을 극적으로 끌어올리는 일을 하는 사람
3) 데이터를 기반으로 한 특정한 과제를 해결하는 사람

을 설계·훈련하는 애완동물 행정 교정사가 있다.

이 밖에도 임신·출산한 여성을 대상으로 임신출산육아코치도 인구학적 변화로 새로 생긴 직업이다. 모유 수유 전문가는 산모 및 예비 산모를 대상으로 모유 수유의 필요성과 방법 등을 교육하고 젖몸살, 유두 막힘 등 모유 수유로 발생하는 문제점에 대한 해결책을 제시하는 사람을 말하며, 산후조리원을 운영하면서 유명한 모유 수유 전문가가 있으면 산모들의 쏠림현상이 두드러지게 나타나고 있어 모유 수유의 중요성을 실감하고 있다.

주거 문제에 도움을 주려는 직업도 생겼다. 주거복지사는 취약계층 등을 대상으로 주거환경 개선 지원, 주거복지 상담 등 주거 문제 해결 방안을 제공하는 일을 하며, 국가 및 지방자치단체 주거복지 업무 부서나 공공 및 민간 주거복지지원센터 등에서 활동할 수 있는 직업이다.

국내 게임 산업이 커지자 게임번역사 직업이 생겼으며, 검찰과 경찰 또는 기타 기관과 단체로부터 의뢰받아 타인의 범죄로 생명과 신체적 피해를 본 범죄피해자를 상담하고 보호하는 범죄피해 예방상담사란 직업도 생겼다.

정부의 정책이나 제도 지원으로 등장한 직업으로는 지속 가능 전문가, 액셀러레이터(Accelerator, 창업기획자), 농촌관광 플래너, 교육농장 운영자 등이 있다.

창직(창업)[4]에 대한 관심이 높아지면서 액셀러레이터란 직업도 등장했다. 액셀러레이터는 성장을 위한 시드 투자, 연결, 판매, 멘토십, 교육, 그리고 성장을 가속화하기 위한 공개 피칭 이벤트까지 아우르는 집단 기반 프로그램을 말하며 초기 창업기업을 발굴해 엔젤투자(Angel investment)[5], 사업공간 제공 등 종합보육 서비스를 제공한다.

2. 사라진 직업

가장 먼저 생각나는 직업이 버스안내원이다. 우리나라에서는 1961년 김광옥 교통부장관이 여차장 제도를 도입하면서 시작되었고, 1980년대 말까지 존재했던 직업이다. 1989년 12월 30일 자동차운수사업법에 안내원 승무 조문이 삭제

4) 창직(創職, Job Creation)이란, 창조적 아이디어와 활동을 통해 스스로 새로운 직업을 발굴하고 이를 바탕으로 노동시장에 진입하는 것을 말한다.

5) 벤처기업이 필요로 하는 자금을 개인 투자자들 여럿이 돈을 모아 지원해주고 그 대가로 주식을 받는 투자. 보통 설립된 지 3년 이하의 회사에 3억 이하의 자금을 투자하나 기간과 금액에 절대적인 기준은 없으며, 시드(seed) 투자라고도 한다.

되면서, 1990년부터 모든 지역에서 안내양 제도가 폐지되었다(나무위키, 2022).

역시 사라진 대표적인 직업은 전화 교환원이다. 1970년대까지만 해도 전화를 걸면 전화 교환수가 먼저 받은 후 어디로 연결해 달라는 말을 하면 수동으로 연결해 줬다. 그러나 통신 기술의 발달, 전화기와 휴대전화가 등장하면서 전화기 역시 자동화가 되었으며 전화 교환원이라는 직업은 자취를 감추게 되었다(작은 연못, 2017).

의과대학과 연구기관 등에서 필요한 시체를 공급받기 위해 시신 도굴사를 고용했던 시절이 있었으나, 지금은 사라지고 없는 직업이 되었다(루리웹, 2014).

1923년 인력거는 총 4,600여 대였다. 1924년 자가용 인력거는 1,500여 대였다. 경성 시내에서 운행된 영업용 인력거와 자가용 인력거 수는 총 1,997대였다. 서울에서는 광복 무렵까지, 지방 도시에서는 6·25 전쟁 때까지 운행되었다고 한다. 하지만 교통발달로 인력거는 사라졌고 인력거꾼이라는 직업 또한 사라지게 되었다(한국고용정보원, 2020).

1900년대 중반까지만 해도 겨울만 되면 한강 전체가 꽁꽁 얼어붙었다고 한다. 당시에는 냉장고도 없었고, 한강 물도 깨끗했기에 얼음을 채취하는 얼음 장사가 많았으나 6·25 전쟁 이후 본격적으로 사라졌는데, 피란민이 모여 인구가 늘었고 한강 물이 더 이상 먹을 수 없을 만큼 더러워졌기 때문이다. 이후 동네마다 얼음 가게가 등장하고 가정용 냉장고가 보급되면서 얼음 장수는 우리 곁에서 그 모습을 감췄다(그것이 궁금하다, 2021).

영화 간판은 영화를 알리는 유일한 홍보 수단이었다. 당시에는 인쇄 기술이 발달하지 않아 간판을 직접 손으로 그려야 했기에 화가의 입지가 무척 탄탄했었다. 그러나 2000년대 들어서며 인터넷이 대중화되었고, 현대기술이 빠른 속도로 진화하면서 영화간판 화가가 없어도 극장 간판을 제작할 수 있게 되면서 자동적으로 사라지게 되었다(한국고용정보원, 2020).

지금까지 나열한 직업은 비교적 오래전에 사라진 직업인 반면, 최근 10년간 사라진 직업들도 상당히 많음을 확인할 수 있었다. 한국고용정보원에 따르면, 디지털화 등 기술 발전으로 2012년부터 사라진 직업이 있다. 18개 직업은 이제 종사자가 한 명도 남지 않았다. 그중 하나는 플라즈마 영상 패널(PDP) 관련 직업인데 11개 직업이 사라졌다. 다만, 영화필름을 현상·인화하는 영화필름현상원 및 인화원은 아직 소수가 활동 중이다(정대연, 2020).

김중진 한국고용정보원 연구위원은 "지난 10년 동안 무엇보다 모바일기기 등 디지털기기와 소프트웨어, 정보통신기술(ICT), 인공지능(AI), 사물인터넷(IoT) 등 디지털 기술이 직업의 생성과 쇠퇴, 기존 직업의 직무변화에 큰 영향을 준 것으로 보인다"고 말했다. "그래서 미래직업 세계에서는 디지털 기술과 지식을 활용하는 디지털 역량이 매우 중요해질 것으로 보인다"고 덧붙였다(임현진, 2022).

제3절 변화되는 구직 전망

1. 취업지원 확대와 고용·사회 안전망 강화

정부는 민간일자리 유지·창출을 위해 "일 경험·훈련연계형 취업지원 프로그램"을 신설·추진하고 AI 면접 체험 지원, 비대면 화상면접센터 운영, 직무전문가 평가위원 실전 컨설팅 등 채용 트렌드를 고려한 취업 지원을 확대하며, 또한 고용·산업구조 변화에 대응해서 '고용·사회 안전망 강화', '공정한 노동이동 지원' 등의 정책을 추진 중이다.

2. 경기회복으로 인한 고용 증가 전망

국회예산정책처(2022)의 '2023년 및 중기경제 전망'에 따르면, 고용 부문에서 2023년 전체 취업자 수는 2022년 79.5만 명(2.9%) 규모의 큰 폭으로 증가한 후 2023년부터 8.6만 명(0.3~0.4%) 수준으로 증가세가 둔화될 것으로 전망했다. 2023년 이후 2024~2026년 취업자 수는 전년 대비 10만 명 초반대의 증가세를 기록할 것으로 전망하고 있다. 산업별로는 서비스업에서 가장 큰 폭(전년동기대비 +69.2만 명)으로 취업자 수가 증가하였다. 비대면·디지털전환 관련 업종(+28.2만 명)과 공공비중이 높은 부문(+29.6만 명)이 증가세를 주도하였고, 2021년까지 감소세였던 대면서비스업 취업자 수도 증가 전환(+6.7만 명)하였다. 다만, 서비스업의 취업자 수 증가세는 2022년 중 점차 둔화되고 있다. 반면, 제조업의 취업자 수는 수출 호조 등의 영향으로 전년동월대비 증가(+9.9만 명)하였고, 증가 폭도 점차 확대되었다. 그 외 건설업(+6.7만 명)과 기타 업종(+8.2만 명) 등에서도 취업자 수가 증가하여 모든 산업에서 전반적으로 양호한 취업자 수 증가세가 나타났다.

한국노동연구원의 2023년 고용 전망에 따르면, 2023년 취업자 수는 2022년 대비 89천 명 증가할 것으로 전망한다. 다만, 최근의 금리 인상 기조가 지속되거나 글로벌 경기 위축이 심화될 경우 해당 거시경제적 하방 위험이 국내 고용시장에 미칠 영향에 대해서는 경각심을 유지해야 할 필요가 있으며, 이에 고용 증가와 안정을 위한 정부의 정책적 노력은 여전히 그 필요성이 높다(김유빈, 2022).

3. 직업훈련성과, 취업 지원 등으로 민간일자리 창출 지원 강화

고용노동부는 2022년 일자리사업이 '미래에 대한 투자'에 중점을 두었다면, 2023년에는 '취약부문에 대한 두터운 고용 안전망' 중심으로 일자리 예산이 편성되었다. 예산은 총 35조 원으로 취약부문 지원, 국민의 생명 건강 보호, 직업훈련 취업지원 등 민간일자리 창출 지원에 집중적으로 투자할 계획이다.

제4절 채용의 변화

빠르게 변화하는 경영환경으로 인해 기업체 등의 채용시장에도 다양하고 급속한 변화가 진행되고 있다. 본격적으로 채용시장에 등장한 Z세대를 위한 메타버스 플랫폼을 통한 채용설명회 등 디지털 채용 전형이 확대되고 있다. AI 면접과 화상 면접 등 비대면 채용방식과 대면과 비대면 채용방식을 결합한 하이브리드 채용방식의 활용이 증가하고 있다(한국고용정보원, 2022).

한화시스템은 2022년 하반기 신입·경력 개발자 채용을 메타버스 플랫폼으로 진행했다. 이번 채용은 서류 전형, 코딩 테스트, 면접 등 절차를 거쳤다. 특히 1차 팀장 면접과 2차 사업부장·임원 면접은 메타버스 플랫폼 게더타운에서 진행됐다. 한화시스템 ICT 부문은 코로나19 확산을 계기로 2021년 9월 스마트워크 체제로 전환하고, 원격 근무와 화상회의, 메타버스 교육 등 업무 전반을 비대면과 디지털 기반으로 도입했다(대한경제, 2022).

기업체 등의 특성에 따라 필요한 인재를 현직자와 해당 부서의 직무 연관성을 중심으로 직접 평가하여 수시 채용할 수 있는 실무형 인재 추구 방식이 확대되고 있으며, 지금까지 한 번 취업하면 평생직장으로 여기는 개념이 사라지고, 자신의 능력을 활용해 수익을 올리며 새로운 기회를 모색하는 '긱 워커(Gig Worker)'[6]가 등장했다(한국고용정보원, 2022).

제5절 청년 구직 동향

고용노동부(2022)에 따르면 청년층의 인구감소, 온라인화, 점포의 무인화 확산 등 인구 산업구조 변화 속에서 일자리 창출력이 저하되고, 정년 연장에 따른 퇴직 감소와 에코 세대의 청년층 진입, 높은 대학진학률 등 다양한 구조적 요인으로 청년층이 취업하기 어려운 실정이다. 2022년 10월 현재 청년층(15~29세) 고용률은 46.4%로 2000년도 이후 최고 기록을 유지하고 있으며 청년층 인구감소에도 불구하고 20개월 연속 취업자 수가 증가(+2.1만 명)하여 394만 4천 명으로 청년고용 회복세를 보이고 있다. 그에 따라 청년층 실업률(5.6%)도 2000년도 이후 최저 기록을 유지하고 있다. 참고로 2019년 현재 주요 국가별 실업률을 살펴보면 프랑스 19.6%, OECD 평균 13.7%, 영국 11.3%, 대한민국 10.4%, 미국 8.4%, 독일 5.8%, 일본 3.7% 순이다.

고용노동부는 '청년도전지원사업'을 수행할 자치단체 35개를 선정하고 지난 2023년 2월부터 자치단체별로 본격적으로 사업을 시행한다고 밝혔다. 이 사업은 구직기간이 길어지거나 구직을 포기하기 전에 자신감 회복과 구직의욕 고취를 위한 맞춤형 프로그램을 제공하여 청년들의 경제활동 참여 및 노동시장 복귀를 지원하는 사업이다. 다양한 일 경험 프로그램과 지방 청년을 위한 기업주도 프로그램 등 민관 협업을 통해 양질의 일 경험 기회도 제공한다. 일자리 지원을 더욱 보강하기 위해 청소년 시기부터 창업 인재를 양성하고, 청년의 과감한 창업 도전과 성장을 촉진하는 패키지형 지원체계도 구축한다. 청년의 미

6) 긱 워커는 1920년대 미국 재즈 공연장에서 필요할 때마다 단기 계약을 맺어 공연하는 것을 Gig이라고 표현하던 것에서 유래된 말로, 고용주의 필요에 따라 단기로 계약을 맺고 일회성 일을 맡는 근로자를 말한다. 디지털 플랫폼을 기반으로 한 공유경제가 확산하며 등장한 근로 형태이다.

래 역량을 강화하기 위한 신기술 분야 특화 교육과정을 운영하는 '부처 협업형 인재 양성 사업'을 확대하고, 우수 인재 조기 양성을 위한 연구 활동을 지원한다(기영화, 2022).

청소년들에게 직업에 대한 고민은 공허하게 느껴질 수 있지만 4차 산업혁명으로 대표되는 미래 기술을 이해하고 시야를 넓히는 훈련을 하면 실마리를 잡을 수 있으며, 걱정 대신 호기심으로 미래를 준비해야 한다. 많은 청소년들이 미래에는 로봇과 인공지능 기술이 발전하면서 일자리가 사라질까 걱정하지만, 실제 청소년이 관심을 가져야 할 유망산업 분야에서는 새로운 일자리가 더 많이 생겨날 것이다. 청소년에게 직업은 아직 먼 미래의 이야기일 수 있다. 하지만 사회변화에 대한 꾸준한 관심과 지속적인 정보 습득, 심도 있는 고민은 미래의 문을 여는 열쇠가 될 수도 있다고 분석하고 있다. 스마트 헬스 기기의 정보 유출 문제, 일자리를 놓고 경쟁하게 될 로봇과 인간, 팬데믹이 드러낸 우리 사회의 디지털 격차 등 13개 분야의 유망한 직업들을 소개하면서 청소년들이 시선을 넓히고 생각을 키우는 훈련을 통해 미래로 나아가야 할 시점임을 보여주고 있다(이랑 외, 2022).

취업을 준비 중인 대학 4학년이나 졸업(예정)자 10명 중 7명이 구직을 사실상 포기한 상태라는 설문 결과가 있다. 전국경제인연합회(2022)가 전국 4년제 대학 재학생과 졸업(예정)자 2,469명을 대상으로 실시한 '2022년 대학생 취업 인식도 조사'에 따르면 적극적인 구직활동을 하고 있느냐는 질문에 대학생 16.0%만 적극적으로 하고 있다고 답했다. 31.8%는 '의례적으로 하고 있다'고 했고, '거의 안 함'(26.7%), '쉬고 있음'(7.3%)이라는 응답도 34.0%나 됐다. 65.8%가 사실상 구직을 단념했다는 의미다. 구직활동을 적극적으로 하지 않는 이유로 ① 자신의 역량, 기술, 지식이 부족해 더 준비하기 위해(49.5%)가 가장 많았고, ② 구직활동을 해도 일자리를 구하지 못할 것 같아서(14.5%), ③ 전공 또는 관심 분야의 일자리가 없거나 부족해서(14.5%), ④ 적합한 임금 수준이나 근로조건을 갖춘 일자리가 없어서(9.8%) 등의 순이었다. 구직자들은 취업 준비 기간이 6개월 이상 필요(66.3%)하다고 봤다. 1년 이상으로 내다본다는 응답 비중도 36.4%나 됐다. 취업 준비과정의 어려움에 대해선 ① 경력직 선호 등에 따른 신입 채용 기회 감소(28.2%), ② 원하는 근로조건에 맞는 좋은 일자리 부족(26.0%), ③ 체험형 인턴 등 실무경험 기회 확보 어려움(19.9%) 등으로 꼽았다. 구직활동을 적극적으로 추진하고 있는 대학생조차 서류 전형 합격률이 평균 35.8%(6~7

회 지원해 서류 전형 합격 2~4회)에 불과해 실제 취업 문이 더 좁다는 게 전국경제인연합회의 분석이다. 이런 준비 기간은 최근 취업 환경이 더욱 악화한 데 따른 결과라는 판단이다. 실제 응답자의 29.6%가 올해 대졸 신규 채용 환경이 지난해보다 어렵다고 봤다. 이는 '지난해보다 좋다'는 응답(5.6%)의 5.3배에 달하는 수치다. 응답자들이 희망하는 기업은 대기업(20.4%), 중견기업(19.0%), 공기업(17.8%), 정부(16.2%), 중소기업(11.9%), 벤처·스타트업(7.0%) 순으로 나타났다. 작년 취업 희망 1위 기업인 공기업은 올해 세 번째로 밀렸고, 공무원은 지난해와 같은 순위였다. 희망하는 연봉으로는 3,000만~3,500만 원 미만(29.1%)이 가장 많았고, 3,500만~4,000만 원 미만(24.9%), 4,000만~5,000만 원 미만(12.7%), 2,500만~3,000만 원 미만(11.9%) 순으로 원했다.

제6절 여성 관련 구직 동향

최근 30~40대 고용률이 증가하고 있지만, 다른 연령대에 비해 회복 속도가 느리다. 특히, 30~40대 여성은 코로나19에 따른 돌봄 부담으로 경력단절을 더 많이 겪고 있다. 이에 따라 경력단절을 예방하고 경력단절 여성의 일터 복귀를 지원하는 사업을 신속하게 집행할 필요가 있다. 정부는 "2022년부터 3+3 육아휴직제[7]와 육아휴직 지원금을 새롭게 운영하여 일·가정 양립을 지원하겠다"고 밝혔다. 또한 경력단절 여성의 재취업을 위한 인턴 지원도 강화하고, 친화적인 맞춤형 훈련을 확충하며, 훈련·자격·경력 등 개인이 습득한 다양한 직무능력 정보를 통합해서 관리·활용하는 '직무능력 은행제'를 구축하겠다는 입장이다(기영화, 2022).

정부는 신직업을 발표한 후 여성에게 적합한 직업을 소개한 바 있다. 의료관광경영 컨설턴트, 주변환경정리전문가, 병원아동생활전문가, 산림치유지도사, 정신대화사, 이혼상담사, 가정에코컨설턴트, 생활 코치, 매매주택연출가, 과학커뮤니케이터, 애완동물행동상담원, 영유아안정장치설치원, 임신출산육아전문가 등이다(김승 외, 2019). 결혼한 여성 중 2022년 상반기에 직장을 그만둔 경력단절

7) 부모 모두 사용 시 임금의 100%, 3개월 모두 휴직하는 경우 개인당 최대 월 300만 원을 지원, 월 최대 600만 원을 지원받을 수 있는 제도

여성의 숫자가 지난해보다 줄어든 것으로 집계됐다. 결혼·출산하는 여성의 숫자 자체가 줄어든 영향이 큰 것으로 분석된다. 경력단절 여성 중 구직을 단념한 여성은 오히려 증가했다.

통계청(2022)은 '2022년 상반기 지역별 고용조사 기혼여성의 고용 현황'을 발표했다. 이에 따르면 2022년도 4월까지 15~54세 기혼여성 810만 3천 명 중 결혼, 임신·출산, 육아, 가족 돌봄, 자녀 교육 등의 이유로 직장을 그만둔 경력단절 여성은 302만 7천 명으로 37.4%를 나타냈다. 이 중 직장을 그만둔 경력단절 여성은 139만 7천 명으로 17.2%를 차지했다. 전년동기대비 경력단절 여성은 144만 8천 명으로 17.4%를 기록한 바 있다. 올해는 작년보다 줄었을 뿐 아니라 2014년 이래 경력단절여성 수치가 역대 최저치다.

경력단절의 원인은 여전히 육아였다. 경력단절의 원인을 육아로 답한 사람은 59만 7천 명(42.8%)으로 10명 중 4명이 육아로 일을 그만둔 셈이다. 이외에 결혼 36만 8천 명(26.3%), 임신·출산 31만 8천 명(22.7%), 가족 돌봄 6만 4천 명(4.6%), 자녀 교육 5만 명(3.6%) 순이었다. 연령별로 구분해도 경력단절 여성은 육아할 시기인 30대와 40대가 높은 비중을 차지했다. 30대가 60만 명(43.0%)으로 가장 많았으며, 40대가 58만 8천 명(42.1%)으로 뒤를 이었다. 육아 시기인 30~40대에서만 85.1%를 차지하고 있다. 그리고 50대는 15만 2천 명(10.9%), 15~29세는 5만 7천 명(4.1%)을 차지했다(스카이데일리, 2022).

소수이기는 하지만 남성 중심 일자리에 진입한 여성들도 있는데, 이들은 20년 이상 경력의 목수, 타워크레인 기사, 굴삭기 조종자로 오기와 배짱, 성취감을 맛보며 직장에서 열심히 근무하고 있다. 우리나라 전체여성 중 1.4%만이 종사하는 건설업에 진입한 여성의 생활과 일터에서의 상호작용을 탐색하여 현재 여성의 사회적 서비스 분야 집중 현상에서 벗어나 다양한 산업으로의 취업자로 영역 확대와 경력의 발전이 가능할 수 있도록 그 경험이 공유될 필요가 있다(이승주, 2020).

제7절 중장년 구직 심각에 따른 중앙부처 및 지방자치단체 기반 구축 동향

경제적 위기와 이중 부양 부담 등 다양한 원인에 의해 위기의 중년 세대가 등장하였으나, 기존 사회보장정책에서 중장년은 지원 대상에서 주목받지 못한 것이 사실이다. 강주헌(2015)에 따르면 중·장년은 나이 드는 현상을 긍정적으로 받아들이고, 가능하면 능동적으로 활동하며, 여유로운 시간을 활용하여 새로운 분야와 젊은이 및 세상의 변화에 관심을 가져야 한다. 이에 따른 당면한 과제는 생애를 위한 돈벌이에서 문화적 활동으로의 전환이다. 자신을 계발해서 꾸준히 진보하고, 인류 발전에 기여하며, 직업 활동을 마친 후에도 지속될 수 있는 삶의 의미를 찾아내는 것이다.

중·장년층 문제는 "어떻게 하면 이 계층을 사회에 통합시키느냐"가 관건이다. 이와 관련하여, 서울특별시는 국내 최초로 「신중년 인생 3모작」 기반을 구축하였다. 2015년 광역자치단체 중에서는 최초로 '인생 2모작 지원 조례'를 제정하였고, 2016년 4월 50+세대(50~64세, 베이비부머·신중년 등으로 일컫는 중·장년층)를 위한 통합지원 정책 추진을 위해 '서울시 50플러스 재단법인' 설립에 이어 「서울특별시 50플러스 재단 설립 및 운영에 관한 조례」와 「지방자치단체 출자·출연기관의 운영에 관한 조례」를 제정했으며 이를 근거로 캠퍼스 운영, 일자리 사업, 정책개발 및 정책연구, 신문화 확산 등의 주요 사업을 추진하고 있다(서울시 50플러스 재단, 2022). 그림 11-2 서울시 50+캠퍼스 교육과정 운영체계를 참조한다.

한편, 중앙부처에서는 2017년 고용노동부 등 관계부처 합동으로 신중년 용어 규정 및 인생 3모작 기반 구축계획을 발표했다. 생산가능인구의 1/3을 차지하는 5060세대를 고령자, 노인 대신 '신중년'으로 규정하면서 50대가 사회보장정책 대상으로 등장했다. 「신중년 인생 3모작」은 주된 일자리 → 재취업 일자리 → 사회공헌 일자리 영역의 인프라를 구성하고, 중·장년 지원을 추진하였다. 이에 발맞추어 지방자치단체는 중·장년 생애 재설계를 위한 법적인 체계를 마련하고 있다. 인생 2모작 지원 조례, 생애 재설계 지원 조례, 중·장년 지원 조례 제정 사례를 살펴보면 광역 17개 시·도 중 11개 시·도(64.7%)가 조례를 제정했고, 226개 기초자치단체 중 市 19개, 郡 4개, 區 16개로 총 39개 기초자치단체(17.2%)가 조례를 제정하였다. 이를 근거로 지방자치단체들은 평생교육 및 일자리 관련 기관을 활용하여 교육 및 서비스를 제공하고 있다.

경기도의 중·장년 지원계획은 '중·장년의 활기찬 삶, 건강한 삶, 성공적인 삶 지원'이라는 비전을 제시하고 있다(그림 11-1 참조). 「2021년 중·장년 인생 지원사업」은 중·장년의 재도약과 복지증진을 돕기 위한 상담, 교육, 일·활동 등 종합서비스 공간 및 재사회화 교육과정 운영으로 자아실현과 행복한 노년기 준비 기회를 제공하고 있다. 이러한 사업의 구체적 실천을 위해 경기도 복지국 노인복지과에 중·장년지원팀을 신설하여 본격 추진하고 있다(홍숙희 외, 2021).

경기도의 중·장년 지원정책은 매우 활성화되어 있다. 경기도는 2016년 「경기도 중·장년 일자리 지원에 관한 조례」와 2018년 「경기도 중·장년 지원에 관한 조례」를 근거로 2020년 7월 「2021년 중·장년 인생 지원사업」을 발표하였다(홍숙희 외, 2021). 경기도 산하 기초자치단체에서도 일자리와 교육 중심의 중·장년 지원사업을 활발히 진행하고 있다. 과천·수원·부천·의왕·광명시의 경우 '인생 2모작 사업'을 추진하고 있으며, 과천시의 경우는 '인생 2모작 지원센터'와 '중장년 일자리팀'을 모두 조직 운영하고 있고, 부천시는 '인생 2모작 지원센터'를 조직 운영하고 있다. 표 11-1에서와 같이 시군의 중·장년 업무 담당 조직은 경제·노동조직이 가장 많고, 다음으로 교육지원 사업을 담당하는 평생교육 조직이 많으며, 일부 시군의 경우 중·장년 조직이 없는 곳도 있다.

표 11-1 경기도 시군의 중장년 업무분장 현황

경제노동	보건복지	평생교육
수원시, 고양시, 용인시 부천시, 화성시, 안양시 시흥시, 광명시, 하남시 양주시, 안성시, 가평군 연천군	부천시, 시흥시, 군포시	용인시, 화성시, 남양주시 시흥시, 광명시, 하남시 동두천시

출처: 조인묵(2022). 중장년 삶의 재설계를 위한 평생학습의 역할 재구성.

비전	중장년의 활기찬 삶, 건강한 삶, 성공적 삶 지원

▲

목표	• 안정된 생활영위와 사회가치 실현을 위한 일자리 지원 • 스마트 시니어로 도약 위한 수요 맞춤형 역량 강화 교육 지원 • 민 · 관 · 학 협업의 복지 지원으로 삶의 질 향상

추진과제	분야	주요 세부추진과제	
	인생2막 새 출발 – 일자리	재직 고용유지	① 중장년 고용유지 기업 지원
		재취업	① 4060 재취업 지원 사업의 체계적 운영 ② 5060 퇴직자 일자리 창출 지원 ③ 경기도 5060 '이음' 일자리 지원 ④ 신중년 경력활용 소상공인 '금융주치의' ⑤ 세대융합형 중장년 창업 서포터즈 ⑥ 중장년 여성 취업지원 ⑦ 어르신 복지서포터즈 ⑧ 중장년 일자리 박람회
		창업	① 창업 전용공간 지원 ② 사회적경제 창업 지원
		귀농귀촌	① 귀농귀촌 지원
		사회 일자리	① 경기도형 사회일자리 추진
	평생 배움 – 교육	① 전문 직업교육 – 일자리재단 ② 생활기술 교육 – 생활기술학교 ③ 일반 소양교육 – (가칭)중장년 앙코르대학 ④ 온라인 교육 – 지식(GSEEK) ⑤ 시 · 군 중장년 평생교육 프로그램 지원	
	삶의 질 향상 – 복지	몸과 마음 건강	① 경기도형 모바일 기반 건강관리 서비스 ② 중독관리통합지원 ③ 콜벗 서비스(전화 심리상담) ④ 갈등 · 관계향상 · 마음 돌봄 지원 ⑤ 중장년 고독사 방지
		여가 · 정서 지원	① 중장년 커뮤니티 활동지원 ② 토크 콘서트 추진 – 중장년 축제
	지원 체계 (인프라) 구축	① 중장년 전용 복합공간 지원 ② 중장년 전담조직 운영	

그림 11-1 2021 경기도 중장년 지원정책 비전체계도

출처: 경기도(2020). 2021 경기도 중장년 지원계획.

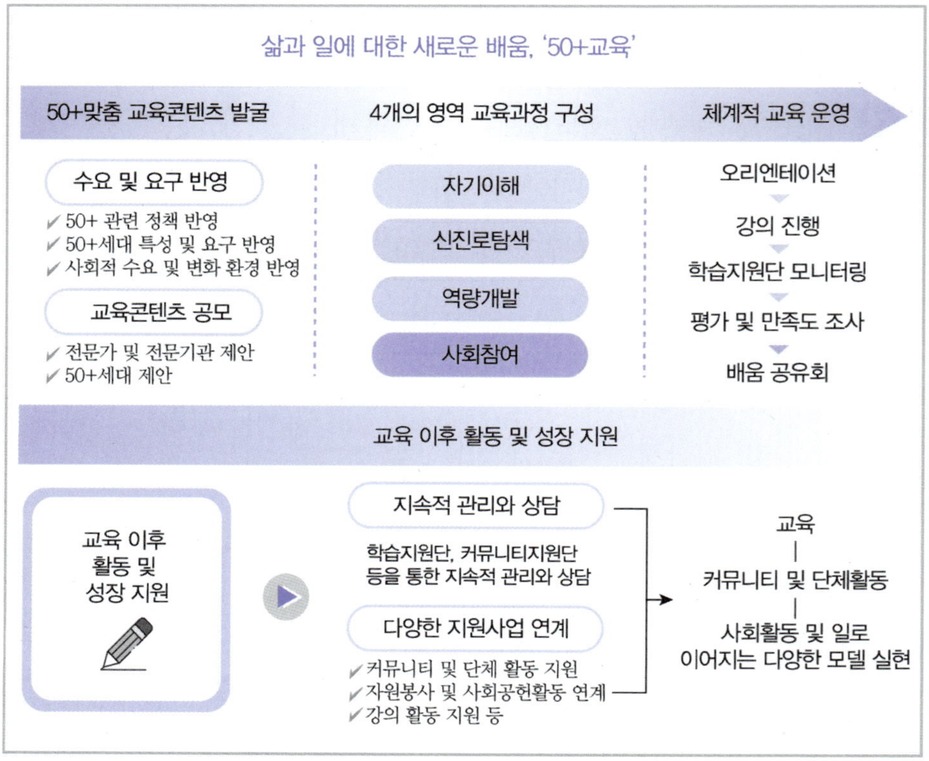

그림 11-2 서울시 50+캠퍼스 교육과정 운영체계

출처: 서울특별시 50플러스재단(2022).

제8절 국가교육책임제 및 국가진로교육법 강화 동향

기영화(2022)에 따르면, 윤석열 정부는 모든 국민이 평생에 걸쳐 직업을 가질 수 있는 능력을 배양할 수 있도록 기회를 확대하고 온·오프라인, 일과 학습이 융합된 통합적 직업능력 개발체계를 구축하여 전 국민 누구나 생애 단계별로 필요한 직업훈련 프로그램을 선택하고, 온·오프라인을 통해서 편리하게 훈련에 참여할 수 있는 환경을 조성하겠다는 의지를 표명하였다. 이를 위해 재학·구직·이직·전직 등 생애 단계별로 필요한 직업훈련이 충분히 공급될 수 있도록 훈련 프로그램을 재구조화하며, 메타버스 가상현실(VR), 증강현실(AR) 등 신기술을 접목한 원격훈련 플랫폼 구축을 검토하고 스마트직업훈련플랫폼(STEP)과 연계하여 온·오프라인 훈련 생태계를 구축하는 한편, 민간의 혁신 훈련기관을 통해 강사·교재 없이 실제 기업 프로젝트를 기반으로 훈련하는 혁신적 훈련모델을 확산한다는 목표를 가지고 있다.

또한, 모든 아이들이 행복하게 성장할 수 있도록 교육과 돌봄의 국가책임을 강화하며, 소외계층을 위한 맞춤형 교육과 전 국민 평생학습 지원으로 교육격차를 해소한다는 내용을 발표하였다. 이를 위해 유치원과 어린이집의 단계적 통합을 추진하고, 유치원 방과 후 과정(돌봄) 대상과 운영 시간도 확대한다. 사립유치원 교사의 처우를 개선하고 유치원에서 초등학교로 이어지는 교육과정의 연계성을 강화한다. '초등전일제 학교'를 운영하여 누구나 방과 후 교육활동에 참여할 수 있도록 하면서 돌봄교실의 운영 시간을 20시까지 단계적으로 확대한다. 유아·초등 돌봄 정보가 효율적으로 연계되고 제공될 수 있도록 통합플랫폼을 구축한다. 도움이 필요한 학생의 수요에 통합지원 및 사례관리 체계를 마련하고, 장애·다문화·탈북학생 등 학생 특성을 고려한 지원으로 교육 사각지대를 해소한다. 학교와 교육지원청 간 기능 재배분과 학교 교육활동 중심의 통합지원센터 설치로 학교의 행정업무 총량을 감축해 나간다. 디지털 인재 양성 등 새로운 교육정책 추진에 필요한 중장기 교원 수급 계획을 마련하고 수석교사 제도도 개선한다. 아울러 전 국민의 평생 역량개발을 위한 혁신방안을 수립한다. 대상을 다문화 이주여성, 다문화 가정, 제소자 등 사회적 소외계층과 청년 등 포괄적으로 정책을 수립한다. 평생학습 기회 보장을 위해 평생교육바우처 지원 대상을 단계적으로 전 국민까지 확대 추진하고, 학습·자격·진로 등 관리를 위한 '(가칭) 온국민평생배움터'를 구축한다는 세부계획을 가지고 있다.

김봉환 외(2021)에 따르면, 체계적이며 양질의 진로 교육을 제공하기 위해서는 국가와 지역 수준의 진로 교육 책무, 업무, 행정절차의 기준이 법에 명확히 근거해야 한다. 진로 교육은 현대사회를 살아가는 사람들에게 매우 절실함에도 불구하고 오늘날 학교 교육이 제대로 대응하지 못하고 있으며, 이로 인한 문제점 가운데 하나는 일과 직업 세계와 관련된 올바른 자아 특성 및 개성의 발견과 계발의 기회를 제공하지 못한다는 것이다. 직업 선택을 포함하는 진로 문제는 보다 발달적 관점에서 장기적으로 이루어져야 하며 평생을 거쳐 다루어져야 하는 주제이다. 따라서, 청소년 진로상담에서는 언제나 직업 선택과 직업 적응이 성공적으로 이루어질 수 있도록 학생 때부터 진로에 대한 인식을 확장하고 실질적인 능력을 갖추도록 돕는 것이 필요하다. 자신에게 맞는 일과 직업을 택하기 위해서는 무엇보다도 자신의 개성, 인성, 적성, 흥미, 신체적 적성 등에 대해 올바르게 이해하고 자신 스스로가 원하는 인생의 목표와 직업에 맞게 능력과 적성을 가꾸어 나가도록 해야 한다.

2015년 12월 23일 진로교육법[8]이 제정되면서 진로교육 목적에 모든 학생의 학습권리로 인정하고 국가와 지방자치단체가 진로교육을 제공해야 하는 책무를 명료하게 제시함으로써 국가 진로교육을 실천하기 위한 법적 체제를 갖추었다. 이지연(2021)은 과거에 비해 진로교육법에 기초한 국가 진로교육이 운영되는 획기적인 성장과 발전을 이루어낸 현시점에서 향후 국가 진로교육이 한 걸음 더 도약하기 위하여 다음의 정책 이슈의 검토 필요성을 주장하고 정책 방향에 포함해 줄 것을 요청하였다.

첫째, 평생학습 맥락에서 진로교육이 개인의 전 생애적 관점을 포함하도록 내용과 형식에서 변화를 시도해야 한다. 진로교육법으로 말미암아 초·중등 단계 중심의 진로교육이 고등교육 단계로까지 그 외연을 확대한 것은 나름대로 의미를 지니고 있다. 하지만 한 개인의 평생학습 맥락에서 대학을 졸업한 성인, 직업전환자, 은퇴자 등을 포함하는 생애 전반에서 지속적인 진로 개발을 지원하는 국가 진로교육의 방향 또한 포함되어야 한다.

둘째, 학령기 중심의 주된 국가교육정책을 책임을 맡고 있는 교육부 테두리 안에서 실천되는 진로교육법이 아니라 학령기를 넘어선 성인의 취업과 직업훈련의 종합적 정책을 관할하는 고용노동부 공공 고용서비스와의 상호보완적 관점에서의 연계점을 강화하는 법적 조항이 포함되어야 한다.

셋째, 진로교육법이 부처 간의 벽을 넘어 대한민국 국민 모두가 더 좋은 품질의 진로교육을 받을 수 있도록 범부처적 진로지도 서비스의 상호보완적이고 상호호혜적인 연계 고리가 마련되어야 한다.

넷째, 관련 법령의 영역별 세부 지침이 시행착오 없이 현장에 적용되기 위한 시행령의 정교화 작업과 이를 데이터로 생성·분석함으로써 수요자의 효과성과 공급자의 적합성을 지속적으로 쫓아가는 연구 노력이 요청된다.

8) 진로교육법(제1장 제1조)은 "학생에게 다양한 진로교육 기회를 제공함으로써 변화하는 직업 세계에 능동적으로 대처하고 학생의 소질과 적성을 최대한 실현하여 국민의 행복한 삶과 경제사회발전에 기여함을 목적으로 한다."고 명시하고 있다.

연구문제

1. 직업 동향을 보면 크게 뜨는 직업과 사라진 직업이 있다. 향후 20여 년이 지나면 현재는 없는 직업이 등장하게 되는데 첨단직업, 즉 '뜨는 직업'에 대해 설명해 봅시다.

2. 경제적 위기와 이중 부양 부담 등 다양한 원인에 의해 중장년 세대가 어려움에 처해 있으나 지원대상에서 주목받지 못하고 있다는 것이 현실입니다. 이렇게 중장년 구직 심각에 따른 중앙정부와 지방정부의 대책과 관련된 동향을 설명해 봅시다.

3. 2015년 국가 진로 교육법이 제정되면서 국가와 지방자치단체가 진로교육을 제공해야 하는 책무를 명료하게 제시함으로써 국가 진로교육을 실천하기 위한 법적 체계가 잘 갖춰져 있는데 이러한 법적 근거 강화와 관련된 동향에 대해 설명해 봅시다.

CHAPTER 12

구직자 가이드

제1절 구직의 개념

제2절 대상별 취업가이드

학습목표

본 장에서는 이력서 및 자기소개서 작성 방법과 대학생, 장애인, 경력단절 여성, 중장년, 다문화가정, 군(軍) 장병 등이 일을 찾는 데 알아두면 도움이 되는 내용을 살펴보았다. 이를 통해 일자리를 구할 때 저지르는 실수를 최소화함은 물론, 직무와 관련된 경험을 통해 자신의 강점을 보여주고 입사 후 성과를 낼 수 있는 인재가 될 수 있는 방안을 제시하였다.

제1절 구직의 개념

1. 구직의 개념

구직(求職)이란 일을 구하는 것을 말한다. 좀 더 부연 설명하면 실업이나 현재 직위의 불만족 등의 까닭으로 직업을 찾는 활동을 말하며, 구직의 중간목표는 고용주와 면접을 잡는 것이다. 구할 수 있는 직업의 종류는 정규직, 비정규직, 프리랜서, 아르바이트 등이 있다(위키백과).

구직자 가이드란 일을 찾는 데 있어서 구직자가 알아두면 큰 도움이 되는 기본지침을 말하며 그 내용은 이력서 및 자기소개서, 면접, 대학생(졸업생 포함)·중장년·장애인·경력단절 여성·다문화가정·군 장병 등 계층별 구직정보 등이 있다.

요즘 젊은이들이 일자리를 구할 때 저지르는 가장 큰 실수는 자기 자신이 뭘 원하는지 자체를 모른다는 것이다. 존 스튜어트 밀(John Stuart Mill)에 따르면 직업과 적성의 불일치야말로 "사회의 가장 큰 손실에 속한다"라고 선언했다(권오열, 2013).

미국의 대표적 취업지도 전문가로 통하는 컬럼비아대학 해리덱스터 킷슨(Harry Dexter Kitxon) 교수는 다섯 가지 직업 선택 필수조건을 제시하였다.

첫째, 취업지도 상담사 선택 시 신중을 기하기 위해서는 ① 직업적성을 알려주는 마법의 시스템이 있다고 말하는 사람의 말에 솔깃해하지 말라. ② 어떤 직업을 선택해야 할지 알려주는 검사를 해 줄 수 있다고 말하는 사람을 믿지 말라. ③ 직업에 관한 충분한 정보를 갖추고 그것을 상담 과정에 활용하는 직업상담사를 찾아라. ④ 철저한 취업지도 서비스를 위해서는 대체로 두 번 이상의 상담이 필요하다. ⑤ 직업상담은 절대 우편으로 받지 말라 등이다.

둘째, 이미 인력이 넘쳐 초만원 상태인 사업이나 직업은 피하라.

셋째, 생계를 꾸려갈 가능성이 10분의 1이 안 되는 직업을 멀리하라.

넷째, 어떤 직업에 자기 인생을 걸기로 결심하기 전에 그것에 대해 몇 주에 걸쳐, 필요하다면 수개월 간 알아낼 수 있는 모든 것을 알아내라.

다섯째, 자신이 단 하나의 직업에만 적성이 있다는 잘못된 믿음을 극복하라 등이다(권오열, 2013).

2. 이력서와 자기소개서

1) 이력서

이력서는 대기업이나 중소기업의 경우 인사담당자에게, 규모가 작은 기업의 경우 기업 대표에게 지원자 중 자신이 가장 적합한 인물이라는 것을 인식시키는 축약된 서류라고 볼 수 있다. 따라서, 자신이 지원하는 직무를 담당하기 위해 축적해 온 능력을 객관적 근거를 바탕으로 작성해야 한다. 누구에게나 동일하게 적용되는 기본양식이긴 하나 학력과 경력, 희망 근무조건, 어학 및 컴퓨터 활용 능력, 자격증 등을 잘 정리하는 것이 매우 중요하다.

인적 사항은 획일적 형식은 아니지만, 주민등록증(표)에 기재된 것을 기준으로 작성한다. 특별히 이력서에 붙일 사진은 단정하게 옷차림한 것을 선택·사용하여 인사 담당에게 좋은 인상을 줄 수 있도록 하는 것이 좋다. 학력 사항은 최종학력부터 기재하며, 경력 사항 또한 최근의 경력부터 기술하되 지원하는 직무와 연관된 업무는 타 경력 사항보다 좀 더 상세하게 기록하는 것이 바람직하다. 자격증은 최근 취득한 순서대로 자격명, 취득일, 발행기관을 정확히 기재하며, 어학 능력은 외국어별 점수나 등급, 유효기간을 확인할 수 있도록 취득일을 명확하게 기재한다.

고용노동부에서는 채용 절차의 공정화에 관한 법률 제5조[1]에 따라 구인자 즉 기업체 등의 대표가 채용에 있어 기초심사자료로 활용할 수 있도록 표준이력서 및 자기소개서 양식을 규정하여 권면하고 있으며, 워크넷(www.work.go.kr)이나 사람인(www.saramin.co.kr), 잡코리아(www.jobkorea.co.kr) 등을 통해 표준양식을 참조하면 된다.

요즘에는 NCS(국가직무능력표준[2]) 기반 입사지원서를 채택하는 기업이 늘어나고 있는데, 이 지원서는 지원자 식별을 위한 최소한의 인적 사항과 직무 관련 교육 및 자격, 경력 및 경험 등으로 구성되어 있다.

---

1) 제5조(기초심사자료 표준양식의 사용 권장) 고용노동부장관은 기초심사자료의 표준양식을 정하여 구인자에게 그 사용을 권장할 수 있다.

2) 국가직무능력표준(National Competency Standard)이란 산업현장에서 직무를 수행하기 위하여 요구되는 지식·기술·소양 등의 내용을 국가가 산업부문별·수준별로 체계화한 것을 말한다(자격기본법 2조).

2) 자기소개서

자기소개서는 대개 1분 정도로 짧게 자신을 소개한 글로, 지원하는 회사와 직무에 적합한 역량과 확고한 입사 의지가 있다는 것을 나타내는 것이 가장 중요하다. 비록 단문이긴 하지만 문장 내에 기업체(회사)에서 확인하고자 하는 내용을 확실하게 정리해야만 인사담당자 등으로부터 주목받을 수 있다. 따라서, 직무와 관련된 경험을 통해 자신의 강점을 보여주고, 입사 후 성과를 낼 수 있는 인재가 될 것이라는 기대감을 줄 수 있도록 작성해야 한다.

자기소개서를 작성하는 이유는 단시간 안에 자신의 장점, 자신이 성격 등을 알려야 할 경우가 생기기 때문이다. 자기소개서에는 각 기업마다 기업만의 형식을 지원자에게 제공하기도 하지만, 일반적인 형식으로는 성명, 성장배경, 성격의 장·단점, 생활 태도, 학교생활, 인생관, 경력 사항 및 현장경험, 지원동기 및 각오 등의 항목이 있다.

예를 들어 ㈜○○○○○에서 자기소개서 작성 시 요청된 직무 분야, 인생관, 지원동기 등 분야별 질문(표 12-1)을 참조하여 내 것으로 소화하되 목표하는 기업체에 대한 사전 지식을 입수하여 정리하는 것이 바람직하다.

표 12-1 기업체(○○○○○)에서 자기소개서 작성 시 요청된 질문

질문 분야	질문사례	분량
직무 분야	○○○○○ 해당 직무분야에 지원하게 된 이유와 선택직무에 본인이 적합하다고 판단할 수 있는 이유 및 근거를 제시해 주십시오	1000자 이내
최고의 삶, 원하는 삶	본인의 삶 중에 기억에 남는 최고의 순간 및 그 의미를 설명하고, 향후 본인이 원하는 삶은 무엇인지 기술해 주십시오	1000자 이내
회사 선택 기준	본인이 회사를 선택할 때의 기준은 무엇이며, 왜 ○○○○○가 그 기준에 적합한지를 기술해 주십시오	1000자 이내

출처: 레쥬메헬프(2022).

3. 면접전략

면접(面接)의 사전적 의미는 '서로 대면하여 만남'이라는 의미이지만 흔히 '면접시험'의 준말로 많이 쓰인다. 합격의 마지막 관문인 면접이 과거에는 채용 과정의 형식적인 통과의례 정도로 생각했었지만, 최근에는 최종면접 과정에서 상당수의 지원자를 탈락시킬 정도로 그 중요성이 높아지고 있다(나무위키, 2022).

면접의 종류는 보통 화상 면접, AI 면접(AI 역량검사), 행동 사건면접, 프레젠테이션 면접, 집단토의 면접 등으로 나눈다. 이중 AI 면접은 서로 대면하여 만나 질의응답을 통해 지원자의 역량을 확인하는 기존 대면 면접과 달리 개인 특성에 맞는 심화 질문 등을 제시하여 개인의 특성을 좀 더 정확히 파악할 수 있다는 장점이 있다.

소코니 배큐엄 석유회사의 인사부장인 폴 보인턴(Paul Boynton)에게 구직자들이 저지르는 가장 큰 실수가 무엇이냐고 물은 적이 있다. 그는 이렇게 대답했다. "구직자들의 가장 큰 실수는 자기 자신이 되지 못한다는 것입니다. 그들은 속마음을 터놓고 완전히 솔직해지는 대신, 면접관이 원한다고 생각하는 답을 내놓을 때가 많습니다"(권오열, 2014). 면접의 중요성은 아무리 강조해도 지나치지 않으므로 면접 분야별로 당당하고 의연하게 자신의 것으로 소화하는 등 준비에 최선을 다해야 한다.

1) 화상 면접

지원자와 대학·회사 등이 다른 곳에 있을 때 일일이 대면하기 어려워서, 스카이프를 통한 화상 면접을 보는 경우가 있다. 최근 들어, 코로나19 바이러스로 인해 국내 대학-회사끼리도 화상 면접을 진행하는 경우가 많아졌다. 코로나 사건으로 인한 화상 면접은 비대면 면접이라고도 많이 부른다(나무위키, 2022). 화상 면접은 노트북이나 태블릿 PC, 스마트폰 등의 장비를 통해 영상으로 지원자가 원하는 장소에서 일대일 또는 다수의 면접관과 질의응답 방식으로 면접이 이루어진다. 면접관은 영상을 통해 지원자의 모습을 관찰하며 지원자의 역량을 실시간으로 평가한다.

잡코리아(2020)가 공개한 자료에 따르면, 구직자들이 꼽은 코로나19로 인해 크게 달라진 채용시장 트렌드로는 '화상 면접 등 AI 면접으로의 대체'가 1위

(48.7%)로 꼽혔다. 실제 최근 많은 기업들이 화상 면접을 통해 인재를 선발하고 있다. 2위는 응답자 34.5%가 '수시 채용 확산'을 꼽았다. 3위는 '온라인 플랫폼 기반 산업 인재 채용 증가' 28.5%, 4위는 '온라인 채용박람회 및 온라인 채용설명회 확산' 26.4%, 5위는 '챗봇 서비스 등 언택트 취업 상담 서비스 확산' 18.0%가 각각 올랐다.

화상 면접 진행 시 주의사항은 답변할 때 면접관이 아닌 카메라를 보고 말하기, 음성에 소음이 섞이지 않도록 주의하기, 예기치 못한 상황에서 침착하게 대응하기, 바른 자세를 유지하도록 노력하기 등이다, 가장 뽑고 싶은 지원자 순위는 태도가 좋고 예의가 바른 '바른생활형(50%)'이 1위, 직무 경험과 지식이 많은 '전문가형(15.9%)'이 2위, 문제해결이 뛰어나고 스마트한 '제갈공명형(11.8%)'이 3위이다. 가장 뽑기 싫은 지원자 순위는 불손하고 예의 없는 '유아독존형(38.7%)'이 1위, 면접 지각 등 기본이 안 된 '무개념형(18.7%)'이 2위, 회사·직무 이해도가 낮은 '무념무상형(16.9%)'이 3위이다(디지틀조선일보, 2019).

2) AI 면접(AI 역량검사)

화상 면접처럼 비대면 방식으로 인공지능(AI: Artificial Intelligence)을 활용해 진행된다. 일명 역검(역량검사[3]))으로 불린다. 유튜브 등지의 AI 면접 후기 영상들이나 설명 영상 등을 살펴보면, 일반 면접과 달리 화상 면접에 더해 추가로 게임(ViewInter, 뷰인터 제외) 등 다른 절차들도 다 섞여 있어서 방식이 기존의 대면과 비대면 면접에 비해 훨씬 복잡하다(나무위키, 2022).

3) 행동 사건면접

행동 사건면접이란 하버드 대학교의 심리학 교수 데이비드 맥클러랜드(David McClelland)가 만든 면접 기법이다. 사람의 과거 행동양식을 통해 역량을 확인하는 방법으로 최근 글로벌 기업들이 많이 활용하는 추세다. 먼저 누가, 무엇을, 어떻게 수행하였는지 질문하며 과거에 했던 생각에 대해 질문하고 일상적인 경

---

3) 시간 제약이 없거나 거의 두지 않고 상대적으로 고난도의 문항을 이용하여 피험자의 능력을 측정하려는 검사를 말한다. 시간상의 제약을 두지 않기 때문에 피험자가 가진 모든 능력을 발휘할 수 있도록 고안된다. 시간 제약을 고려하는 속도검사(speed test)의 반대개념으로 쓰인다.

우를 물어본다. 또한 특정 주제를 통해 어떤 것을 중시하는지 보는 형식이다. 면접자의 역량이나 중요시하는 가치 등을 알 수 있는 면접 기법이지만, 행동 사건에만 중요성을 두기 때문에 다른 측면을 보기 어렵다는 단점이 있다. 소수의 전문적 인원을 채용하는 경우에는 유리하지만, 다수의 비숙련직을 뽑을 때는 시간과 비용이 많이 든다는 단점이 있다(나무위키, 2022).

4) 프레젠테이션 면접

PT 면접은 자료를 만들어서 그 자료를 가지고 보고하는 형식으로 진행하는 면접 방법이다. 보통 주제는 면접 전에 주어지지 않는다. 주제는 회사에 대한 제품이나, 서비스 등이 나오며 짧은 시간에 순발력 있게 자료 보고를 할 수 있는지 확인하는 것이다. 이때 자료 분석 시간은 20~30분 정도 주어진다. 창의성, 독창성이 있어야 하고 실현 가능성 있게 작성하는 것이 좋다. 그리고 중요한 것은 주제에 대한 핵심 내용과 시사점을 도출해야 한다는 것이다. 대학 발표와 취업 PT 면접은 차원이 다르며, 기업에 대한 이해도와 빠른 두뇌 회전으로 면접관들로부터 좋은 점수를 받을 때 합격 가능성이 높아진다. 장점으로는 실무자들의 기업에 대한 이해도를 잘 알아볼 수 있고 빠른 상황 대처 능력을 볼 수 있다는 점이다(나무위키, 2022).

5) 집단토의 면접(Group Discussion Interview)

취업 과정에서 그룹끼리 모여서 토론을 하고 5~6명 그룹 안에서 역할과 주장을 도출해야 한다. 면접관이 일반적으로 질문하거나 토론하는 형식과는 다르며, 같은 입사 지원을 한 지원자끼리 그룹으로 모여 토의하는 면접이다. 이와 같은 그룹 토의 면접을 하는 이유는 상황 대처 능력과 팀워크 활용 능력을 평가하기에 딱 좋은 면접 형태이기 때문이다(나무위키, 2022).

6) 압박 면접

원래 의도는 일부러 구직자를 연속된 질문이나 의도된 스트레스 등으로 압박하면 그런 극한 상황에서 임기응변과 자제력, 순발력, 상황대처능력 등을 테스트하는 면접이다. 군대, 정보기관, 영업직, 극도로 위험한 물건을 다루는 기관에서 주로 하는데 그렇다고 그 분야에서만 하는 것은 아니다. 압박 면접의 경우 보통 정답이 없는 질문을 하는 경우가 많다. 따라서 당황하지 말고 어떻게든 본인이 가진 생각을 논리적으로 말하면 된다. 정답도 없고 날카로운 질문이 들어오고 꼬리에 꼬리를 물 것인데, 압박 상황임에도 불구하고 벌벌 떨지 않고 당당하게 본인이 가지고 있는 생각을 말할 수 있는지를 중점적으로 평가한다. 따라서 압박 면접의 경우 외워서 답변하게 되면 좋지 않은 결과를 맞이하게 된다(나무위키, 2022).

제2절 대상별 취업가이드

1. 대학생

1) 진로 및 경력개발

무엇보다 자기 자신의 특성을 잘 알고 있어야 하며, 특성에 맞는 직업을 선택하는 것이 얼마나 중요한지를 교육해야 하고, 또한 대학 생활 중 평생학습의 연속성을 인식하는 것이 중요하다. 직업 세계의 동향과 채용, 진로 정보에 귀 기울이면서 진로와 관계되는 세부 전략과 다양한 체험 기회를 부여하는 것도 매우 중요한 영역이다(이영대, 2010).

김봉환(2005), 김인규·임은미(2007), 이영대(2010) 등은 진로 교육목표를 달성하기 위해 9개 영역에 37가지 경력개발 목표를 제시하였다. ① 자기 이해 및 긍정적인 자아개념, ② 다른 사람과의 긍정적인 상호작용, ③ 평생학습의 중요성 인식 및 참여, ④ 진로 정보의 탐색, 해석, 평가, 활용, ⑤ 일, 사회, 경제 관계 이해, ⑥ 긍정적인 직업가치와 태도, ⑦ 합리적인 의사결정 및 진로 계획의 수립, ⑧ 진로 계획의 실천, ⑨ 효과적인 구직·직업 유지·전환이다.

이영대(2010)는 대학생활 중 직업 진로 탐색을 위한 다섯 가지 과정을 그림 12-1과 같이 제시함으로써 대학 졸업 후 원하는 직업을 선택함으로써 인생의 가치를 실현하는 데 도움을 주고자 하였다.

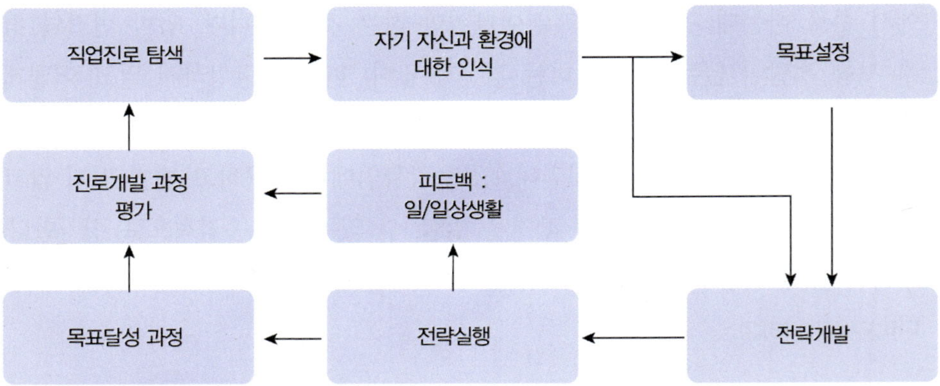

그림 12-1 직업진로 탐색을 위한 단계모형

출처: 이영대(2010). 청년 구직자를 위한 취업 스크랩.

2) 취업 준비

회사 선택은 취업 준비에서 가장 중요한 과정이다. 지원할 회사의 연봉, 근무지 등을 따져보고 선택함으로써 취업 준비하는 과정에서 효과적으로 시간을 배분할 수 있기 때문이다. 또한, 취업에 성공한 뒤 재취업 또는 이직할 때 치명적인 단점으로 일반 취업준비생보다 불리할 수 있기 때문이다. 그러므로 섣불리 여러 회사에 지원하는 것은 주의해야 한다. 중요한 것은 자신이 원하는 요건들을 정리하여 여러 회사 중 지망 순위를 정해야 하는 것이다(saramin, 2022).

채용공고가 나온 회사 중 지망 순위가 정해졌다면 다음 단계인 지원 자격을 확인해야 한다. 지원 자격은 필수조건과 가산조건으로 나눌 수 있으며, 필수조건이란 채용공고에 적시된 전공, 토익 점수, 자격증 유무 등 해당 회사의 채용에 지원할 수 있는 최소 자격을 말한다. 반면 채용공고에 명시되지 않은 가산조건은 필수는 아니지만, 서류전형 통과를 위한 상대적 자격으로 생각하면 된다. 각 조건을 준비하는 것은 절대적 시간이 소요되기 때문에 가능한 한 일찍 준비한다.

자기소개서와 관련된 내용은 서두에 자세히 정리되어 있어 참조하면 된다. 필기시험의 경우 언어추론, 자료 해석 등 필기시험 문항을 분석하면 문제의 답은 모두 지문에 있어 지문을 정확하게 읽고 정답을 빠르게 찾아내는 능력을 향상하는 방법으로 공부하면 된다.

전공 면접은 해당 직무의 전공을 학습할 수도 있으며, 회사의 사업 내용을 공부할 수도 있다. 최근 인터넷에서 지원한 회사의 전공 면접 질문 리스트를 구할 수 있다. 하지만 그 자료는 회사의 공식자료도 아닐뿐더러 누가 작성했는지, 질문과 답변이 적절한지 알 수 없으므로 그 자료에만 맹목적으로 의존하여 전공 면접을 준비하는 것은 지양해야 한다. 전공 면접을 시행하는 이유는 해당 직군에 입사하였을 때 수행하게 될 업무에 대한 역량이 있는지 알기 위함이므로 지원한 직군이 어떠한 일을 하는지 미리 알아보고 필요한 전공 지식을 더불어 공부하는 것이 무엇보다 중요하다(saramin, 2022). 전공 면접은 주로 실무진이 면접관으로 진행하지만, 최종면접은 임원진이 면접관으로 진행하게 된다. 인성 면접이라 불리는 최종면접은 지원 직군에 대한 업무 역량을 평가하기보다는 인성 전반에 대한 질문이 많은 편이다. 하지만 산업 핵심을 이해하고 있는 임원진들의 면접이기 때문에 인성 관련 답변만을 준비하는 것은 지양해야 한다. 최종면접은 큰 비율로 리더십, 창의성, 융화력, 문제해결 능력, 산업 이해도 등을 평가하기 때문에 회사에 재직 중인 사람의 입장으로 질문을 이해하고 답변을 준비하는 것이 중요하다(saramin, 2022).

2. 장애인

장애인 구직자 중 취업에 대한 두려움과 정보 부족으로 취업 준비에 어려움을 겪는 이들을 위해 장애 학생 취업 지원, 장애인 인턴제, 중증장애인 지원 고용, 장애인 취업 신청 패키지 등의 프로그램이 있고 장애인 직업 훈련기관은 직업능력개발원, 맞춤훈련센터, 발달장애인훈련센터, 디지털능력개발원 등이 있으며 상세 내용은 워크넷을 참조한다.

청각 장애 학생을 위해 직업생활에서 필요한 사회적응과 대인관계, 협동심 등을 향상시키는 프로그램이 운영되어야 하며(김상호, 2016), 장애 학생의 진로와 직업교육을 위해 중앙부처와 지역 유관기관 협의체 운영에 내실을 기해야 한다(박광수, 2020). 교육청-특수학교-한국장애인고용공단-훈련센터 간 체감형 직업훈련 플랫폼을 구축하여 교육기관 특성에 맞는 장애 학생의 진로와 직업교육, 인턴, 취업으로 이어지도록 기관별 협력 프로세스를 먼저 구축·운영해야 한다(김창길, 2022).

지적장애인이 자신이 맡은 일을 잘 처리하고, 흥미를 가지고 일하면 직장에서 성공을 거둘 수 있다는 분석 결과가 나왔으므로 진로 직업 교육과정을 운영하는 기관에서는 이와 같은 자질을 갖추도록 교육·훈련을 실시해야 한다(김삼섭,

2019). 또한 컴퓨터 활용과 고객 및 직장동료들과의 소통, 그리고 직장에의 적응 능력과 전문적 기술 활용 능력에 대한 확신이 높을수록 현재 직업에 대한 만족 수준 또한 높은 경향이 있는 것으로 나타났다(김도희, 2022). 따라서 장애인의 직업 적응 능력을 향상시키기 위한 다양한 방법을 제공해야 한다.

부모와 고용주가 인식하는 발달장애인의 직업의 범주는 직업 의미, 직업 특성, 고용이유, 고용인식과 근무환경이며(최관식, 2018), 시각 중복발달장애인[4])을 대상으로 한 진로·직업교육이 지속적으로 진행되기 위해서는 전국표준의 커리큘럼과 매뉴얼 개발·운영이 이루어져야 한다(정은주, 2022).

청년기 지적장애인의 고용유지 결정요인은 신체 능력 중 양손 기민성, 작업 능력 중 소도구를 사용할 줄 아는 손 기민성, 정서 행동 중 불안과 사회화영역, 기능적 적응행동 영역 중 학습 기술과 직업기술 영역으로 나타나 직업훈련 프로그램 참여의 중요성을 입증하였다(박은영, 2015).

3. 경력단절 여성

여성가족부(2019)는 '경력단절 여성 등의 경제활동 촉진법' 제7조에 따라 매 3년마다 경력단절 여성 실태조사를 실시하고 있다. 여성가족부가 한국여성정책연구원에 의뢰하여 도출된 조사 결과에 따르면, 경력단절 경험이 없는 비취업 여성이 14.7%이며, 결혼과 육아 등의 이유로 경력단절 경험이 있는 비취업 여성이 19.2%이었다. 반면, 경력단절을 경험한 취업자(첫 일자리 재취업 및 재취업 일자리 이동 포함)는 15.8%이며, 경력단절 경험이 전혀 없는 취업 여성은 50.3%이었다. 이들의 최종학력 분포를 살펴보면 고졸이 38.9%로 가장 높고, 4년제 대학 졸업 37.1%, 전문대 졸업 21.1%, 중졸 이하 2.9% 순으로 나타나고 있다.

여성들의 경력단절 사유는 여전히 결혼·임신·출산·육아가 대부분이었으며, 경력단절 당시 직장의 성평등 수준은 낮게 인식되어 있었고, 직장의 복리후생 제도가 미진한 것으로 확인되었다. 임금이 높거나 직장문화가 좋은 일자리의 경우 어떤 방법을 동원해서라도 경력을 지속하려고 하나, 일과 생활의 균형을 어렵게 하는 직장의 경우 경력단절을 선택할 수밖에 없었던 것으로 나타났다.

여성이 경력단절을 극복할 수 있었던 주요 요인은 일자리를 통한 미래비전

4) 지적장애+시각장애, 지적장애+지체장애 등 동시에 2개 이상의 장애를 가진 자

보장, 가족 구성원 양육지원 가능, 좋은 보육시설 등이 압도적으로 높게 나타났다. 경력단절 후 재취업자 중 취업 지원 서비스를 이용한 경우, 구인처가 제공하는 정보와 직업훈련 소개 및 훈련기관 알선이 구직자에게 가장 많이 지원되는 서비스이고, 만족도도 높게 나타난 것으로 분석되었으며, 또한 직업훈련을 받은 후 취업에 도움이 되었다는 응답이 85% 이상으로 나타나고 있어 여성 경력단절 구직자에게 필요한 취업 지원 서비스는 직업훈련 후 관련 구직처를 알선해 주는 가장 바람직한 제도인 것을 알 수 있다.

경력단절 여성의 진로 적응성을 높이기 위해서는 자아존중감과 자기 결정성을 함양해야 한다. 따라서, 이와 연계된 집단상담 프로그램을 기획하고 운영하는 것이 바람직하며, 일과 삶의 균형을 유지할 수 있는 방안을 고려하고 새로운 기술 습득을 통해 개인 역량을 높이는 한편, 지역사회와의 연계 활동 지원이 필요하다(김나경, 2020). 또한, 경력단절 여성의 재취업을 위한 직업능력 향상 교육에 자아존중감을 회복할 수 있는 프로그램을 운영하면, 자기 결정성 향상으로 인해 경력단절 여성이 재취업을 준비하는 견인차가 될 것이다(박경숙, 2022).

우리나라 대졸 여성의 경제활동 참가율(2016년)은 58.4%로 OECD 평균인 63.6%에 비해 크게 낮은 편으로 대졸 여성의 경제활동 참가율이 OECD 19개국 중 15위에 머물렀다(이현주, 2016). 여성의 경제활동 참여가 많을수록 경제성장률과 삶의 질이 향상되는 것으로 나타나, 경제활동 참가율 제고 방안으로 보육지원과 육아휴직 등 일과 가정을 양립할 수 있는 정책 강화와 양성평등 문화를 정착시킬 필요가 있다(김남현, 2018).

여성들의 경제활동 참가율이 낮은 가장 큰 이유는 30대 여성의 경력단절이다. 출산과 육아 문제로 노동시장 이탈 후 단순 노무나 판매직 등으로 하향 재진입하는 M자 형태를 나타내며(이영대, 2010), 현대 한국 사회에서 여성의 진로에 젠더 특성이 여전히 상당한 영향을 미치고 있으며, 여성이 직업 세계로의 재 진입 시 하향 진입하는 것이 가장 문제인데, 이 하향 진입 예방을 위해서는 교육·훈련 과정을 반드시 거쳐야 한다(김춘희, 2015).

렌트와 브라운(Lent & Brown, 2008)은 전 생애 관점에서 진로는 취업 목표를 달성하는 단순한 전략을 찾는 것이 아니라 장기적으로 삶의 만족을 위한 준비 과정이라고 했다. 정지애(2019) 연구결과에 따르면, 집단별 개인·직업·가치관 요인은 진로 전환집단이 진로 유지집단에 비해 학력·미혼·월 소득·양성적 가치관이 높게 나타났으며, 일 만족도 요인은 고용 안정성을 제외한 요인에서 진로 전환집단이 높은 차이를 나타내기도 하였다. 더욱이 일→가정 양립이나 가정→일 양립도 대다수 진로 전환집단이 높게 나타나 양립이 잘되는 것으로 나타났다. 이 같은 연구 결과를 볼 때 여성의 진로 전환에 대하여 경력단절의 부정적 인식보다는 긍정적인 인식을 통하여 진로 전환 및 적응을 이끌 수 있는 진로 및 직업교육의 필요성이 시사된다.

경력단절 여성의 진로 역량은 진로 적응성에 정적인 영향을 미치는 것으로, 사회적 지지는 진로 적응성에 직접적으로 정적인 영향을 미치기도 하며 진로 결정 자기효능감을 통해서는 간접적으로 정적인 영향을 미치는 것으로, 진로 결정 자기효능감은 진로 적응성에 직접적으로 영향을 미치는 것으로 나타났다. 이와 같은 것을 종합해 볼 때 경력단절 여성의 진로 역량, 사회적 지지, 진로 결정 자기효능감은 경력단절 여성들의 진로 적응성을 예측하기 위한 변수로 적합하다는 결론을 얻을 수 있어 구조적 관계를 잘 활용할 필요가 있다(신수정, 2018). 진로장벽은 구직행동에 영향을 미치는데 개인 내적 요인은 준비 및 실행적 구직행동에 모두 부적인 영향이 확인된 반면, 고용가능성은 준비 및 실행적 구직행동에 모두 정적인 영향이 확인되었다. 심리적 고용가능성의 조절 효과는 개인 내적 요인과 준비적 구직행동, 구조적 문제와 준비적 구직행동의 관계를 완화하는 것으로 확인되었지만, 실행적 구직행동에서는 고용가능성의 조절 효과를 발견하기 어려웠다(이선아, 2018).

현재 고용노동부나 여성가족부에서 운영하고 있는 진로·구직 시스템인 경력단절 여성 프로그램, 새일 여성 인턴제, 꿈 날개, 여성 인재 아카데미, 창업 날개 등의 다양한 프로그램이 있다. 또한, 여성가족부는 경력단절 여성이 기존 경력과 전공을 살려 다시 일할 수 있도록 상담·훈련 및 취업 연계는 물론 창업까지 지원하고 있다(이현주, 2016). 경력단절 여성의 진로 및 구직과 관련하여 장애인 학계에서 주장하고 바람직한 교육훈련 시스템 등의 도입이 제기되고 있는 사안에 대해서는 시급성을 감안하여 중앙정부 및 지방자치단체, 고용 관련 기관에서 채택하여 운영하는 것이 무엇보다 중요하다.

4. 중·장년

중·장년의 직업전환은 경제적 동기 등의 기능적 측면 이외에도 사회적 공헌 등 새 삶의 적응 측면으로 바라볼 수 있다. 따라서 중·장년을 위해 퇴직 연령층과 다음 준비에 차별이 있는 점 등을 고려하여 다양한 재취업 프로그램이나 역량 지원체계를 차별적으로 강력하게 실행해야 한다(정성지, 2020).

안준기·최기성(2016)에 따르면, 평균적으로 중·장년층의 세 명 중 두 명이 55세 이전에 주된 직장에서 퇴직한다. 이들 중 64.9%가 퇴직 후에도 계속 근무하기를 바라며, 또 기회가 된다면 73세까지는 근로를 희망한다고 응답하였다(정성지, 2020). 중·장년에서 남성보다 여성이 경제적 자립 욕구가 더 큰 것으로 나타났으며, 고학력자일수록 재취업을 통해 경제적 안정은 물론 사회적으로 인정받고 싶은 욕구가 더 크게 나타났다. 중·장년의 노년기로 들어갈수록 퇴직 이후의 삶에 대한 불안감이 커지고, 낮아진 자신감이 반영된 것으로 보인다. 중·장년의 재취업과 관련하여 노후 준비도는 사회적 지지를 통해 중장년의 재취업 욕구에 간접적인 영향을 미치고 있다(황주경, 2021). 강순희(2016)에 따르면, 중·장년이 재취업하는 일자리는 만족도나 수준이 떨어지기 때문에 중·장년의 재취업 욕구를 파악하고 이를 바탕으로 다양하게 취업 교육 기회를 마련하거나 정서적 지원을 적극적으로 고려하여 개입할 필요가 있다. 한 중년 여성의 경우, 일은 실존적 '행함'으로써 삶의 의미를 조성해 가고 가능성을 여는 길이라는 생각을 가지면서, 확실치 않은 여건 가운데 포기하지 않고 지속적 도전과 실천으로 자신의 미래를 개척하고 확장 시켜 나갈 수 있는 가능성을 보여주었다(김소연, 2015). 김미령(2022)에 의하면 중년기 여성의 진로 변경 사례를 살펴보면 예상치 못한 아픔, 진정한 욕구 성찰, 우연히 경험하게 된 기회 발견, 생계를 위한 선택과 숨어있는 능력 발휘 등이다. 진로 적응 방식은 중년 진로 변경의 선택과 결정을 위한 주요한 방법이자 가치로 실천적 배움과 결단, 궁극적 질문과 성찰, 허용범위 넓혀가기, 세상의 필요성 확장 등이다.

중년기 초심자의 직업 적응 방식을 이해함에 있어서 나이에 대한 사회적 인식과 개인 내적 인식, 상호작용 요인을 한층 주의 깊게 살펴볼 필요가 있으며, 상호작용 양상을 이해함으로써 이들이 직업에 적응할 수 있도록 개인적, 사회환경적 맥락의 차원에서 통합적인 개입이 필요하다. 또한 이들의 직업 적응 과정에서 비전과 교육을 위한 체제가 마련되고 나이 제약으로부터 자유로운 상담자의 지위 개선이나 일자리 창출을 위한 대안이 요구되며, 상담역량의 향상은 직업의 의미를 뛰어넘어 중년 이후 삶의 의미와 접목되며 개인적, 전문적 성장의 근본이 되었다(강민주, 2021).

경력단절 여성과 마찬가지로 중장년 여성의 진로 및 구직과 관련하여 학계에서 주장하고 바람직한 교육 훈련 시스템 등의 도입이 제기되고 있는 사안에 대해서는 시급성을 감안하여 중앙정부 및 지방자치단체, 고용 관련 기관에서 전격 채택하여 운영하는 것이 무엇보다 중요하다. 이와 관련하여, 현재 고용노동부 등에서 운영하고 있는 생애경력 설계서비스, 전직 지원 서비스, 성장(성공 장년) 프로그램, 취업 성공 패키지, HRD-Net(직업훈련 포털) 등의 다양한 프로그램이 있다.

5. 다문화 가정

이주배경 인구는 2020년 218만 명에서 2040년 323만 명으로 증가하여 총인구 중 이주배경 인구 구성비는 2020년 4.2%에서 2040년 6.4%로 증가될 전망이다. 이주배경 인구 중 내국인(귀화)은 2020년 19만 명에서 2040년 47만 명으로, 내국인(이민자 2세)은 2020년 28만 명에서 2040년 60만 명으로 각각 2배 이상 증가할 전망이다. 이주배경 인구 중 유소년 인구(0~14세)는 2020년 32만 명에서 2040년 41만 명으로 1.3배 늘어날 전망이고 학령인구(6~21세)는 2020년 30만 명에서 2040년 47만 명으로 향후 20년간 1.6배 증가할 전망이다(서현주, 2022).

다문화 청소년 중 대다수의 다문화 청소년은 불안과 부담감을 가지고 있으며, 불확실한 미래에 대한 불안감을 보이고 있다. 또한 이들은 자기 이해 부족을 경험하는 것으로 확인되었으며, 자기 이해 부족만큼이나 마찬가지로 직업정보의 부족 또한 주된 위험 요소로 나타났다(정은별 외, 2021).

다문화 청소년들의 일부는 자신과 진로에 대해 잘 모르고 있어 진로를 결정하는 어려움을 경험하였으며, 정보의 소외가 다문화 자녀들의 교육 등에 상당한 영향을 미칠 수 있다(이아라, 2018). 이러한 진로 실패에 대한 두려움과 직무수행과 관련한 자신감 부족 등을 최소화하기 위해서는 다양한 정보 제공이 필요하다. 성별에 따른 진로 관련 요인을 보면 진로 준비성과 자기 이해 부족, 경제적 어려움 등이며 연령에 따른 진로 관련 요인은 진로 교육 및 활동 참여 정도 등이다. 직업 선택 결정 집단이 미결정 집단에 비해 진로 교육 및 활동의 참여 정도, 만족도도 높고 진로 태도인 진로 결정성과 진로 준비성도 높은 것으로 나타나 성실히 진로를 준비하고 진로에 대해 결정할수록 직업 선택 결정이 높아진다(조은정, 2022).

교육부(2022)에 따르면 공교육 진입 절차 지원으로 「지역 다문화교육지원센터」를 통해 입학·편입학, 정책학교, 학적 생성 등 공교육 진입 전체 과정을 지원하고 「초·중등교육법 시행령」 개정에 따른 다문화 학생 중학교 진입 및 학력 심의 운영 현황 모니터링을 실시한다. 특히, 이주배경 학생 중학교 입학 거부를 방지하고자 교육장이 정하는 방식으로 중학교를 배정할 수 있도록 개선하였다. 다문화 학생의 교육권 관련 법령상 근거 및 공교육 진입 절차를 담은 안내자료를 지속적으로 배포하고, 외국 학생을 위한 학적관리 매뉴얼과 다문화 학생 학력심의위원회 운영 도움 자료를 제공하고 있다. 또한, 정부 부처 및 유관기관 협업을 통한 국내학교 편입학 안내를 추진하고 있다. 연 2회 법무부와 정보 연계로 중도 입국·난민 자녀에게 학교 편입학 안내자료 및 클립형 영상을 MMS와 우편으로 배포하고 있고 초등학교 입학 예정 대상인 만 6세 자녀 학부모에게는 추가적인 입학 안내(12월, 2월)로 적기 입학을 도모하고 있으며, 법무부에서는 「출입국관리법 시행규칙」을 개정하여 외국인 등록시 취학 여부 파악 후 공교육 진입을 지원하고 다문화 학생 및 학부모 방문이 잦은 유관기관에 공교육 진입 안내자료를 배포하고 있다.

다문화·일반 가정 중학생은 공통적으로 운동선수, 요리사, 만화가, 메이크업 아티스트 등과 같은 직업과 초등학교 교사, 공무원, 경찰관과 같은 안정적인 직업을 선호하며, 일반가정의 중학생보다 다문화 가정 중학생이 부모의 진로 관여 부족 행동을 더 강하게 느끼는 것으로 나타났다. 다문화 중학생이 미래 직업에 대한 포부를 형성할 때 부모의 역할이 매우 중요하며, 자녀의 진로 선택에 부모가 적절히 개입함으로써 다양한 직업 세계에 대한 체험은 물론, 학습 기회를 지속적으로 제공한다면 직업 포부 수준이 적절하게 형성될 수 있다(조홍용, 2022).

중학교 시기부터 진로 관련 지지 행동 수준이 낮은 다문화 부모 대상으로 자녀에게 직업정보 찾기는 물론 진로 분야의 체험 기회를 제공하고 격려하여 진로 선택에 대한 조언 등의 지지 행동을 촉진할 수 있는 교육프로그램을 개발 운영할 필요가 있다. 부모의 진로 지지가 청소년의 진로 준비, 학교 참여, 진로 결정 자기효능감을 매개로 삶의 만족도와 학업성취에 영향을 미치는 것으로 분석되었으며, 지지 행동은 의미 있는 기회와 조력을 제공함으로써 청소년의 유능감을 촉진하게 되며 결과적으로 다문화 청소년의 진로장벽 인식을 낮출 수 있다(윤홍주·최효식, 2021).

다문화 가정 고등학생의 학교 진로교육 활동 중 '진로 심리검사'가 '진로 탐색', '직업 세계 이해', '진로 개발 역량'에 긍정적 영향을 미치는 것으로 나타나, 고교 재학생의 진로 심리검사의 중요성이 입증되었다(김재희, 2019).

김무정(2017)에 따르면 다문화 초등학생의 경우, 진로 상담교사를 활용하여 「집중 진로 지도」를 하고 예비교사와 연계하여 「진로 멘토링」을 실시한다. 중학생의 경우, 자유학기제와 연계하여 「진로 탐색 활동」을 확대하고 「맞춤형 고교진학」을 강화하며 다문화 학생을 우선 선발하는 등 「입학 전형을 완화」한다. 고등학생의 경우, 다문화 교육 연구 센터와 연계하여 「진학과 취업」을 지원한다. 또한 학교에서 다문화 학생 한국어 교육을 위한 연극 실시, 지역사회와 연계한 진로 직업교육 지원 프로그램 운영, 교육지원청 차원에서의 다문화 학생과 관련한 진로 및 직업교육, 연수를 통한 교사 역량 강화 등을 도모한다.

이병준(2015)에 의하면 결혼이주여성들은 자녀의 진로 교육에 대한 절실함과 자녀에 대한 신뢰를 바탕으로 한 높은 기대를 가지고 있다. 결혼이주여성들의 세부적인 진로 교육 경험은 교육환경 조성과 정보수집을 위해 학교나 관련 기관에 먼저 다가가기, 자녀의 적성개발을 위해 지역의 다양한 교육자원 도움받기 등으로 나타났다. 따라서, 문화적 차이와 갈등요소를 해소하고 구체적인 진로 정보를 제공할 수 있는 대책이 필요하다.

원예 진로 교육프로그램이 다문화 이주여성의 자기 효용과 문화 적응 및 진로 준비 행동에 미치는 영향을 조사하였다. 자기효능감의 변화는 프로그램에 참여한 다문화 이주여성들의 자기효능감이 프로그램 전에 비해 후에 상승하는 것을 볼 수 있었으며, 문화 적응 척도의 변화는 다문화 이주여성들이 프로그램을 통해 한국 사회의 문화 및 꽃과 관련된 문화를 이해하고 적응하는 데 큰 도움이 되는 활동이었음을 볼 수 있었다. 또한, 진로 준비 행동의 변화를 확인해 본 결과 긍정적 변화가 있음을 알 수 있었다(곽혜란, 2014).

알기르마(2015)에 의하면 결혼이주여성이 계속해서 일할 수 있도록 다양한 교육프로그램이 개발되어야 하고, 결혼이주여성의 능력과 특성을 고려하여 전문적인 지식을 배울 수 있도록 적극적인 지원이 필요하다. 또한, 대한민국에서 당당한 어머니와 여성으로 재탄생하기 위해서 경제적 자립을 할 수 있는 일자리 창출을 지속 마련하고, 이중국적이 허용될 수 있도록 국가 간 협약이 이루어져야 한다. 아울러, 결혼이주여성들의 의견이 반영된 프로그램이 실시되어야 한다.

중도 입국 청소년들의 경우, 선행작업으로 그들의 규모와 현황에 대한 정확한 통계가 이루어져야 한다. 후기 청소년(17~24세)들이 자신의 특성에 맞는 진로 탐색과 직업교육을 받을 수 있도록 유형과 특성에 따라 세부적인 지원방안과 정책이 마련되어야 한다. 또한, 진로 탐색과 직업교육을 통해 자신의 정체감을 찾고 삶의 질을 높이기 위해서 지속적이고 체계적인 관리와 지원이 이루어져야 한다(노승인, 2018). 중도 입국 청소년들을 위해 교육 바우처 제도[5], 중도 입국 청소년 재학률 및 진학률, 취업률에 따른 학교 대상 인센티브를 제공하고 이들을 위한 특별전형 신설, 교원양성 과정 및 연수 프로그램을 운영하고 공교육 진입 제도의 간소화 및 대체 방안 마련, 중도 입국 청소년들을 위한 교육시설 확충과 교재 및 모국어로 번역된 학교 운영 및 교육제도 매뉴얼 보급, 학교 통신문 번역 앱 개발 등의 필요하다(배상률, 2016).

학교 밖 중도 입국 청소년은 자신에 대한 이해가 진로 준비에 있어 기본적인 과정의 시작으로 나타났으며, 이들은 꿈에 대한 개념 자체가 준비되지 않았고 꿈과 거리가 먼 취미 생활만을 누리는 경우가 대부분이다. 개념적으로는 직업의 힘과 영향력을 알고 있는데 이들의 미래 직업을 통해 자신이 더 많은 것을 배우고 경제적 자립과 폭넓은 사회적 관계도 가질 수 있다는 것을 알고 있었다(김민경, 2022).

김진희(2020)에 따르면, 중도 입국 청소년을 대상으로 기업 내에서 단계별로 직접 교육프로그램을 운영해야 한다고 주장하고 있다. 1단계로는 「예비학교」를 통한 진로와 적성을 탐색하고, 2단계로 「직업훈련」으로 역량을 강화하며, 3단계로 「특화프로그램」을 통한 직업 체험, 4단계로 「문화관광 분야의 다양한 취업을 연계」해야 한다는 것이다.

윤석열 정부는 학교 밖 청소년을 위한 통합지원체계를 구축하고 한부모가족, 다문화가족 등 다양한 가족의 필요에 따른 가족 서비스 지원을 강화한다. 학업 중단 청소년 정보를 「학교 밖 청소년 지원센터」로 연계하는 방안을 강화해 학교 밖 청소년을 신속히 지원하고 학교 밖 청소년의 진로·직업 교육훈련을 확대한다. 청소년 안전망을 강화해 청소년 위기 유형별로 맞춤형 지원을 시행한다(기영화, 2022).

---

5) 이준호(2012)에 의하면, 교육 바우처제도는 학부모에게 세금의 일부인 공적자금을 제공하여 자녀들을 원하는 학교에서 공부할 수 있도록 하는 제도이다. 학생과 학부모에게 학교 선택권을 부여함으로써 공립학교 혹은 사립학교 중 원하는 학교를 선택하는데, 이때 수업료의 전부 혹은 일부의 재원을 국가가 제공한다.

6. 전역 예정 장병

대한민국 남성(일부 여성 포함)이면 예외 없이 누구나 다녀와야 하는 군대 생활에 대한 긍정적인 태도를 가지고, 자기계발하면서 앞으로 자신이 무엇을 할 것인지 진로에 대해 탐색해야 한다. 군대 생활하면서 당사자는 물론 부모, 교수, 군부대 지휘관들의 각별한 관심과 지원이 필요하며, 정부는 군 복무 중 중단없는 학습 여건을 위해서 바람직한 시책들을 펼치는데, 군 복무 중 자기계발을 위해 군인 자신들이나 부모들이 가져야 할 자세는 무엇인지 몇 가지 제시해 본다(이영대, 2010).

첫째, 군 복무 중 중단없는 학습을 하겠다는 태도를 가져야 한다. 일과 후 여가시간 등 자투리 시간을 활용해 자격증 취득과 외국어 습득, 교양을 증대하려는 노력이 필요하다.

둘째, 군 생활을 인생의 전환기로 잘 활용해야 한다. 체력단련, 진로 탐색, 자기계발, 리더십 등을 배우는 기회를 갖고 경험해야 한다.

셋째, 병사들이 고용노동부 워크넷(https://www.work.go.kr)에서 직업 선호도 검사 S형, 직업 선호도 검사 L형, 구직 준비도 검사, 창업 적성 검사 등 12개 검사가 가능하며, 교육부가 지원하는 커리어넷(https://www.career.go.kr)에서 진로개발 준비도 검사, 이공계 전공 적합도 검사, 직업 가치관 검사 등을 통해 자신의 희망 진로 목표를 준비하는 것도 좋다.

넷째, 군 복무 중 자기계발은 모든 직업에 기초가 되는 직업 기초능력 개발에 초점을 두어야 한다.

다음은 국방전직교육원에서 전역을 앞둔 군인들에게 제시하는 전직 지원교육(표 12-2 참조)과 일자리 지원사업(표 12-3 참조) 내용을 알아본다.

1) 전직 지원 교육

전역 예정 장병의 진로 및 취업 교육과 정보제공으로 취업 성공을 지원한다.

표 12-2 전역 예정 장병 취업지원 프로그램

프로그램명	지원대상 및 교육과정
진로설계 사이버아카데미 (군복무설계)	• 지원대상: 전 장병 • 교육방법: 군 복무 중 온라인 및 소집 교육 • 교육내용: 군 복무 설계, 전역 후 진로에 대한 준비 및 역량 강화 등
진로교육	• 지원대상: 전역 2년 전 중·장기 복무자 • 교육방법: 2박 3일 소집 교육 • 교육내용: 군 복무 중 개발 향상된 개인별 직무 역량을 확인하고 전역 이후에도 군 경력을 활용할 수 있도록 새로운 경력 목표를 탐색·수립
전직 기본교육	• 지원대상: (중기) 전역 1년 전 (장기) 전직 교육기간 중 • 교육방법: 2박 3일 소집 교육 • 교육내용: 중·장기 복무 전역 예정간부의 전직 준비를 지원하기 위해 전직 목표(취·창업, 귀농 귀촌 등) 맞춤형으로 지원하는 구직역량 향상
맞춤형 전문교육	• 지원대상: 전직 기본교육 수료자 • 교육방법: 심화과정, 전문과정 • 교육내용: 군 간부의 직무능력과 특성을 고려하여 경쟁력 있는 자격 과정 개발 및 맞춤식 교육으로 전역예정 간부의 안정적 취업을 지원
컨설팅	• 지원대상: 전 장병 • 교육방법: (진로 교육시) 전문 상담 (전직 기본교육 시) 전직 상담 • 교육내용: 구직등록 시부터 복무 중 전문상담을 통해 조기에 진로 목표를 설정하고 희망 분야별 1:1 상담을 통한 구직 지원으로 전역 후 빠른 재취업과 사회 정착을 지원

출처: 국방전직교육원, https://www.moti.or.kr 재구성.

2) 일자리 지원 사업

복무 중인 청년 장병의 진로 준비 및 취업 희망 장병들의 개인적 진로·취업 고민을 해소하기 위한 진로 및 취업 교육과 전문상담사에 의한 개인별 맞춤 상담을 제공하고, 개인별 취업계획 수립 지원과 취업 정보 제공 및 취업 매칭으로 양질의 취업 성공을 지원한다.

표 12-3 복무 중인 청년 장병 취업 지원 프로그램

프로그램명	지원내용
진로 도움 프로그램	군 복무 중 청년장병 진로·취업 고민 해소를 위한 교육에서부터 개인별 특성을 고려한 전문 상담사의 1:1 상담까지 One-Stop으로 지원되는 프로그램
국군장병 취업박람회	기업 인사담당자를 통한 현장면접, 취업정보 및 맞춤형 컨설팅 제공 등 대규모 취업 토탈 서비스 지원 프로그램
뉴스타트 I 유형 (취업사관학교)	청년 장병이 희망하는 진로유형에 부합한 맞춤형 취업 과정으로 분야별 전문역량 향상을 위한 취업 지원 프로그램
뉴스타트 II 유형 (기업 맞춤형 취업 과정)	청년 장병의 군 경력과 내재된 역량을 활용할 수 있는 채용우대기업을 발굴하여 인사담당자 및 실무자 특강, 취업 선배와의 만남, 현장 견학 등 실무중심의 교육 지원과 취업 연계까지 이어지는 프로그램
뉴스타트 III 유형 (현장채용설명회)	다양한 분야의 진로 및 취업계획 수립 지원을 위해 기업 채용(직무)설명회, 해외 취업 설명회, 공직 설명회 등 분야별 설명회를 개최하여 정보를 제공하는 취업 지원 프로그램
찾아가는 창업동아리 멘토링	창업에 관심 있는 전 장병을 대상으로 창업에 대한 전문성을 가진 멘토를 편성하여 부대(연·대대급 주둔지 단위)로 찾아가 창업이해교육, 동아리 멘토링, 창업경진대회 준비 등 부대별 창업 동아리 활동을 지원하는 프로그램
창업경진대회	군 내 예비창업자를 발굴·육성하여 전역 후 실효성 있는 창업이 되도록 지원하는 범부처 (K-Startup) 연계 프로그램

출처: 국방전직교육원, https://www.moti.or.kr 재구성.

연구문제

1. 존 스튜어트 밀은 직업과 적성의 불일치야말로 사회의 가장 큰 손실이라고 말합니다. 이와 관련하여 미국의 대표적 취업지도 전문가인 컬럼비아대학 해리 덱스터 킷슨 교수가 제시한 다섯 가지 직업 선택 필수 조건에 대해 설명해 봅시다.

2. 합격의 마지막 관문인 면접이 과거에는 채용 과정의 형식적인 통과의례로 생각했었지만 최근에는 그 중요성이 높아지고 있습니다. 면접 종류 중에서도 근래에 비중이 높아지고 있는 AI 면접(역량검사)과 화상 면접에 대해 설명해 봅시다.

3. 대학생들은 무엇보다 자기 자신의 특성을 잘 알고 있어야 하며, 특성에 맞는 직업을 선택하는 것이 얼마나 중요한지 또한 알고 있어야 합니다. 이영대(2010)가 제시한 대학 생활 중 직업 진로 탐색을 위한 5단계 모형에 대해 설명해 봅시다.

4. 군대 생활하면서 당사자, 군부대 지휘관의 각별한 관심과 지원이 필요합니다. 특히, 군 복무 중 자기계발을 위해 군인 자신과 부모들이 가져야 할 자세가 중요한데 어떠한 자세를 가져야 하는지에 대해 설명해 봅시다.

CHAPTER 13

진로와 행복한 삶

제1절 행복론
제2절 행복과 인생설계
제3절 진로·직업과 행복

학습목표

본 장에서는 미래사회를 살아갈 독자들이 현명한 진로선택과 결정을 통해 어떻게 행복한 인생을 살아갈 수 있을지에 대해 함께 생각해볼 수 있도록 하였다. 이를 위해 행복에 대한 기본 이론과 행복한 인생을 살기 위한 설계에 대해 살펴보고, 우리가 인생을 어떻게 살아야 하는지에 대해 생각해 볼 수 있도록 하였다. 또한 진로와 직업을 통해 행복감을 느끼면서 살아가기 위해 스스로 계획과 전략 그리고 실천에 대해 고민해 볼 수 있도록 하였다.

제1절 행복론

1. 행복의 개념

1) 행복에 대한 기본 이해

인간의 행복과 발전을 모델로 하는 긍정심리학의 흐름에 따라, 최근까지 행복에 대해 많은 연구자들이 연구를 해오고 있다. 특히 인간의 행복은 인간의 삶에 대한 부정적인 측면보다 긍정적인 측면에 더 초점을 맞춰서 기존 심리학의 관점에서 전환하여 긍정심리학의 아버지라고 불리는 셀리그먼(Martin Seligman)은 인간 행동의 부정적인 측면을 변화시키고자 하는 노력으로 인해 인간의 긍정적인 측면을 더 향상시키는 방향에서 연구가 되어 왔다고 했다(Seligman, 1998).

행복은 개인의 기쁜 마음뿐만 아니라 공동체의 성공까지 포함하는 폭넓은 개념이다. 이것은 단순한 쾌락이 아니라 전반적인 생활 속에서 느낄 수 있는 삶에 대한 개인의 주관적인 긍정적인 평가를 의미한다. 긍정심리학에서는 정신장애의 증상만을 제거하려는 소극적 접근보다는 한 사람이 지닌 강점을 증가시키고자 하는 적극적인 접근을 취할 때 삶의 질이 향상되면서 행복감을 느낄 수 있다는 것을 주장하고 있다.

2) 행복을 결정하는 요인

행복을 결정하는 주요한 요인들 중에서 개인의 기준, 삶의 상황, 개인 본인의 의지를 가지고 수행하는 활동이라는 세 가지 요인에 의해 결정된다고 주장하였다. 이 중에서 개인의 기준은 유전에 의해 결정되는 것이며, 삶의 상황은 사회적 계층, 성별, 나이, 가족, 자녀, 교육 수준, 신체적 매력과 같이 행복에 영향을 미치는 외부적인 여건이다. 개인 본인의 의지를 가지고 수행하는 활동은 개인의 의지와 동기에 의해 선택하여 하는 활동이며, 새롭게 알고자 하고 성취하고자 노력하면서 자신의 생각과 느낌을 통제하는 것이다. 이러한 것이 우리의 행복에 강력한 영향력을 미치게 되며, 행복 수준이 변할 수 있고, 주어진 여건보다는 노력을 통해 긍정적인 사고 방식, 긍정적인 정서와 감정을 가지고 긍정적으로 활동할 수 있게 되는 것이다(Lyubomirsky, Sheldon & Schkade, 2005).

2. 행복에 대한 관점

행복의 개념에 대해 수많은 학자들이 다양한 연구를 수행해왔다. 행복에 대한 다양한 학자들의 입장은 다음과 같이 쾌락주의적 관점과 자기실현적 관점으로 구분해볼 수 있다(Peterson, 2006).

1) 쾌락주의적 관점

쾌락주의적 관점은 기쁨을 최대한도로 즐기고 고통과 어려움을 최소로 하여 행복을 얻는 것을 의미한다. 이때 행복에 대한 가치 판단은 매우 주관적이며 인간이 자신의 삶에 대해 행복하다고 느끼는 감정의 강도와 수준에 따라 달라질 수 있다. 이러한 쾌락주의 관점에 있어서 행복의 만족도와 긍정적 정서 및 부정적 정서를 내포하는 주관적 안녕감을 포함한다. 여기에서 긍정적 정서 및 부정적 정서는 객관적인 상황에서 인간이 지니는 정서적인 경험을 의미한다. 그러므로 주관적인 안녕감이 높은 사람은 자신의 삶에 대한 만족도가 높고, 주어진 임무를 다하며 성실하고 부지런하게 삶을 살아갈 때 행복도 높아질 수 있다. 그래서 노력의 대가로 얻는 결과가 아니라 운으로 얻어진 성취는 오히려 인간의 행복감을 저하시키기 때문에, 자신이 행복하다고 느끼는 사람은 매사에 긍정적이고 스트레스를 덜 받으면서 주변의 이웃을 돕는 데도 적극적이다. 한편, 행복감을 느끼지 못하는 사람들은 항상 부정적인 생각을 하고 열등감과 패배감에 사로잡혀서 자신의 상황을 비관하면서 시간을 효과적으로 사용하지 못한다. 또한 자존감이 낮고 주변 사람들과 소통하지 못하고 음주, 도박 등의 유혹에 쉽게 빠져서 더더욱 행복감을 느끼지 못하게 된다.

2) 자기실현적 관점

자기실현적 관점은 행복은 자신의 잠재력과 긍정적 성향을 충분히 발휘하여, 가치 있는 삶을 사는 것으로 보고 있다. 심리적 안녕감을 주된 개념으로 보고 먹고, 마시고, 먹는 쾌락적인 행복보다 인간과 사회의 발전을 위한 중요한 가치를 창출하고 성숙한 인간의 역할을 다하는 것이라는 점이다. 심리적 안녕감의 요소는 자기수용, 개인적 성장, 자율성, 타인과의 긍정적인 관계, 삶의 목적이라는 6가지로 제시하였다. 또한 긍정적인 성품을 바탕으로 하여, 자신의 대표적인 강점을 찾아 개발하면서 이를 발휘하는 것이 행복한 삶을 위해 필수적인 것이라고 하였다.

3. 행복한 인간과 삶

1) 행복한 인간의 특징

행복한 인간의 특징은 긍정심리학에서는 플로리쉬(flourish) 행복이라고 했고, 이에 대한 하위 요인으로 긍정적 정서, 몰입, 관계, 삶의 의미, 성취를 제시하였다. 즉, 행복은 단순한 긍정적인 감정이 아니라, 이와 같이 다양하고 복합적인 하위 요인들이 상호보완적으로 작동하여 행복에 기여를 할 수 있다는 것이다. 행복한 사람들은 이러한 행복을 다양한 요인들을 최대화시키는 것을 최종 목표로 하면서 행복한 인생을 살고자 노력한다(Seligman, 2011).

2) 긍정심리학자가 정의하는 행복한 인간

긍정심리학자들은 행복한 인간의 특징과 그들이 사는 삶에 대해서 다음과 같이 분류하였다(권석만, 2008; Seligman, 2002). 첫째, 즐거운 삶을 사는 사람이다. 즐거운 삶은 과거, 현재, 미래에 대해 긍정적인 감정을 느끼면서 살아가고, 과거의 삶에 대해서는 수용과 감사를 바탕으로 만족하고, 현재의 삶에 대해서는 지금 여기에 있는 경험에 대해 적극적인 몰입으로 즐거움을 느끼며, 미래의 삶에 대해서는 도전정신과 낙관적인 정신으로 희망과 기대를 가지고 살아가는 사는 사람이다. 이와 같이 즐거운 삶을 사는 사람들은 부정적인 정서를 최소화하고 긍정적인 정서를 극대화하는 삶을 산다. 둘째, 적극적인 삶을 사는 사람이다. 이들은 자신이 하고자 하는 분야에서 열정적이고 적극적으로 참여하고 자신의 대표적인 강점과 잠재력을 최대한 발휘하여 자아실현을 이루어나간다. 이들은 이러한 것을 통해 일상생활을 하면서 진정한 행복을 느끼면서 살아간다. 셋째,

의미 있는 삶을 사는 사람이다. 이들은 열정적인 삶을 살면서 자신의 인생 중에서 소중한 의미를 발견하고 이러한 의미를 의해 살고 있다. 이러한 삶의 의미는 자신의 인생에 있어서 가족, 직장, 지역사회, 국가 등을 위해 봉사하고 기여하면서 더 큰 행복을 경험할 수 있고 존재의 가치를 느낄 수 있다.

3) 다양한 학자들이 정의하는 행복한 인간

다양한 학자들이 행복한 인간의 특징에 대해 언급했는데 그 내용은 다음과 같다. 인본주의학자 매슬로(Maslow, 1971)는 행복한 인간의 특징에 대해 인격적으로 성숙하고 창의적인 업적을 이룬 사람이라고 하였고 다음과 같은 특성에 대해 언급하였다. 그들은 건강한 윤리의식을 가지고 있고, 자율적이며 독립적이어서 다양한 경험에 도전적으로 개방적인 태도를 가지고 있다. 또한 타인과 조화롭게 살아가는 우호적인 대인관계에 대한 중요성을 강조하여, 가족 간의 사랑, 타인과의 우정 등에 관심이 많으며 유머 감각을 통해 상황을 유연하게 만들고 인도주의적인 성향을 가지고 있다. 성격심리학자 올포트(Allport, 1955)는 행복한 인간은 성숙한 인간이라고 제시하면서, 다음과 같은 특징을 언급하였다. 첫째, 행복한 인간은 일관성 있는 삶의 철학을 가지고 목표와 계획을 세워서 자신의 삶에 열중한다. 또한 자신의 일에 책임감이 강하고 일을 열정적으로 하는 것에 있어서 삶의 의미를 찾는다. 둘째, 자신의 강점과 약점 모두를 수용하면서 자신의 부정적인 특성을 개선하기 위해 노력하면서 정서적으로 안정되어 있다. 셋째, 자신과의 대인관계를 맺는 다양한 사람들과 친밀감을 가지고 잘 지내고자 노력하고 타인의 행동에 대해 함부로 판단하지 않고 관용적으로 보면서 관계를 확장시켜 나간다.

4) 행복한 인생의 조건

인간의 행복과 관련된 요인은 학자들에 따라 다양하게 구분되고 있다. 객관적인 요인으로는 성별, 경제력, 교육수준, 직업 등 물질적 또는 환경적 요인으로 판단할 수 있고, 주관적인 요인으로는 긍정적 정서, 자아존중감, 자아탄력성 등의 주로 심리적인 요인을 기준으로 판단하고 있다. 이를 구체적으로 분류해 보면 다음과 같다. 첫째, 인구 사회학적 영역에서는 성, 나이, 생활 수준, 직업, 결혼 유무 등을 행복의 요인으로 분류하였다. 둘째, 사회적 영역에서는 도덕성,

리더십, 친절, 열정, 성실, 끈기, 배려, 대인관계 등을 행복의 요인으로 분류하였다. 셋째, 인지적 영역에서는 창의성, 몰입, 호기심, 문제해결능력, 자기효능감 등이 행복의 요인으로 분류되었고, 이러한 인지적 측면에서의 요소들이 삶에 대한 긍정적인 태도와 함께일 때 행복도가 높아지는 것으로 나타났다. 넷째, 정서적 영역에서는 사랑, 자아개념, 유머, 낙관성 등이 행복의 요인으로 분류되었고, 즐겁고 의미 있는 삶을 통해 행복을 경험할 수 있다고 하였다(Argyle, 2001).

이와 같이 행복이란 개념은 다양한 주관적 안녕감, 편안함, 삶의 만족 등과 같이 동일한 개념으로 혼용되고 사용되고 있으며, 이 중에서 삶의 만족은 행복의 기본 요소로 간주되고 있다. 이때, 삶의 만족은 인간이 긍정적인 감정을 유지한 상황에서 노력한 결과가 자신의 요구와 기대 수준에 충족되어 느낄 수 있는 만족감이라고 하였다.

아들러(Adler, 2013) 학자는 인간의 행복과 안녕감을 인간의 행복에 대해 주요하게 다루었다. 아들러는 행복을 위해 자신을 격려하고 주변 사람들을 격려하는 것을 통해 부정적인 정서를 긍정적인 정서로 변화시켜 주어 자아존중감의 향상을 이룰 수 있다고 하였고, 열등감을 강력한 동기로 변화시켜서 긍정적으로 바라보기, 자신에게 격려 편지 쓰기, 타인에게 좋은 의도를 가지고 격려해보기 등을 활용하여 대인관계에 긍정적인 영향을 주었다고 하였다. 또한 자신의 강점 찾아보기, 실에 대한 용기를 가져보기, 낙담을 하는 습관 버리기 등을 통해 자아탄력성이 높아지면서 행복할 수 있다고 하였다.

제2절 행복과 인생설계

1. 행복 심리학

1) 행복을 결정하는 요인: 긍정적 정서

셀리그먼(Seligman, 2011)은 행복을 결정하는 요인으로 긍정적 정서, 몰입, 긍정적 대인관계, 삶의 의미, 성취를 제시하였다.

긍정적 정서는 부정적 정서와 심리적으로 경험하는 것과 기능이 다르다. 이것은 인간의 사고와 이해를 확장시키면서 그 결과로 얻어진 학습경험을 활용하여 다양한 상황에 효과적으로 반응하고 대처할 수 있는 역량을 쌓아나가면서 긍정적인 정서 상태를 계속 지속시켜나갈 수 있도록 한다. 이러한 긍정적 정서를 통해 개인적인 발전이 이루어질 수 있고 어떤 상황에서도 효과적으로 대응할 수 있도록 하여 긍정적 정서 경험을 하게 하면서 부정적 정서의 효과를 상쇄시킬 수 있도록 한다.

이와 같이 긍정적 정서는 신체적, 심리적 스트레스로부터 안정된 평정한 상태로의 회복을 도와준다는 것이다. 이를 통해 공격성을 줄이고 창의성을 증진시키며, 이타주의 성향을 통해 대인관계의 질을 높여줄 수 있다. 이와 같이 긍정적 정서는 인지적, 정서적 및 태도에 있어서 인간의 행복한 인생에 긍정적으로 기여할 수 있고, 긍정적 정서의 경험을 통해 삶의 다양한 방식을 학습하게 되어 삶의 희망과 의욕을 향상시킬 수 있다.

2) 행복을 결정하는 요인: 몰입

몰입은 칙센트미하이(Csikszentmihalyi, 1990)가 인간의 인생을 통해 느낄 수 있는 최고의 행복한 심리적 상태라고 언급하였고, 자신이 좋아하는 일에 자신을 잊은 채 완전히 몰두하였을 때의 감정이라고 하였다. 이것은 분야에 있어서 차이가 있음에도 불구하고 어떤 흐름에 자연스럽게 빠져드는 것과 같다고 해서 flow라고 언급하였다. 이것이 필요한 이유는 자신이 유능하고 능력이 있는 사람으로 느끼게 하여 생산적이고 도전적인 활동을 할 수 있게 된다. 그런데 몰입을 계속 반복하게 되면 몰입의 정도가 감소하게 되는데, 이러한 몰입 상태를 유지하기 위해 더 도전적인 활동을 통해 노력하는 것이 요구된다.

몰입이 발생하기 위해서는 개인의 능력을 활용하고 숙달시킬 수 있는 기회를 제공할 수 있는 목표 설정과 목표를 향해 나아갈 수 있는 추진력과 피드백이 있어야 한다. 또한 개인의 과업에 대한 기회가 주어져야 하고 도전을 할 수 있는 능력이 있어야 한다. 그러므로 몰입 상태는 한 개인이 여러 기회를 포착할 수 있는 기술과 능력을 계발시키면서 얻게 된 노력의 산물로 볼 수 있고, 이것이 행복의 중요한 요인이 되고 있다(Csikszentmihalyi, 2014).

3) 행복을 결정하는 요인: 긍정적 대인관계

긍정적인 대인관계에 있어서 인간은 타인과 유연하고 좋은 관계를 유지하려는 선천적인 욕구를 가지고 있고, 인간의 중요한 내적 동기이며 사회적 존재인 인간에게 기본적인 동기로서 역할을 하고 있다. 인간관계에 있어서는 회피적 태도와 접근적 태도로 나눌 수 있다(Gable & Gosnell, 2011; Reis & Gable, 2003). 인간관계에 있어서 회피적 태도는 안전과 안정을 추구하면서 갈등과 위험을 회피하려는 소극적인 자세이며, 반면에 접근적 태도는 인생을 살아가면서 타인과의 유대관계를 공고히 하면서 자기발전과 실현을 촉진시킬 수 있는 삶을 지향하는 것이다. 또한 인간관계는 동양권과 서양권이 다르게 나타나는데, 한국과 같은 동양권에서는 집단주의 문화가 개인주의 문화보다 강하며, 사람들의 삶을 가장 행복하게 만들어 줄 수 있는 것에서 가족과의 긍정적인 관계라고 간주하고 있다. 또한 서양권에서는 개인주의 문화가 집단주의 문화보다 강하지만, 사람들이 행복함을 느낄 수 있는 해주는 자원의 하나로 가족과의 원만한 관계라고 생각하고 있다. 이에 따라, 개인의 긍정적인 관계를 유지하는 것에 있어서 가족과 가정생활의 원만한 유지도 중요한 요인이라고 볼 수 있겠다.

한편, 다양한 학자들은 행복한 사람들의 성격 특성 중에서 사교적이고 외향적인 요소가 행복감을 향상시킨다고 하였고, 다른 사람들과 잘 어울리면서 살아가기 위해 무력한 상태인 고독을 느끼지 않고 사회적 지지체계나 자원에 관해 인식하면서 더불어 살아나가는 것이 행복할 수 있는 주요 요인이라고 하였다.

4) 행복을 결정하는 요인: 삶의 의미

삶의 의미는 행복의 원천인데, 이것은 인간이 인생을 살아나가는 데 있어서 의미를 부여하는 것은 가장 본질적인 것이다. 즉, 자신의 인생에 높은 가치를 두고 삶의 목표를 달성하기 위해 노력을 실행하면서 삶의 의미를 느끼는 것이 바로 행복이라는 것이다(Wong & Fry, 1998). 그런데 삶의 의미가 감소할수록 우울과 불안감이 증가하고, 약물남용과 자살의 가능성이 증가할 수 있다. 여기서 삶의 의미를 식욕, 성욕, 권력욕, 재물욕 등과 같은 욕망을 충족하는 데 두었다면 이런 것들을 더 가질수록 더 행복해진다고 생각할 수 있다. 그러나 객관적인 행복을 느낄 만한 조건을 가진 사람들 중에서도 우울증이나 불행감을 호소하는 경우가 적지 않게 나타나고 있으므로, 외부적 조건에만 삶의 의미를 둔다면 행복할 수 없다는 것을 나타낸다고 할 수 있겠다. 왜냐하면 이러한 욕망을 충족시키는 것에 행복을 둔다면, 그 행복이 오래가지 않고 그 상태에 익숙해져서 행복감을 잘 느끼지 못하며 자신보다 더 높은 수준의 욕망을 충족한 사람들과 비교해서 행복이 저하될 수 있다.

한편, 자신이 추구하는 목표를 달성하기 위한 과정이거나 목표를 달성했을 때를 삶의 의미를 두고, 이때 행복을 느낄 수 있다. 이것은 목표가 있을 때 삶에 대한 의욕을 느끼고 삶의 의미를 찾고 방향성을 정할 수 있기 때문에 행복감이 증진되며, 이때 재물, 권력 등과 같은 외부적인 욕망을 추구하는 사람들에 비해 더 행복한 경향이 크다. 그리고 이러한 목표가 자율적으로 선택되고 기대보다 더 빠르게 진행되어 갈 때 그 행복은 더 커질 수 있다. 이러한 추구하는 목표가 많은 사람들은 긍정적 정서가 높고 성취하는 즐거움도 크지만 목표를 성취해야 하는 스트레스를 많이 느끼기 때문에, 일관성 있고 성취할 수 있는 목표를 설정하는 것도 행복을 추구할 때 중요한 요인이다(Austin & Vancouver, 1996).

5) 행복을 결정하는 요인: 성취

성취에 대해서는 자기 통제와 집념의 수준이 높을수록 효과적인 성취를 할 수 있고, 이러한 과정 속에서 스스로 자기를 통제할 수 있다고 믿는 것 자체가 행복할 수 있는 요인이 된다. 그리고 자신이 좋아하는 일과 잘할 수 있는 일 중에서 어떤 일을 성취했을 때 더 행복 수준이 높은지에 대한 연구에 따르면, 스스로 좋아해서 성취한 일에 대한 경험이 많을수록 행복의 수준이 높았고, 스스로 그 일을 잘 하기 때문에 성취했다는 경험은 행복과 관계가 없는 것으로 나타났다. 이와 같이 인간은 좋아하는 일에 관심을 가지고 집중하면 성취할 수 있고 이에 따른 행복감이 가장 크다는 것을 확인할 수 있다.

한편, 미래사회가 다가오면서 급격하게 변화하는 것에 대해 적응은 수동적인 특성이 있고, 대처는 능동적인 특성을 가지고 있다. 그러므로 예상하지 못한 변화에 대해 대처하는 능력을 높일수록 변화에 긍정적인 의미를 부여하고 효과적으로 대처하면서 문제해결을 통해 의미 있는 성취를 얻을 수 있다. 이와 같은 성취에는 능동성과 낙관성이 주요 요인으로 작용하며 이러한 과정을 통해 행복한 인간으로 살아갈 수 있다(Diener & Lucas, 2000).

2. 행복한 인생을 위한 준비

1) 발달 단계별 행복한 인생

인간의 발달은 다양한 수준에서 이루어지는데, 영아기, 유아기, 아동기, 청소년기, 성년기, 중년기, 노년기로 구분되며, 각 단계별 변화를 통해 수행해야 할 역할이나 해결해야 할 중요한 과업을 가지고 있다. 이러한 발달 단계별로 개인의 노력에 의해 행복하게 살기 위해 적극적이고 능동적으로 발달하도록 노력해야 할 것이다. 이러한 과정에 있어서 행복하기 위한 삶의 방식은 전 생애적 관점에서 행복한 삶을 준비할 수 있는 방식에 대해 살펴볼 필요가 있다.

최근의 인생은 점점 더 길어진 수명으로 건강 관리를 잘 하는 경우에는 100세까지 많은 사람들이 살 것으로 기대되고 있다. 이와 같은 수명이 이렇게 길어지기 전까지는 은퇴 전까지 중년기까지의 삶이 중요했지만, 이제는 노년기의 삶도 중년기까지의 삶에 못지않게 중요해졌기 때문에 미리미리 생애발달 단계별로 행복한 삶을 준비해야 할 것이다. 이와 같은 행복한 삶을 준비하기 위해서는 진로와 직업과 관련된 계발이 필요하며, 자신의 인생을 적극적으로 살아가기 위해 자신의 필요한 역량을 진단하고 사회와 국가에서 필요한 기능을 수행해야 할 것이다. 그러므로 100세까지 길어진 수명에 따라, 인생에서의 속도가 중요한 것이 아니라, 어떤 방향으로 삶을 살아야 할까? 또는 어떤 지향점을 가지고 어떻게 인생을 열심히 살아야 할까? 등에 대해 고민하고 점검해야 할 것이다.

2) 행복한 인생의 방식

행복한 삶의 방식은 고등학교 또는 대학교 졸업 후 직장 취업이나 사업을 하고, 이후 일정 나이가 되면 은퇴를 하는 과정에 있어서 기본적으로 자기 점검과 계속해서 자신의 역량을 계발하기 위해 평생학습이 필요하다. 이를 위해 일, 건강, 재정, 여가 등의 영역에서의 계발과 관점을 전환해야 할 것이다. 이러한 과정에서 행복하게 살기 위해 삶의 방식을 설정하기 위해 피그말리온 효과에 대해 살펴볼 필요가 있다. 피그말리온 효과(Pygmalion effect)는 자기충족적 예언(self-fulfilling prophecy)으로서, 주의의 예언이나 기대가 행동에 영향을 미쳐서 그렇게 행동하도록 만든다는 이론이다(Rosenthal, 1964). 이것은 칭찬은 고래도 춤추게 한다는 말도 있듯이, 칭찬하면 칭찬할수록 더욱더 학습을 잘 하게 되고, 칭찬과 기대를 받으면 그만큼 발전한다는 의미이다.

이러한 피그말리온 효과는 교육 현장에서 실험이 실시되었는데, 1964년 한 초등학교에서 진행되었다. 로젠탈은 무작위로 선정한 학생의 출석부를 교사에게 보여주었고, 그 학생이 앞으로 성적이 향상될 것이라고 알려주었다. 그 이후에 그 교사는 선정된 학생들의 성적이 향상될 것이라는 기대를 품었고, 그 학생들의 성적이 실제로 그 기대만큼 향상되었다. 이와 같은 실험은 교사가 학생들에게 기대를 가지고 있었고 그 학생들도 그 교사의 기대를 인식하여 성적이 향상된 것으로 볼 수 있다. 이와 같이 지금부터 나 자신과 내 주변의 소중한 사람들과 함께 행복하게 잘 살아나가기 위해 '나는 반드시 행복하게 인생을 살아갈 것이다'라는 긍정적인 믿음을 가지면 행복하게 살아갈 수가 있을 것이다.

3) 행복한 인생을 위한 점검 및 실천

행복한 삶을 살기 위해서는 기본적으로 자기 점검과 적극적인 실천이 중요하다. 우선 행복하기 위해 다음과 같은 질문에 답을 하면서 자기 점검을 할 수 있어야 할 것이다. 첫째, 나는 지금까지 했던 학습이나 활동을 생각했을 때 어떤 느낌이 드나요? 둘째, 내가 지금까지 들었던 칭찬은 무엇이고, 그 칭찬을 떠올리면 어떤 느낌이 드나요? 셋째, 내가 지금까지 들었던 비판은 무엇이고, 그 비판을 떠올리면 어떤 느낌이 드나요? 넷째, 내가 지금까지 살아오면서 가장 중요시하는 것들에 우선순위를 매긴다면 어떻게 매길 수가 있을까요? 다섯째, 과거의 나를 떠올려 보았을 때, 나를 어떤 사람이라고 정의 내릴 수 있을까요? 여섯째, 나는 현재 상황에서 무엇이 문제라고 생각하고 있나요? 일곱째, 나는 현재 상황에서의 문제의 원인이 무엇이라고 생각하고 있나요? 여덟째, 나는 현재 상황에서의 문제를 해결하기 위한 효과적인 방법은 무엇이 있다고 생각하고 있나요? 이와 같은 자기 점검을 통해 내가 앞으로 나아가야 할 출발선을 명확하게 하고, 나만의 인생의 진로가 나아가야 할 방향과 속도, 사용할 수 있는 에너지를 사용하면서 행복한 삶을 준비할 수 있을 것이다.

3. 인생 로드맵

1) 인생 로드맵의 개념

인간의 발달을 통한 인생은 과거부터 현재 그리고 미래까지를 관찰하고 성찰하면서 진로를 설정해나가는 것이 도움이 되는데, 이것이 바로 인생 로드맵이다. 즉, 다양한 학자들은 행복을 결정하는 요인으로 유전적 요인과 환경적 요인보다 지속적이고 의도적인 활동에 따른 생각과 태도의 변화가 좀 더 결정적인 요인으로 주장하고 있으므로, 종단적으로 인생 로드맵을 그려보면서 삶의 진로와 방향성을 그려보는 것이 더 큰 행복 실현에 도움이 된다.

인생의 행복을 느끼기 위해 인생 로드맵을 구성하기 위해서는 자신이 하고 싶은 것이 무엇이고 인생을 어떤 방향으로 진로 설정을 하여 나아가고 싶은지 고민하여 구성하는 것이 필요하다. 이에 따라 하고 싶은 일의 활동의 목록을 작성해야 하는데 바로 그것이 버킷리스트(bucket list)가 된다. 이것은 지금 당장 무엇인가를 할 수 있음에도 불구하고 하지 못했던 것이나, 지금 당장 하지 못하는 것들에 대해 적어보면서 자신의 버킷리스트를 적어보는 것이다. 이것은 개인의 행동과 활동이 자신의 어떤 욕구와 기대를 충족시키는지를 평가하면서 실천할 수 있도록 계획하는 것이 중요하다.

2) 인생 로드맵 구성 방법

슈퍼(Super, 1980)의 진로 발달 이론에서 개인은 자아개념에 따라 진로와 직업을 선택한다고 하였다. 여기서 진로 자아개념은 유아기부터 형성, 전환 및 실행의 단계를 거쳐서 발달하며, 청소년기에 본격적으로 형성되고, 그 이후에도 계속해서 다양한 선택과 적응 및 대처를 하면서 안정과 행복을 얻을 수 있다고 하였다. 이러한 전반적인 생애주기에서 인생 로드맵을 그리면서 행복을 실천하기 위해서는 진로 자아를 끊임없이 변화시켜가면서 진로 결정과 실행을 하면서 자아개념을 계속적으로 발달시켜 나가야 할 것이다. 이를 위해서는 강점 찾기가 행복에 있어서 중요한 요인이 된다. 긍정심리학자들은 인간이 가진 긍정적인 측면인 강점 찾기를 통해 문제를 해결하면서 건강하고 행복한 인생을 이끌어갈 수 있다고 하였고, 이를 통해 인생 로드맵을 그리는 데 있어서 도움을 받을 수가 있다. 이때 강점을 찾아야 하는 경우에 본인의 약점이 때로는 강점으로 작용할 수도 있다. 예를 들어 어떤 결정에 있어서 신중한 사람이 우유부단한 사람으로 인식될 수 있는데, 이것이 바로 그러한 예가 될 수 있다. 따라서 약점을 강점으로 바꿔서 볼 수 있는 지혜와 혜안을 가져야 하며, 인간의 행동과 표현에 숨겨진 강점을 발견할 수 있는 역량을 지녀야 행복한 인간으로 인생을 살아갈 수가 있다.

이와 같이 인생 로드맵을 구성하기 위해 버킷리스트를 작성하고 강점 찾기가 진행되었다면, 이제는 이를 효과적으로 실천해야 할 것이다. 진로 발달에 관한 진로 구성주의 이론에 따르면, 진로는 행위의 주체가 자아의 다각도의 차원에서 자기를 구성하는 과정이라고 하였다. 즉, 개인이라는 주체가 다양한 진로 탐색을 하는 데 있어서, 삶의 경험에서 자기주도적인 노력을 계속적으로 하면서 자신의 행동과 생각에 의미를 부여하여 자신의 진로와 방향성을 설정하여 인생 로드맵을 구성할 수 있다는 것이다. 이는 개인 스스로 진로를 구성하며 내적인 성숙을 이뤄가고 환경과의 상호작용을 해나가면서 진로 발달이 이뤄지는 것이고 이를 통해 궁극적으로는 행복한 인생을 만들어갈 수가 있는 것이다(Savickas, 2013).

제3절 진로 · 직업과 행복

1. 그릿, 진로 및 행복의 상호작용

1) 그릿의 개념

심리학자 더크워스(Duckworth)와 동료들이 제안한 개념인 그릿(Grit)은 장기적이고 의미 있는 목표를 성취하기 위해 필요한 것은 타고난 지능이 아니라, 개인의 비인지적 특성이라고 하였고, 이것을 바로 끈기와 열정이라고 제시하였다. 이러한 그릿의 개념이 발표된 이후에 많은 연구자들은 그릿을 전 생애 주기에 있어서 발달을 성공적으로 이끌 수 있는 중요한 개념으로 간주하였다. 이들은 성취를 예측하는 데 있어서 IQ로 설명할 수 없는 요인이 존재하고, 성공한 사람들은 스스로 설정한 목표를 꾸준하게 유지하면서 지속적으로 노력한다는 점을 확인하였다. 이와 같이 그릿이 높은 사람들은 장기적인 목표를 가지고 일관성 있게 관심과 흥미를 가지고 어떤 어려움과 고민이 장애물이 생기더라도 포기하지 않고 끝까지 해내는 성향을 가지고 있다(Duckworth, et al., 2007).

한편, 그릿에 대해 다양한 학자들이 정의한 내용과 구성 요인이 다른데, 그 내용은 다음과 같다. 더크워스(2007)는 장기적 목표를 달성하기 위해 지속적으로 끈기와 열정으로 성취하고자 하는 것이라고 보았고, 굿윈과 밀러(Goodwin & Miller, 2013)는 목적지향성, 동기, 자기통제, 긍정적 마인드셋이라고 보았다. 탈러와 코벌(Thaler & Koval, 2015)은 근성, 회복탄력성, 진취성, 끈기가 통합된 개념이라고 간주하였다.

2) 그릿의 계발 방법

그릿을 계발시킬 수 있는 방법으로 흥미와 열정, 구체적인 목표, 끈기 있는 연습, 그리고 희망을 제시하였다. 첫째, 관심이 있는 분야에 흥미와 열정이 생기고 이러한 개인적 흥미와 열정과 일치하는 일을 할 때 사람들이 그 분야와 진로에 행복을 느끼며, 더 높은 성과를 올릴 수 있다. 어떤 특정 분야에 대한 관심은 본인이 좋아하는 일과 싫어하는 일로 구분되어 시작되며 이를 통해 외부와의 상호작용이 계기가 된다. 그리고 이러한 관심은 장기적으로 발전시켜야 하는데, 그것은 교사와 부모의 격려와 자율적인 분위기 하에서 계발될 수 있다. 둘째, 관심이 가는 분야에 대한 흥미와 열정이 생겼다면, 그것을 달성하기 위한 구체적인 목표를 설정해야 한다. 목표는 그것을 달성하고자 하는 강력한 동기의 근원이 된다. 이와 같은 구체적인 목표는 개인적으로도 성취하고 싶은 목표이기도 하고 타인에게도 긍정적인 영향을 줄 수 있는 것이기도 하다. 셋째, 구체적인 목표가 설정되었다면 그것을 달성하기 위한 지속적인 연습이 필요하다. 이것은 의식적으로 꾸준하게 실행되어야 하며, 어떠한 실패와 난관이 있다 하더라도 이것을 극복하면서 숙달시킨다면 높은 수준의 결과를 달성할 수 있다. 넷째, 희망을 가지고 꾸준하게 끈기를 가지고 성실하게 노력해야 한다는 것이다. 이것은 행운을 바라는 것이 아니라 스스로 희망을 가지고 새로운 도전을 계속해서 할 수 있도록 해야 한다. 이것은 학습과 훈련을 통해 달성될 수 있으므로 그릿을 향상시켜서 학습자가 행복할 수 있는 교육이 적극적으로 실시되어야 할 것이다(Duckworth, 2016).

3) 그릿 계발을 위한 학습과 훈련

그릿을 계발하기 위해 학습과 훈련이 필요하며, 이를 실천하기 위해 다음과 같은 내용을 제안할 수 있다(Baruch-Feldman, 2017). 첫째, 장기적인 관점에서 목표를 달성하기 위해 지속적으로 노력한 나의 미래 모습을 상상하면서 그려보는 것이 도움이 된다. 둘째, 낙관적이고 합리적인 생각으로 불안과 두려운 상황을 긍정적으로 수용하고 좌절에 대처하는 강한 내적인 역량을 기를 수 있도록 해야 한다. 셋째, 성장 마인드셋과 노력을 계속하면 목표를 달성할 수 있다는 낙관적 자기대화를 통해 어려움을 극복할 수 있다. 넷째, 이전보다 나아질 수 있다는 생각과 계속해서 나아질 수 있다는 생각을 계속하고, 실패를 하더라도 이에 대한 의미를 부여하면서 계속해서 배운다면 그릿을 계발시킬 수 있다.

한편, 그릿을 실천하기 위해서는 다음과 같은 전략을 통해 목표를 달성할 수 있도록 해야 할 것이다. 첫째, 목표는 구체적이고 작을수록 성취하기가 수월하다. 이를 위해 성취 여부를 쉽게 확인할 수 있도록 본인에게 강화와 보상을 지속적으로 하면서 행복을 느낄 수 있다. 둘째, 의도적으로 교육과 훈련을 계속하면서 더 높은 목표를 달성할 수 있고 자신의 한계를 넘어설 수 있다. 셋째, 목표에 초점을 두고 포기하지 않고 지속할 수 있도록 이것을 적고 읽고 실천에 옮길 수 있도록 노력해야 한다. 넷째, 자기통제를 통해 목표를 달성할 때 장애가 될 수 있는 유혹이나 약해진 마음을 피할 수 있다. 다섯째, 그릿을 실천하기 위해서는 그릿을 습관으로 만들어야 한다. 즉, 끈기 있게 인내심을 가지고 열정적으로 흥미를 유지하면서 구체적인 목표를 하나씩 성취할 수 있다는 것이다.

4) 그릿과 진로 계발

그릿을 계발시킨다면, 꾸준한 노력과 끈기와 열정 등을 통해 그릿이 대학생의 심리적 및 사회적 독립을 위한 진로선택에 도움이 될 수 있다. 즉, 자신의 진로 결정에 대한 자신감과 그 결정에 대해 지속해서 끈기 있게 추진해나갈 수 있는 열의가 있다면 진로 역량 계발되면서 행복감을 느낄 수가 있다. 그러므로 대학생은 자신의 전공계열 학습과 진로를 연결하기 위한 노력을 지속적으로 하고, 본인이 원하는 전공이 아니라 하더라도 현재 상황에서 진로와 연계될 수 있는 길을 탐색하고자 한다면 진로 결정을 좀 더 수월하게 할 수 있을 것이다. 특히 진로를 준비하고자 하는 대학생인 경우 진로 관련 정보 수집 활동, 진로를 탐색하는 과정에서의 목표 달성 활동, 성찰하기 등과 연관성이 있기 때문에, 그릿을 지니는 것은 진로에 도움이 되고, 이에 따라 궁극적으로는 행복한 인생을 찾아 나갈 수가 있다(정승환, 천재운, 2022; Li et al., 2021).

5) 그릿, 진로 및 행복의 관계

그릿은 역경과 실패에도 불구하고 장기적인 목표를 이루기 위해 노력을 지속적으로 유지하는 끈기와 일관적인 열정으로 정의된다. 이는 미래 지향적 동기로서, 심리적 안녕감, 낙관성에 영향을 주며, 궁극적으로는 행복에 긍정적인 역할을 한다. 즉, 이제까지 노력해 온 것들을 포기하지 않고 지속할 때 그릿이 증진되고, 이는 각종 진로와 관련된 스트레스를 감소시키고 자율성과 유능감을 느끼면서 삶에 대한 행복의 수준이 증가한다. 또한 이러한 스트레스도 진로 계발과 발전을 위한 요인으로 간주한다면, 스트레스를 조율할 수 있고, 차후에 스트레스가 생길 수 있는 상황에서도 이전보다 효과적으로 대처하면서 감사함과 행복감을 느낄 수 있게 된다. 그리고 끈기와 열정을 지속시키기 어려운 상황에서도 스스로를 위한 적극적인 지지와 격려를 통해 진로 계발과 관련 실천과 행동을 하고자 한다면 행복감이 더욱더 증진될 수 있다. 그러므로 그릿, 진로와 행복 간의 관계를 인식하면서 생애 발달 단계별로 진로 계발을 위한 노력을 지속한다면 행복하게 살아갈 수 있게 된다(Lehrer, 2009).

2. 직업과 행복의 관계

1) 주관적 행복감

주관적 행복감은 인간이 자신의 삶에 대해 질적 수준을 얼마나 좋게 판단하는지에 대한 수준으로 정의되고 있다. 즉, 개인이 스스로의 인생에 대해 경험하는 총체적인 감정으로서, 개인이 지각한 행복을 의미한다(McDowell & Newell, 1996). 이에 대해 디에너(Diener, 1984)는 주관적 행복감은 관점에 따라 다를 수밖에 없기 때문에, 행복에 대한 절대적인 정의를 내릴 수 없다고 하였다. 이러한 주관적 행복감의 특성은 다음과 같다. 첫째, 경제적인 부, 안정적인 직업과 같이 객관적인 상태가 행복에 영향을 미칠 수 있지만, 외적인 조건은 행복에 있어서 필수적인 것은 아니다. 즉, 개인의 내적 경험에 따라 주관적 행복감의 수준이 결정된다. 둘째, 긍정적인 정서와 부정적인 정서가 상호 주관적 행복감에 영향을 미치고 있으며, 단순히 부정적인 정서가 없다는 것만을 의미하지는 않는다. 셋째, 개인적인 생활과 직업적 측면 등 인생의 다양한 측면에 대한 개인의 통합적인 평가가 주관적 행복감이다.

2) 주관적 행복감 이론: 상향 이론

'상향 이론'에서 주관적 행복감은 환경적 여건에 의해 기쁘거나 불쾌한 경험의 통합으로 나타난다고 간주하는 이론이다. 그러므로 행복한 사람은 행복한 순간을 많이 경험했기 때문에 주관적으로 행복감을 느끼는 사람이라는 것이다. 이것은 강력한 정서를 유발하는 극적인 사건을 계속해서 경험하는 인생이 아니라, 일상의 즐거움을 자주 경험하면서 일상의 많은 일들이 개인의 주관적 행복감에 더 영향을 많이 미치는 것이다. 또한 인간은 기쁘고 즐거운 순간이 계속된다면 지속적인 긍정적 상태에 대해 민감하게 인식하지 못하기 때문에 주관적 행복감이 감소하게 된다. 이것은 인간이 지속적으로 반복적인 자극에 대해 둔감해지거나 습관화가 되기 때문에 행운이나 불행을 경험한 사람들이 더 행복하거나 불행하지 않게 느끼는 것인데, 이것이 바로 삶에 적응하기 때문이다.

상향이론에서 다양한 환경적 여건 속에서 주관적 행복감을 많이 느끼기 위해서는 강력한 행복을 느낄 수 있는 자극적인 상황보다는 가족, 친구들과의 주변 사람들과 소소하게 즐거움을 느끼거나 자신이 하는 일과 직업에서 감사함을 자주 생각하는 것이 효과적인 방법이라고 설명하고 있다(Diener et al., 1991).

3) 주관적 행복감 이론: 하향 이론

'하향 이론'에서 주관적 행복감은 개인의 태도, 기질 등에 의해 달라진다는 이론이다. 인간은 어떤 상황을 긍정적 또는 부정적인 방식으로 보는 경향성을 가지고 있고, 주관적 행복감은 이러한 경향성에 의해 결정된다고 보는 것이다. 즉, 주관적 행복감의 양이 중요한 것이 아니라, 사람은 행복감을 느끼는 성향, 기질 등으로 인해 상황을 긍정적으로 해석하기 때문에 세상을 낙관적으로 바라

보는 사람들이 불행함을 덜 느낀다는 것이다. 이는 높은 주관적 행복감은 인간의 인지적 특성 때문에 본인, 타인, 주변 환경과 사건 등에 대한 정보처리 과정으로 인해 발생한다는 것이다. 따라서 주관적 행복감을 많이 느끼기 위해서는 인간이 겪고 있는 모든 일상과 직업에 있어서의 경험, 사건, 상황 등에 대해 긍정적으로 생각하고 해석해야 한다(Costa & McCrae, 1980).

4) 주관적 행복감 이론: 통합 이론

'통합 이론'은 주관적 행복감이 행복한 환경 여건 속에서 인간이 경험하는 여러 가지 즐거운 순간들의 총합으로 결정된다는 상향 이론과 개인의 태도, 유전, 기질, 성격, 정서 등에 의해 영향을 받는다는 하향 이론이 통합될 때 행복해질 수 있다는 이론이다. 이에 따라 주관적 행복감을 향상시키기 위해서는 개인 주변의 환경과 삶에 대한 태도 모두를 고려해야 할 것이다. 즉, 개인의 외적 측면인 환경적 여건과 내적 측면인 태도, 기질, 성격 등이 역동적으로 상호 영향을 주고받는 과정에서 행복을 느낄 수 있고, 주관적 행복감을 설명할 때 개인의 내적 측면인 성격, 정서 등의 영향이 행복을 설명하는 데 많은 부분을 차지한다고 하더라도 환경의 영향을 받지 않을 수 없기 때문이다. 디에너(Diener, 1984)는 주관적 행복감에 대해 상향 이론에 대한 강조로부터 하향 이론으로의 강조로 변화했다고 언급하였고, 인간을 둘러싼 외적 환경과 내적 요인의 영향을 분리해서 생각하지 않고, 함께 고려하여야 한다고 하였다. 그러므로 주관적 행복감을 극대화하여 느낄 수 있기 위해서는 상향 이론에서 중점을 두는 환경과 하향 이론에서 중점을 두는 성격 특성과의 상호작용에 의해 영향을 받는 심리적 과정에 의해 결정된다고 볼 수 있다.

3. 진로·직업과 대학생의 행복

1) 직업 행복감 소개

한 개인이 주관적으로 느끼는 행복감은 직업과 밀접한 관련이 있다. 일을 통한 직업적 성취는 인생에서 중요하며, 인간이 직업에서 인생의 목표를 설정하고 이것을 달성하기 위해 노력하는 과정 속에서 성취감을 충족시키면서 행복을 느낄 수 있다. 그러므로 직업을 가진 사람은 직업을 갖지 않은 사람보다 더 행복하고, 직업 유형보다 직업 자체에 대한 만족도가 높다면 행복한 인생을 살 수 있는 것이다. 이와 같이 개인이 자신의 일과 직업을 수행하는 과정에서 자율적이고 긍정적인 대인관계를 맺고 직업과 관련된 다양한 문제를 해결하면서 건강하고 즐거운 자아를 형성하면서 행복하게 살아갈 수 있다(Wong, 1998).

OECD(2017)의 '직업 환경의 질에 대한 측정과 평가'라는 보고서에서 직업 행복감을 강조하였는데, 직업에 대한 만족감은 삶의 만족도에 중요한 역할을 하고 정신건강에 직접적인 영향을 미치므로, 진로계발을 통한 직업으로 일을 성실하게 수행하면서 행복을 느끼는 것이 필요하다고 하였다. 또한 행복한 사람들은 직업에서의 활동이 더 생산적이고 높은 성과를 나타내기 때문에 더욱더 행복해진다고 하였다.

2) 직업 행복감 개념 및 특성

다양한 학자들은 직업을 통해 얻은 직업 행복감의 개념과 특성에 대해 다음과 같이 설명하고 있다. 직업 행복감은 인지적, 정서적, 동기적, 행복적, 심신적 차원을 포함하는 긍정적인 평가라고 하였고(Horn et al., 2004), 개인의 인생에서 직업을 가지고 열정적으로 몰입하는 과정이므로, 직업적 행복감을 위해 다양한 일을 수행하면서 많은 노력을 지속해야 한다고 언급하였다(Schiefele et al., 2013). 또한 직업 활동은 일에 대한 몰입과 의미를 동시에 경험할 수 있는 행복의 원천이기 때문에, 자신의 진로 계발을 통한 직업 선택 후에, 그 직업을 즐기면서도 열정적으로 참여해야 직업 행복감을 얻을 수 있다고 하였다(Csikszentmihalyi, 1997). 이와 같이 학자들의 의견을 종합해 보면 직업 행복감에 대해 다음과 같이 정리할 수 있다.

첫째, 직업 행복감은 개인의 삶을 긍정적으로 보게 하고, 건강하고 적극적인 인생을 살도록 한다. 그리고 열정을 가지고 일을 수행하도록 하게 때문에, 직업을 가지고 있다면 행복한 삶을 추구할 때 중요한 요인이 된다.

둘째, 직업 행복감은 자신의 직무 능력과 능동적으로 업무를 처리하는 역량이 계발될 수 있도록 하기 때문에, 일에 대한 효율성을 증가시킬 수 있다.

셋째, 직업 행복감을 가지고 있으면 유연하고 긍정적인 대인관계를 형성하는데 좋은 영향을 미치게 된다. 또한 직업을 갖고 일을 수행하는 현장에서 헌신적으로 전념하게 되고 직업의 소중함을 더 느끼게 된다. 예를 들어, 직장에서의 상사는 부하 직원에게 말 한마디를 하더라도 마음이 따뜻해지는 표현을 하게 되고 상호 존중하게 되며, 교사는 학생들에게 신뢰감을 주고 존중하는 태도를 보여주면서 긍정적인 표현을 하게 되면서 교사라는 직업에 대한 만족도가 높아진다.

3) 대학생의 진로결정자기효능감과 행복

대학생은 진로 스트레스를 경험하고 진로 및 직업과 관련한 스트레스가 높을수록 행복감을 느끼지 못한다. 진로결정자기효능감은 진로를 탐색하고 결정하는 진로선택, 진로 계발, 진로 행동 등의 과정에서 자신이 발달 과업을 잘 할 수 있다는 신념 또는 믿음이며, 후천적인 경험과 노력으로 계발이 가능하다. 그런데 진로결정자기효능감의 수준을 높이기 위해서는 자기평가, 목표설정, 직업정보수집, 문제해결, 미래계획의 요인들을 계발시켜야 한다. 자기평가는 자신의 역량, 욕구 등을 잘 인식하고 평가할 수 있다는 효능감, 목표설정은 자신의 학업과 진로를 결정할 수 있다는 효능감, 직업정보수집은 자신이 관심이 있는 직업을 탐색하고 이에 대해 구체적인 조건이나 정보 등을 찾을 수 있다는 효능감, 문제해결은 진로 탐색과 결정에 있어서 장애물이나 어려움을 겪을 때 자기 스스로 해결해나갈 수 있다는 효능감, 미래계획은 진로와 직업 선택과 결정을 위한 계획을 잘 세우고 실천할 수 있다는 효능감이다(Betz, et al., 1996).

대학생의 진로결정자기효능감은 진로와 직업 선택에 대한 결과를 기대하게 하여, 진로와 관련된 스트레스와 행동에 영향을 미친다. 또한 이것은 개인의 자긍심과 밀접한 관계가 있고, 스트레스를 줄이고 행복을 느끼게 해준다. 즉, 대학생의 진로결정자기효능감은 진로선택과 직업 정보를 효과적으로 탐색할 수 있도록 하고, 진로와 관련된 사항을 해결하면서 외부 환경에 대한 부정적인 요소를 건설적으로 다룰 수 있게 하면서 삶의 전반에 대해 정서적으로 행복감을 느낄 수 있도록 해준다(신지민 외, 2015; Seligman & Csikszentmihalyi, 2000).

4) 대학생의 진로와 직업을 통한 행복 찾기

대학생은 미래를 계획하고 다양한 진로를 고민하여 대학 졸업 후 적합한 직업을 결정하는 일에 집중해야 할 시기를 경험하고 있다. 그런데 이것은 진로를 선택하고 결정하는 일은 대학생뿐만 아니라 대학생 이후 생애 발달 단계를 거쳐 가면서 지속적으로 해야 할 일이다. 100세 시대를 맞이해서 진로 계발과 직업을 선택하는 것은 여러 번에 걸쳐서 해야 할 성취 과업이 되어 가고 있기 때문이다. 이에 따라, 대학은 전문적인 교육을 제공하면서 대학생의 잠재력을 계발하고 진로를 탐색하여 직업을 결정할 수 있도록 돕고 있다.

대학생은 대학에서 교육을 받으면서 학문적 성취와 함께 자기계발과 진로 탐색의 기회를 얻을 수 있지만, 대학 졸업 후의 본격적인 사회생활을 하기 위해 진로를 결정하고 구체적인 준비를 해야 한다는 부담감을 가질 수 있다. 이에 따라 진로와 관련 직업에 대한 탐색과 이해를 바탕으로 구체적인 진로 목표를 설정하고 이를 성취하기 위해 노력을 해야 한다. 그러나 진로 방향에 대한 확신이 미흡하고 진로를 계획하고 선택하는 데 소극적이고, 진로와 직업 선택에 대한 방법을 몰라서 어려움을 겪고 있는 대학생들이 많아지고 있다. 따라서 각 대학에서는 자신의 적성과 역량을 면밀하게 파악하고 이에 적합한 진로를 선택하고 결정하여 자신의 잠재력을 최대한 발휘하면서 행복한 인생을 설계할 수 있는 지원 방안이 마련되어야 할 것이다.

연구문제

1. 행복한 인생을 살기 위해 본인이 정의한 행복의 개념을 만들어봅시다. 그리고 행복한 삶을 목표로 성취할 수 있는 인생 로드맵을 그려봅시다.

2. 미래를 대비한 진로 결정과 직업 선택을 위해 본인이 준비해야 할 것과 실천할 수 있는 전략과 계획을 설정해봅시다.

3. 진로를 통해 행복한 인생을 살기 위해 내가 할 수 있는 것과 내가 해야 하는 것에 대해 정리하고, 서로의 생각을 공유해봅시다.

참고문헌

강명희, 정재삼, 조일현, 이정민, 임규연, 소효정(2017). 교육방법 및 교육공학. 파주: 교육과학사.

강민주(2021). 중년기 초심상담자의 직업 적응 과정. 한국상담대학원대학교 석사학위논문.

강주헌(2015). 노년의 의미. 서울: 포이에마.

강채미(2018). 대학생의 진로결정자기효능감 향상을 위한 집단미술치료 프로그램 개발 및 효과. 대구대학교 대학원 박사학위논문.

경기도(2020). 2021 경기도 중장년 지원계획.

고용노동부 외(2017). 정부 최초의 "신중년 인생 3모작" 기반구축 계획 마련.

고용노동부(2021). 2020 직업능력개발 통계연보. 세종: 한국직업능력연구원.

고용노동부(2022). 여름 장학 후유증, 직업심리검사로 극복하자. (2022.8.31.). 세종: 보도자료.

고혜림, 홍창남(2016). 단기 창업교육프로그램의 효과분석: D 대학교 창업동아리를 중심으로. 지방교육경영, 19(1), 67-87.

곽동신(2016). 대학의 창업교육 서비스품질이 교육만족과 창업역량, 창업의지에 미치는 영향. 한밭대학교 창업경영대학원 석사학위논문.

곽혜란(2014). 원예 진로 교육프로그램이 다문화 이주여성의 자기 효용과 문화적응 및 진로 준비 행동에 미치는 영향. 서울교육대학교.

교육부(2022). 다문화교육 지원계획.

교육부(2022). 평생교육백서. 서울: 국가평생교육진흥원.

교육부, 한국연구재단, 한국청년기업가정신재단(2018). 「대학 창업 운영 매뉴얼3.0」.

구자억, 김태종, 김숙이, 김정겸, 김정래, 김창환, 김한나, 김희규, 안수진, 유승규, 채성준(2020). 창업교육론. 동문사.

국민 평생 직업능력 개발법(2022). https://www.law.go.kr/법령/국민평생직업능력개발법/(2022.12.4. 검색)

국회예산처(2022). 2023년 및 중기경제 전망.

권석만(2008). 긍정심리학: 행복의 과학적 탐구. 서울: 학지사.

권석만(2015). 현대 성격심리학: 이론적 이해와 실천적 활용. 서울: 학지사.

권오열(2014). 데일 카네기 자기관리론. 경기: 매월당.

권은진(2015). 성격5요인, 대학전공선택요인 및 대학생활적응의 종단적 관계 연구. 학습자중심교과교육연구, 15(10), 569-594.

권중돈, 김동배(2005). 인간행동이론과 사회복지실천. 서울: 학지사.

근로자직업능력개발법(2022). http://www.law.go.kr/법령/근로자직업능력개발법/(13902.20160127)(2022.12.4. 검색)

기영화(2009). 노인교육의 실제. 서울: 학지사.

기영화(2022). 인생 100세 시대 모두를 위한 평생학습.

기획재정부(2022). 청년 고용 동향과 정책지원 방향.

김강식(2000). 독일의 이원화 직업교육제도. 한국항공대학교 논문집, 38, 245-255.

김나경(2020). 경력단절 여성의 자아존중감, 자기 결정성, 사회연결망 및 진로 적응성의 관계와 비교. 서울시 동부여성발전센터.

김도희(2022). 통합된 사회인지 진로 이론을 적용한 장애인 근로자의 주관적 안녕감 예측 모형. 전남대학교 대학원 박사학위논문.

김무정(2017). 다문화 학생의 진로 및 직업교육 발전방안 탐색. 경북대학교.

김미령(2022). 중년기 여성의 진로 전환: '사람을 돕는 직업군'의 진로 생애사 연구. 고려사이버대학교.

김민경(2020). 학교 밖 중도 입국 청소년의 진로 준비에 대한 현상학적 융합연구. 남서울대학교.

김민정(2016). 대학생의 진로장벽이 진로준비행동에 미치는 영향: 진로자기조절의 매개효과. 진로교육연구, 29(2), 89-107.

김병숙, 김봉환, 김완석, 이종목(1999). 직업심리학. 서울: 박문각.

김보미(2020). 지방대학생의 진로장벽이 진로준비 행동에 미치는 영향. 인제대학교 교육대학원 석사학위논문.

김봉환(2005). 학과 및 직업카드를 활용한 단기 진로교육프로그램의 개발과 효과.

김봉환, 김은희, 김효원, 문승태, 방혜진, 이지연, 조붕환, 허은영(2021). 진로교육개론. 서울: 사회평론아카데미.

김삼섭(2019). 특수교사와 직장동료가 판단하는 지적장애인의 직업적 성공요인에 관한 융합 연구. 중부대학교.

김상호(2016). 청각장애학생을 위한 지역사회 네트워킹 진로캠프 프로그램 개발. 한국우진학교.

김선우(2013). 학생 및 교원 창업 활성화를 위한 대학의 창업친화적 제도 설계 방안. 과학기술정책, (191), 34-41.

김선희, 리상섭(2018). 코칭에서 성인학습이론 연계에 대한 이론적 고찰. 교육컨설팅코칭연구, 2(2), 61-75.

김소연(2015). 한 중년 여성의 진로구성 과정. 그리스도대학교.

김수원, 김예슬(2019). 기업의 직업능력개발사업 활용 및 그 효과에 대한 변화와 영향. 2019 인적자본기업패널(HCCP) 학술대회. 195-212.

김수진, 한정화, 이상명(2016). 예비창업자의 실패에 대한 두려움이 창업의도에 미치는 영향. 벤처창업연구, 11(3), 49-61.

김승 외(2019). 새로운 미래 뭐 하고 살까?. 경기: 미디어 숲.

김애순(1998). 성인발달과 생애설계. 서울: 시그마프레스.

김영우(2018). 대학생이 지각한 취업 장벽이 행복감에 미치는 영향. 한국엔터테인먼트산업학회논문지, 12(2), 155-163.

김영환, 문수백, 홍상황(2005). 심리검사의 이론과 실제. 서울: 학지사.

김용태(2018). 체험형 창업강좌와 이론형 창업강좌 학습자 간의 창업 동기, 기업가정신 및 창업의지 비교 연구. 벤처창업연구, 13(4), 49-58.

김유빈(2022). 2023년 고용둔화 전망, 경각심 가져야 할 때, 한국노동연구원 동향분석실장, 월간노동리뷰 2022년 12월호.

김은영(2001). 한국 대학생 진로탐색장애검사(KCBI)의 개발 및 타당화 연구. 박사학위 논문. 이화여자대학교 대학원.

김인규·임은미(2007). 초·중·고등학생의 진로과업 발달에 대한 일반인의 암묵지 탐색.

김재은(1990). 발달과업과 교육. 서울: 배영사.

김재희(2019). 다문화가정 고등학생의 학교 진로교육 활동이 진로 개발 역량에 미치는 영향과 자기효능감의 매개효과. 한국직업개발능력원.

김정연(2018). 대학생의 창의융합교육에 대한 인식 및 요구. 통합교육과정연구, 12(3), 149-174.

김종서, 김신일, 강대중, 김민호, 김현수(1987). 평생교육원론. 서울: 교육과학사.

김종운(2014). 대학생의 창업의지에 미치는 영향요인에 관한 연구: 창업동기 및 창업계획시기를 중심으로. 벤처창업연구, 9(1), 79-87.

김진희(2020). 중도 입국 청소년 대상 기업 내 직업교육 프로그램 분석, 한국교육개발원.

김창길(2022). 지역사회와 연계한 장애학생 인턴제 사업 연구: 세종시교육청

사례를 중심으로. 목원대학교수.
김창환(2008). 인재강국 독일의 교육. 서울: 신정.
김춘희(2015). 두 여성 개업상담사의 진로 과정에 나타나는 젠더 특성. 충남대학교 대학원 박사학위논문.
김충기(1983). 진로교육의 본질. 평민사.
김충기(1996). 한국 진로교육의 발달 과정에 관한 연구. 진로교육연구, 5. 한국진로교육학회, 145-152.
김충기(1999). 진로발달 접근을 통한 진로 계획에 관한 연구. 진로교육연구. 한국진로교육학회, 135-158.
김충기, 김현옥(1996). 진로교육과 진로상담. 건국대학교 출판부.
김태환(2019). 대학생의 진로선택몰입과 가족지지, 취업불안, 진로탐색행동, 자율적 진로탐색 동기의 구조적 관계. 서울대학교 대학원 박사학위논문.
김흥국(2000). 경력개발의 이론과 실체. 파주: 다산출판사.
남궁욱(2016). 핀란드의 중등단계 직업교육 현황. 충북: 교육정책네트워크 정보센터.
노승인(2018). 사회통합을 위한 이주 배경 청소년 정책 및 개선 방향: 중도입국한 후기 청소년의 진로와 직업교육을 중심으로. 부산외국어대학교 대학원 박사학위논문.
댄 애일리던(2014). 거짓말하는 착한 사람들. 서울: 청림출판.
류지은, 정진철(2017). 국내 청소년의 직업포부 수준 영향요인에 대한 메타분석. 고용직업능력개발연구, 20(1), 27-56.
문영숙(2017). 신학전공대학생의 진로갈등 경험. 백석대학교 기독교전문대학원 박사학위논문.
박경숙(2022). 경력단절 여성의 직업능력 향상 교육 효과성 탐색. 나주시청.
박광수(2020). 델파이 분석을 통한 장애학생 진로·직업교육 활성화 과제 탐색. 성공회대학교.
박상민(2019). 중년남성 목회자의 진로전환 적응 과정 연구. 백석대학교 대학원 박사학위논문.
박수영(2021). 대학생의 진로결정 자율성과 진로 및 삶의 만족과의 관계에서 진로탐색행동의 매개효과. 광주여자대학교 대학원 석사학위논문.
박수홍, 이창수(1990). 대학생의 진로성숙과 관련 변인에 관한 연구. 부산대학교 학생생활연구소, 25, 75-93.

박양근(2014). 경력개발과 취업전략 3.0. 서울: 무역경영사.

박윤희, 장명희, 최동선, 장규선, 이림(2011). 외국의 중등직업교육과정 동향 분석. *The Journal of Vocational Education Research, 30*(2), 1-33.

박은규, 조아름, 서현주(2021). MZ세대의 직업가치관 변화 분석: 10년간 (2010~2019년) 변화를 중심으로. 충북: 한국고용정보원.

박은영(2015). 청년기 지적장애인의 고용유지 결정요인: 직업훈련 프로그램 참여자의 개인적 요인을 중심으로. 전주대학교.

박태준·최지희·홍선이·황규희·정규열(2007). 직업교육기피 해소를 위한 중등직업교육 국제비교. 한국직업능력개발원.

박희숙(1997). 자기충족적 예언이 학습에 미치는 효과. 생활연구, 11, 55-64.

배상률(2016). 중도 입국 청소년 실태 및 자립 지원방안 연구. 한국 청소년 정책연구원.

백형기(1999). 벤처기업의 창업과 경영전략. 학문사.

사람인(2022). MZ 세대, 10명 중 3명은 1년 안에 회사 떠난다. HR매거진, (2022.8.3. 기사).

서울시평생교육진흥원(2022). 혁신적인 미래 인재양성 사례가 알려주는 평생직업교육의 핵심, 2022 이슈포커스(1), 서울: 서울시평생교육진흥원.

서진희(2019). 대학생의 직업가치 발달에 관한 부모와의 경험 내러티브 탐구: 지방 공학계열 대학생들의 이야기를 중심으로. 한국기술교육대학교 박사학위논문.

서현주(2022). 다문화주의와 다문화교육의 이해. 국가평생교육진흥원.

성창수(2011). 시니어창업 의사결정이 미치는 영향 요인에 관한 연구. 중앙대학교 대학원 석사학위논문.

소용준, 박준성(2016). 대학생활 적응에 따른 대학생의 취업스트레스가 진로성숙도에 미치는 영향: 취업불안의 매개효과 검증. 취업진로연구, 6(4), 23-44.

손영민(2016). Meaning-Making 기반 진로교육프로그램이 대학생의 진로적응성에 미치는 효과. 진로교육연구, 29(2), 191-212.

손은령, 손진희(2005). 한국 대학생의 진로결정 및 준비행동 중심으로. 한국심리학회지: 상담 및 심리치료, 17(2), 399-417.

송영선, 이희수, 임창현(2018). 비수도권 대학생의 학습민첩성과 대학생활 적응관계에서 자아존중감의 매개효과. 직업교육연구, 37(6), 1-20.

송현옥(2008). 청소년기의 자아정체감에 영향을 미치는 관련변인 간의 구조

분석. 계명대학교 대학원 박사학위논문.

신수정(2018). 재취업 여성이 지각한 사회적 지지, 진로 역량, 진로 결정 자기효능감 및 진로 적응성 간의 구조적 관계분석. 서경대학교 대학원 박사학위논문.

신지민, 이은경, 양난미(2015). 대학생의 진로소명과 진로결정 자기효능감이 삶의 만족도에 미치는 영향. 사회과학연구, 54(1), 169-194.

알기르마(2015). 몽골 출신 결혼 이주 여성의 진로 경험에 관한 연구. 인하대학교 대학원 석사학위논문.

양기종(2015). 직업탐색행동이 진로결정 자기효능감에 미치는 영향. 경희대학교 대학원 박사학위논문.

어세스타(2023). ㈜어세스타 부설 심리평가연구소 홈페이지(2023.3.24. 발췌).

어윤경(2011). 청소년기 진로상담 만족도, 대학전공 만족도 및 진로성숙도 간의 관계분석.

여성가족부(2019). 경력단절 여성 실태조사. 한국여성정책연구원.

오윤선, 황인숙(2015). 크리스찬을 위한 진로상담. 서울: 예영 B&P.

옴썬(2020). 나에 대한 이해. https://infreckle.tistory.com(2023.01.12. 검색)

우리말샘(2023). 우리말샘 우리말 사전. https://opendict.korean.go.kr/main (2023.01.14. 검색).

워크넷(2023). 한국고용정보원 워크넷 홈페이지(www.work.go.kr)(2023.3.28. 발췌).

윤영돈(2022). 채용트렌드 2023. 경기: 비전코리아.

윤정구(2015). 진성리더십. 서울: 라온북스.

윤홍주·최효식(2021). 다문화 가정 부모의 진로 관련 지지 행동 변화 유형에 따른 청소년의 학업성취, 삶의 만족도, 진로장벽 차이. 춘천교육대학교.

윤희현(2019). 창업가의 창업준비특성이 창업성과에 미치는 영향: 창업역량의 매개 역할과 창업 교육전문성 조절효과. 중앙대학교, 산업창업경영대학원 석사학위논문.

이경아, 김혜영, 민병철, 현영섭, 김세화(2021). 서울시 평생직업교육 추진 방향 및 전략 수립 연구. 서울: 서울시평생교육진흥원.

이랑 외(2022). 성큼 다가온 미래 세상, 미래직업을 고민하라. 서울: 드림리치.

이무근(1996). 직업교육학원론. 배영사.

이병준(2015). 결혼이주여성들의 자녀 진로 교육 인식과 경험에 관한 질적 사례 연구. 부산대학교.

이샤론(2017). 한국과 독일의 중등교육단계에서의 진로교육 비교. 단국대학교 대학원 석사학위논문.

이석규(1997). 창업 및 사업성 검토. 다산출판사.

이선아(2018). 진로장벽과 구직행동 간의 관계에서 심리적 고용 가능성의 조절 효과, 경력단절 여성 대상 연구. 아주대학교 대학원 박사학위논문.

이성진 외(2009). 한국인의 발달과업. 학술원논문집, 48(1), 39-92.

이승주(2020). 남성 중심 일자리에 진입한 여성 건설기능인의 직업진로 탐색경험과 경력관리에 관한 내러티브 탐구. 숭실대학교 대학원 박사학위논문.

이아라(2018). 다문화 청소년이 경험하는 진로장벽에 대한 질적연구. 경상대학교.

이영대(2010). 청년 구직자를 위한 취업 스크랩. 서울: 이코노믹북스.

이익중(2011). 퇴직자 창업교육과 기업가적 특성이 창업의지에 미치는 영향에 관한 연구. 중앙대학교 산업 창업경영대학원 석사학위논문.

이인정, 최해경(2001). 인간행동과 사회환경. 서울: 나남출판사.

이장우(1997). 벤처경영. 매일경제신문사.

이정근(1980). 진로지도와 진로상담. 중앙적성출판부.

이정근(1988). 진로지도의 실제. 성원사.

이정금(2009). 농업계열 고등학생의 진로장벽, 직업가치관이 진로자기효능감에 미치는 영향. 진로교육연구, 22(1), 127-143.

이준호·박현정(2012). 방과후학교 자유수강권 지원금은 교육 기회 및 결과의 평등에 기여하였는가? 서울 지역 고등학생의 경우.

이지연 외(2021). 진로교육개론. 서울: ㈜사회평론아카데미.

이지원, 송보라, 이기학(2017). 성인의 생애단계별 진로적응과업척도 개발 및 타당화 연구. 한국심리학회지: 상담 및 심리치료, 29(4), 1077-1114.

이창준(2022). 진성리더십아카데미 17기 특강 내부자료.

이해경(2000). 진로교육 프로그램이 진로성숙도에 미치는 영향. 충남대학교 교육대학원 석사학위논문.

이현지, 김명희(2007). 대학생의 자아정체감과 무망감, 우울, 자살사고의 관계에 관한 연구. 청소년학연구, 14(3), 243-264.

이형득(1978). 생애발달을 위한 상담모형. 진로상담, 14. 계명대학교학생생활연구소, 43-61.

장경미(2020). 평생교육사의 경력장벽과 대처행동에 대한 근거이론적 탐색. 박사학위 논문. 경북대학교 대학원.

장명희(2011). 특성화고 및 마이스터고 전문교과 교육과정 개정을 위한 시안 개발 연구.

장석민(1997). 산업인력개발 정책에 부응한 학교 진로교육 실천방안 연구. 한국진로교육학회.

장석주(2017). 창업자의 특성이 경영성과에 미치는 영향에 관한 연구. 한성대학교 지식서비스 & 컨설팅대학원 석사학위논문.

장지현(2016). 대학생창업가 육성에 영향을 미치는 대학교 수준의 지원분석-영향요인 분석 및 향후 대안. 한국자치행정학보, 30(2), 205-231.

전국경제인연합회(2022). 2022년 대학생 취업인식도 조사.

전승환, 고혜원, 최영섭, 정동열, 김윤아(2021). 전국민 평생직업능력개발을 위한 직업훈련 및 전달체계 개편 방안. 세종: 고용노동부 한국직업능력연구원.

정성지(2020). 토픽 모델링 분석을 활용한 중장년의 경력 전환 연구 동향 분석. 서울대학교.

정승환, 천재운(2022). 대학생의 그릿과 행복감의 관계에서 진로결정자기효능감의 매개효과. 한국진로교육학회 학술대회지, 2022(11). 196.

정은별·김지은·김지현·박수민(2021). 다문화 청소년의 진로장벽에 영향을 미치는 위험요인과 보호요인. 초록우산 어린이 재단·광주여자대학교.

정은주(2022). 시각중복발달장애인 진로·직업교육 프로그램 평가. 한국장애인고용공단.

정자경(2022). 대학생의 진로결정자기효능감, 진로포부, 진로탐색행동의 관계. 동의대학교 교육대학원 석사학위논문.

정재삼, 임규연, 김영수, 이현우(2012). 교수설계 지식기반. 서울: 학지사.

정지애(2019). 여성 직업인의 진로 유지와 진로 제한에 대한 연구. 서원대학교.

정지은(2013). 대학생의 진로적응성과 사회적 지지, 자아존중감 및 자기주도학습의 인과적 관계. 서울대학교 대학원 석사학위논문.

정지호(2014). 창업교육이 기업가정신과 창업 및 경영성과에 미치는 영향에 관한 연구. 건국대학교 일반대학원 박사학위논문.

정진호(2000). 대학생의 직업진로교육에 대한 조사 연구. 계명대학교 교육대학원 석사학위논문.
조규관, 장은영(2010). 대학생의 내·외동기, 전공몰입, 지연행동의 진로탐색 행동에 미치는 영향. 한국진로교육학회 진로교육연구, 25(2), 211-228.
조대연 외(2017). 4차 산업혁명에 대응한 인적자원정책 설계 및 추진체계연구. 서울: 고려대학교.
조선에듀(2019) 퇴직 후 '평생학습유목민' 되는 중장년(2022.11.30. 검색)
조영태(2021). 인구 미래 공존. 서울: 북스톤.
조은정(2022). 다문화 청소년의 직업 선택 결정에 영향을 미치는 요인: 진로 관련 요인을 중심으로. 동서대학교 대학원 박사학위논문.
조인묵(2022). 중장년 삶의 재설계를 위한 평생학습의 역할.
조현주(2013). 청년창업지원정책 성과 분석 및 개선방안 연구: 대전시 대학 및 청년창업 500프로젝트 중심으로. 한밭대학교 창업경영대학원 석사학위논문.
조홍용(2022). 다문화 가정 중학생의 직업 포부와 영향 변인 연구: 일반가정 중학생과의 비교를 중심으로. 서울대학교 대학원 석사학위논문.
주한독일고등교육진흥원(2014). http://www.daad.or.kr/ko에서 인출.
중소기업청(2019). 중소기업창업 지원법.
최규하(2016). 대학생 진로적응성 향상 프로그램 개발 연구. 전남대학교 대학원 박사학위논문.
최동선(2003). 대학생의 진로탐색행동과 동기 요인 및 애착의 관계 분석. 서울대학교 대학원 박사학위논문.
최수정, 전영욱, 류지은, 이은표, 고귀영, 서예린(2017). 호주와 핀란드 중등단계 직업교육 학점제 비교 연구. 비교교육연구, 27(6), 191-210.
클라스우 슈밥, 티에리 말르레(2021). 클라우스 슈밥의 위대한 리셋. 서울: 메가스터디북스.
통계청(2020). 경제활동인구조사 고령층 부가조사.
통계청(2020). 노인실태조사.
통계청(2021). 생명표.
통계청(2021). 자원봉사참여율.
통계청(2022). 12월 고용동향.
통계청(2022). 고령자 통계.
통계청(2022). 고용 동향.
평생교육법(2022). https://www.law.go.kr/main.html(2022.12.02. 검색)

하선탁(2008). 청소년 창업교육에서 성격유형이 창업 의사에 미치는 영향에 관한 연구: 전문계 고교 학생을 대상으로. 영남대학교 대학원 석사학위 논문.

한국고용정보원(2022). 직업가치관검사 실시요람. 충북: 한국고용정보원.

한국교육개발원(1982). 진로교육 자료. 한국교육개발원.

한국조직경영개발학회(2022). 진성리더십아카데미 내부자료.

한국코치협회(2023). 한국코치협회(Korea Coaching Federation: KCA) 홈페이지 (2023.3.24. 발췌).

한영수(2022). 진성리더십아카데미 특강 내부자료.

한정란(2015). 노인교육론. 서울: 학지사.

홍영애(2019). 국내 대학의 창업교육 및 지원 시스템 현황 비교를 통한 고도화 방향 제시. 단국대학교 대학원 석사학위논문.

황경란 외(2018). 경기도 중장년 실태분석 및 지원방안 연구. 경기복지재단.

황경란 외(2020). 경기도 중장년 시군별 현황분석 및 지원방안 연구. 경기복지재단.

황명화(2015). 성인전기 여성의 발달과업 인식에 따른 평생교육참여 양상에 관한 연구. 한국방송통신대학교 대학원. 석사학위논문.

황주경(2021). 중장년의 노후 준비도가 재취업 욕구에 미치는 영향: 사회적 지지와 매개효과. 경기대학교 대학원 박사학위논문.

황지영(2017). 팀 프로젝트 기반 창업교육이 대학생의 기업가정신과 문제해결능력에 미치는 영향에 관한 연구: 팀 만족, 팀 몰입 효과 검증. 단국대학교 대학원, 석사학위논문.

ACARA(2016). The Australian Curriculum. Australia: ACARA.

Adler, M.D. (2013). Happiness surveys and public policy: what's the use?. *Duke Law J. 62*, 1509-1601.

Ajzen, I. (1991). The Theory of Planned Behavior, *Organizational Behavior and Human Decision Processes*, *50*(2), 179-211.

Albrecht Dürer(2013). *master drawings, watercolors, and prints from the Albertina*. District of Columbia: National Gallery of Art.

Allport, G. (1935). Attitudes, in Murchison, C. (Ed.), *A Handbook of Social Psychology*. Clark University Press, Worcester, MA, 789-844.

Allport, G. W. (1955) Becoming: Basic Considerations for a Psychology of Personality Yale University Press New Haven, CT, US.

Apps, J. W. (1979). *Problems in continuing education*. NY: McGraw-Hill Book Company.

Argyle, M. (2001). The psychology of happiness (2nd ed.). East Sussex, England: Routledge.

Arnett, J. J. (2006). Socialization in emerging adulthood: From the family to the wider world, from socialization to self-socialization. In J. Grusec & P. Hastings (Eds.), Handbook of socialization. 208-231. New York, NY: Guilford Press.

Austin J. T. & Vancouver J. B. (1996). Goal constructs in psychology: Structure, process, and content. *Psychological Bulletin, 120*, 338–375.

Bachkirova, T., Cox, E., and Clutterbuck, D. (2014). Introduction. In E. Cox, T. Bachkirova, and D. Clutterbuck (Eds), *The complete handbook of coaching* (pp. 1–18). London: Sage.

Bagozzi, R. P. and Yi, Y. J. (1988). On the Evaluation of Structural Equation. *Academy of Marketing Science*, *16*(1), 74-94.

Bailey, Larry J., & Stadt. (1973). *Ronald, Career Education: New Approchs to Human Development*. Bloomington, Ⅲ.: Mcnight Publishing Co.

Barrett. (2009). Career, Aptitude and Selection Tests: Match Your IQ, Personality and Abilities to Your Ideal Career. Kogan Page: Third Edition.

Baruch-Feldmanm, C. (2017). The Grit Guide for Teens A Workbook to Help You Build Perseverance, Self-Control, and a Growth Mindset. Instant Help; Illustrated edition.

Bass, B. M. & Riggio, R. E. (2006). Transformational Leadership (2nd ed.). Mahwah, NJ Lawrence Erlbaum Associates Publishers: Burns, J. M.(1978). *Leadership*. New York: Harper and Row Publishers Inc.

Bechard, J. and Toulouse, J. (1998). Validation of a didactic model for the analysis of training objectives in entrepreneurship. *Journal of Business Venturing*, *13*(4), 317-322.

Betz, N. E., Klein, K. l., & Taylor, K. M. (1996). Evaluation of a short form of the Career Decision-Making Self-Efficacy Scale. Journal of Career Assessment, 4(1), 47-57.

Bird, B. (1988). Implementing entrepreneurial ideas: The case for intention. *Academy of Management Review, 13*(3), 442-453.

Blake, R. & Mouton, J.(1964). *The Managerial Grid: The key to Leadership Excellence*. Houston: Gulf Publishing Co.

Blau, G. (1993). Further exploring the relationship between job search and voluntary individual turnover. *Personel psychology, 46*, 213-330.

Boyatzis, R. E. (1982). *The competent manager: A model for effective performance*. New York: John Wiley & Sons.

Brown, D. & Brooks, L. (1991). *Career Counseling Techniques*. MA: Allyn and Bacon.

Burke, J. & Passmore, J. (2019). Strengths Based Coaching—A Positive Psychology Intervention. In: Van Zyl, L., Rothmann Sr., S. (eds) Theoretical Approaches to Multi-Cultural Positive Psychological Interventions. Springer, Cham.

Cattell, J. McK. (1890). Mental tests and measurements. *Mind, 15*, 373-380.

Co, M. and Mitchell, B. (2006). Entrepreneurship education in South Africa: a nation wide survey. *Education & Training, 48*(5), 348-359.

Coetzee, M., & Harry, N. (2014). Emotional intelligence as a predictor of employees' career adaptability. *Journal of Vocational Behavior, 84*(1), 90-97.

Cole, W. (2000). *The (Un) therapists. Time, 156*(16), 95.

Corrigan, P. W., Sheehan, L., Walley, G., Qin, S., Nieweglowski, K., & Maurer, K. (2020). Strengths and challenges of peer coaches for supported education in colleges and universities. *Psychiatric Rehabilitation Journal, 43*(3), 175-178.

Costa, P, T. & McCrae, R. R. (1980). Influence of extroversion and neuroticism on subjective well-being: Happy and unhappy people. *Journal of Personality and Social Psychology, 38*(4), 668-678.

Costa, P. T. Jr. & McCrae, R. R.(1992). Revised NEO Personality Inventory(NEO-PI-R) and NEO Five-Factor Inventory (NEO-FFI) professional manual, Odessa, FL: Psychological Assessment Resources.

Costa, P. T., & McCrae, R. R. (1986). Cross-sectional studies of personality in a national sample: I. Development and validation of survey measures. *Psychology and Aging, 1*(2), 140-143.

Credé, M., & Niehorster, S. (2012). Adjustment to college as measured by the Student Adaptation to College Questionnaire: A quantitative review of its structure and relationships with correlates and consequences. *Educational Psychology Review, 24*(1), 133-165.

Crites, J. O. (1961). A model for the measurement of vocational maturity. *Journal of counseling Psychology, 8*(3), 255-299.

Crites, J. O. (1969). *Vocational psychology: The study of vocational behavior and development*. New York: McGraw-Hill.

Csikszentmihalyi, M. (1990). Flow: The Psychology of Optimal Experience. *Journal of Leisure Research, 24*(1), 93-94.

Csikszentmihalyi, M. (1997). *Finding flow: The psychology of engagement with everyday life*. New York: Basic Books.

Csikszentmihalyi, M. (2014). Flow and the Foundations of Positive Psychology 2014th Edition. Springer; 2014th edition.

Dail A. Neugarten. (1996). *The Meaning of Age: Selected Papers Bernice L. Neugarten,* University of Chicago Press.

Dawis, R. V. and Lofquis, L. H. (1984). A psychological theory of work adjustment: An individual-differences model and its applications. Minneapolis: University of Minnesota Press.

Dean, M. L., & Meyer, A. A. (2002). Executive coaching: A search of a model. *Journal of Leadership Education, 1*(2), 3-17.

Dess, G. G. and Lumpkin, G. T. (2005). The Role of Entrepreneurial Orientation in Stimulating Effective Corporate Entrepreneurshi. *Academy of Management Executive, 19*(1), 147-156.

Devi R. Gnywail and Daniel S. Forel. (1994). Enviornments for entrepreneurship development: key dimentions and reserch implications. *Entrepreneurship theory and practice*, *18*(4), 43-62.

Dhar. (2012). The Torana in Indian and Southeast Asian Architecture,

Brown, R. L. University of Michigan. *Journal of the American Oriental Society, 132*(3).

Dick, W., Carey, L. and Carey, J. (2009) The systematic design of instruction. 7th Edition, Pearson Higher Education Inc., Upper Saddle River, NJ, USA.

Diener, E. (1984). Subjective well-being. *Psychological Bulletin, 95*(3), 542-575.

Diener, E. Sandvik, E. & Pavot, W. (1991). Happiness is the frequency, not the intensity of positive versus negative affect. In F. Strack., M. Argyle, & N. Schwarz (Eds), Subjective Well-Being: An Interdisciplinary Perspective, (pp. 119-139). New York: Pergamon.

Dollinger, M. J. (1995). Entrepreneurship: *Strategies and Resources.* Boston: Irwin.

Dollinger, M. J. (2000). *Entrepreneurship, Strategies and Resources,* 3rd edition.

Donnay, D. A. C. (1997). E. K. Strong's legacy and beyond: 70 years of the Strong Interest Inventory. *The Career Development Quarterly, 46*(1), 2-22.

Drucker, P.F. (1985). *Innovation and Entrepreneurship*. New York: Haper & Rowd

Duckworth, A. L. (2016). Grit - The power of passion and perseverance. Scribner.

Duckworth, A. L., Peterson, C., Matthews, M. D., & Kelly, D. R. (2007). Grit: Perseverance and Passion for Long-Term Goals. *Journal of Personality and Social Psychology, 92*, 1087-1101.

Dumitrache, Vlad; Raileanu-Szeles, Monica (2014). The Role of Business Education Provided Through Lifelong Learning in Enhancing Professional Competencies. Evidence from the EU-27 Dataset, Amfiteatru Economic Journal, ISSN 2247-9104, *The Bucharest University of Kassean Economic Studies, Bucharest, 16*(37), 874-884.

Ede, F.O., Panigrahi, B. and Calcich, S.E. (1998). African American students' attitudes toward entrepreneurship education. *Journal of*

Education for Business, *73*(5), 291-296.

Erikson, E. H.(1980). *Identity and the life cycle.* New York, NY, US: W. W.Norton & Company.

European Commission(2020). European Skills Agenda for sustainable competitiveness. social fairness and resilience, Luxembourg: Publications Office of the European Union.

Eurydice(2015). Finland - Teaching and Learning in Vocational and Technical Upper Secondary Education. Brussels: EACEA.

Fairley S. and Stout, C. E. (2003). *Getting Started in Personal and Executive Coaching: How to Create a Thriving Coaching Practice.* John Wiley & Sons.

Fiedler, F. (1964). "A Contingency Model of Leadership Effectiveness". In L. Berkowitz (ed.), Advances in Experimental Social Psychology. Vol1. pp.149-190. New York: Academic Press.

Finnish National Board of Education. (2014). *Vocational Qualification in Hairdressing, Hairdresser.* Finland: Finnish National Board of Education.

Finnish National Board of Education. (2015). *Inspiring and Strengthening the Competence-based Approach in all VET in Finland. Finland*: Finnish National Board of Education.

Fishbein, M. and Ajzen, I. (1975). *Belief, Attitude, Intention and Behavior: An Introduction to Theory and Research.* New York: Addison-Wesley.

Flum, H. & Blustein, D. L. (2000) Reinvigorating the Study of Exploration: A Conceptual Framework for Research. *Journal of Vocational Behavior, 56*, 380-404.

Gable, R. K., & Wolf, M. B. (1993). *Instrument development in the affective domain* (Vol. 36). Springer Science & Business Media.

Gable, S. L., & Gosnell, C. L. (2011). The positive side of close relationships. In K. M. Sheldon, T. B. Kashdan, & M. F. Steger (Eds.), Designing positive psychology: Taking stock and moving forward (pp. 265-279). Oxford University Press.

Gary C. Moore and Lzak Benbasat(1991). Development of an Instrument to Measure the Perceptions of Adopting an Information Technology Innovation. *Information System Reserch, 2*(3), 192-222.

Gibb, A. (2002). In pursuit of a new "enterprise" and "entrepreneurship" paradigm for learning: creative deconstruction, new values, new ways of doing things and new combinations of knowledge. *International Journal of Management Reviews, 4*(3), 233–269.

Ginzberg, E. (1984). *Career Development, In Brown.* D. & Brooks, L(Eds.), Career Choice and Development. San Francisco: Jossey-Bass.

Ginzberg, E. (1993). The Eye of Illusion. New Jersey: Transaction Pub.

Ginzberg, E., Ginsburg, S. W., Axelrad, S. & Herma, J. L.(1951). *Occupational choice: An approach to a general theory.* New York: Columbia University Press.

Goodman, J. (1994). Career adaptability in adults: A construct whose time has come. *The Career Development Quarterly, 43*(1), 74-84.

Goodwin, B. & Miller, K. (2013). Grit plus talent equal student success. *Educational leadership, 71*(1), 74-76.

Gordon, V. N. (2007). The undecided college student: An academic and career advising challenge. Springfield, IL: Thomas.

Gottfredson, L. S. (1981). Circumscription and compromise: A developmental theory of occupational aspirations. *Journal of Counseling Psychology Monograph, 28*(6), 545-579.

Grant, A. M. (2003). The impact of life coaching on goal attinment, Mmetacognition and mental health. *Social Behavior and Personality, 31*(3), 253-264.

Greenberger, D.B. and D.L. Sexton. (1988). An Interactive Model of New Venture Creation. *Journal of Small Business Management, 26*(3), 107-118.

Gronlund. N. E. (1981). *Measurement and evaluation in teaching*. New York Macmillan Publishing Co.

Gutterdge, T. G. & Otte, F. L.(1983). Organizational Career Development: What's going on out There?. *Training and Development Journal, 37*(2), 22-26.

Hagen, M. S., Bialek, T. K., & Peterson, S. L. (2017). The nature of peer coaching: Definitions, goals, processes and outcomes. *European Journal of Training and Development, 41*(6), 540-558.

Hall, D. T. (1996). Protean careers of the 21st century. *Academy of Management Executive, 10(*4), 8-16.

Hao Ni & Yinghua Ye (2018). Entrepreneurship Education Matters: Exploring Secondary Vocational School Students' Entrepreneurial Intention in China. *The Asia-Pacific Education Researcher, 27*, 409–418.

Hargrove, R. (2003). *Masterful coaching*(rev. ed.). San Francisco, CA: Jossey-Bass Pfeiffer.

Harren, V. A. (1979). Model of career decision making for college students. *Journal of Vocational Behavior, 14*(2), 119-133.

Havighust, R. J. (1952). (김재은 역, 1996). 발달과업과 교육, 서울: 배영사.

Hayes, N. (2000). Doing psychological research. Taylor & Francis Group.

Hoffman, E. (2001). Psychological Testing at Work: How to Use, Interpret, and Get the Most Out of the Newest Tests in Personality, Learning Style, Aptitudes, Interests, and More!. McGraw-Hill; 1st Edition.

Holland, J. L. (1985). *Making vocational choices: A theory of vocational personalities and work environments.* Englewood Cliffs, NJ: Prentice-Hall.

Holland, J. L. (1985). Professional Manual for the Self-Directed Search. Revised Edition, Psychological Assessment Resources, Washington D.C.

Holland, J. L. (1985). Vocational Preference Inventory. Lutz, FL: Psychological Assessment Resources

Holland, J. L. (1997). *Making vocational choices*(3rd ed.). Odessa, FL: Psychological Assessment Resources.

Holland, J. L., Gottfredson, D. C., & Power, P. G. (1980). Some diagnostic scales for research in decision making and personality: Identity, information, and barriers. *Journal of Personality and Social Psychology, 39*, 1191-1200.

Horn, J. E., Taris, T. W., Schaufeli, W. B., & Schreurs, P. J. (2004). The structure of occupational well being: A study among Dutch teachers. *Journal of Occupational and Organizational Psychology, 77*(3), 365-375.

Hoyt, K. B. (1974). *An Introduction to Career Education, Policy Paper of the U. S. Office of Education*. Department of Health, Education and Welfare, Washington, D. C.

ICF(2023). International Coaching Federation. Coachingfederation.org (2023.3.24. 발췌).

Jones, C. and English, J. (2004). A contemporary approach to entrepreneurship education. *Education +Training*, *46*(8), 416-423.

Kahneman, D., Diener, E., & Schwarz, N. (Eds.). (1999). *Well-being: The foundations of hedonic psychology*. New York: Russell Sage.

Kaplan, R. M. & Saccuzzo, D. P. (2017). Psychological Testing: Principles, Applications, and Issues. Cengage Learning; 9th edition.

Kassean, H., Vanevenhoven, J., Liguori, E. and Winkel, D.E. (2015). 166 Entrepreneurship education: a need for reflection, real-world experience and action, *International Journal of Entrepreneurial Behavior and Research, 21*(5), 690-708.

Kidd, J. (2006). *Understanding Career Counselling: Theory, Research and Practice*. London: Sage.

Kirby, D. (2004). Entrepreneurship education: can business schools meet the challenge?. *Education + Training*, *46*(8), 510-519.

Knowles, M. S. (1978). Andragogy: Adult Learning Theory in Perspective. *Community College Review, 5*(3), 9–20.

KOSIS(2021). 국가통계포털 생명표.

Krieshok, T. S., Black, M. D., & McKay, R. A. (2009). Career decision making: The limits of rationality and the abundance of non-conscious processes. *Journal of Vocational Behavior, 75*(3), 275-290.

Krueger, N. F. and Carsrud, A.(1993). Entrepreneurial Intentions: Applying the Theory of Planned Behaviour. *Entrepreneurship and Regional Development*, *5*(4), 315-330.

Kuhl, J. (1992). A theory of self regulation: action versus orientation, self-discrimination, and some application. *Applied Psychology: An International Review, 41*(2), 97-129.

Kuhnert, K. W. & Lewis, P.(1987). Transactional and transformational Leadership: A Constructive/Developmental Analysis. *Academy of Management Review 12*(4), 648-657.

Lehrer J. (2009) *The truth about grit.* Boston Globe.

Levesque, K., Laird, J., Hensley, E., Choy, S.P., Cataldi, E.F., & Hudson, L.(2008). Career and Technical Education in the United States: 1990 to 2005 (NCES 2008-035), National Center for Education Statistics, Institute of Education Sciences, U.S. Department of Education.

Li, H., Yu, X., Mei, Y., Liu, X., Li, L. & Luo, N. (2021) The Effect of Grit on Career Adaptability of Chinese College Students Based on the Self-Regulatory Processes. Frontiers in Psychology, 12:795153.

Lipman-Blunern, J.(2005). *The Allure of Toxic Leaders*. New York: Oxford University Press Inc.

London, M. (1997). Overcoming career barriers: A model of cognitive and emotional process for realistic appraisal and constructive coping. *Journal of Career Development, 24*(1), 25-38.

Lyubomirsky, S., Sheldon, K. M., & Schkade, D. (2005). Pursuing happiness: The architecture of sustainable change. *Review of General Psychology, 9*(2), 111-131.

Macdaniel, C. (1978). The Practice of Career Guidance and Counseling. Inform.

Manz, Chlartes C. & Sims Jr. Henny P. (2001). *The New Super Leadership*. San Francisco. CA: Berrett Koehler Publishers. Inc.

Maslow, A. H. (1971). Farther reaches of human nature. New York: Viking

McClelland. (1973). Identifying Competencies with Behavioral-event Interviews. *Psychological Science, 9*(5), 331-339.

McDermott, I., & Jago, W. (2005). *The coaching Bible: The essential handbook*. Embankment, London: Hachette UK.

McDowell, I., & Newell, P. (1996). Measuring health: A guide to rating scales and questionnaires. New York: Oxford University Press.

Mezirow, J. (2000). *Learning as transformation: Critical perspectives on a theory in progress*. San Francisco, CA : Jossey Bass.

Miller, J. (1992). The national career development guidelines: A status report. In J. Lester(Ed.) *From pilot to practice: Strengthening career development programs* (pp. 95-112). Stillwater, OK: NOICC Training Support Center.

Miller, L. A. & Lovler, R. L. (2019). Foundations of Psychological Testing: A Practical Approach. SAGE Publications, Inc; 6th Edition.

Mills M., Blossfeld H. P. (2009). *Uncertain and unable to commit: A fourteen-country comparison of the impact of globalization on the early life course*. In Schoon I., Silbereisen R. K. (Eds.), The Jacobs foundation series on adolescence. Transitions from school to work: Globalization (pp. 95-120). New York, NY: Cambridge University Press.

Ministry of Education.(2007). Improving School Leadership, Finland. Country background report for Finland. Finland: Ministry of Education.

Moberg, K., Vestergaard, L., Fayolle, A., Redford, D., Cooney, T., Singer, S., Sailer, K., & Filip, D. (2014). How to Assess and 176 Evaluate the Influence of Entrepreneurship Education: A Report of the ASTEE Project with a User Guide to the Tools. The Danish Foundation for Entrepreneurship–Young Enterprise.

Molyn, J. (2020). The Role and Effectiveness of coaching in increasing self-efficacy and employability, efforts of higher education students. EPiC Series in Education Science, Volume 3, 178–187.

Naffziger, D.W., Hornsby, J.S. and Kuratko, D.F.(1994). A Proposed Research Model of Entrepreneurial Motivation. *Entrepreneurship Theory and Practice*, *18*(3), 9-42.

Nauta, M. (2007) Career Interests, Self-Efficacy, and Personality as Antecedents of Career Exploration. *Journal of Career Assessment 15*(2), 162-180.

Nieva, V. F., & Gutek, B. A. (1981). *Woman and work: A psychological perspective*. New York: Praeger.

Northhouse, P. G.(2010). *Leadership*. Sage Publication.

OECD(2017). OECD guidelines on measuring the quality of the working environment. Paris, France: OECD.

Osipow, S. H. & Fitzgerald, L. F. (1996). *Theory of Career Development*. A Pearson Education Company, Upper Saddle River.

Passmore, J., & Brown, A. (2009). Coaching nonadult students for enhanced examination performance: a longitudinal study. *Coaching: An International Journal of Theory, Research and Practice, 2*(1), 54-64.

Pervin, A. L., & John, P. O. (1997). *Personality: Theory and research*(7th ed.). New York: John Wiley & Sons.

Peterman, N.E. and Kennedy, J. (2003). Enterprise education: influencing students' perceptions of entrepreneurship. *Entrepreneurship Theory and Practice*, *28*(2), 129-144.

Peterson, C. (2006). A primer in positive psychology. New York: Oxford University Press

Psychological Testing: Principles, Applications, and Issues 9th Edition(Kaplan & Saccuzzo, 2017)

Putta, S. S. (2014). Improving entrepreneur's management skills through entrepreneurship training. *Journal of Commerce & Management Thought, 5*, 459-474.

Reis, H. T., & Gable, S. L. (2003). Toward a positive psychology of relationships. In C. L. M. Keyes, & J. Jaidt(Eds.), Flourishing: Positive psychology and the life well-lived (pp. 129-159). Washington, DC: American Psychological Association

Richard, H. Hall. (2008). *Dimensions of work*. Sage Publications, p. 13.

Robbins, Stephen P. (1978). Conflict management and conflict resolution are not synonymous terms, California Management Review (pre-1986); Berkeley 21(2), 67.

Robert, J. G. (2017). Psychological Testing. PEARSON INDIA; 7th edition.

Ronstadt, R. C. (1984). *Entrepreneurship: Test, cases and nates*. Dover, MA: Lord Publishing.

Rosenthal, R. & Jacobson, L. (1992). Lenore Pygmalion in the classroom.

Expanded edition. New York: Irvington Publishers.

Rosenthal, R. (1987). Pygmalion Effects: Existence, Magnitude, and Social Importance. *Educational Researcher, 16*(9), 37-41.

Rottinghaus, P. J., Day, S. X., & Borgen, F. H. (2005). The career futures inventory: A measure of career-related adaptability and optimism. *Journal of Career Assessment, 13*(1), 3-24.

Saks, A. & Ashforth, B. E. (2000). Change in Job Search Behaviors and Employment Outcome. *Journal of Vocational Behavior, 56*, 277-287.

Sanni Grahn-Laasonen (2017). Government Decree on the National Framework for Qualifications and Other Competence Modules. Finland: Ministry of Education and Culture.

Savickas M. L. (2013). Career construction theory and practice. In Brown S. D., Lent R. W. (Eds.), Career development and counseling: Putting theory and research to work (2nd edition, pp. 147–180). Wiley.

Savickas, M. L. (1997). Adaptability: An integrative construct for life-span, life-space theory. *Career Development Quarterly, 45*(3), 247-259.

Savickas, M. L. (2012). Life Design: A Paradigm for Career Intervention in the 21st Century. *Journal of Counseling and Development, 90*(1), 13-19.

Savickas, M. L., & Porfeli, E. J. (2012). Career adapt-abilities scale: Construction, reliability, and measurement equivalence across 13 countries. *Journal of Vocational Behavior, 80*(3), 661-673.

Savickas, M. L., Nota, L., Rossier, J., Dauwalder, J. P., Duarte, M. E., Guichard, J., Soresi, S., Van Esbroeck, R., & van Vianen, A. E. M. (2009). Life designing: A paradigm for career construction in the 21st century. *Journal of Vocational Behavior, 75*(3), 239-250.

Schein, E. H. (1990). *Career anchors: discovering your real values*(rev. ed.). San Diego, CA: Pfeiffer & Company.

Schiefele, U., Streblow, L., & Retelsdorf, J. (2013). Dimensions of teacher interest and their relations to occupational well-being and instructional practices. *Journal for Educational Research Online, 5*(1),

7-37.

Schifter, D.E., & Ajzen, L. (1985). Intention, perceived control, and weight loss: An application of the theory of planned behavior. *Journal of Personality and Social Psychology*, *49*(3), 843-851.

Seligman, M. E. P. (1998). The prediction and prevention of depression. In D. K. Routh & R. J. DeRubeis (Eds.), The science of clinical psychology: Accomplishments and future directions (pp. 201-214). American Psychological Association.

Seligman, M. E. P. (2011). Flourish: A visionary new understanding of happiness and well-being. Free Press.

Seligman, M. E. P., & Csikszentmihalyi, M.(2000). Positive psychology: An introduction. *American Psychologist, 55*(1), 5-14.

Seligman, M.E.P.(2002). Positive psychology, positive prevention, and positive therapy. In C. R. Snyder & S. J. Lopez(Eds.), *Handbook of positive psychology* (pp. 3-9). London, England: Oxford University Press.

Shapero, Albert, and Lisa Sokol(1982). The social dimensions of entrepreneurship. *Encyclopedia of entrepreneurship,* 72-90.

Sim B. Sitkin and Laurie R, Weingart(2017). Determinants of risky Decision-Making Behavior: A Test of the Mediating Role of Risk Perception and Propensity. *Academy of Management Journal, 38*(6).

Smith, P. L., & Ragan, T. J. (2005). A framework for instructional strategy design. In P. L. Smith, & T. J. Ragan(Eds.), *Instructional design*(3rd ed., pp. 127-150). New York, NY: Wiley & Sons

Solesvik, M., P. Westhead and H. Matlay, (2014). Cultural factors and entrepreneurial intention: The role of entrepreneurship education. Educ. Train., 56: 680-696.

Speas, C. M. (1979). Job-seeking interview skills training: A comparison four instructional techniques. *Journal of Counseling Psychology, 26*, 405-412.

Spencer, L. M., & Spencer, S. M. (1993). *Competence at work: Models for superior performance*. New York: John Wiley & Sons.

State of Victoria. (2016). *School Based Apprenticeships and Traineeships in Victoria*. Australia: State of Victoria.

Steinberg, L. (2017). "'Taking Responsibility' as a Transformative Competency in the OECD 2030 Learning Framework" section of Future and Education and Skills 2030: Reflections on transformative competencies 2030, OECD.

Stringer, K. J., & Kerpelman, J. L. (2010). Career identity development in college students: Decision making, parental support, and work experience. *Identity: An International Journal of Theory and Research, 10*(3), 181-200.

Strong, E. K., Jr. (1927). *Vocational Interest Blank*. Stanford, CA: Stanford University Press.

Super, D. E. (1955). Dimensions and measurement of vocational maturity. *Teachers College Record, 57*(3), 151-163

Super, D. E. (1955). The dimension and measurement of vocational maturity. *Teachers College Record*, *16*, 282-298.

Super, D. E. (1957). *The psychology of careers*. New York, NY: Harper & Row.

Super, D. E. (1957). *The psychology of careers: An introduction to vocational development*. New York: Harper & Brothers.

Super, D. E. (1980). A Life-Span, Life-Space Approach to Career Development. *Journal of Vocational Behavior, 16*, 282-298.

Super, D. E. (1990). A life span, life-space approach to career development In D. Brown, L. Brooks, & Associates (Eds.), Career choice and development(2nd ed., pp. 197-261). San Francisco: Jossey Bass.

Super, D. E. (1990). *A life-span, life-space approach to career development.* In D. Brown & L. Brooks (Eds.), Career choice and development: Applying contemporary theories to practice (2nd ed.). San Francisco: Jossey-Bass.

Super, D. E., & Knasel, E. G. (1981). Career development in adulthood: Some theoretical problems and a possible solution. *British Journal of Guidance & Counselling, 9*(2), 194–201.

Super, E. C. (1990). A life-span, life-space to career development. In D.

Brown, L. Brooks, & others(Eds.), *Career choice and development: applying contemporary theories to practice* (2nd ed., pp. 197-261). San Francisco: Jossey-Bass.

Swanson, J. L., & Fouad, N. A. (2020). *Career Theory & Practice: Learning Through Case Studies* (4th ed). London: SAGE publications.

Swanson, J. L., & Tokar, D. M. (1991). Development and initial validation of the career barriers Inventory. *Journal of Vocational Behavior, 39*, 344-361.

Swanson, J. L., & Woitke, M. B. (1997). Theory into practice in career assessment for women: Assessment and interventions regarding perceived career barriers. *Journal of Career Assessment, 5*(4), 443-462.

Świeży, M. (2021). Psychology for Coaches Key Concepts and Findings to Ground Your Skills. London, Routledge By Maciej

Tak, J. (2012). Career adapt-abilities scale–Korea form: Psychometric properties and construct validity. *Journal of Vocational Behavior, 80*(3), 712-715.

Terzaroli, C. (2018). Developing entrepreneurship through Design Thinking: A new frontier for adult education. *Epale Journal on Adult Learning and Continuing Education*, *3*, 35–46.

Thaler, L. K. & Koval, R. (2015). Grit to great. New York: Crown Business.

Tolentino, L. R., Garcia, P. R. J. M., Lu, V. N., Restubog, S. L. D., Bordia, P., & Plewa, C. (2014). Career adaptation: The relation of adaptability to goal orientation, proactive personality, and career optimism. *Journal of Vocational Behavior, 84*(1), 39-48.

Turker, D. and Selcuk, S.S. (2009). Which Factor Affect Entrepreneurial Intention of University Student. *Journal of European Industrial Training, 33*(2), 142-159.

Van Gelderen, M.W. and Jansen, P.G.W.(2006). Autonomy as a Startup Motive. *Journal of Small Business and Enterprise Development, 13*(1), 23-32.

Vesper, K.H.(1980). New Venture Planning. *Journal of Business Strategy*,

1(2), 73-77.

Victorian Curriculum and Assessment Authority(2011). An overview of vet in the VCE and VCAL. Australia: Victorian Curriculum and Assessment Authority.

Victorian Curriculum and Assessment Authority(2016). *VCE and Vcal Administrative Handbook*. Australia: Victorian Curriculum and Assessment Authority.

Victorian Curriculum and Assessment Authority(2017). Senior Secondary School Curriculum. Australia: Victorian Curriculum and Assessment Authority.

WEF(2016). The future of jobs, report by the World Economic Forum, Davos. Available at: https://www.weforum.org/reports/the-future-of-jobs/

Whitmore, J. (2009) Coaching for Performance: Growing Human Potential and Purpose—The Principles and Practice of Coaching and Leadership. 4th Edition, Nicholas Brealey Publishing, London.

Whitworth, L., Kimsey-House, H., & Sandahl, P. (1998). *Co-active coaching*. Palo-Alto, CA: Davies Blade.

Wikihow(2022). http://www.wikihow.com(2023.1.13. 검색)

Wong P. T. P., Fry P. S. (eds) (1998). *The Human Quest For Meaning: A Handbook of Psychological Research and Clinical Applications*. New York, NY: Lawrence Erlbaum Associates, Inc.

Wong, P. T. P. (1998). Spirituality, meaning, and successful aging, In P. T. P. Wong, & P. S. Fry (Eds.), The human quest for meaning, (pp. 359-394), Mahwahm NJ: Erlbaum.

Yates, J. (2014). The career coaching handbook. Routledge/Taylor & Francis Group.

Yoon, B. J. (2011). The Effects of Entrepreneurial Spirit and Motivation Driven Entrepreneurship on Establishment of New Business, Master thesis, Graduate School of Venture Hoseo University.

Zeus, P., & Skiffington, S. (2002). *The coaching at work toolkit: A complete guide to techniques and practices*. Sydney, Australia: McGraw Hill.

Zunker, V. G. (1998). *Career counseling: Applied concepts of life plan-*

ning, New Jersey: Prentice Hall.

[사이트]
경향신문 정대연(2020). https://m.khan.co.kr (2022.12.17. 검색)
고용노동부. 워크넷 https://www.work.go.kr
교육부. 커리어넷 https://www.career.go.kr
국방전직교육원. https://www.moti.or.kr
그것이 궁금하다(2021). https://namu23.tistory.com (2022.12.12 검색)
나무위키(2022). https://ko.wikipedia.org (2022.12.12. 검색)
나무위키. https://namu.wiki (2022.12.16. 검색)
다문화가족지원 포털(다누리). https://www.liveinkorea.kr (2022.12.26. 검색)
대한경제(2022). 메타버스로 개발자 뽑은 한화시스템 위드 코로나에도 활용. https://www.dnews.co.kr (2022.12.12. 검색)
데일리벳(2021). https://www.dailyvet.co.kr. (2022.12.12. 검색)
디지틀조선일보(2019). https://digitalchosun.dizzo.com (2022.12.13. 검색)
레쥬메헬프. http://resumehelp.co.kr (2022.12.16. 검색)
루리웹(2014). https://bestofbestfaith.tistory.com (2022.12.12. 검색)
법제처 국가법령정보센터(2022). https://www.law.go.kr (2022.11.11. 검색)
서울시 50플러스재단(2022). http://50plus.or.kr (2022.11.8. 검색)
스카이데일리(2022). '경단녀' 역대 최저지만… 여전히 경력단절 최대원인은 '육아'. http://www2.skyedaily.com (2022.12.12. 검색)
위키백과. https://ko.wikipedia.org (2022.12.13. 검색)
인크루트. https://people.incrut.com (2022.12.26. 검색)
작은 연못(2017). https://m.blog.naver.com (2022.12.12. 검색)
잡코리아(2020). https://www.jobkorea.co.kr (2022.11.11. 검색)
조선일보(2020). https://www.chosun.com/culture-life 복귀한 먹방 유튜버 쯔양, 한 달 수익 최대 3억 5000만 원 (2022.12.12. 검색)
한국고용정보원. https://www.keis.or.kr (2022.12.6. 검색)
https://blog.naver.com/thomasj00/221993429646
saramin(2022). https://www.saramin.co.kr (2022.12.13. 검색)

저자소개

강혜정

숭실대학교 교육학 박사(평생교육학 전공)
현) 한국평생교육박사연구회 수석연구원
영원중학교 교장
한국외국어대학교 교육대학원 겸임교수
전) 숭실대학교 평생교육학과 겸임교수
경기과학기술대학교 자동차학과 겸임교수

김소윤

숭실대학교 교육학 박사(평생교육학 전공)
현) 한국평생교육박사연구회 수석연구원
공감소통연구소 수석교수
(사)한국조직경영개발학회 진성리더십 마스터
전) 국가균형발전위원회 평가센터 평가자문위원
광명시평생학습 원장
동양그룹 HR팀 과장

김정연

숭실대학교 교육학 박사(평생교육학 전공)
현) 강남대학교 사범대학 교육학과 전임교수
한국평생교육박사연구회 수석연구원
전) 상지대학교 자유전공학부 및 일반대학원 교육학과(석·박사) 전임교수
고려대학교 사범대학 교육학과 시간강사

조 용

숭실대학교 교육학 박사(평생교육학 전공)

현) 한국평생교육박사연구회 부회장
한국중등직업교육협회 회장
한국개발전략연구소 선임연구위원
한국직업교육학회 부회장

전) 서울특별시교육연수원 원장, 서울과학기술대학교 출강

조인묵

숭실대학교 교육학 박사(평생교육학 전공)

현) 한국평생교육박사연구회 수석부회장
강원대학교 통일연구원 특임연구원(교수)
거버넌스센터 분권자치실천연대 공동대표

전) 강원도 양구군수(민선 7기)

뉴노멀, 초연결, 플랫폼시대의

진로와 직업선택

초판 1쇄 발행 / 2023년 5월 23일
초판 2쇄 발행 / 2026년 1월 20일

●

공저자 / 강혜정 · 김소윤 · 김정연 · 조용 · 조인묵
발행인 / 이 중 수
발행처 / **동 문 사**

●

서울특별시 서대문구 홍제원 1길 12
(홍제동 137-8)
Tel : 02)736-3718(대), 736-3710, 3720
Fax : 02)736-3719
등록번호 : 1974.04.27. 제9-17호
가격 : 24,000원

●

ISBN : 979-11-6328-516-8 (93370)
E-mail : dong736@naver.com
www.dongmunsa.com